學術筆記叢刊

香草續校書

〔清〕于鬯 著

張華民 點校

中華書局

圖書在版編目(CIP)數據

香草續校書/(清)于鬯著;張華民點校. -2版.—北京:中華書局,2013.1
(學術筆記叢刊)
ISBN 978-7-101-09066-6

Ⅰ.香… Ⅱ.①于…②張… Ⅲ.校勘學
Ⅳ.G256.3

中國版本圖書館CIP數據核字(2012)第284695號

學術筆記叢刊
香 草 續 校 書
〔清〕于 鬯 著
張華民 點校
*
中 華 書 局 出 版 發 行
(北京市豐臺區太平橋西里38號 100073)
http://www.zhbc.com.cn
E-mail:zhbc@zhbc.com.cn
北京瑞古冠中印刷廠印刷
*
850×1168毫米 1/32 · 17¾印張 · 2插頁 · 386千字
1963年3月第1版 2013年1月第2版
2013年1月北京第4次印刷
印數:15251-17250冊 定價:56.00元

ISBN 978-7-101-09066-6

點校說明

于鬯，字醴尊，號香草，清江蘇南匯人，生於咸豐四年（一八五四年），卒於宣統二年（一九一〇年）。登光緒丁酉（一八九七年）拔萃科，未仕。曾師事張文虎和鍾文烝。王先謙是他補廩膳生時座師。與俞樾等有往還。著有香草校書六十卷、香草續校書二十二卷、戰國策注三十三卷（另序錄一卷、年表一卷）、周易讀異三卷、尚書讀異六卷、儀禮讀異二卷等二十多種。

于鬯的著作中有香草校書的大部份刋刻過。于氏的女婿張以誠在抗日戰爭時期保存了于氏的手稿，並抄校了副本。一九五四年，張以誠等把于氏著作的全部稿本和抄本分別捐獻給江蘇省人民政府和上海市人民政府。

香草校書是校勘經部的著作。續校書是校勘子、史部的著作，包括老子至水經注、淮南子十五家。其中列楊，主要從列子輯錄有關楊朱的言論，末尾三條輯自莊子、說苑和淮南子，全篇沒有著者案語，體例和其他各篇不同。本書中有些條立一義先廣徵博引，然後引「或云」「或謂」，又立一義，結之曰「存參」「並備考」。個別篇有眉批云「俟檢別本」「此當審」等。（此類眉批，我們給移置於原條文之末。）又有注云，「謹志於此，不敢護前」，糾正自己前說之不當。從這些，可以表明作者對自己的著作，還不認爲全部定稿，也可看出作者治學態度的謹愼。

本書根據副本整理刊行，給斷了句，校正了一些顯著誤字。整理工作中的缺點，希讀者指正。

張華民一九六一年九月

目録

點校説明……一
一　老子……一
二　管子……三
三　晏子春秋……九六
四　荀子　二卷……一三
五　墨子　二卷……一七七
六　莊子　三卷……二五七
七　韓非子　二卷……三一三
八　呂氏春秋　二卷……三五五
九　列子……四〇二
十　列楊……四二三
十一　孫子……四三二
十二　商君書……四五二

十三　內經素問　二卷……四七〇
十四　水經注……五一三
十五　淮南子……五三三

香草續校書

老子

上篇

一章　無名天地之始。

鬯案。始當讀爲胎。胎始竝諧台聲。例得通假。無名天地之胎。故下句云有名萬物之母。胎與母對。若第作始初義。則與母虛實失倫矣。王弼不通假借。故所注未允。抑始字說文女部云。女之初也。女之初。其義實難曉。葢因字从女。故解爲女之初。竊謂凡从女之字。多有作从人義者。不必其事偏於女子。說已見前說文女部威字條校。且从人台聲之字。已有佁癡之佁。則始更不得不變从女以別之。其从女、卽从人也。然則女之初者。非果謂女之初爲始。男之初不爲始。亦曰人之初耳。始以人之初爲本義。則始字實卽胎字矣。胎始二字雖竝見說文。而胎乃始之後出字。葢始之本義爲人之初。其引伸則凡初皆曰始。凡初曰始之義行而本義晦。於是復造从肉之胎字。故胎字引伸亦有凡初之義。爾雅釋詁云。胎、始也。是凡初之義也。然則書傳用始字。皆從其引伸之義。惟此始字與母字對。獨從其本義耳。而并非假始爲胎。說亦可備矣。

一章　故常無。欲以觀其妙。常有。欲以觀其徼。

㘝案。兩常字宜竝讀爲當。當常並諧尙聲。故得通借。常無者、當無也。常有者、當有也。謂當其無、當其有也。此文無字有字讀逗。諸家言者衆矣。王注以無欲有欲連讀。非是。惟兩常字與上文兩常字截然義別。說者皆溷而同之。俞蔭甫太史諸子平議於上文兩常字謂與尙通。尙者、上也。其說確矣。而於此兩常字亦云。依上文讀作尙。則豈可通乎。一章之中同字異義。有不可不辨者。如十三章云。故貴以身爲天下若。可寄天下。愛以身爲天下若。可託天下。兩若字與彼上文寵辱若驚、貴大患若身之若亦別。說具彼校。此兩常字之不可同於上文之兩常字與彼兩若字之不可同於上文之兩若字。正一例也。當其無欲以觀其妙者、觀其自無而之有也。當其有欲以觀其徼者、觀其自有而之無也。卽下章所謂有無相生是也。故下文云此兩者同出而異名。

二章　天下皆知美之爲美。斯惡已。皆知善之爲善。斯不善已。

㘝案。此文當以下章說之。彼云。不尙賢。使民不爭。不貴難得之貨。使民不爲盜。不見可欲。使民心不亂。聚珍本校云。原本及各本均無民字。惟永樂大典有之。據弼注。故可欲不見。上承沒命而盜。則經文本有民字。案。傅奕校古本亦有民字。今他本有民字者多。惟倪元坦老子參註斥有民字者爲俗本。倪書淺陋。當不可從。天下皆知美之爲美。皆知善之爲善者。尙賢也。貴難得之貨也。見可欲也。而不知民爭卽在尙賢。民爲盜卽在貴難得之貨。民心亂卽在見可欲。故曰斯惡已。斯不善已。兩章之意反復相明。自來解此者似皆未得其旨。姚鼐老子章義本以此章合下章爲一章。則頗有所見。又案。十二章云。五色令人目盲。五音令人耳聾。五味令人口爽。

馳騁畋獵令人心發狂。難得之貨令人行妨。意亦可參。

五章　天地不仁以萬物爲芻狗。聖人不仁以百姓爲芻狗。

㓾案。此文當各以十字句。天地不仁以萬物爲芻狗者。謂以萬物爲芻狗、天地以爲不仁也。聖人不仁以百姓爲芻狗者。謂以百姓爲芻狗、聖人以爲不仁也。實倒裝文法耳。猶孟子盡心篇云。仲子不義與之齊國。亦謂與之齊國、仲子以爲不義也。說見前彼校。此言不仁。即彼言不義矣。王注旣誤讀天地不仁爲句、聖人不仁爲句。則義豈復可說乎。芻狗者不過言實物耳。老子之意。謂天地以萬物爲空虛而非實物。聖人以百姓爲空虛而非實物。以萬物百姓爲實物。不仁之道也。故下文云。天地之閒。其猶槖籥乎。槖籥則空空洞洞矣。此并可以定自來囊槖之說。囊槖說有兩家。史記陸賈傳司馬索隱引埤蒼云。有底曰囊。無底曰槖。而戰國秦策高注則云。無底曰囊。有底曰槖。義適相反。以此槖籥義審之。槖之無底決矣。籥亦兩頭通穿之物也。詩賓之初筵篇鄭箋云。籥、管也。小戴少儀記鄭注云。籥如笛。管也、笛也。皆中空而通穿。則籥亦中空而通穿可知。槖籥竝中空通穿之物。天地之閒其猶槖籥者。若云天地之閒空無一物耳。槖籥與芻狗意義相反。槖籥以喻空虛。則芻狗之喻實物亦明矣。槖籥者、槖也籥也。芻狗者、芻也狗也。王注云。地不爲獸生芻而獸食芻。不爲人生狗而人食狗。說義誠無當。然其以芻狗分言。較之後人解作結芻爲狗者。猶爲勝也。

八章　心善淵。

㓾案。此承上文上善而言。非承水言。則淵字與水義無涉。古人言心輒言淵。如詩燕燕篇云。其心塞淵。

定之方中篇云。秉心塞淵。揚雄太玄閑篇云。中心淵也。皆是。注家皆訓淵爲深。似不足以盡其義。占經引爾雅釋天李巡注云。淵、藏也。莊子應帝王篇郭象注云。淵者靜默之謂。竊謂凡淵屬心言者。當備深藏靜默之義。心善淵。亦謂其心善於深藏靜默耳。易所謂聖人以此洗心退藏於密者。蓋此義也。則與下文與善仁、與、黨與也。言善信、正善治、正讀爲政。永樂大典作政。事善能句義一例。玩此諸句。句上一字實。句下一字虛。上文居善地。亦當居實地虛。虛字實用實字虛用之例。蓋謂其居則善於處所耳。不可謂居於善地也。下文動善時。亦然。下文夫唯不爭故無尤。今本王注云。言人皆應於治道也。是止說無尤之義。而永樂大典作言水皆應於此道也。竟是通釋上文居善地以下之文。後人解此文者亦率牽涉水言。豈因此一淵字。并誤及上下乎。不知自居善地以下七善字。實顯承上文上善之善也。惟姚鼐章義於居善地下云。以下言聖人。非言水。語最分明。第上文言上善不言聖人。則聖人二字猶可斟耳。今案。章義本合上章爲一章。上章出聖人字。故云言聖人也。然二章究以分爲當。不必并合。

九章　天之道。　十章　載營魄。抱一。

圏案。天之道三字獨爲句。與上文各四字句不類。載營魄抱一獨五字句。或讀載營魄三字句。與下文各四字句亦不類。竊疑此分章之誤也。載字當在天之道之下。天之道載者。猶詩文王篇言上天之載耳。如此。則天之道載亦四字句。營魄抱一亦四字句。與上下文法悉當。乃自漢以來竟莫有訂其誤者。淮南子道應訓一引老子曰。功成名遂身退。上文云。功遂身退。此引多成名二字。天之道也。多也字。又引老子曰。載營魄抱一能無離乎。明載字已屬下讀。蓋必因道字與上文保字、守字、咎字叶韻。以載字爲失韻故耳。失韻則不得不屬下讀。則不得不於道字分章。殊不知載亦正與保、守、咎韻叶也。何以徵之。小戴中庸記云。辟如天地之無不持載。無不覆幬。左襄二十九年傳云。如天之無不幬也。如地之無不載也。載何以與幬叶乎。持載疊韻。覆幬疊韻。兩韻通轉相叶。此古文法之密。文子道原篇云。以天爲蓋。則無所不覆也。以地爲車。則無所不載也。載何以與覆叶乎。載之叶保、守、咎。卽猶載之叶幬叶覆矣。而何疑載字之在九章末。不在十章之首。

十章　專氣致柔。

鬯案。此專當如幺字之義。專曷爲有幺義也。專諧叀聲。叀从幺省。故專得有幺義。說文寸部云。專、六寸簿也。此義於書傳專字無以施之。論語學而篇傳字。魯讀專。或以六寸簿爲訓。亦殊附會。叀部云。叀、專。小謹也。則凡書傳專字。實皆叀字之借。幺部云。幺、小也。是幺叀並有小義。幺訓小。猶其引伸之義也。其本義卽具於其象子初成之形。今說文成作生。非。說見彼叀部校。子初成。在母腹中。骨節未具。是至柔之物。幺氣者、謂子初成之氣也。故曰專氣致柔。若曰幺氣致柔耳。故下文云。能嬰兒乎。嬰兒者、二十章所云嬰兒而未孩是也。玩嬰兒字。卽可知此專字之義。不然。上下文言無離、無疵、無知、無雌、無爲。此獨不一例。而著嬰兒字。文法不且突乎。王注云。專、任也。言任自然之氣。以專爲專任之義。失之。夫任、言妊也。妊固自然之氣也。誠借任爲妊以訓專。亦卻無害。特王意不爾。則爲誤耳。

十三章　何謂寵辱若驚。寵爲下。得之若驚。失之若驚。是謂寵辱若驚。

鬯案。失之若驚句上當有辱爲上三字。與寵爲下偶文。老子之說不過與常情相反耳。故以美爲惡。以惡爲美。二章云。天下皆知美之爲美。斯惡已。以福爲禍。以禍爲福。五十八章云。禍兮福之所倚。福兮禍之所伏。則必以寵爲辱。以辱爲寵。二十八章云。知其榮。守其辱。寵者、常情以爲上也。曰寵爲下。辱者、常情以爲下也。曰辱爲上。以寵爲下。得寵是得下矣。故得之若驚。以辱爲上。失辱是失上矣。故失之若驚。所謂寵辱若驚者如此。上文云。寵辱若驚。貴大患若身。兩句當係古語。故老子爲分釋之。此釋寵辱若驚一句也。寵辱若驚義極難解。葢如常情論。則辱可驚。寵無可驚。如老子論。則寵可驚。辱無可驚。而云寵辱若驚。疑必居一不然者矣。故特爲釋之曰。寵、爲其得之而驚也。辱、爲其失之而驚也。故曰寵辱若驚也。其得寵失辱而若驚者。則爲其寵下而辱上也。其旨於是至曉矣。脫辱爲上三字。則義不明。自來解者率多未協。至妄改者或改寵爲下爲辱爲下。或改作寵爲上辱爲下。胥以常情論寵辱。豈有當哉。

十三章　故貴以身爲天下若。可寄天下。愛以身爲天下若。可託天下。

鬯案。此文當不誤。而讀者則誤耳。此兩若字並合斷句。若、猶然也。易離卦云。出涕沱若。戚嗟若。猶云出涕沱然。戚嗟然也。巽卦云。史巫紛若。猶云史巫紛然也。此例不勝舉數。然則貴以身爲天下若。猶云貴以身爲天下然也。愛以身爲天下若。猶云愛以身爲天下然也。以身爲天下然。則是身卽天下。天下卽身。而何不可寄託天下之大患。故曰可寄天下、可託天下。謂可寄託天下。卽謂其可寄託大患於吾身也。身可貴而大患亦可貴也。身可愛而大患亦可愛也。所以釋上文貴大患若身之義也。又因貴而推言及愛耳。自讀者誤於兩天下斷句。則若可寄天下。若可託天下。必不成義。於是或改爲則可寄於天下。乃可以託於天下。或爲則可以寄天下。乃可以託天下。竟沒去兩若字而不顧。又有於兩身爲天下下加兩者字者。意殆謂若字爲者字之誤。而陸釋且爲爲字作于僞反音。愈誤愈遠矣。王注雖無足取。而用兩若字本。則猶爲能存古也。

二十章　絕學無憂。

㫒案。此句據姚鼐章義。掇在上章之末。甚確。而姚顧云。末句不用韻。或當爲無憂絕學。則誤矣。此非不用韻也。乃學與憂一句中自爲韻。不與上文足、屬、樸、欲叶也。且乙使作無憂絕學。學與足、屬、樸、欲卻同入聲。韻仍不叶。學與憂。入聲與平聲轉叶也。又其以絕學與無憂作串義。涉上文聖智仁義說之。更不分曉。竊謂此文既掇入上章。則實甚平易。直不須解釋。蓋絕學也、無憂也與上文見素、抱樸、少私、寡欲同一例。皆平列法也。三句平列而語有次第。老子之道貴素樸。故曰見、曰抱。賤私欲。故曰少、曰寡。至於學與憂。尤老子之所賤矣。故直曰絕、曰無。無之言毋也。絕卽上文絕聖、絕仁、絕巧之絕也。

二十章　唯之與阿。

㫒案。阿當讀爲呵。或隸書口旁阝旁形近而誤。此與下文善之與惡相對爲文。善與惡反對爲義。唯與呵亦反對爲義。唯、應聲也。呵、斥聲也。注家以唯阿皆爲應聲。誤矣。

二十章　荒兮其未央哉。

㫒案。央當讀爲殃。無極山碑云。爲民來福除央。央與福對。明借央爲殃。哉當讀爲裁。大戴曾子制言記云。義者哉。仁者殆。仁上有曰。衍。見戴震校本。哉與殆對。明借哉爲裁。殃卽諧央聲。哉裁並諧𢦏聲。

假借通例也。未央哉者、未殃栽也。謂殃栽未至也。殃栽未至。故下文有衆人熙熙。如享太牢。如春登臺云云。義至白矣。此句本起下之語。非爲上文作束語。卽觀哉字與下韻叶。不與上叶。亦已顯甚。而說者誤以未央如詩庭燎篇未央之義。則不得不以哉字爲語助之辭。而起下遂爲束上之句。何可通乎。

二十五章　故道大。天大。地大。王亦大。域中有四大。而王居其一焉。

䍃案。兩王字葢並當作人。鄭環本義引一本。王亦大之王作人。無域中有四大而王居其一焉二句。其無二句當屬脫文。設不脫。亦必當作人居其一。故下文云人法地。地法天。天法道。道法自然。不合云王法地邪。竊疑老子古有兩本。其一本作人。云故道大。天大。地大。人亦大。域中有四大。而人居其一焉。故下文承之曰人法地。一本作王。云故道大。天大。地大。王亦大。域中有四大。而王居其一焉。下文亦當承之作王法地。今雜兩本爲一本。此出兩王字。而下以人字承之。非法也。說文大部云。天大。地大。人亦大。故大象人形。卽據老子以說字。則許所見老子亦作人之本。葢兩本自以作人一本爲勝。

二十八章　爲天下式。

䍃案。式之言軾也。此式字以訓車軾爲是。與上文爲天下谿、下文爲天下谷爲類。谿、式、谷皆實字也。玩谿谷之義。不過取其能承受而已。軾可以憑倚。憑倚亦猶之承受也。故曰爲天下式。王注云。式、模則也。葢未諦。

二十九章　或行或隨。

鬯案。此行字主其本義而言。故與隨字爲對。隨者、隨行也。行之本義。乃二人並行之謂也。鬯嘗謂人字篆作亻。象人側立之形。加一筆爲彳。篆作彳。是變立形爲行形。故見其步跨也。反彳爲亍。篆作亍。亦仍是人行之形。然則行字从彳从亍。篆作行。非二人並行乎。故其引伸則有行輩行列之義。其說互見說文彳部校。葢二人並行爲行。二人前後行爲隨。故曰或行或隨。隨與行。義正相對也。不明行字之說。則或以行爲行在前者。顧隨卻有後義。行何嘗有前義乎。

二十九章　或歔或吹。

鬯案。歔字河上公本作呴。竊謂二字皆誤也。而呴字之誤。其迹可尋。上文云。或行或隨。隨與行對。已見上條。下文云。或强或羸。或載或隳。羸與强對。隳與載對。尤易見。載亦依河上公本。王本作挫。俞蔭甫太史平議云。載、安也。隳、危也。王本挫乃在字之誤。在篆文作在。故誤爲挫。或在即或載。載從𢦏聲。在從才聲。而或亦從𢦏聲。州輔碑𢦏貴不濡。是也。則此必作或吸或吹矣。吸者、氣入也。吹者、氣出也。吹與吸。亦正相對。葢吸字从口从及。古文及字作弓。見說文又部。則吸字古文必作⿰口弓矣。結體整齊。必作⿱口弓矣。然則與句字之作⿱口弓。其形不甚肖乎。吸誤爲句。因誤爲呴。此河上公本所由作呴也。呴吹義不對。其誤字可知。非吸之誤而誰誤乎。歔吹義亦不對。而嘘吸形又不近。何以成誤。則較之誤爲呴者。更無迹矣。抑或者歔吸雙聲字爲假借與。亦不可執言也。

三十章　果而不得。已果而勿强。

圖案。此當讀得字句。果而不得。與上文果而勿矜。果而勿伐。果而勿驕。比語也。不、猶勿也。勿矜、勿伐、勿驕。在其心。不得則在實事矣。故易勿爲不。措辭當然。謂雖勝敵而不貪其地也。若鄭莊之入許。楚莊之入鄭。其果而不得者與。已即上文果而已之已字。已、止也。果而已者、果而止也。已果者、止於果也。已果而勿强。正與上文善者果而已。者字今作有。誤。不敢以取强。爲應結之語。王注當因下章有不得已字。故此亦以不得已連讀。然下章云不得已而用之。則義自明。此云果而不得已。而字之義安在。直須改而字爲者字。始有義耳。聚珍校疑下章有注語雜入。頗爲似之。蓋文意淺薄不類老子。且通章無王注。明王注即在内也。兵者不祥之器。非君子之器。不得已而用之。即是王注。其不得已三字乃正本此章不得已而言之。尤不得援彼證此矣。參見下條。　河上公有注者。其注僞出。在王後。且果而不得已。與上文比語而成不類。而果而勿强句又不與上文比。而轉相類。於是更有於果而勿强上漫增一是字。以顯其不比者。豈知讀已字下屬。是字殊不必增也。

三十章　夫佳兵者不祥之器。

圖案。之器二字永樂大典無。或頗是之。竊謂不然。彼謂夫佳兵者不祥。謂用兵者。非謂兵。論義不應有之器二字。且下文云兵者不祥之器。於此先著之器二字。文亦犯複。其說粗觀之頗似矣。然而非也。此佳字王念孫雜志餘編謂隹字之誤。甚確。隹之言唯也。夫唯兵者、正謂兵。非謂用兵之人。故曰不祥之器。大戴用兵記云。公曰。蚩尤作兵與。子曰。蚩尤何器之能作。是古謂兵爲器。國語周語章解云。器、兵甲也。是也。且佳兵二字。他無所見。謂好曰佳。後世雖習語。古人非恆言。佳字之誤無疑矣。下文兵者不祥之器。聚珍本校云。自此句至言以喪禮處之。似有注語雜入。亦甚確。下文云。偏將軍居左。上將軍居右。老子之時。何以有偏將軍上將軍之謂乎。漢書百官公卿表云。前後左右將軍。皆周末官。前後左右。卽偏將軍之謂矣。蓋在春秋之世。縱有將軍之稱。不聞前後左右之號。則無所謂偏上也。若夫將軍之稱。卻已屢見。左昭二十八年傳云。豈將軍食之而有不足。穀梁文六年傳。使狐夜姑爲將軍。公羊宣十二年傳有將軍子重。大戴記有衞將軍文子。國語晉語云。鄭人以詹伯爲將軍。吳語云。夫差黃池之會。十旌一將軍。史記以司馬穰苴在景公時。而云召與語大說之。以爲將軍。墨子天志篇云。士竭力從事。未得次己而爲政。有將軍大夫政之。將軍大夫竭力從事。未得次己而爲政。有三公諸侯政之。凡此雖不必盡足據。然欲并以將軍始周末。又似未可說也。偏將軍居左。上將軍居右。其出之王氏注語。亦無疑矣。正所以釋老子用兵貴右之說也。然則兵者不祥之器。是卽標老子此文。足見此文原有之器二字。而何犯複之有。

下篇

三十八章

邑案。此可明分章之出自後人。非老子原書所有。否則既別下篇。合仍依上篇例。標一章起。何得以三十八章續上篇邪。故使分章而出於舊。則篇之分上下轉在後。上下篇之分爲舊。則分章在後。章與篇不能並分於原書。爲其以三十八續三十七也。然而上下篇之稱見於史記老子傳。陸釋亦言道德二篇。蓋以上篇首出道可道。下篇首出上德不德。因有道德之名。明二篇之分有自來矣。二篇之分有自來。則必非篇之分於後。章之分於後也。且陸釋言德經卽下篇。四十四章。卽三十八至八十一。一本四十三章。則必有合兩章爲一章之本。若出原書。何以有異。而河上公本且每章有名目。其出後人。更顯見矣。今案。倪元坦參註題後云。老子道德經諸家所傳八十一章。莊君平所傳七十二章。更有分爲五十五章、六十四章者。今從吳幼清刻本。分爲六十八章。此在後世臆改。更不足論。

三十八章　下德爲之而有以爲。

鬯案。此以字亦當作不。上文上德無爲而無以爲。當依傅奕本及韓非子解老篇。以作不。俞蔭甫太史平議已據訂正。上德無爲而無不爲。下德爲之而有不爲。義相反對。不煩解釋。俞謂無爲與無以爲。似無所區別。則爲之與有以爲。安在有區別邪。葢皆涉下文而誤不字爲以字耳。不知下文云。上仁爲之而無以爲。上義爲之而有以爲。彼皆以爲之相較。故一則無以爲。一則有以爲。其義可通。此則以爲之與無爲相較。無爲之下不得云無以爲。爲之之下自不得云有以爲矣。故同一爲之而有以爲。在彼可通。而在此不可通。要之。彼無以爲有以爲就彼仁義言。實皆此下德之有不爲者也。

三十八章　前識者、道之華而愚之始。

鬯案。前者、古之義。識當是記識之識。非知識之識。前識者、猶謂古之記者也。上文云。夫禮者忠信之薄而亂之首。此承上文而言。則仍指禮。其所記卽禮經是也。禮既爲忠信之薄而亂之首。則謂記禮者道之華而愚之始。不亦宜乎。王注云。竭其聰明以爲前識。是以前識作先知解。必非章中之旨。章中及於禮而止。不容禮之外又增出先知一義也。

四十一章　故建言有之。

鬯案。云建言有之。而不云建言者有之。則建言乃古書篇名也。老子書中引古書出篇名者二。此之建言一也。六十九章之用兵二也。彼亦云用兵有言。不云用兵者有言。則用兵亦書篇名明矣。說者不察。謂建言爲古之立言者。謂用兵爲古之用兵者。如是。則當曰建言者、用兵者。兩者字必不可省。雖其義不必謬。而說則迂矣。

四十二章　人之所教。我亦教之。强梁者不得其死。吾將以爲教父。

嶰案。我亦教之。葢當作亦我教之。聚珍本校引焦竑云。一作亦我義教之。鄭環本義引蘇本同。義字當卽涉我字而衍。言雖人之所教。亦由我教之。故曰吾將以爲教父也。誤作我亦教之。非其義矣。强梁者不得其死一句。則當在上文故物之上。其文云。人之所惡唯孤、寡、不穀。而王公以爲稱。强梁者不得其死。故物或損之而益。或益之而損。損之而益、卽指孤寡不穀王公以爲稱也。益之而損、卽指强梁不得其死也。强梁句錯在此。於此旣不成義。而於彼義亦殊不足矣。

四十三章　無有入於無閒。

嶰案。無有上當有出於二字。淮南子原道訓引老聃之言。正作出於無有、入於無閒。是其明據。兩句對文。承上至柔而言。義甚明曉。非以無有與至柔分二項也。王注云。無有不可窮。至柔不可折。以無有至柔對言。誤矣。然亦有可疑者。上文注云。氣無所不入。水無所不出於經。此語必不可解。當本云氣無所不入。水無所不經。其出於二字。乃正是正文而雜於注中者。則王本似亦原有出於二字矣。獨於此注以無有至柔作對。不合。豈此注或誤邪。且先言無有。次言至柔。何以與正文又倒轉。則謂其有誤。良有說矣。不然。則王本原如此。而校者據他本旁補出於二字。因溷作注文耳。要之。王本之有無不必固執。而老子之文必當有出於二字。且無出於二字。而曰無有入於無閒作一句讀。實不成義也。卽王注云云。亦豈密切之解哉。或又以下文不言之教、無爲之益。作兩承文法。設非上文分兩項。何以承之。是更大不然。豈欲以不言之教。承上文天下之至柔、馳騁天下之至堅二語乎。則試問於義云何也。葢此章實當與上章通爲一章。不言之教者。正承上章人之所教亦我教之。吾將以爲教父也。說見上條。無爲之益者。承此章天下之至柔馳騁天下之至堅。出於無有入於無閒。吾是以知無爲之有益也。老子分章本出後人。陸釋言德經四十四章。一本四十三章。則明有兩章并合一章之本。故少一章。其必卽此兩章矣。今本入於無閒。有去於字作入無閒者。則出於無有。亦可省作出無有。弟觀王注中雜出出於二字。知入下亦必有於字。兩於字雖於義無關。是自老子書本有。不得謂鴻烈增加者也。

四十五章　大成若缺。其用不弊。

鬯案。弊字鄭環本義本作敝。敝弊通用字。而云敝叶弼。非也。此入去相叶。實古讀缺亦去聲。非讀敝爲入聲也。儀禮冠禮緇布冠缺項。鄭注云。缺讀如有頍者弁之頍。此缺讀去聲之明證。要細別古音。缺、頍、敝各自爲部。特通轉爲甚近耳。鄭不通音。而輒好言叶。書中誤處不少。聊出於此。

五十章　入軍不被甲兵。

鬯案。甲兵者因兵而兼言甲。甲兵實止謂兵而已。上文云。陸行不遇兕虎。以甲兵對兕虎。故不可不兩字成文。若單云入軍不被兵。非法矣。且下文云。兕無所投其角。虎無所措其爪。兵無所容其刃。承兕、承虎、承兵而獨不及甲。明甲字因兵及之。非義所在矣。古書此例甚多。小戴文王世子記云。養老幼於東序。幼不在養也。因老而兼言幼。玉藻記云。大夫不得造車馬。馬不可造也。因車而兼言馬。此其說在後儒頗能言之。而韓非轉昧之。則未可據以爲周秦之書。漫說老子之義矣。夫陸行不遇兕虎。遇者遇彼也。則入軍不被甲兵。被者被彼也。其義至顯。可不煩解釋。卽觀下文兕無所投其角云云。亦足發明。河上公本被作避。避者避彼也。其旨亦無殊異。乃韓非子解老篇云。不恃備以救害。句上有入山二字。疑是上句陸行之校語。說見彼。故曰入軍不備甲兵。改被爲備。義斯顚矣。推其意。詎不因一甲字乎。蓋入軍而被其兵有之。無所謂被其甲也。則何云甲兵。是必我不備我甲兵。非我不被彼甲兵矣。而豈知古人文例。甚不可以泥也。且彼下文云遠諸害。故曰兕無所投其角。虎無所措其爪。兵無所害其刃。果不備甲兵是我甲兵也。害於何有。則就彼文上下亦旣自相矛盾。尙可信乎。下文容字。或謂卽害字之誤。當據韓非改。然容字亦可解。俞蔭甫太史平議訓爲用。蓋是特用者。仍謂彼用以害我。非謂我用耳。而俞平議因河上作避。卽援解老而云甲兵以在己者言。自當以作被爲長。是并因韓非之義而被字之義亦失矣。被者被彼也。書禹貢傳云。被、及也。依說文正字。實卽彼字之借。彳部云。彼、往有所加也。是其義也。若以甲兵爲我甲兵。據備字之義推之。則所云被爲長者必以被爲披字之借矣。老子之義豈其爾乎。蓋此被之義正可通於避。而不可通於備也。

五十三章　朝甚除。

鬯案。朝、朝廷也。除當是除去之除。除以殿陛爲本義。除去之除。實捨字之假借。朱駿聲說文通訓以爲祛字之借。鬯謂不如爲捨字之借。較近。書湯誓陸釋云。捨、廢也。廢義與去義通。此除去之除實當如廢捨之義。

朝甚除、猶云朝甚廢也。謂朝廷一切政令廢捨也。因與下文蕪、虛、餘、夸諸字叶韻。故不曰廢而曰除。朝甚除與田甚蕪、倉甚虛句法一例。義必同類。朝廢、田蕪、倉虛。三項平列甚顯。王注以朝爲宮室。除爲潔好。又云。朝甚除則田甚蕪倉甚虛。設一而衆害生也。則以朝甚除一句與下二句爲貫義。殆少此文法。

五十四章　以天下觀天下。

樾案。此句自來解者皆附會。王注謂以天下百姓心觀天下之道。尤見迂回。蓋以上文例之云。以身觀身。以家觀家。以鄉觀鄉。以國觀國。兩國字。當依韓非子解老篇作邦。上文與堂字叶。可見。此因漢諱改。注云。彼皆然也。彼身與此身然。彼家與此家然。彼鄉與此鄉然。彼國與此國然。故云彼皆然也。是謂以此身觀彼身。以此家觀彼家。以此鄉觀彼鄉。以此國觀彼國。至於天下則不得分彼此矣。故言之終不能明。而不知以天下觀天下。亦正謂以此天下觀彼天下也。曷言彼天下。卽今西人他星球之説矣。然雖有彼天下而不可見。故下文云。吾何以知天下然哉。以此。然者、然彼天下也。此者、此身家鄉國也。身家鄉國有彼此。則天下曷爲無彼此乎。他星球之説。今日西人能言之。而我中國本有早見及者。鄧牧超然觀記云。伯牙琴據洞霄圖志補錄。地大也。其在虛空中不過一粟耳。虛空木也。天地猶果也。虛空國也。天地猶人也。一木所生。必非一果。一國所生。必非一人。謂天地之外無復天地焉。豈通論邪。營甯之生人腹中。精神所照。必以爲日月。膏液所浸。必以爲江河。筋骨所樹。必以爲山岳。其周流百骸六臟而不見所窮。必以爲四方萬里若是遠也。而告之曰一人之外又有若人者。彼不信也。人生於天地之閒。何以異此。此非卽他星球說邪。而不知其原實見於老子。世無牧心之識。又不及聞西人之言。則老子之文宜索解莫得矣。

五十七章　天下多忌諱而民彌貧。民多利器。國家滋昏。

㲹案。此句似無義。妄疑而民彌貧與國家滋昏兩句當互易。唯如此。則兩民字似病複。然據鄭環本義本。民字作人。與下文人多伎巧同。合從之。然則此四句本云。天下多忌諱。國家滋昏。人多利器。而民彌貧。義自顯豁矣。此雖臆改。儻或然與。願與學者共審之。

五十八章　正復爲奇。善復爲妖。

㲹案。兩復字葢訓反。論語先進篇、顏淵篇皇侃義疏並云。復、猶反也。後漢書梁竦傳李賢注云。復、反復也。反復連文。則二字本義同。正復爲奇善復爲妖者、正反爲奇善反爲妖也。而有兩義可解。一云。是正也、反之卽爲奇。是善也、反之卽爲妖。是卽上文禍兮福之所倚。福兮禍之所伏之意也。一云。是正也、而人反以爲奇。是善也、而人反以爲妖。斯其人不亦迷乎。故下文云人之迷其日固久。兩說於老子之宗旨。似前一說爲合。然後一說於人之迷句爲浹洽。所當並存。王注以復作復又之義。所說都不可通。

六十章　非其神不傷人。聖人亦不傷人。

㲹案。非字涉上文非其鬼不神非字而衍。亦不傷人。人字當作神。卽涉上文及此兩言不傷人而誤。其神不傷人。聖人亦不傷神。故下文云。夫兩不相傷。故德交歸焉。若如今本。則兩字、相字、交字胥不可通矣。韓非子解老篇作聖人亦不傷民。亦非。

六十一章　故大國以下小國。則取小國。小國以下大國。則取大國。故或下以取。或下而取。

罳案。大國取小國。取人之取也。觀下文大國不過欲兼畜人可知。小國取大國。見取於人之取也。觀下文小國不過欲入事人可知。古讀兩取字當有異音。如所謂輕讀重讀、長言短言之例。故曰故或下以取。或下而取。以而通用。或下而取。卽或下以取。小國以下大國之以字。亦有作而之本。凡偶句。一句用以。一句用而。古書恒見。不足著取人取於人之別。葢取人取於人之別。不別於以而二字。而別於取字之讀也。今人讀取字者有此庾、此苟、此須諸反。然亦不定於取人取於人之別。而如見人之見讀經甸反。見於人之見讀形甸反。聞人之聞讀無分反。聞於人之聞讀無運反。此類甚多。其讀縱不必盡合古。而古音輕重長短其理亦如是矣。俞蔭甫太史平議欲於或下以取下補小國二字。或下而取下補大國二字。要不煩補也。

六十七章　不敢爲天下先。故能成器長。

罳案。成上韓非子解老篇引有爲字。俞蔭甫太史平議從之。云成器二字相連爲文。成器者、大器也。以天下言。質言之。則止是不敢爲天下先。故能爲天下長耳。上言天下。下變文言成器。古人自有此例。罳竊疑不然。成、猶爲也。既言成。自不煩著爲字。器、謂官也。二十八章云。樸散則爲器。聖人用之則爲官長。是器卽官之明據。爲官長、卽爲器長也。此言成器長。卽彼爲官長耳。故解老篇云。不敢爲天下先。則事無不事。功無不功。而議必葢世。欲無處大官其可得乎。處大官之謂爲成事長。引此文不敢爲天下先故能爲成事長以證。是亦明以大官説之。雖其所據老子本有爲字。又器字作事。而實初未以成事連讀也。故曰大官之謂爲成事長。事、官也。爲事之長。故曰大官。大官所以解事長。而非爲成事作詁也。事之言吏也。墨子公輸篇臣以三事之攻宋。戰國宋策作悪以王吏之攻宋。悪卽臣字。今作惡。誤。事吏二字。古人通用。金刻中尤不勝舉。吏卽官。其義尤顯。然則質言之。不敢爲天下先。故能爲大官耳。未可以上下變文之例相例也。

六十七章　天將救之。以慈衞之。

𢒼案。論慈而歸諸天救。不免迂闊。竊謂救當讀爲仇。九聲求聲。古音同部。詩關雎篇君子好逑。鄭箋本逑作仇。救之爲仇。猶逑之爲仇矣。天將仇之。以慈衞之。謂雖天將仇我。我能以慈自衞。極言慈之可寶也。仇借救爲之。若作救助義。則不惟其見太迂闊。以慈衞之句亦不可貫也。

六十九章　扔無敵。

𢒼案。此句依王本與下文執無兵句互倒。注云。言以謙退哀慈不敢爲物先用戰。猶行無行、攘無臂、執無兵、扔無敵也。言無有與之抗也。是扔無敵在執無兵之下。其本當是。蓋行無行、攘無臂、執無兵三句義一律。扔無敵一句義不與三句同。依文例。若扔無敵上著一而字。則便曉然。云是謂行無行、攘無臂、執無兵而扔無敵。扔無敵者、乃行無行攘無臂執無兵之效驗也。王注所謂無有與之抗也。今扔無敵句倒在執無兵句之上。則四句之義必歸一律。所謂無敵者果何解乎。且兵與行韻。敵與臂韻。如王本乃閒句叶韻之例。或疑執無兵句在攘無臂句上。則韻連叶。亦一説。今本并韻亦亂矣。　又案。依今本四句義歸一律。亦有一解。扔本訓引。廣韻釋詁云。扔、引也。三十八章則攘臂而扔之。陸釋亦云。扔、引也。引者、蓋謂引弓而發矢也。敵當讀爲鏑。釋名稱兵云。矢。其本曰足。又謂之鏑。鏑、敵也。讀敵爲鏑。猶訓鏑爲敵矣。釋名例以音訓。二字並諧啻聲。例可通借。鏑爲矢足之名。矢足卽矢鏠。故說文金部云。鏑、矢鏠也。矢有鏠。乃可以引弓而射。今乃引而無鏑。故曰扔無敵。扔無敵。猶行無行、攘無臂、執無兵也。四句一義也。聊備於此。以俟審擇。

七十章　知我者希。則我者貴。

鬯案。二句明是偶文平列。而王注云。知我益希。我亦無匹。則以二句爲串義。下者字爲贅文矣。後人遂有改作知我者希則我貴矣。文雖通順。非老子原書也。惟倪元坦參註云。則、法也。此爲得解。顧云人能頓悟此心。卽可超凡入聖。故則我者貴。則其解貴字仍未得。貴、卽希也。凡物賤者必居多數。貴者必居少數。故希訓少。貴亦有少義。雖無古訓。老子以希貴相比偶。卽古義矣。知我者少。實卽上文所謂天下莫能知也。則我者少。卽所謂莫能行也。下文云。是以聖人被褐懷玉。正惟知我則我者少。故我亦不輕以示人。所謂被褐懷玉也。若謂我貴。與下文轉不能密接。

七十一章　夫唯病病。是以不病。

鬯案。病病當複衍一字。鄭環本義云。蘇本少一病字。誤。則正作夫唯病是以不病。是北宋時尙有未衍之本。鄭謂其誤。非也。上文云。不知知。病。單言病。不言病病。此文承之。自合亦單言病。凡用夫唯。句法緊承上文。恆例也。下文出聖人。則此二句指衆人。言衆人以不知爲知。是病也。王注不知知病云。不知知之不足任。則病也。義亦未確。後人易解作以不知爲知。自勝。唯其病。所以不自以爲病。故曰夫唯病。是以不病。衍作病病。義不可解矣。下文云。聖人不病。以其病病。是以不病。始言聖人。謂聖人之不病者。非如衆人之不自以病爲不病也。正以衆人之所病以爲病也。故聖人不病。此病病卽涉彼病病而複衍其一。兩是以不病則不同。此不病、爲不自以爲病。下文不病、眞不病也。

七十二章　夫唯不厭。是以不厭。

鬯案。兩不厭文複。上不厭蓋當作無厭。承上文無厭其所生而言。凡言夫唯。顯承上句字者。恆例也。若二章云。夫唯弗居。是以不去。承上句功成而弗居也。十五章云。夫唯不可識。故强爲之容。當作客。承上句深不可識也。又云。夫唯不盈。故能蔽。不新成。承上句保此道者不欲盈也。五十九章云。夫唯嗇。是謂早服。承上句治人事天莫若嗇也。惟八章云。夫唯不爭。故無尤。七十章云。夫唯無知。是以不我知。並上無所承。似有脫或錯。四十一章云、道隱無名。夫唯道善貸且成。亦顯承道字。唯論法似應承隱無名。七十一章云。不知知。病。夫唯病病。是以不病。病病衍一病字。說見上條。七十五章云。夫唯無以生爲者。是賢於貴生。反承上文求生之厚也。則此承無厭其所生。當作夫唯無厭。不當易無厭爲不厭明矣。上章。聖人不病。以其病病。是以不病。據韓非子喩老篇。作聖人之不病也。以其不病。是以無病也。與此文例亦可參驗。彼承不病言。故云不病是以無病。此承無厭言。故云無厭是以不厭。無、不兩字之義不必甚分。而不得連言兩不厭者。所謂文也。八章七十章亦無不參用。又。此厭字當如斁義。詩葛覃篇毛傳、駉篇鄭箋、思齊篇陸釋。並訓斁爲厭。斁有厭義。則厭有斁義矣。無厭其所生者。無斁其所生也。與上句無狎其所居。義類。夫唯無厭是以不厭。卽無斁其所生是以其生不斁也。漢書薛宣傳顏注云。斁、壞也。今案。國語周語云。豈敢厭縱其耳目心腹以亂百度。此厭當卽厭縱之義。生、卽耳目心腹也。

七十四章　而爲奇者。

鬯案。而、如也。

七十九章　無德司徹。

鬯案。徹當訓取。孟子公孫丑篇徹彼桑土。趙章句云。徹、取也。詩鴟鴞篇毛傳云。徹、剝也。剝、亦取也。朱駿聲說文通訓以彼徹字爲掇字之借。則此亦掇字之借矣。說文手部云。掇、拾取也。廣雅釋詁云。掇、取也。掇與上文契正同部韻叶。徹與契雖亦叶。而音轉稍遠矣。是讀徹爲掇。於義於韻兩允也。上文云。是以聖人執左契而不責於人。有德司契。葢左契者、所以取償於人之契也。惟聖人執左契而不取償於人、故曰有德司契。若無德者則必司取償矣、故曰無德司徹。文義甚明。而自來解者於此句及上文皆不甚了。俞蔭甫太史平議作轍迹解。其義尤迂。或曰。據毛傳訓徹爲剝。取償於人。必剝刻人之子財。此義益精。而稍纖屑。備存亦可也。

八十章　使有什伯之器而不用。

鬯案。使下疑脫國字。上文云。小國寡民。此國字承上小國。猶下文云使民重死而不遠徙。民字承上寡民文例也。脫國字失例。義亦不曉。

管子

牧民篇　使民於不爭之官。

𢀈案。官卽館字。俞蔭甫太史平議於立政篇言之甚詳。皃笘錄亦云。官者、館之古文也。以宀覆自。正合館舍之義。館後出字。古字止作官。孟子庶人在官者。卽是庶人在館者。原館之始。正爲庶人在官者而設。彼皆從田閒來。若無以舍之。何以從事於公乎。其說殊確。吳夌雲遺著校論語子張篇百官之富。實已先言之。然則使民於不爭之官者。使民於不爭之館也。上文云。藏於不竭之府。官與府一也。

牧民篇　如月如日。唯君之節。

𢀈案。云唯君之節。則所謂月日者當是歷之月日。非指天上之日月也。歷之月日卽本於天上之日月。然以如月如日爲如天上之日月。則何以云唯君之節乎。節當訓制。國語魯語、越語韋解並云。節、制也。或云。卽形勢篇所謂春秋冬夏不更其節之節。亦通。唯君之制者、正謂君所制歷之某月某日也。若天上之日月。非君所能制矣。然則與上文如地如天。取喻有虛實之别。且上文云。如地如天。何私何親。謂上之於下。而此如月如日。唯君之節。謂下之於上。四句雖對文。而其意實貫。在上者有如地如天之度。則在下者有如月如日之遵。朱東光本此月日二字互倒。戴望校正云。誤。日與節韻。𢀈謂戴以韻定之。固矣。然上文先地後天。固專因親字之韻使然。此先月後日。亦不專因節字之韻而然也。義蓋不當言日月。而當言月日也。此章題六親五法。房玄齡注就文句强分。不可據。蓋牧民篇當有脱文。所謂六親五法者。必已脱去也。又案。權修篇八言凡牧民者。疑是牧民篇文。

形勢篇　抱蜀不言。

邕案。抱蜀疑是古語。故形勢解云。所謂抱蜀者祠器也。是古謂祠器曰抱蜀。房注或云尹知章。亦本解爲説。而云抱、持也。蜀、祠器也。君人者但抱祠器以身率道云云。解以抱蜀爲祠器。而房但以蜀爲祠器。本其説。實失其義矣。抱蜀蓋與下文鴻鵠爲類。皆取喻於物。而不出正意。謂君人者抱祠器。則與鴻鵠之取喻不類矣。且君人者何爲而抱祠器乎。竊謂抱蜀爲祠器。祠器本不能言。故曰抱蜀不言。喻君人者無聲而治也。鴻鵠本能鳴。故曰鴻鵠鏘鏘。喻君人者有聲而治也。

形勢篇　裁大者。衆之所比也。

邕案。裁讀爲材。戴望校正引孫氏説及俞蔭甫太史平議。俱已讀正。比、蓋當讀爲庇。庇諧比聲。故得通借。周禮世婦職及公羊哀五年傳陸德明釋文並云。比本作庇。是其例矣。爾雅釋言及許叔重説文广部並云。庇、蔭也。周禮考工輪人記及小戴表記鄭康成注並云。庇、覆也。覆、亦蔭也。故形勢解云。天之裁大。故能兼覆萬物。地之裁大。故能兼載萬物。人主之裁大。故容物多而衆人得比焉。衆人得比者、亦謂衆人得蔭庇焉。房注云。衆必比之。便失義。

形勢篇　無廣者疑神。

邕案。廣蓋當讀曠。列子湯問篇陸德明釋文云。廣一本作曠。荀子王霸、解蔽二篇楊倞注並云。廣讀爲曠。皆其例也。曠者、空曠之義。說文日部云。曠、明也。明義引伸則有空義。或謂空義當爲壙字之引伸。土部云。壙、塹穴也。書傳二字閒出。然用曠字者居多。上文云。怠倦者不及。怠倦卽曠其事矣。無曠與怠倦義正相反。無曠則不怠倦。故事成疑神也。形勢解云。故事不廣於理者。其成若神。彼廣亦當讀爲曠。理爲治理之理。非事理之理。事不曠於理者。猶云治其事而不曠。卽不怠倦之謂也。房氏於此不發注。儻依廣大爲說。則無廣既不成義。而事不廣。於理益不可解矣。書皐陶謨云。無曠庶官。國語越語云。無曠其衆。凡書傳言無曠者甚多。其義一也。

形勢篇　神者在內。

鬯案。此內字與下句門字爲對。則內者、謂屋室也。古謂屋室爲內。詩山有樞篇子有廷內。與彼上下文衣裳、車馬、鐘鼓爲類。則廷內者、廷也內也。說詳王引之毛詩述聞。王云。內兼堂室而言之。亦有專謂室爲內者。此內與門對。猶彼內與廷對矣。神者在內。不及者在門。在內在門。皆喻辭也。房注謂神雖無形。常在於內。故曰在內。不明內字之說。誤喻辭爲正辭。與門字不失比乎。下文云。在內者將假。承此在內而言。其同義可知。邪氣入內。則內爲正辭可也。

形勢篇　生棟屋覆。

鬯案。生當讀爲眚。此猶易觀卦云觀我生、觀其生。謂觀我眚、觀其眚也。書盤庚篇汝何生在上。謂汝何眚在上也。說各見彼校。惟易之眚當訓過。書之眚當訓病。而此之眚則又當訓敗也。易說卦傳爲多眚。李鼎祚集解引虞翻曰。眚、敗也。然則眚棟者、敗棟也。故曰覆屋。形勢解云。棟生橈不勝任。則屋覆。生亦當讀眚。棟生橈者、棟敗折也。說文木部云。橈、曲木。故引伸義爲折。不察生之讀眚。則生棟。棟生橈。皆文不成義矣。房注但云人以生棟造舍。不知以生字作何解。俞蔭甫太史平議讀生爲笙。訓爲細貌。然棟細未必遽至屋覆。疑說未是。且笙訓細。或謂婧之借。非笙之本義也。

權修篇　是以臣有殺其君。子有殺其父者矣。

㽤案。兩殺字宋本並作弒。或疑作弒當是。㽤聞之先師鍾朝美先生曰。古祇有殺字。而上殺下及敵者相殺讀殺。短言之。下殺上讀殺。長言之。弒者後出之字。凡六藝羣書在公羊前者。皆有殺無弒。其參差混亂不畫一者。皆寫本刊本之失也。說在穀梁隱四年傳撰異。先生定魯論語。弒字亦並從殺。據先生是說。則此兩殺字當是管子原文。宋本作弒者。轉是寫刊之失。然則如八觀篇云。此亡國弒君之所自生也。法法篇云。故春秋之記。臣有弒其君。子有弒其父者。中匡篇云。昔三王既弒其君。小匡篇云。魯有夫人慶父之亂而二君弒死。小問篇云。則人持莫之弒也。諸弒字。在管子原文當亦皆作殺。而今亦寫刊失之。故小問篇房注云。弒、謂殺親也。可見房本猶是殺字。房注必本云。殺、謂殺親也。若正文作弒字。房亦必謂弒親。不謂殺親矣。五輔篇云。臣不殺君。大匡篇云。遂殺公而立公孫無知。參患篇云。凡人主者猛毅則伐。懦弱則殺。戴望校正云。此殺字當讀爲弒。㽤謂殺與伐韻。此字尤顯見作殺。不作弒。君臣上篇云。其大者有侵偪殺上之禍。又云。則下雖有姦僞之心。不敢殺也。侈靡篇云。此謂殺。房注云。此謂弒君之事。卻並作殺。與此兩殺字爲原文之僅存者也。五輔篇、君臣上篇。宋本亦已並改作弒。而中匡篇太平御覽皇王部引、卻作殺。

權修篇　二者不失。則民能可得而官也。

鬯案。二當是三字之誤。承上文三項而言之。人情不二。故民可得而御。民下今有情字。戴望校正引陳先生云。民情之情蒙上文人情而衍。一也。審其所好惡。則其長短可知。二也。觀其交遊。則其賢不肖可察。三也。故曰三者不失則民能可得而官也。三誤爲二。非文法矣。房注云。二者謂好惡交游。趙用賢標注趙氏凡例云。劉績所注。其最切當者列之篇首。皆冠以按字。其閒有愚見所標注者亦雜見篇首。據此。冠以按字者爲劉注。此條不冠按字。則趙氏自標注也。謂二者賢不肖可察。皆不省其字誤而漫爲之說。又。能之言乃也。乃能聲相近。故古或以能爲乃。書金縢篇云。予仁若考。能多材多藝。能事鬼神。兩能字犯疊。上能字亦乃也說見彼校。民能可得而官者。民乃可得而官也。房注略。

權修篇　而求百姓之安難。

鬯案。此難字爲患難之難。安難者安於患難也。下句云。兵士之死節。安難與死節對文。羣書治要無難字。非也。蓋誤讀爲難易之難。則與下文不可得也義複而刪之矣。七法篇云。皆輕其死而安難。此安難二字之證。

權修篇　使民偷壹。

鬯案。偷壹二字疑是古語。偷諧俞聲。則在古偷壹當是雙聲字也。文選江文通雜體詩云。測恩躋踰逸。踰逸亦雙聲字。偷壹卽踰逸矣。惟彼李注云。踰逸、耽樂縱逸也。則其義又當相反。偷壹者、正謂不耽樂而勞苦。不縱逸而束縛也。故下文云則百姓疾怨。凡古語同辭而義反者甚多。陳啓源毛詩稽古編所謂豈弟至美之稱。而齊人譏文姜用之。繾綣忠愛之誼。而召公惡詭隨謹之。凡若此者。不足異也。

權修篇　此厲民之道也。

𢥠案。此厲民與孟子滕文公篇厲民不同。彼厲民爲病民。此厲民葢防閑其民之謂。竊謂當如周禮山虞職物爲之厲之厲。鄭注云。物爲之厲、每物有蕃界也。蕃界卽防閑之義。又墓大夫職云。帥其屬而巡墓厲。亦卽此厲字。彼注云。厲、塋限遮列處。遮列亦卽防閑之義。葢其本字當作迾。說文辵部云。迾、遮也。

立政篇　刑省治寡。朝不合衆。

𢥠案。治卽上文隱治之治。俞蔭甫太史平議解上文隱治。謂與蔽獄同義。古人以治爲訟之證。引周禮小宰職、司市職、胥師職及公羊僖二十八年傳何休解詁諸治字以證。其說甚確。然則治寡者、謂獄寡也。刑省獄寡。則朝不合衆。朝不合衆。注家尙遺。亦當補之。葢國有亂則合衆於朝。卽周禮小司寇職所掌外朝之政以致萬民而詢焉。一曰詢國危是也。刑省獄寡則國治矣。何用合衆。故朝不合衆者。國治之象也。

立政篇　官吏以命士。

𢥠案。此以字當訓與。儀禮鄉射禮、大射儀鄭注並云。以、猶與也。官吏以命士者。官吏與命士也。春秋繁露服制篇與管子同。而盧文弨校本作官吏命士。葢不悟以之訓與。以爲無義而刪之矣。

立政篇　不敢畜連乘車。

㽞案。畜連無義。或謂連當讀爲輦。但畜輦亦實不成義。竊謂此連字恐是誤字。管子本文當作馬。畜馬乘車。義自大曉。春秋繁露服制篇正作乘馬二字。則有馬字可證。

乘馬篇　有壹宿之行。道之遠近有數矣。

㽞案。此必有脫文。但言有壹宿之行。何以道之遠近有數。壹宿下當有再宿二字。有壹宿再宿之行。故道之遠近有數。其義了然也。房注云。一宿有定準。則百宿可知。特斡旋之說而已。

乘馬篇　汎山。其木可以爲棺。可以爲車。斤斧得入焉。十而當一。

㽞案。此二十一字疑卽上文之異文。上文云。蔓山。其木可以爲材。可以爲軸。斤斧得入焉。九而當一。蓋一本則如彼蔓山云云二十一字。一本則如此汎山云云二十一字。校家以汎山之本校蔓山之本。因以此二十一字注於彼二十一字之下。而傳寫誤入正文。於是兩本遂合爲一本矣。然既言可以爲材。又言可以爲棺。棺猶材也。既言可以爲軸。又言可以爲車。車猶軸也。然則同一可以爲棺。可以爲軸。而又何以一則九而當一。一則十而當一。且上文先言百而當一。下文則言五而當一。其數自多而少。則九而當一之下。不合出十而當一之文。凡言當一。一謂田畝也。百而當一者。謂有百畝之廣。當田一畝也。九而當一。十而當一。五而當一。義皆同。種種雜亂。其爲兩本異文誤合一本。無疑也。然則汎實當爲氿字形近之誤。說文雖無氿字。顧野王玉篇水部有之。丸聲與曼聲疊韻。例得假借。故氿山卽蔓山。若作汎。凡聲與曼聲不假矣。蓋氿與蔓異文而聲通者也。棺與材、車與軸異文而義通者也。惟十而當一與九而當一數目不合。以上文言藪鐮纒得入焉。九而當一例之。自作九者是。兩言九而當一。卽猶上文四言百而當一。

下文三言五而當一。豈容以十而當一雜出其閒。然鬯竊謂在作十而當一之本。其上文言藪亦必云十而當一。不作九而當一。特校者或遺未校及。即校及而不誤入正文。故今不可見也。要其兩言十而當一與兩言九而當一之本。數雖不同。而次第亦不亂也。抑或謂先言百。次言十。次言五。較言九者實覺爲數齊整云。

乘馬篇　季絹三十三制。

鬯案。季絹者、絹名曰季。未必因其下等而名之。房注云。三等。其下者曰季。然則上等中等豈猶有名伯絹仲絹者乎。而下文經暴布又將何說。季者、絹名也。猶經暴者布名也。俱不可望文以生義。戴望校正引劉云。季絹、細絹。暴布、白布。經則公用之字。亦鑿說也。制字屬此讀。諸家多訂正。

乘馬篇　名之曰央亦。

鬯案。央亦當連文。雙聲字也。以亦字屬下讀者非。下文關市之賦額句。

乘馬篇　今日不爲。明日忘貨。

鬯案。爲蓋讀爲𧶠。說文貝部云。或曰此古貨字。是也。忘宋本作亡。戴望校正云。亡當訓爲無。是也。然則今日不爲明日忘貨者。即今日不𧶠明日亡貨也。若云今日不貨明日無貨耳。不貨之貨動義。無貨之貨靜義。其義不煩言而解。蓋借貨以喻時之不可失也。房注云。言不爲則失時。意已得之。而借意則未得。至戴校以貨爲資字之誤。必不然。貨與爲叶。資則失韻矣。又引丁士涵以貨爲貸字之誤。雖下與來字可叶。亦非也。

七法篇　言是而不能立。

𢘭案。立讀爲位。下同。

七法篇　存乎聚財而財無敵。

𢘭案。兩財字並當讀爲材。下文云。存乎論工而工無敵。存乎制器而器無敵。先言材。次言工。次言器。義相貫串。房注以本字解之。失其旨矣。下文云。故聚天下之精財。論百工之鋭器。文與此照應。而幼官篇云。求天下之精材。論百工之鋭器。正作材字。故王念孫雜志謂彼財當作材。甚確。且精材有義。精財無義也。精材字亦見小問篇。明彼精財之財字當作材。則此兩財字之當作材。益可知矣。而王顧謂彼涉此聚財而誤。則不免智者一失也。材財假借。亦非誤字。要篇中財字皆當讀材。八觀篇云。船網不可一財而成也。彼財字亦當讀材。

版法篇　正彼天植。

𢘭案。植者標準之名。蓋植之本義爲戶植。引伸之則爲竪立之義。標準者、又從竪立之義引伸而出也。天植者、猶言天之標準也。故下文云。植固不動。植即此天植之植字。房注以種植解此。固失義。俞蔭甫太史平議以爲悳字之誤。亦不可通於下文之植字。版法解云。天植者、心也。心亦標準之名。不必作天悳始與心義爲合也。

版法篇　遠近高下。各得其嗣。

𢘭案。遠近者、猶言四海之内。高下者、猶言天地之中。房注以高下爲賦税之多少。迂甚矣。其故由不解一嗣字耳。云君之賦稅。因其遠近之別。以多少之差、輕重合宜。故可嗣之以常行。嗣、續也。以續詁嗣。安得不曲爲生義至於是乎。今案。嗣當讀爲治。治諧台聲。嗣諧司聲。台聲、司聲古音同部。例可假借。書舜典弗嗣。史記五帝紀裴駰集解引徐廣曰。今文尙書作不怡。嗣之通治。猶嗣之通怡矣。公羊莊八年經祠兵。左經作治兵。祠之通治。又猶祠之通治矣。遠近高下各得其嗣者、遠近高下各得其治也。嗣字之義明。則高下之義不須解。甚矣不通古音。誠不許讀古書也。

版法篇　必先順敎。

㘝案。順讀爲訓。訓順並諧川聲。故二字古多通用。牧民篇順民之經。俞蔭甫太史平議謂順當讀爲訓。甚是。此順字與彼一例。必先順敎者、必先訓敎也。版法解云。不敎順則不鄉意。亦謂不敎訓則不鄉意也。又云。明敎順以道之。亦謂明敎訓以道之也。房注云。必爵祿順而與之。所以敎之急。則失義矣。

幼官篇　若因夜虛守靜。人物人物則皇。

㘝案。人物人物四字殊不可解。疑本作㣻㣻二字。㣻字誤分爲人物二字。則㣻不成字。其改㣻作物。固必然之勢矣。說文勿部。勿下出㣻字。云。勿、或从㫃。是㣻爲勿之或體。㣻㣻卽勿勿也。小戴禮器記云。勿勿乎其欲其饗之也。又。祭義云。勿勿諸其欲其饗之也。大戴曾子立事記云。君子終身守此勿勿也。鄭注盧注皆云。勿勿、猶勉勉也。然則若因夜虛守靜㣻㣻則皇者。猶云順因處虛守靜。勉勉則皇也。㣻㣻誤分作人物人物四字。必不可通矣。幼官圖止人物二字。此必疑其複衍。故删去其一。殊不知單舉人物。仍無義也。若字訓順。夜字依圖作處。又此句當在下文尊賢授德則帝之上。此在前人皆已校正。句在尊賢授德則帝之上。張嘯山先生舒藝室隨筆說。戴校謂下當接常至命云云。則在凡物開靜形生理之下。說又異。今不贅。

幼官篇　養孤老。

邕案。孤卽獨義。廣雅釋詁云。孤、獨也。孤老者、卽小戴王制記所謂老而無子謂之獨者也。且呂氏春秋懷寵紀高誘注云。無子曰孤。則老而無子正不特曰獨。而亦復曰孤。此尤孤老之明解矣。蓋使老而有子。自有子養。正惟無子。故令養之。故此孤字與下文收孤寡之孤自別。彼孤爲少而無父之孤。此孤爲老而無子之孤。戴望校正不辨兩孤字之異。乃欲改下文孤寡爲鰥寡。不亦專乎。詩泮水篇云。永錫難老。彼難、當讀去聲。難老蓋亦謂老而無子者、或無妻者、無夫者、老之在難中者也。鄭箋難使老之說非。孤老、猶難老也。養孤老與錫難老。同一惠政也。或曰。難老既賅無子及無妻無夫。則孤老何必不賅。王制記言老而無子者謂之獨。老而無妻者謂之矜。老而無夫者謂之寡。矜也、寡也。莫非獨也。則莫非孤也。曰。然。且無子曰孤。獨見高注。他言老而無子皆曰獨。不曰孤。夫懷寵紀言求其孤寡而振恤之。彼以孤寡連文。猶此下文之孤寡。則安見高注不本作無父。而傳寫誤爲無子乎。則孤實未當爲無子者專稱。孤老兼無妻者而言。又何不可。特無夫者不在內。以下文出孤寡也。

幼官篇　五年。大夫請受變。

邕案。變疑當作率。率字別體有作卛者。詩召旻篇陸釋云。率字又作卛。是也。卛變字形相近。故誤卛爲變。戰國東周策云。又禁天下之率。史記孟嘗君傳作又禁天下之變。正其例也。率與律古通用。顏之推家訓書證篇云。率字自有律音。顏師古匡謬正俗亦云率有律音。班固白虎五行通云。律之言率。廣雅釋言云。律、率也。明二字相通。爾雅釋詁云。律、法也。然則受律者、受法也。房注云。請所變更之教令則但曰請受變。不辭甚矣。

幼官篇　發於驚。故能至無量。

㴱案。驚當卽參患篇所云三驚當一至之驚。彼房注云。驚謂耀威示武。能驚敵使懼。故此注云。發舉可驚。故敵不能量。似卽本彼注意爲說。然以敵不能量解此無量。非也。誠無量爲敵不能量。或當曰故所至無量。則猶可言也。今曰故能至無量。玩一能字。則與上文故能聞未極、故能見未形、故能知未始一律。彼皆指在我言。此何當指敵人言乎。無量者、自是無限之謂也。論語鄉黨篇云。唯酒無量。亦謂唯酒無限也。故邢昺正義云。唯人飲酒無有限量。耀武示威。所至亦無有限量。故曰發於驚。故能至無量。無量之量、靜字也。敵不能量、則量爲動字矣。無量爲無限之義。至今人皆習用。安得作動字說乎。下文云。動於昌。故能得其寶。注云。舉動昌盛。故敵懼而輸寶也。據注。似寶字當爲實字之誤。然兩可通。或注文實字本作寶。亦未可知。云其寶。則寶字自指敵之寶。然曰能得其寶。則亦謂我能得敵人之寶。不謂敵人輸寶於我。是仍指在我言。非指敵言也。彼文且不指敵言。況此無量乎。

幼官篇　器成不守。經不知。教習不著。發不意。

㴱案。此四句止是二項。若云器成不守則經不知。教習不著則發不意。添兩則字文意便明。然卽省兩則字。而下文止承經不知發不意二句。不承器成不守教習不著二句。則亦已一望明白矣。何意房注乃以不守爲敵不能圍守、不著爲敵不能明著與以不知爲敵不能知、不意爲出敵不意平列。則二項分作四項。其誤甚矣。蓋不知不意者、指敵言也。不守不著者、指其在我者言。非指敵也。夫使器成而守。則敵皆知其器成矣。豈能經而敵不知。王念孫雜志云。經、過也。謂兵過敵境而敵不知也。教習而著。則敵皆知其教習矣。豈能發而敵不意。故不守者、務使敵不知其器成也。不著者、務使敵不知其教習也。此卽軍政寄內政之法。管氏之學。不過是而已。下文四機不明。自與下障塞不審、由守不慎、詭禁不修、死亡不食爲比。然則四機必別有所指。決非承上文而言。房既誤分此爲四項。并四機爲卽不守、不知、不著、不意。誤而益誤矣。

幼官篇　必明其一。

毘案。此一字與下文其次一之之一字同義。故房注云。一謂號令不二。下文注云。其次善者。雖戰而號令一。明兩一字同義也。然竊謂兩一字同義。是也。房指號令言。非也。下文明云。數戰則士疲。數勝則君驕。驕君使疲民。則國危。至善不戰。其次一之。是一字明對數字而言。蓋管氏之意以不戰而勝爲至善。其次則在一戰而勝。而殊不在乎數戰數勝耳。彼一字之義甚明。則此一字之義亦可見。必明其一者、亦謂必明其戰勝之止在於一。而不在於數也。豈謂號令之一乎。且下文云。必明其政。政令一也。則號令之一。實已賅於必明其政之中。此不煩及者矣。兵法篇云。數戰則士罷。數勝則君驕。夫以驕君使罷民。則國安得無危。故至善不戰。其次一之。文與此下文同。彼下文申言破大勝彊。一之至也。夫大豈可數破。彊豈可數勝。又推言一之原。一之終。所云云一者。亦謂當致力於一戰而勝也。房注於彼說一字之義。亦迄未明曉。故五輔篇云。是以一戰而正諸侯。正此一字。

幼官篇　幼官圖。

鬯案。此圖本圖居前。副圖居後。南方在上。北方在下。東方在左。西方在右。何以知之。以宋本列次第知之。宋本次第與今本不同。今本以中方本圖爲第一。副圖第二。東方本圖第三。副圖第四。南方本圖第五。副圖第六。西方本圖第七。副圖第八。北方本圖第九。副圖第十。卽幼官篇之次第也。宋本則西方本圖第一。副圖第二。南方本圖第三。中方本圖第四。北方本圖第五。南方副圖第六。中方副圖第七。北方副圖第八。東方本圖第九。副圖第十。若非據圖而列之。安得與幼官篇次弟差異若此。故今本不足見圖之方位。宋本則依次案之。其方位自見也。戴望校正云。宋本此篇與今本大異。恐宋本爲是。此必有意義存乎其中。今本特以其不同前篇。而移其先後耳。鬯謂戴說是。謂有意義存乎其中。則實未見所謂意義也。惟自來輿圖家作地

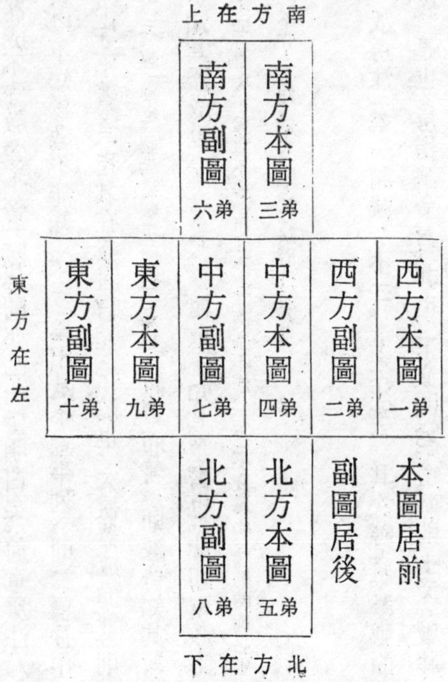

南方在上

<table>
<tr><td rowspan="3">東方在左</td><td></td><td></td><td>南方副圖弟六</td><td>南方本圖弟三</td><td></td><td></td><td rowspan="3">西方在右</td></tr>
<tr><td>東方副圖弟十</td><td>東方本圖弟九</td><td>中方副圖弟七</td><td>中方本圖弟四</td><td>西方副圖弟二</td><td>西方本圖弟一</td></tr>
<tr><td></td><td></td><td>北方副圖弟八</td><td>北方本圖弟五</td><td>副圖居後</td><td>本圖居前</td></tr>
</table>

北方在下

圖。皆北方在上。南方在下。東方在右。西方在左。而此則反之。然相傳八卦之圖。離在上。坎在下。震在左。兌在右。則亦明以南方在上。北方在下。東方在左。西方在右。故至今葬師作墓圖依之。與輿地家作圖相反。今幼官圖亦與之合。則勿謂其法非古也。蓋以圖縣室壁南鄉。人北面觀之。宜如輿地家所作東西南北也。若置圖於案上。人南面觀之。宜如此圖法矣。今繪如左。

宙合篇　大賢之德長明乃哲。哲乃明。

鬯案。長明二字當連讀。長或讀爲張。論語公冶長陸釋引家語字子張。是張長二字通用之證。張明者、即張明大賢之德也。張明乃哲。哲乃明。哲乃明之明與張明之明不同。初不複疊。房於此無注。而下文斷長字句。則以德長連讀。既不成義。而明乃哲哲乃明。復作何解邪。

宙合篇　若鼓之有㨶。擿擋則擊。

鬯案。㨶字或作㨄。周禮職金鄭注。用金石者作槍、雷、椎、㨄之屬。陸釋云。㨄、宅耕反。房注於此㨶亦音宅耕反。則㨄㨶同字明矣。但二字論古音實非同部。不在假借之例。以說文求之。當即朾字。朾諧丁聲。㨶諧亭聲。亭即諧丁聲。則二字可通。於㨄字則不可通。然則㨶是而㨄非矣。木部云。朾、撞也。朾訓撞。則㨶亦訓撞。蓋㨶之本義爲撞。所以撞者即謂之㨶。故曰若鼓之有㨶。擿擋則擊。擊、猶撞也。或謂㨶當爲梃字之借。梃諧廷聲。廷聲與亭聲同部。則說亦可備。戴望校正引洪氏說。又謂㨶當作桴。此儻即本之職金注釋文云。㨄本又作桴。但桴諧孚聲。孚聲與亭聲不通。即與㨄諧𦎫聲亦不通。凡隸書享聲字。篆文皆从𦎫。則破字矣。又云。擿擋則擊。當作擿擊則擋。尤爲謬妄。房於擿音丁歷反。擋音丁用反。則二字雙聲連語甚明。安得漫爲分析。此乃是倒文法也。擿擋則擊。若云擊則擿擋耳。因擊字與上文迹字易字古讀險易之易。亦入聲。叶韻。故倒之也。下文捭作椁。房注云。椁當爲擊。更非。

宙合篇　宙合有橐天地。

鬯案。有讀爲又。下文同。

宙合篇　故愁其治言。含愁而藏之也。

鬯案。上愁字葢卽涉下愁字而衍。觀房注云。故曰理代之言。理代卽治世。唐人避諱字通例。乃上注有意濟世。又顯出世字。何也。陰愁而藏之。則無上愁字甚明。注文曰字當卽其字之誤。

宙合篇　修業不息版。

鬯案。此與上句故退身不舍端對文甚明。葢一故字總領兩句也。房注乃云不息修業。亦不息其版籍。似以不息二字義貫上下。古書雖有此例。非施於此。且房氏亦未必能知此例也。或者注文上不息二字衍。

宙合篇　謀泄菑極。

鬯案。極當讀爲亟。亟極二字古多通用。書微子篇、小戴少儀記陸釋並有亟本作極之語。荀子賦篇楊注云。極讀爲亟。並其證也。謀泄則菑之及身亟矣。故曰謀泄菑亟。房注以極爲至義。雖本爾雅。殆未確。

宙合篇　夫行忿速遂沒法。賊發言輕。謀泄。菑必及於身。

鬯案。夫行忿速遂沒法句。卽承上文止忿速濟沒法也。行止二字義反。蓋猶亂之爲治之例。賊發言輕句。賊當讀爲則。古則賊二字互通用。周書文酌篇有德有則。當讀則爲賊。書舜典怙終賊刑。當讀賊爲則。說並見彼校。此亦讀賊爲則。謂行忿速遂沒法。則發言輕也。發言輕則謀泄。謀泄則菑必及其身。皆承上文而言。故曰夫行忿速遂沒法。則發言輕、謀泄。菑必及於身。上文三項分言。此則以三項貫承之。故特用一則字耳。房於此不發注。戴望校正引丁云。賊發句申言速遂沒法之意。誤讀誤解矣。

宙合篇　而倚以爲名譽。

邕案。此而字當如則字之義。則而二字語助通用。詳王引之釋詞。七法篇云。故事無備。兵無主。則不蚤知。野不辟。地無吏。則無蓄積。官無常。下怨上。而器械不功。朝無政。則賞罰不明。賞罰不明。則民幸生。依文例。當用五則字。今用四則字。一而字。明而卽則矣。此王釋所未徵及。朱東光本改而爲則。非也。倚當讀爲何。何諧可聲。倚諧奇聲。奇亦諧可聲。承上文而言。上文云。夫爲君上者旣失其義正。則何以爲名譽。其義至顯。房不發注則疏矣。

宙合篇　下乃解怠惰失。

邕案。失讀爲泆。

宙合篇　下泉於地之下。

邕案。泉當是原字。原泉二字古音亦同部。義亦相近。或假借也。

法禁篇　輕取於其民而重致於其君。

邕案。重有難義。史記張耳陳餘傳司馬貞索隱云。重、難也。又。司馬相如傳索隱亦云。重、猶難也。見於漢書顏注者。此訓尤多。此謂取於其民則輕。輕謂取之易也。而致於其君則重。重謂致之難也。義甚平顯。而房注解重字。謂僞飾成重。則失其義。是直眞有所難。并無僞飾也。房注云。下取於人。輕然不難。上致於君。僞飾成重。似當以輕然不難爲句。若讀輕字句。以然不難下屬。更不然矣。權修篇云。欲爲天下者必重用其國。欲爲其國者必重用其民。欲爲其民者必重用其民力。此重字與彼三重字同。彼注云。重、謂矜惜之也。矜惜亦難意也。

法禁篇　議言爲民者。

匽案。此議字與篇首法制不議之議。其義當同。據俞蔭甫太史平議讀彼議字爲俄。云俄者、傾也邪也。則此議亦當讀爲俄。俄言者、傾邪之言也。戴望校正以爲訛字之假借。其意亦同。顧匽竊謂讀此議字爲訛。不如讀此爲字爲訛。訛字不見說文。其本字卽言部之譌字。則正諧爲聲。讀爲爲譌。不較之讀議爲訛。於假借之例尤切乎。爾雅釋言云。訛、化也。方言陳楚篇云。譌、化也。議言爲民者、俄言訛民也。謂以傾邪之言化民也。戴謂以訛言疑惑民心。疑惑之意與訛化之意亦未始不合。然讀議爲訛。不讀爲爲訛。則爲字從無疑惑之義也。

法禁篇　然後失矯以深與上爲市者。

匽案。失矯二字不成義。失疑本作夭。隸書夭失二字形近而誤。夭矯疊韵連語。文選思玄賦偃蹇夭矯。李注云。夭矯、自縱恣貌也。夭矯爲自縱恣。故曰夭矯以深與上爲市。深與上爲市。其自縱恣可知。然則夭矯卽形容其深與上爲市之狀矣。房注不省失字爲夭字之誤。而云君失必矯。則安得但曰失矯乎。且君失必矯。是忠直臣也。何深與上爲市者能及。亦不當爲聖王之禁矣。夭矯爲後世詞賦家習用之字。說者謂二字始見於淮南子本經訓曰。天矯曾橈。而不知其早出於管子也。

法禁篇　大言法行。

𢒼案。法行與大言爲對。猶上句詭俗異禮。異禮與詭俗爲對。此一望可知。本不煩釋。而房注乃云。太爲言譽以爲法。使人遵行也。意以大言法三字作貫義。行一字又屬人言。恐自來無此文體也。意房當以法行非不美之辭。不合爲聖王之禁。故曲解至此。不知下文云。難其所爲而高自錯者。則此一等人實能自務其難者。殆卽後世所稱方巾道學者流與。則繩趨矩步固其所矣。所謂法行也。霸者尙用道學者、卽史記自序所譏博而寡要勞而少功者也。宜爲管子所斥。上句詭俗異禮。管子之所謂禮。俗禮也。異禮。正其人必拘執古禮者。

重令篇　則民毋爲自用。

𢒼案。自之訓我。不見於古詁。然其義習見於古書。如孟子引太甲自作孽。小戴大學記毋自欺之類。皆我義也。蓋正因習見之義。故古人偶不爲作詁。不得謂無是詁卽無是義也。民毋爲自用者、民無爲我用也。無之作毋。管子書中通例。我者、我有國者也。非指民也。房注云。故人不自用其力。失之矣。下同。

法法篇　則爲人上者衆謀矣。

𢒼案。謀下當脫之字。下句可證。

法法篇　國毋怪嚴。

𢒼案。怪嚴卽法禁篇所謂法行是也。法行者、方巾道學繩趨矩步之謂。說見彼校。管子之所不取也。

故善言之猶曰法行。不善言之直曰怪嚴而已。謂其莊嚴之行出於怪異也。彼文云。詭俗異禮。大言法行。此云國無怪嚴。下又云。毋襍俗。毋異禮。士毋私議。襍俗者、卽彼詭俗也。異禮者、卽彼異禮也。私議者、卽彼大言也。則怪嚴之卽彼法行明矣。房注云。國不作奇怪。則嚴肅而無襍俗。以國無怪爲句。嚴字屬毋襍俗爲句。其意蓋以嚴毋襍俗與下士毋私議爲語偶。然義不可通。嚴與士虛實亦不對也。

法法篇、易國之成俗者。

鬯案。成當訓舊。荀子正名篇云。則從諸夏之成俗曲期。楊倞注云。成俗、舊俗。可補此房注之略。

法法篇　毋赦者、痤雎之礦石也。

鬯案。痤當訓腫。說文疒部云。痤、小腫也。是痤以小腫爲本義。則痤雎者、必謂腫疽也。卽謂是小腫之疽。亦無不可。特小義或不必拘耳。趙用賢標劉注云。雎恐疽是也。疽雎並諧且聲。例得假借。羣書治要及初學記赦記、太平御覽轡覽、赦覽、徐鍇說文石部通釋皆正引作疽。今刊本从目。作雎。誤字。上文云故赦者犇馬之委轡。此云毋赦者痤雎之礦石。痤雎爲腫疽貫義。正與犇馬爲對。若如房注訓痤爲癤。癤疽則二字平列。與犇馬失對矣。又礦字、據治要及赦覽所引作砭。徐釋引作磏。王念孫雜志以作砭爲是。固當從之。說文石部云。砭、以石刺病也。戰國秦策高注云。石砭、所以砭彈人臃腫也。是砭字本動義。蓋砭字單文有當解作靜義者。卽如高注石砭。以砭釋石。是砭當靜義。砭彈人。動義。砭石連言。則石字是靜義。砭字是動義。砭石貫義。亦正與委轡爲對。作礦。則石部云。磺、銅鐵樸也。磺卽礦本字。礦石又二字平列。與委轡失對矣。惟鬯尙有說者。既以作砭爲是。則必以作礦爲誤。但砭礦二字其形甚異。何緣致誤。故竊以爲管子之文。當以小徐所引作磏爲是。蓋磏字或加广作⿰石廉。正如磺之加广爲礦。⿰石廉礦二形宜涉誤矣。特磏仍當讀爲砭。論語陽貨篇云。古之矜也廉。陸釋引魯讀廉爲貶。徐養源論語魯讀攷。據劉邵人物志簡暢而明砭。謂卽書臯陶謨之簡而廉。磏砭之通。猶廉貶砭廉之通矣。蓋乏之聲與兼聲本古音同部字。例無不可假借。作砭者。後人以本字易假字耳。殆非原文也。

法法篇　軒冕不下儗。而斧鉞不上因。

啓案。說此文者惟俞蔭甫太史平議得之。而儗因二字猶未得。蓋儗當讀爲礙。因當讀爲恩。皆聲借字也。俞議云。軒冕不下儗。謂其人有善卽從而軒冕之。不以其人在下位而有所儗議也。斧鉞不上因。謂其人有罪卽從而斧鉞之。不以其人在上位而有所依違也。今試易之曰。軒冕不下儗。謂其人有善卽從而軒冕之。不以其人在下位而有所礙難也。斧鉞不上因。謂其人有罪卽從而斧鉞之。不以其人在上位而有所恩免也。則儗因二字詎不曉白。而何必及儗議依違以解。至房注之失。俞已著辨。可不復贅。

法法篇　輕誅之流。道正者不安。

啓案。流蓋有過義。論字之原。則流必主水言。水之流與凡物之經過何以異。故流與過一也。過之引伸爲過失之過。則流之引伸爲流失之流。流失卽過失也。故如小戴中庸記言君子和而不流。荀子致士篇言流言、流說、流事、流謀、流譽、流愬。流實皆過義。蓋輕誅者原欲使道不正者無幸免。然其過也。道正者或冤及。故曰輕誅之流。道正者不安。猶重誅者原欲使行不邪者無冤及。然其過也。行邪者或幸免。故下文云。重誅之過。行邪者不革。輕誅之流。重誅之過。一流一過。明其義同也。房注云。輕誅則乖正。故道正之士不安。是於流字之義直沒去而不說。必未察流卽過義耳。參患篇文與此文大同。彼云。輕誅殺人之謂猛毅。重誅殺人之謂懦弱。此皆有失彼此。此文之流過。卽彼文之失字矣。

兵法篇　九章著明。

鬯案。章當指旗。葢旗有表識謂之章。故或二字連稱。小戴月令記云。以爲旗章。鄭注云。旌旗及章識。是也。或卽謂旗爲章。國語晉語云。變非聲章。韋解云。章、旌旗也。是也。詩六月篇織文鳥章。戰國齊策章子爲變其徽章。並此章字。且下文云。一曰擧日章。則晝行。二曰擧月章。則夜行。三曰擧龍章。則行水。四曰擧虎章。則行林。五曰擧鳥章。則行陂。六曰擧蛇章。則行澤。七曰擧鵲章。則行陸。八曰擧狼章。則行山。九曰擧韓章。則載食而駕。觀九章字。則九章爲九旗甚明。房注不發。不免疏略。至其韓章注云。韓、韜也。謂韜其章而擧之。惟旗可韜而擧。則房固未嘗不以章爲旗也。

兵法篇　利適。器之至也。

鬯案。適當讀爲敵。戴望校正引陳先生說。適古敵字。是也。特謂古敵字。則竟以適敵爲一字矣。且敵適皆形聲字。何以知敵今而適古乎。要同聲假借之字而已。至其解利敵爲勝敵。亦有可商。利敵原因乎勝敵。然管子固言利敵。不言勝敵。且此從上文而申言之。上文既有破大勝彊之語。則勝敵所不待言矣。利敵猶下文用敵也。用敵者以敵爲我用。則利敵者以敵爲我利耳。以敵爲我利。其殆指獲敵器乎。夫我器不至。陳云。至古緻字。亦是。而以爲古今字。亦非。而敵器至。則我器且將爲敵之利。豈能利敵之器。故曰利敵器之至也。猶以敵爲我用。若我敎不盡而敵敎盡。我且將爲敵用。何能用敵。故下文云用敵教之盡也。房注云。兵刃利而適者。其器得宜之至。又下文注云。士卒用命而適者。則敎練之盡。蓋房本用敵之敵亦作適。今宋本作適。可證是亦用借字。當讀適爲敵。而房於適字之義不會詮解。此姑勿論。但如其說。利適自然器之至。用適自然教之盡。此誰不知之。而尙勞管子著之。又下文云。不能致器者不能利適。不能盡教者不能用敵。此用正字。更無容反覆辨論如是矣。古人精語。經注家不善說之。頓成平滯。最可嘆也。而俞蔭甫太史惑於房注。且謂下文敵字當作適。抑何顚倒。故惟陳說爲得。小匡之便當無憾已。大匡篇云。戰於後故敗狄。其車甲與貨。小侯受之。此利敵之謂也。

大匡篇　國可謂亂乎。

㞕案。可謂讀爲何爲。

大匡篇　夷吾尙微爲。

㞕案。微當訓無。小爾雅廣詁云。微、無也。微爲者、無爲也。蓋使既有所爲而仍亂。亂斯眞矣。今尙無爲。則但使一旦有爲。卽亂可以治。故下文云。焉亂乎。尙可以待。待者、待有爲之日也。房注云。國政微爲則未至亂。可待君自及。未確。

大匡篇　同甲十萬。車五千乘。

㞕案。同蓋舉字之誤。金刻舉字多作𦥑。與同字形相似。故誤舉爲同。吳淸卿中丞字說謂書顧命上宗奉同、瑁太保受同、授宗人同之同卽𦥑字之譌。彼以舉爲酒器。如小戴檀弓記杜舉之舉。此舉爲舉起之舉。國語晉語韋解云。舉、起也。其義雖殊。而其誤一也。同甲十萬車五千乘者。舉甲十萬車五千乘也。下文云。謂管仲曰。我士既練。吾兵既多。寡人欲服魯。是桓公起甲十萬車五千乘以伐魯也。而房注乃云。同甲謂完堅齊等。無論其望文生義。且使無舉字以領句。句義安得完足乎。下文云。予車百乘甲一千。又云。予車百乘卒千人。此以舉字領句。猶彼以予字領句矣。王雜志引之案。據彼文以例此。訂十萬當云五萬。而於同字竟不一校及。則王氏亦未悟其爲舉字之誤也。邕舊校以同訓合。引考工函人記合甲以證。然亦非也。

大匡篇　去國五十里而爲之關。魯請比於關內以從於齊。

邕案。國有二義。或指邦國。說文口部云。國、邦也。是也。或指國都。呂氏春秋明理紀高注云。國、都也。是也。此國亦指國都而言。比與形勢篇裁大者衆之所比也之比同。當讀爲庇。見彼校。字或作庇。周禮世婦職鄭注云。鄭司農讀比爲庀。又。大胥職注云。鄭大夫讀比爲庀。是也。謂魯去國都五十里設關。而自庇於關內。以從服於齊也。自庇於關內者、卽自庇於五十里之內也。故下文云。魯之境去國五十里。其義至明。房注於國字之義未析。然云更立國界而爲之關。說固無戾。至不知比之讀爲庇。而云比於齊之關內。殆不然矣。且比於齊之關內。卽從服於齊。何必又云以從於齊乎。呂氏貴信覽作去魯國五十里而封之。請比關內侯以聽。衍一侯字。尤謬。畢沅校本引梁仲子云。秦都山西。以關內爲王畿。故曰關內侯。齊安得有關內侯乎。引管子此文以證彼侯字之衍。而不知侯字之所以衍。亦由不解比字之故也。

中匡篇　刑罰以脅盾一戟。

鬯案。此盾字房本葢脫落。故注云。脅、盾也。以盾訓脅、明其本無盾字矣。房知脅爲盾者。以幼官篇云。兵尚脅盾。彼注云。盾或著之於脅。著或誤署。故曰脅。盾著之脅而曰脅盾。故此單言脅而亦知其爲盾也。然彼既有脅盾之文。則正此文脅盾之左證。小匡篇輕罪入蘭盾鞈革二戟。上句云。制重罪。入以兵甲犀脅二戟。犀脅或亦指盾。房無注。國語齊語作輕罪贖以鞼盾一戟。亦明有盾字。此文盾字當未必可少。特房本無此盾字。亦不可不知。否則注語不可解矣。

中匡篇　寡人非敢自爲修也。

鬯案。修之訓長。恆訓也。長短之長與長幼之長。本一義之通轉。古人於此最無拘滯。修之訓長者。長短之長居多。而此修字訓長。獨爲長幼之長。故下文云。仲父年長。卽修字之義可知矣。至上文云。寡人自以爲修矣。彼修字自誤。白居易帖酒帖引管子。作以爲脫於罪矣。省引寡人自三字。允當從之。不可以援彼難此也。且彼文果是修字。試問何義。

中匡篇　雖寡人亦衰矣。

鬯案。雖當讀爲唯。雖卽諧唯聲。故二字古多通用。詳王引之釋詞。上文云。仲父年長。則是桓公之年少於仲父。然雖桓公之年少於仲父。而桓公時亦已衰老矣。故曰唯寡人亦衰矣。以起下文願一朝安之意。若從雖本字。則直當云雖寡人年少。豈合云雖寡人亦衰乎。

小匡篇　鮑叔知。無後事。

鬯案。鮑叔知句知讀爲智。下文云。鮑叔之知不是失也。彼知字正與此知字相應。房注云。以鮑叔之智能及此圖。必不失也。明彼知卽智。則此知之卽智亦明矣。而房於此乃云。既得管仲。則知後無禍難之事也。以六字讀作一句。知爲知識義。非矣。

小匡篇　以旦暮從事於田壄。

鬯案。暮本作昔。與上下文一律。疑後人以國語齊語改。王雜志引之案已校訂。惟王謂昔與夕通。蓋因說文日部訓昔爲乾肉。故以昔爲借字。夕爲正字。則其說實不若吳夌雲遺著校穀梁傳昔字之說。蓋旦昔之昔。實爲昔之本義。初非借字。與齊語作莫。同一正字也。吳著云。昔上从㳄。古文尙書以㳄爲虞字。昔與莫同義。莫、將沒之日也。故从日在茻中。昔、日入虞淵。既沒之日也。故从日在㳄下。說文。昔、乾肉也。从殘肉。日以晞之。與俎同意。失之。訓乾肉之昔。自當依籀文作腊。此說頗精。然則旦昔之昔。殊不必讀昔爲夕矣。穀梁莊七年傳云。日入至于星出謂之昔。旦昔之昔。正此義也。鬯前校穀梁傳已主吳說。而定其義爲昔字之本義。今亦無以易之。下文言工旦昔從事於此。白帖百工帖引昔字亦誤作暮。抑或者管子原有兩本與。要卽兩本亦不容雜合一本。此本上下作昔。王校不可非也。

小匡篇　小罪入以金鈞。分宥薄罪。

鬯案。分字疑衍。宥薄罪。無所謂分宥也。國語齊語作小罪讁以金分。宥閒罪。韋昭解云。小罪不入於五刑者。以金贖。有分兩之差。今之罰金是也。是分字上屬金字。不下屬宥字。宥上初無分字。蓋齊語作金分。管子作金鈞。校者以語校子。因入分字於管子。而金鈞分既不成句。且有下文入以半鈞鈞字絕句作例。則不得不以分字下屬宥薄罪。而不知仍不可通於義也。

小匡篇　無坐抑而訟獄者。正三禁之。

恩案。坐當讀爲挫。俞蔭甫太史平議云。言人有挫折屈抑。則宜訟。若無是而訟。是好訟也。故必有以禁之。其説甚當。乃戴望校正采俞説。而標題於正字絶句。又改故必有以禁之。作故宜有以正之。此大失俞意矣。俞止標無坐抑而訟獄者七字。何嘗連正字。其云有以禁之渾言三禁之義。特沒正字而不説耳。其所以不説者。以房注云正當禁之。是正字之義房已得之。故不必復説也。葢此正字當訓長。爾雅釋詁云。正、長也。郭注云。正、官長也。正之訓長。見於詩毛傳鄭箋以及周禮、儀禮鄭諸注者。更不一而足。房謂正當禁之。亦謂官長當禁之耳。豈可以正卽作禁字解乎。戴之鹵莽甚矣。至房謂正當禁之三日。以三禁爲三日。葢本於韋解。則竊有所未安。其實三禁止是禁之者三。不必言三日也。

小匡篇　成周。

恩案。成當讀爲城。左文十一年傳王子成父。下文作王子城父。卽其近例也。成周者、城周也。國語齊語正作南城於周。韋解云。城王城也。周襄王庶弟子帶作亂。與戎伐襄王。焚其東門。不克。桓公使仲孫湫徵諸侯戍周而城之。事在魯僖十三年。則成周之爲城周明甚。而語文南字卻疑衍。又。宋公庠補音本無於字。然則國語管子初無異文。今案。左傳有成周。無城之之文。韋氏加之。竊謂若如語作南城於周。又當讀城爲成矣。成猶平也。傳所謂平戎於王者。説姑備參。

小匡篇　踰大行與卑耳之貉拘秦夏。

恩案。拘秦夏當三字爲名。葢卑耳之貉之山也。故曰踰大行與卑耳之貉拘秦夏。一踰字領句。謂既踰大行。又踰卑耳貉之拘秦夏山也。房注謂與卑耳之貉。共拘秦夏之不服者。則失義矣。且以秦夏二字爲名。拘爲拘獲之義。將何以解下文北至於孤竹山戎穢貉拘秦夏乎。齊語作踰大行與辟耳之谿拘夏。彼貉字作谿。將亦可與谿而共拘乎。小問篇云。未至卑耳之谿十里。又云至卑耳之谿。亦並稱谿。韋解云。拘夏、辟耳之谿也。則彼無秦字。以拘夏二字爲名。此拘秦夏三字爲名尤見矣。獨韋謂谿名。揆之文義未協。此當山名。要其爲名一也。拘之言句也。句吳以句爲發語辭。拘秦夏或亦以拘爲發語辭。則未可知矣。或疑此秦字涉下文而秦戎始從秦字而衍。然下文北至孤竹山戎穢貉拘秦夏。秦字又何以衍乎。

小匡篇　諸侯以縷帛布鹿皮四分以爲幣。

圖案。帛蓋讀爲白。小戴玉藻記鄭注云。帛當爲白。聲之誤也。公羊宣十二年傳徐彥解引爾雅釋天孫注云。詩云帛旆英英。卽今詩六月篇白旆央央。是白帛通用。帛布者、白布也。白布無文。故霸形篇云。君何不發虎豹之皮文錦以使諸侯。令諸侯以縵帛鹿皮報。又云。於是以虎豹皮文錦使諸侯。諸侯以縵帛鹿皮報。彼虎豹皮文錦。卽此下文文錦虎豹皮。彼鹿皮卽此鹿皮四分。彼縵帛卽此帛布。說文系部云。縵、繒無文也。則此帛布之卽白布明矣。王念孫雜志并欲據彼文以訂此縷字卽縵字之誤。則又似不可。乘馬篇經暴布百兩。劉注云。暴布、白布也。是經暴布者、經白布也。縷白布猶經白布矣。經也、縷也。皆白布之分別名也。此縷爲縵之誤。豈彼經亦爲縵之誤邪。縵爲無文義。合此白布。無與此縷字也。且國語齊語作故天下諸侯罷馬以爲幣。縷綦以爲奉。鹿皮四分。亦明出縷字。縷綦卽縷白布矣。故韋注云。縷綦、以縷織綦。不用絲。取易共也。是也。宋庠補音本綦作纂。黃丕烈國語札記、汪遠孫國語發正並謂誤。

霸言篇　道同者不王也。

㗊案。王字無義。疑正字之誤。正卽上文兼正之國之謂王之正也。竊謂彼兼正二字當分二義。房注謂兼能正他國。非也。兼能正他國。卽霸者何獨不然。所以不王者。以不兼其國也。然則兼者、取也。故上句云。德共者不取也。卽承彼兼字而言也。此云道同者不正也。卽承彼正字而言也。王爲正之誤明矣。房注云。若彼德與我共。彼道與我同。則不取。而且不王。王字亦無義。疑房本此正字猶未誤。注文亦本作則不取而且不正。謂非特正之而不取其國。且不往正其國也。正之言征也。

霸言篇　國危則聖人知矣。

㗊案。知當訓見。呂氏春秋自知論高注云。知、猶見也。左僖二十八年傳喜可知也。杜解云。喜見於顏色。是亦以見訓知。見知二字。其義通用實多。卽管子中亦有可證。如心術篇云。見於形容。可知於顏色。王念孫雜志云。可字後人加。又白心篇云。集於顏色。知於肌膚。知並卽見也。穀梁桓六年傳云。何以知其是陳君也。先師鍾朝美先生補注云。知字訓見。蓋凡言何以知之類。卽猶言何以見。至今行文口說習通用無別。呂氏報更覽高注又云。知、猶發也。發、亦猶見也。國危則聖人知者。正謂國危則聖人發見也。房注云。懷獨見之明。故先知。失義矣。

霸言篇　聖人將動必知。愚人至危易辭。

㗊案。必當讀爲畢。戰國秦策云。四國必從。盧見曾刻宋本必作畢。鮑彪亦改必爲畢。說文八部云。尔、詞之必然也。玉篇八部作尔、詞之畢也。並可證矣。爾雅釋魚。鮅、鱒。廣韻質韻引鮅作鱓。亦足旁證。必知者、畢知也。畢知者、盡知也。聖人將動盡知。與愚人至危易辭正相反。蓋將動、猶未動也。至危、動之至矣。所謂一則未然。一則已然也。將動而能盡知。則雖至危必不易其辭。至危而易辭。其仍無所知也。所謂一則前知。一則後亂也。二句之義如是。顧其爲對文。則有上文聖人畏微而愚人畏明、聖人之憎惡也內、愚人之憎惡也外可例。乃房注云。聖人之動必闇知愚者至危不知禍之將至。尙有慢易之辭云云。玩注文。竟以必闇知屬愚者讀。則此二句忽作串義。竟不顧與上文失類。若以必闇知爲句。則闇字爲虛設。至解易爲慢易。猶其失不足論矣。故劉注易之云。聖人將動。先明其安危。若愚人則至危之時方改易平素之言。其說可謂得矣。獨以先字代必字。尙不如讀必爲畢之易曉也。

霸言篇　精於權。則天下之兵可齊。

㽞案。齊當讀爲擠。擠諧齊聲。例得通借。故小戴孔子閒居記鄭注云。詩讀湯齊爲湯躋。齊之通擠。猶齊之通躋也。又彼陸釋云。齊本作隮。齊之通擠。亦猶齊之通隮也。說文手部云。擠、排也。此謂精於權。則天下之兵我皆可以擠排之也。史記項羽紀、漢書項籍傳並云。楚又追擊至靈辟東睢水上。漢軍卻。爲楚所擠。正此擠字。顏注引臣瓚亦云。擠、排也。裴解引瓚曰。排、擠也。蓋誤倒。房注略。俞蔭甫太史平議讀爲濟。訓止。然訓止非濟字本義。似不如讀擠爲得矣。

問篇　上帥士以人之所戴。則上下和。

㽞案。上蓋當訓升。易需卦陸釋引干注及漢書王莽傳顏注。並云。上、升也。帥士蓋當時稱士之名目。帥與率通。小匡篇云。十邑爲率。十率爲鄉。下文有率子弟、鄉子弟之稱。說見俞蔭甫太史平議。房注非。然則帥士者、率士也。率士之稱猶率子弟之稱矣。率子弟者、率之子弟也。率士者、率之士也。升率士而措之衆人之上。苟此率士素不爲人所戴仰。則必至在下者不服。素爲人所戴仰。則一旦升而措諸人上。自必上下和矣。故曰上帥士以人之所戴。則上下和。房注云。上帥其士。所爲者皆人之所戴仰。故上下和。則必非義。至戴望校正引陳先生說附會房義。尤不足云。

問篇　問獨夫寡婦孤寡疾病者。

邕案。既言寡婦。又言孤寡。兩寡字當有別。蓋寡有老少之異。獨夫寡婦者、所謂老而無子謂之獨。老而無夫謂之寡者也。是寡而老者也。孤寡者、所謂少孤少寡也。是寡而少者也。此與幼官篇言養孤老、食常疾、收孤寡可例觀。此言兩寡。猶彼言兩孤矣。彼兩孤亦一謂老。一謂少也。校已見前。戴望校正於彼孤寡之孤漫改謂鰥。則於此孤寡之寡。何不亦易一字乎。乃略不說及。何也。自來此文無有解及者。蓋皆不察寡之有老少之異也。

問篇　士之有田而不使者幾何人。吏惡何事。

邕案。田字無義。田烏可使。云有而不使。且曰吏惡何事。則田必吏字之誤也。蓋與下文士之有田而不耕者相涉。故誤吏爲田。且篆文口字作D。左右上出。吏字中有D。苟上出。連上一畫。即具田形。然則謂田爲吏之壞字可也。士有吏者、所謂家老若隸子弟是也。既爲士吏。宜爲士使。然士事少。或有而不使。不使則吏何事。故既問士之有田而不使者幾何人。而又問吏惡何事。惡何二字同義。猶左僖四年傳云。十年尚猶有臭。尚猶二字亦同義。公羊哀十四年傳云。末不亦樂乎堯舜之知君子也。末不一字亦同義。葢古人自有複語耳。惡何卽猶尙猶未不矣。或疑二字衍一字。與下文身何事文對。亦一說。

問篇　冗國所開口而食者幾何人。

鬯案。冗爲問字之誤。戴望校正引丁說及俞蔭甫太史平議並訂正。惟開口二字尙未有說。竊謂此口非口鼻之口字也。乃古之倉字也。說文倉部云。倉、穀藏也。从食省。口象倉形。若廩字。則當作回。不作口。是象倉形之口與口鼻之口。在篆文原有別。而隸書本無異形。故開倉遂誤讀爲開口矣。房注云。言其不農作。直開口仰食。不農作義卻可合。開倉而食者。是富人也。尙何農作。開口仰食。似非其義。今案。此條姑備一說。海王篇、揆度篇並有開口字。待考。

戒篇　舉齊國之幣握路家五十室。

鬯案。幣葢讀爲敝。握葢讀爲屋。幣握卽諧敝屋聲。並在假借之例。敝屋與路家爲對文。皆謂窮困之家。王雜志引之案云。路讀爲露。露家、窮困之家也。舉齊國之敝屋路家五十室。與小戴檀弓記言所舉於晉國管庫之士七十有餘家。同一文法。則義亦不異。彼鄭注云。管庫之士、府史以下官長所置也。舉之於君以爲大夫士也。然則此舉亦謂舉之於君耳。敝屋路家、豈惟府史以下官長所置哉。葢較之管庫之士尤爲窮困者矣。於此而舉之。則其人感激必不已。而能使其人不知。此之謂大仁也。故下文云。其人不知也。大仁也哉。其朋乎。房注既誤讀舉齊國之幣爲句。而訓握爲持。并不知路家之義。以爲路旁之家。說直無一是處。王志能校路家之義。亦不能知幣握之卽敝屋。至改握爲振。破字解書。未爲善也。

戒篇　勿已者朋其可乎。

㔹案。勿已者、猶言無已。

參患篇　道正者不安。則才能之人去亡。

㔹案。去亡二字本無可疑。而張嘯山先生舒藝室隨筆謂去亡不辭。疑衍其一。殆非所疑也。不特下文又出去亡字可例。且此文在法法篇已有之。亦云道正者不安。則材能之臣去亡矣。不更顯證乎。法法篇在前。卽校衍其一。亦宜校在彼文也。

參患篇　故一器成。往夫具而天下無戰心。

㔹案。具疑讀爲懼。懼具一聲之轉。今俗便寫懼字輒作惧。雖不足爲典要。然論音借。未謬也。往夫懼而天下無戰心九字作一句。舊以往夫具讀斷。非也。張嘯山先生隨筆以往字爲狂字之譌。其說當是。狂往並諧㞷聲。本在假借通例。然必讀具爲懼。則讀往爲狂始通。懼者、彼懼我也。若依具義。則不在彼而在我矣。我何取乎狂夫。下文二具字放此。房注皆非。

君臣上篇　若望參表。則邪者可知也。

㔹案。參當訓三。廣雅釋言云。參、三也。論語泰伯篇三分天下。皇侃義疏本作參。亦云。參、三也。陸釋亦出三字云。本今作三。三參二字至今俗用爲同字。據儀禮冠禮賈釋辨一壹二字有大小之稱。則大寫小寫之別。在唐已有之矣。故小匡篇出柒字。亦必本於唐人書也。彼文言柒里。據國語齊語作漆里。葢古漆或作洓。新莽侯鉦重五十来斤。来卽桼字。作數目七字用。自漢已然矣。柒字譌體卽来字。而又加氵。則漆字也。參表者、三表也。葢立三表皆正。則直望之若一表。稍或不正。立可見也。故曰若望三表。則邪者可知也。房注云。參表謂立表。所以參驗曲直。以參爲參驗。是未知參之爲三義矣。且立表以參驗曲直。而謂之參表。義亦未安。周禮大司馬職云。虞人萊所田之野爲表百步。則一爲三表。此三表之證也。

君臣上篇　常惠於賞而不忍於刑。

樾案。惠字疑本作專。專諧叀聲。惠亦从叀。二字相溷。故誤專爲惠。常專於賞而不忍於刑。其義自明。不煩解釋。若惠與賞字義雖似相切。而云惠於賞。實不可通。房注云。惠賞而不忍刑。於惠字仍無所發也。豈注文亦本作專賞與。專壹之專。依說文作嫥。然書傳通以專爲之。

君臣上篇　則婦人能食其意。

樾案。食與得字古每通用。葢得之則食。而食必由於得。義本相成。且二字疊韻。卽於假借之例亦無悖。故論語季氏篇云。戒之在得。謂戒之在食也。彼論血氣。若謂貪得。則非義矣。則讀得爲食。此云婦人能食其意。謂婦人能得其意也。則讀食爲得。葢婦人近人主。故人主之意。惟婦人能得之。義本至顯。房注乃云。君意委曲隨於女謁。若食之充口。故曰婦人能食其意。何其迂也。房義既爲俞蔭甫太史平議所駁。而俞謂食當讀爲蝕。說文虫部。蝕、敗創也。婦人能蝕其意者。婦人能敗其意也。則又未確。上文云。主德不立。然則此謂意必非德意矣。非德意而婦人能敗之。不轉賴此婦人乎。要謂能得其意。而其意之德與不德。固不必問也。下篇云。便僻不能食其意。刑罰亟近也。彼房注卻云。便僻者不能諂君以得意。故曰不能食其意也。旣不能得君意。故刑罰數也。正以得意解食意。葢爲說之幸中者矣。

君臣上篇　相總要者官謀士。

𣱼案。者當讀爲諸。諸諸者聲。例得通用。相總要諸官謀士讀作一句。下文云。量實義美。匡請所疑。皆承相字而言。故下云。而君發其明府之法瑞以稽之與上文而官論其德能而待之、而相爲常具以給之句一律。葢上言百姓。言大夫。此言相。三疊文法本明顯。而房氏乃於者字斷句。以官謀士三字爲句。且云。士、事也。官各謀其職事也。則竟以官字爲領句。試問相總要者四字安在著落乎。餘謬所不待論矣。

君臣下篇　一畝之賦盡可知也。

𣱼案。此言賦之平耳。承上文千里之內束布之罰而言。謂一畝之賦。其當罰不當罰。雖千里之內一例也。故曰千里之內、束布之罰、一畝之賦盡可知也。則賦不亦平乎。房注謂賢人爲之視聽。故無不知。未得其義矣。

君臣下篇　德侵則君危。論侵則有功者危。令侵則官危。刑侵則百姓危。

𣱼案。侵之言祲。祲侵二字。義本相通。故釋名釋天云。祲、侵也。赤黑之氣相侵也。穀梁襄二十四年傳五穀不升謂之大侵。後漢書光武紀李注云。五穀不升曰大祲。然則大侵卽大祲也。祲有妖義。左昭十五年傳云。祲、妖氛也。是德祲者、德妖也。論祲者、論妖也。令祲者、令妖也。刑祲者、刑妖也。故下文云。而明君者審禁淫侵者也。上無淫侵之論。侵上並加一淫字。則侵之卽祲。而其義可見矣。房注德侵則君危云。君德見侵。不危何待。於侵字之義未加詮發。注論侵則有功者危云。論議侵理則功過不明。并增設理字以解之。尤爲不可。葢未明其爲妖義。則四侵字或可合或不可合。七臣七主篇言侵主。又言侵臣。侵主侵臣亦妖主妖臣也。

君臣下篇　伏寇在側者。沈疑得民之道也。

㗊案。疑葢讀爲凝。沈凝者、猶謂深重陰惡之人也。沈凝得民心者。其如齊後來之陳氏與。誠不啻伏寇在側矣。故曰伏寇在側者沈疑得民之道也。沈凝二字。後世辭章家亦用之。甘子布光賦云。沈凝者顯象。淸貞者流曜。此房注太略。

君臣下篇　爵制而不可加。

㗊案。爵制當如專制之義。承上文言。兼上下以環其私。則其專制可知矣。房注所謂勢旣淩君。是也。勢旣淩君。正當解爵制之意。而乃云勢旣淩君。故爵制不能加也。則勢旣淩君四字轉成虛設。且爵制不能加。何不直曰不能加。而曰而不可加乎。葢加之言駕也。莊子庚桑楚篇譬猶飲藥以加病也。陸釋云。加崔本作駕。爵制而不可加者。謂其專制而不可駕馭也。說文口部云。加、語相增加也。馬部云。駕、馬在軛中。則駕馭之義自當主駕。而於增加之義亦未始不可引申。故古人駕字每作加。如小戴內則記云。不敢以富貴加于父兄宗族。論語公冶長篇云。我不欲人之加諸我也。我亦欲無加諸人。左襄十三年傳云。君子稱其功以加小人。加皆駕馭之意。

君臣下篇　衆農以聽命。

㗊案。農當訓勉。廣雅釋詁云。農、勉也。衆農以聽命。衆勉以聽命也。大匡篇云。耕者農農用力。王念孫雜志亦訓農爲勉。此農與彼農農正同。而王於彼未徵及此。所當補之。又彼文農農。王以一農字爲後人所加。則鬯意謂可不必。勉勉二字可重言。農農何必不可重言邪。

君臣下篇　物地生。

鬯案。此物字與上句審天時之審字爲對文。則物亦當如審義。物蓋讀爲昒。說文目部云。昒、一曰久視也。久視之義。推之卽審義矣。然經典皆以物爲之。物地二字見周禮載師職云。以物地事。鄭注云。物、物色之。又見草人職云。以物地相其宜而爲之種。注云。以物地占其形色。又丱人職云。若以時取之。則物其地。注亦云。物地占其形色。知鹹淡也。此皆物地二字之明證。而實亦昒字之借也。鄭解爲物色之。其義雖可通。不如儀禮既夕記冢人物土注云。物、猶相也。尤爲切近。相、猶審也。生當讀爲性。周禮大司徒職辨五地之物生。鄭注云。杜子春讀生爲性。大戴子張問入官記盧注云。生、謂性也。則并訓生爲性。要亦聲訓與假借同例也。物地生者、昒地性也。謂審地之性也。地性與天時又正偶對。然則鄭解物地爲占其形色。亦雖可通。而以此管子證之。乃物其性。不僅物其形色矣。

小稱篇　當民之毁譽也。則莫歸問於家矣。

鬯案。凡民有作。必先問於家。此人情也。至於毁譽其上。則莫歸問於家。足見其觀之至察。無所疑竇於其閒。故能然也。此謂民莫歸問於家。非指在上者。房注未是。

小稱篇　雖有天子諸侯。民皆操名。而去之。則捐其地而走矣。

鬯案。民皆操名蓋當句。言雖有天子諸侯之貴。而毁譽之名皆民操之。故曰雖有天子諸侯。民皆操名。其讀法可見矣。而去之者。承上文操名去人而言也。自在上言之。非自民言之。在上者去人。則人亦去上矣。故曰則捐其地而走矣。房讀民皆操名而去之作一句。則旣言去之。又言捐其地而走。不太複乎。且操名而去之。於義實難解也。今案。君臣下篇云。有國君民而使民所惡。制之。此一過也。竊謂制之二字當別爲句。言旣使民惡。而以法制之。此君人者之過也。房注云。民惡君之制己。此亦君之過。以制之二字屬上讀。則之字不可通。此以而去之別爲句。與彼制之別爲句。略可比例。

四稱篇。固其武臣。

㽞案。固當讀爲故。故固並諧古聲。例得通用。小稱篇云。故臣且謁之。彼故當讀固。彼王雜志引之案云。故與固同。此固其武臣。則固當讀故。

四稱篇　動作則事。

㽞案。事當訓勤。爾雅釋詁云。事、勤也。

四稱篇　尊其貨賄。卑其爵位。

㽞案。此卽賣官鬻爵之謂。但有貨賄賂己。卽不惜予人以爵位。是貨賄尊而爵位卑矣。故曰尊其貨賄。卑其爵位。房注謂未必能貴其爵位。但尊其貨賄而已。解卑其爵位殊覺無義。上文云。假寵鬻貴。此二句卽謂申明鬻貴之說。亦似無不可。然彼與假寵比文。故彼注云。因君之寵必能鬻其貴。則鬻貴者轉非賣官鬻爵之謂。特自衒其一己之貴而已。此二句卽別爲義可也。

四稱篇　倨敖不恭。不友善士。讒賊與鬭。

㽞案。不友善士四字當爲衍文。鬭宜依劉注引一本作通者是。倨敖不恭、讒賊與通兩句。恭通連韻。

猶上文貪於貨賄、競於酒食兩句。賄食亦連韻。葢换韻發首之法。必連叶。至今詞賦家例猶然也。衍不友善士四字。則多一句矣。且上文云不與善人。卽是不友善士也。旣云不與善人。又云不友善士。於義不太複乎。其爲衍文尤可知矣。又案。下文俱亂其君句。亦疑衍。彼上旣言迷或其君。於義亦複。且亦多一句也。

四稱篇　君若有過。各奉其身。

邕案。此言君若有過與上文君若有過。義似有異。上文云。君若有過。進諫不疑。則過者過失也。此云君若有過。各奉其身。則過當讀爲禍。君若有禍。而各奉其身。以見莫有顧其君者。若亦作過失義。則各奉其身語意不協矣。房注云。奉身自潔。推過於君。則上文巳云以敗其君。皆曰非我。是卽奉身自潔。推過於君矣。誠然。不必復說。且曰君若有過。是過誠有也。豈謂推過於君乎。

侈靡篇　則人可刑也。

邕案。刑當訓治。廣雅釋詁云。刑、治也。人可刑者、人可治耳。房注謂若此則人之賢不肖可刑也。於刑字義不著。張嘯山先生隨筆云。刑疑當作制。尤當不然。　又案。誠刑爲誤字。則以爲制字之誤。不如以爲別字之誤。房注云。若此則人之賢不肖可刑也。刑恐亦作別。賢不肖可別。句始有義。可刑不可解也。下文云。故天子臧珠玉。諸侯臧金石。大夫畜狗馬。百姓臧布帛。不然。則强者能守之。智者能收之。收今本作牧。王念孫雜志云。牧當爲收。卽別之義也。惟別、故雖强雖智。諸侯不僭天子。大夫不僭諸侯。百姓不僭大夫。別字之義殊勝。顧不謂賢不肖之可別也。房義抑不然矣。

侈靡篇　尊天地之理。所以論威也。

　　㽞案。天尊地卑。尊天地之理者、猶言尊尊卑之名分耳。故曰所以論威。房注謂天地以秋冬肅殺雷震電耀爲威。則何以解春夏與雨露乎。或曰。信如天尊地卑之說。則所以論威。合止當尊天之尊。必無尊地之卑。今不第曰尊天之理。而曰尊天地之理。何也。曰。然。天地連文。古今恆語也。卽下文可證。下文云。必辨於天地之道。然後功名可以殖。辨於地利而民可富。旣別言地利。則所謂天地之道者。止天之道耳。尊天之理。而曰尊天地之理。猶辨天之道。而曰辨天地之道也。葢因天而兼及地。此不在咀嚼之例。

侈靡篇　不有而醜天地。非天子之事也。

　　㽞案。醜當訓比。小戴學記云。比物醜類。鄭注云。醜、猶比也。天子本與天地比。猶中庸記言與天地參。不有上事則不足比天地矣。故曰不有而醜天地。非天子之事也。房注云。不有上事。而又醜惡天地之化。非天子之事。以醜作醜惡解。失其義矣。戴望校正引丁氏說。據形勢篇有閒道而好定萬物者天地之配也以解此。甚善。而云此醜字或配之誤。則殊昧矣。醜訓比、猶配也。

侈靡篇　故嘗至味而罷至樂。

　　㽞案。罷讀爲疲。

侈靡篇　而雕卵然後瀹之。

　　㽞案。而字當作夫。篆文𠕒字脫上出𡿨筆。卽形同而。故誤夫爲而。此別起句。不承上文。不合用而字接轉。藝文類聚薪炭灰類引管子曰。周容子夏以侈靡見桓公。桓公曰。侈靡可以爲天下乎。子夏曰。可。夫雕橑然後炊之。雕卵然後瀹之。所發積臧散萬物也。所引與此上下不同。又與下句雕橑然後爨之倒轉在上。而此而字之作夫。則實爲明證也。

侈靡篇　用其臣者予而奪之。使而輟之。徒以而富之。父繫而伏之。予虛爵而驕之。收其春秋之時而消之。有襍禮我而居之。時舉其强者以譽之。

㠯案。用字房讀屬上爲之畜化句。王念孫雜志訂。以用其臣者四字爲句。云用其臣者統下八句而言。其說確。又謂父繫而伏之。父當是又字之譌。又者承上之詞。說亦可取。而引之案。以有襍禮我而居之有字亦云讀爲又。亦承上之詞。則殆失其父之意矣。此文八句首出予而奪之、使而輟之兩句。句各爲義。若云。既予之又奪之。既使之又止之。輟者止也。而下六句則各以兩句爲一義。葢云。既徒以而富之。又繫而伏之。既予虛爵而驕之。又收其春秋之時而消之。既有襍禮我而居之。又時舉其强者以譽之。則有襍句乃是起下。安得反謂承上。而讀爲又乎。念孫之意必不如此。管子之意當本不如是也。葢此用其臣者。實指當時反復不賢之君。予而奪之八句。皆甚言其反復。雖文字不能無誤。而大旨可知。俞蔭甫太史平議校下文强而可使服事。辯以辯辭。智以招請。廉以摽人。堅强以乘六。廣其德以輕上位。不能使之而流徙。云此七句非美事也。說亦確。彼七句正承此八句而言。葢用其臣者一語。不特統此八句。直當貫至下文此謂國亡之郄而止。彼七句非美事。則此八句非美事可知。甚言其反復。誠何美之有。至房氏既誤以用字屬上。解化用爲變化富者之用。致推解此文全謬。不足辨。而引之讀有爲又。意將何居。

侈靡篇　先其士者之爲自犯。

𦤎案。先其士者、與下文後其民者爲對。義必一律。後其民謂民不宜後之。則先其士謂士不宜先之矣。房注解後其民。固謂其當先今乃後之。而解先其士。乃謂人有士行當推以爲先。今反自先之。以先爲自先之。與後其民之義不例矣。如其說直。亦當云後其士。何云先其士乎。房蓋以士無不當先之理。故不得已兩句出歧義。而不知君之下有卿。卿之下有大夫。大夫之下始有士。先士。是後卿大夫矣。則犯分孰甚也。故曰。先其士者之爲自犯。抑士之稱不必爲士專稱。卿大夫莫非士也。說已見前校孝經孝治章。然則此先其士之士。又安見不通指卿大夫士而言。則先其士。猶謂先其臣。先其臣則君無權。故爲自犯。不然。士居卿大夫下。民不更居士下乎。而何以轉不宜後乎。若臣之於民。固不可同語矣。

侈靡篇　辟之若尊譚。

𦤎案。尊譚之義。玩辟之若三字。當是器名。玩下文未勝其本、亡流而下二句。則其器蓋可知矣。殆卽今之漏斗也。漏斗不盈其量。而先漏下。故曰未勝其本亡流而下也。考譚諧覃聲。覃从㫗。鹹省聲。篆體作𠷎。然𠷎實無取於从㫗。說文又出古文作𠷎。篆文作𠷎。皆𠷎省也。竊謂𠷎之从㫗。非㫗字。乃正漏斗之象形。∪卽象斗形。丨象其管。并象流下也。○在斗之中。以見管之中空也。㊀則挹注之器。挹注之。斯流下。象其用也。然則𠷎當爲象形兼諧聲字。爲漏斗之本名。用以傳尊中之酒。卽謂之尊覃矣。其作譚。假借字也。房注訓譚爲延。以尊爲尊位。必不其然。

侈靡篇　略近臣合於其遠者立亡。

𢎞案。略近臣合於其遠與上句不謹於附近而欲求遠。意似無別。而不知上句言兵不信。則所謂附近者。附近之國也。非附近之臣也。此則明出臣字。故不謹於附近而欲求遠者。謂不謹於近國而欲圖遠國也。略近臣合於其遠者。謂忽略此近臣。而使與遠人相合也。要二句之義絕不同也。夫忽略近臣而使與遠人合。則危亡之道矣。故曰立亡。今中土人入外國籍。則外國爲之保護。甚設諸貴名目以誘我。此大患也。 立亡二字當連讀。立亡者、謂立時可亡也。房誤讀立字句。注云。於近則略之。於遠則合之。若此者則可以立功。不特與上句不謹於附近而欲求遠之意眞無別。卽如其言。於近略之。於遠合之。亦何功之能立乎。或曰。范雎遠交近攻之計也。則獨不見臣字乎。 且上文云。功成而不信者殆。兵强而無義者殘。不謹於附近而欲求遠者兵不信。曰殆、曰殘、曰兵不信。皆不美之辭。何此句獨忽出立功美辭。其必連亡字讀明矣。戴望校正引丁氏說。以立爲亡字之誤。又謂下文亡國之起四字義不可通。葢涉上下文而衍。其意得之。然更張亦甚。不若以立亡連讀。而下文則自有譌脫耳。

侈靡篇　以告中寢諸子。

𢎞案。中寢諸子卽戒篇之中婦諸子。下文云云卽戒篇所云也。然則彼作中婦。此作中寢。婦寢二字必有一誤矣。彼房注云。中婦諸子。內官之號。竊謂諸子是內官之號。內官無號中婦者。當以此作中寢爲是。彼文婦字卽寢字之誤。中寢卽寢中也。猶詩言中谷卽谷中、中林卽林中之類。寢中猶宮中耳。左哀五年傳言諸子鬻姒。是內官有諸子之號之證。且彼正指齊。又。晏子春秋問篇云。景公令諸子無外親謁。更足明齊有諸子矣。諸子爲內官。允當依房戒篇注義。而左傳杜解謂庶公子。非也。乃房於此注云。中寢諸子、諸侯諸子之居中寢者。抑何自出歧義與。戒篇載中婦諸子對曰。妾人聞之。又云。妾是以知君之將有行也。又曰。妾之身之不爲人持接也。孰有諸侯諸子而自稱妾者乎。諸與孺古音不同部。而聲類相近。故沿及戰國變稱孺子。齊策云。齊王夫人死。有七孺子皆近。戰國之孺子卽春秋之諸子也。

侈靡篇　君子者。勉於糺人者也。非見糺者也。

樾案。兩糺字恐是誤文。治字古文有作乿者。糺或卽乿字脫爪耳。然則是治字也。君子者、勉於治人者也。非見治者也。義至明白。誤爲糺。房注解爲糺察。則迂矣。

侈靡篇　明無私交。

樾案。明當讀爲盟。詩黃鳥篇鄭箋云。明當作盟。盟諧明聲。例可通借。

侈靡篇　交皭者不處兄。

樾案。交皭者不處句。例應下有也字。上文云。求珠貝者不令也。有也字。可見。竊疑兄卽也字之誤。也字。秦石刻作ㄝ。所从之ㄝ。卽是口。猶吳之古文作𡗞。甘之隸書作凵之比。此當是語助本字。故从口。乀者。象气出也。然則ㄝ容有作爲ㄚ者。與兄字爭一筆矣。故也可誤爲兄也。房注以兄弟解之。屬下遺利爲句。又以兄遺利承上遠熱說。殊謬不足辨。趙用賢標注以爲古況字。亦屬下讀。雖可通。然似不若爲也之誤而屬上讀之合句例也。至下文句讀當以遺利夫事爲句。左中國之人爲句。房以事左連讀。亦謬也。

侈靡篇　是故聖。人重之。人。君重之。

𡇌案。此當讀是故聖爲句。人重之爲句。人字句。君重之爲句。聖者、聖人也。人者、衆人也。言聖人則衆人重之。衆人則人君重之。故曰聖。人重之。人。君重之。以聖人人君連讀。則義不可通。房注云。聖人重之。謂重天也。人君重之。謂重君也。聖人得天。以重聖爲重天。可說也。君重人爲人重君。適相反矣。要房氏不悟讀法。卽如其言。於正文亦不解也。

侈靡篇　人。死則易云。生則難合也。

𡇌案。人字領死生二句。則讀宜略逗。此死生字。蓋當活解之。猶云以死道處之。以生道處之耳。非果謂人之死人之生也。以死道處之則易云、以生道處之則難合者。卽可與同患難而不可與同安樂之謂也。房注云。死者無所爲。不憂其爲亂。故易云。生者有利欲之心。合而無防。或生姦謀。故難合。眞兒童之見矣。俞蔭甫太史平議以云爲相親之義。固當從之。而又云。古人族葬故有死則易云之說。則亦甚迂。其故恐皆由以人死二字連讀。遂坐實死字耳。竊謂死道易親。故上文謂艱難而立。下文云。一爲賞。二爲常。三爲固然。此生道所以難合也。

侈靡篇　不方之政不可以爲國。

𡇌案。此方字必假借字。以上文大旨觀之。如云士能自治者不從聖人。豈云哉。又曰。故阸其道而薄其所予。則士云矣。是其立論頗近乎激。決非尋常平易之議也。此方字蓋直當讀作謗。謗諧旁聲。旁卽諧方聲。故得假借。論語憲問篇子貢方人。陸釋引鄭本方作謗。此其例矣。不方之政者、不謗之政也。夫政豈當謗。今謂不謗之政不可以爲國。豈非激論乎。所謂霸人言霸也。然孰殺子產之誦。麛裘仲尼之歌。爲政者固不能免人之謗。其言爲激。其事亦豈不確哉。房注以不方爲邪。殆不然。

心術上篇　去智與故。

圝案。故亦智也。惟云智與故。不成曰智與智乎。則智故同類而亦有別耳。然究不得如房注之訓故爲事。且云既忘智則事自去。以智故作串義。尤不然也。孟子離婁篇云。天下之言性也。則故而已矣。故者以利爲本。猶云天下之言性也。則智而已矣。智者以利爲本。故下文卽云。所惡於智者爲其鑿也。明智故一也。第不曰智而已矣。智者以利爲本。而必用故字者。此故與智之別也。不曰所惡於故。而必易故爲智者。此智與故之別也。彼下文又四出智字。一出故字。皆可意會。孟子彼章說者亦殊未懕。要以智與故爲一類。利與鑿爲一類。則義自大通。然正有智故連文無別者。淮南子原道訓云。不設智故。去智與故。不設智故。文義實同。特用一與字足句。則智故分爲二矣。彼高誘注云。智故、巧飾也。然則不設智故者、猶云不設巧飾也。巧飾亦一也。而如曰去巧與飾。巧飾亦分爲二矣。

心術上篇　未於能。

圝案。未疑求字之誤。

心術下篇　所以危者非怒也。

圝案。危蓋讀爲詭。詭諧危聲。例得通借。說文言部云。詭、責也。是詭以責爲本義。書傳作詭變義者。轉是恑字之借。說文心部云。恑、變也。是也。非詭字之義也。自借義行。而本義反晦。此危讀詭。正從詭本義。所以詭者非怒也。猶云所以責者非怒也。與上文所以操者非刑也其義一律。蓋操者宜莫如刑而非刑。故曰所以操者非刑也。責者宜莫如怒而非怒。故曰所以責者非怒也。依危字解之。義不洽矣。房注曲說。無容置辨。

心術下篇　上察於天。下察於地。

匽案。兩察字當讀爲際。

白心篇　亘之徒滅。

匽案。亘當讀爲炬。炬與滅義相反。故曰炬之徒滅。與上文極之徒仄、滿之徒虧句法一律。極與仄。滿與虧。義亦相反也。說文無炬字。艸部有苣字。云束葦燒。是炬之本字作苣。而此以亘借之。房注云。謂能立大功也。以大釋亘。義豈有當乎。

白心篇　孰能已無已乎。

匽案。此與上文孰能法無法乎、始無始乎、終無終乎、弱無弱乎同一句法。則必無誤字。王念孫雜志以已無已爲當作亡己二字。非也。已者、已止之已。非人己之己。俞蔭甫太史平議解作我喪我。亦非也。上文云。孰能弃名與功而還與衆人同。孰能弃功與名而還反無成。無成有貴其成也。有成貴其無成也。卽已無已之說也。極之徒仄、滿之徒虧、巨之徒滅者。亘讀炬。見上條。不已亦已也。故曰孰能已無已乎。葢不已、正所以已。而已、正所以無已。漢書藝文志筦子筦卽管。本列於道家。此正道家之恆言也。而刻求之。容有當乎。

白心篇　夫不能自搖者。

㘝案。夫疑天字之誤。否則與上下文皆複疊。

水地篇　夫水。淖弱以清。

㘝案。淖弱二字蓋古語。房注單訓淖爲和。不連弱字釋。非也。大戴勸學記作弱約危通似察。荀子宥坐篇作淖約微達似察。家語三恕篇作綽約微達此似察。玩彼諸異文。則淖弱者、蓋是光明之義。故曰以清。而彼諸文皆言似察也。然則并非和之義矣。惟說苑雜言苑作綿弱而微達似察。彼綿字恐正淖字之誤。或綽字之誤。綿弱何以能察。下文云。楚之水。淖弱而清。故其民輕果而賊。玩輕果而賊之義。亦必非綿弱之謂也。

水地篇　量之不可使概。至滿而止。正也。

㘝案。量之不可使概者。正以至滿而止。蓋必滿而不止。斯概以平之。量滿而止。何概之有。此本一意也。故斷之曰正也。而大戴勸學記、家語三恕篇、荀子宥坐篇、說苑雜言苑載孔子荅子貢語。與此大同。而皆以此二語分作兩項。記云。必出量必平。似正。汪照注補本。必出。作以注。盈不求概。似厲。孔廣森補注本及汪本。厲並作度。語云。至量必平之。此似法。盛而不求概。此似正。荀云。主量必平。似法。盈不求概。似正。苑云。至量必平。似正。盈不求概。似度。竊謂彼諸文陳陳相因。實皆根於管子。允宜以管子此文正彼析一爲二之誤。而不圖房注云。以意量之。則多少不可以概。注於器。滿則止。不可加剩。管子本一意。而注偏以二意說之。斯不然與。斯不然與。且意量之說。用意亦殊乖也。

水地篇　唯無不流。

𤋮案。唯讀爲雖。

水地篇　瑕適皆見。

𤋮案。瑕適二字當是對文。玩皆字之義可知。房注總以微適爲玉病。殆非也。荀子法行篇作瑕適並見。玩並字之義。則瑕適爲對文益顯。故楊注云。瑕、玉之病也。適、玉之美澤調適之處也。引禮記瑕不掩瑜瑜不掩瑕以證。此足驗房氏之失矣。廣雅釋詁云。適、善也。是適本有善義。或以爲媠字之借。釋詁。媠亦詁善。

水地篇　爲禍福正。

𤋮案。此正當如正鵠之正。爲禍福正者、猶爲禍福鵠也。房注云。識禍福之正。未得其義。

四時篇　故天曰信明。地曰信聖。

𤋮案。信本訓誠。說文言部云。信、誠也。然則信明者、誠明也。信聖者、誠聖也。此指天地言。非指法天地者言。而房注云。言能信順天地之道則而行之者。曰明曰聖。則是指法天地者言。乃下文其王信明聖之義。非此文義也。要其王信明聖。亦謂其王誠明聖。又云。何以知其王之信明信聖也。亦謂何以知其王之誠明誠聖也。又云。信明聖者皆受天賞。亦謂誠明聖者皆受天賞。竊謂諸信字以誠解之。未見義有窒礙。乃經房注一誤說。致王雜志引之案悉以諸信字爲衍。其諸未可與。乃致張嘯山先生隨筆并以下文愼使能而善聽信之信字亦爲衍。并以聽信之謂聖。爲當作善聽之謂聖。而信字亦爲衍。抑何前哲之校書至於若是也。夫遵此法以校管子。直可自改作一部管子矣。淺學如𤋮。烏敢漫議先進。請質諸後之通人。

四時篇　賞賜賦爵受祿順鄉。

邑案。順鄉當承賞賜賦爵受祿而言。則此鄉字與下文刑德離鄉之鄉同。彼文云。刑德不失。四時如一。刑德離鄉。時乃逆行。離鄉與不失爲對文。則離鄉卽失之謂矣。離鄉爲失。則順鄉爲得。蓋賞賜賦爵受祿得當之謂耳。彼房注云。鄉、方也。則此鄉亦當訓方。訓方之義於得當之說無背。而此注云。順鄉謂不違土俗之宜也。以鄉作鄉俗解。殆不然與。且賞賜賦爵受祿。朝廷之事。何有於鄉俗。卽以順鄉別爲一項。亦未見其確也。

四時篇　中央曰土。

邑案。以中央土出於夏時之中。其章法實較小戴月令記列於夏後者爲善。蓋列於夏後。四時不成爲五時乎。房注云。土火之子。統於夏。所以與火同章也。說亦可取。獨異張嘯山先生隨筆謂。此節不當錯出於此。當在下文夏雨乃至也下。竊不知先生所謂此節者。自中央曰土至此謂歲德爲一節乎。抑自中央曰土至歲掌和和爲雨爲一節乎。如至歲掌和和爲雨爲一節。則上句日掌賞賞爲暑。乃是夏。非中央。不且以夏文雜出中央乎。若至此謂歲德爲一節。則歲掌和和爲雨。又中央而非夏。是仍以中央文錯於夏矣。蓋先生當止以月令記例此。故疑其錯簡。而豈知管子自成管子之文也。

四時篇　令禁扇去笠。

邑案。此令甚可異。房注云。禁扇去笠者。不欲令人禦盛陽之氣。夫當盛陽而禁扇笠。扇笠復將何用乎。竊疑扇去二字當誤倒。本作令禁去扇笠。葢正欲使人以扇笠禦盛陽之氣。而禁其去扇笠者。非禁扇笠也。

五行篇　日至睹甲子。

𨛦案。睹葢本作暏。刋誤耳。觀房注云。謂春日既至睹甲子。用木行御時也。則注文亦本是暏字。然暏睹並諧者聲。假借之例。亦無不通。暏卽今之曙字。作暏者。本字也。說文日部云。暏、旦明也。則暏甲子者。以旦明爲甲子耳。獨怪俞蔭甫太史平議因睹字不可通。而疑爲都。戴望校正又疑爲諸。同一取諧聲之字。則何不疑爲暏。於義實乎。下文九出睹字。皆同此。下文皆言七十二日而畢睹云云。則睹字亦承日言也。

五行篇　命左右士師內御。

𨛦案。此士師王念孫雜志云。當爲土師。見上文。然上文奢龍辯乎東方。故使爲土師。朱東光本作工師。工師卽司工。司工卽司空。說見俞蔭甫太史平議。然則此士師亦當是工師之誤。工之誤爲士。猶工之誤爲土矣。又案。上文云。春者、土師也。夏者、司徒也。秋者、司馬也。冬者、李也。土師亦當作工師、卽司空也。司徒掌五敎、卽宗伯也。李、獄官卽司寇也。據此。管子說春夏秋冬四季之官。視周官皆前差一季。

五行篇　不誅不貞。

𨛦案。貞訓正。房注未誤。正之言征也。然則此訓貞爲正。實訓貞爲征。征者、征伐也。不誅者、不誅戮臣下。不貞者、不征伐遠方。兩義絕判。房既訓貞爲正。而復以責正伸之。致戴望校正引丁氏說以貞爲卽責字之誤。俞蔭甫太史平議又以爲賞字之誤。獨不顧下文云農事爲敬。貞與敬韻叶邪。若責若賞。則韻安在。

五行篇　選禽獸之禁。

罂案。禁上葢脫一字。或是所字。房注云。禁謂牢囿圃所養。擬供祭祀也。不敢謂注文所字卽本正文。然禁字之上增一所字。文始成義。第曰選禽獸之禁。不可通也。且下云五穀之先熟者。是一選字貫二項。禽獸之所禁與五穀之先孰。語正成偶。

勢篇　天時不作勿爲客。人事不起勿爲始。

罂案。云天時不作。則不作自指天時而言。云人事不起。則不起自指人事而言。乃房注云。不因天時而動。不因人事而起。以不作不起皆自我言。則勿爲客勿爲始之義何屬。且明言勿爲客。而注云乃爲客。明言勿爲始。而注云可謂先事爲始。其剌謬亦甚矣。葢不作不起者、指天時人事言也。勿爲客勿爲始者、自我言也。國語越語云。天時不作。弗爲人客。人事不起。弗爲之始。韋昭解云。作、起也。攻者爲客。起謂天時利害災變之應。人事謂怨叛逆亂之萌也。先動爲始。說至明曉。且語又云。天時不作而先爲人客。人事不起而創爲之始。此逆於天而不知於人。則此兩句之義益昭昭可知。房不讀韋解。并不讀國語。其注管子。固鹵莽之甚者也。

勢篇　獸厭走而有伏網罟。

鬯案。有當讀爲又。如房注云。獸所以憎厭其走者。恐前有伏網罟。則而字當易爲以。否則不可通矣。

正篇　飾之。

鬯案。飾當讀爲飭。

正篇　當故不改曰法。

鬯案。故有變義。荀子王霸篇云。不敬舊法而好詐故。楊注云。故、事變也。然則此故亦當謂事變。當故不改者。當變不變耳。故曰法、是不好詐故而敬舊法者也。與荀子之義正相反而可相證。房注云。不改當故。法之謂也。不知究以當故作何解。王念孫雜志於白心篇校謂當當爲常。未見其確。

任法篇　周書曰。國法。法不一。則有國者不祥。民不道法則不祥。國更。立法以典民則祥。羣臣不用禮義敎訓則不祥。百官服事者離法而治則不祥。

鬯案。此引周書。今周書中不見。是佚文也。國法二字當是周書中篇名。法不一則有國者不祥二句。出周書國法篇也。國更二字當亦是篇名。立法以典民則祥三句。出周書國更篇也。乃引兩處之文。故五句既四言不祥。而獨於中閒突出一言祥。若一處之文。豈有此文法乎。因兩處之文而特標篇名以明之。亦引例所當然者矣。房注不識其爲篇名。故就字義衍說。其注國法云。有國者有法也。而國更更不知讀斷。以國更立法以典民連讀。注以改法說之。豈其然乎。戴望校正引丁氏說及俞蔭甫太史平議。又因中一言祥與四不祥不倫。遂欲於祥上亦增一不字。更不可矣。典當讀爲腆。小爾雅廣言云。腆、厚也。立法以厚民。故謂之祥。房訓典爲主。乃讀典爲敟。亦未然。

任法篇　君臣上下貴賤皆發焉。

𢀛案。發讀爲撥。說文手部云。撥、治也。然則謂君臣上下貴賤皆治也。下文云。君臣上下貴賤皆從法。此謂爲大治。卽可證。房注云。莫不取法於君臣。發、行也。非。

任法篇　是貴能威之。富能祿之。賤能事之。近能親之。美能行之也。

𢀛案。此五能字絕無可疑。下文云。此所謂貴而威之也。此所謂富而祿之也。所謂賤而事之也。此所謂近而親之也。此所謂美而淫之也。彼五而字卽當讀爲能。房注甚明。獨怪戴望校正謂此五能字皆當讀爲而。何其顚乎。彼固當因下文之作而字耳。然獨不記上文云。貴不能威。富不能祿。賤不能事。近不能親。美不能淫。儻讀彼五不能爲五不而。通乎。就論此文義。亦合作能字爲長也。

明法篇　百官識。

𢀛案。百官識明法解作百官論職。故劉注謂字有闕誤。然謂識上闕論字。是也。謂識字爲職字之誤。未必然也。說文言部云。識、常也。耳部云。職、記微也。則職正是今識字。識實今幟字。幟常引伸卽百官之職字。然則作識者。正字也。作職者。借字也。至房注。謬不足辨矣。

明法篇　家與家務於相益。

𢀛案。於字當依明法解刪。下文大臣務相貴。亦無於字。

治國篇　粟生而死者霸。粟生而不死者王。

𢀛案。兩死字蓋讀爲私。明法篇忘主死交。解作忘主私佼。是管子書中原有借死爲私者。其明證矣。

粟生而私者。謂粟生而各私其所有。則人各有積。故可以霸。至於粟生而不私。則如小戴禮運記所云。貨惡其弃於地也。不必藏於己。豈非王者之世乎。房注以死本字解之。義至不通。

內業篇　彼道之情。惡音與聲。

鬯案。惡當訓何。公羊昭三十一年傳何詁云。惡有猶何有。後漢書馬融傳李注云。惡、何也。葢凡經傳惡字作發聲辭者。大都與何相類。本一聲之轉耳。惡音與聲者、猶言何音與聲也。何音與聲者、謂無音無聲也。故下文云。凡道。無根無莖。無葉無榮。以音聲論。則無音無聲。以形體論。則無形無體也。上文云。此氣也。不可呼以聲。而可迎以音。是氣雖無聲而尙有音。至於道。則并音而無之。故曰彼道之情。惡音與聲。此道與氣之別也。詩文王篇云。上天之載。無聲無臭。惡音與聲、猶無聲無臭也。然則道之情。其卽天之載與。房注謂音聲者所以亂道。故惡之也。以惡作好惡解。失之甚矣。

內業篇　凡食之道。大充傷而形不臧。

鬯案。傷葢當爲腸字之誤。然假借亦通。

小問篇　以振其淫。

鬯案。振本訓救。說文手部云。振、舉救也。小戴月令記鄭注云。振、猶救也。以振其淫者、以救其淫也。下文以振其罷者。罷讀爲疲。以救其疲也。義實不煩訓釋。而房注云。振、止也。禮樂者所以止人淫放。以止訓振。則何以解振其罷乎。止其淫可解。止其疲不可解也。且振有訓奮、訓動、訓發、訓揚、訓拔、訓起諸訓。而從無訓止者。或本止字作正。然振有整字一訓。散見左國史漢諸家注中。亦未見有訓正者。抑正其淫可解。正其疲更不可解矣。又此句當上承隨之以刑、敬之以禮樂二句而言。第謂禮樂止人淫放。亦爲偏舉也。

小問篇　臣與其使者言。三辱其君。顔色不變。臣使官無滿其禮。三强其使者。爭之以死。

𢀴案。辱君事大。無滿其禮事小。今三辱其君。轉顔色不變。無滿其禮。且三强之。至於爭之以死。是使者失小大之權。亦自視太重。而視君太輕矣。管子之義當爾。房注云。不識不滿之意。纔激强之。則爭之以死。是不智。殆未得也。

七臣七主篇　則人反其故。

𢀴案。此人葢指他國之來仕者。故曰反其故。故、謂故國也。房注云。故、謂先君之理。當非。

七臣七主篇　君子無死。

𢀴案。無與亡本同義。書傳亦通用。惟學者習知亡爲無。而不知無亦爲亡耳。君子無死者、君子亡死也。亡死卽死亡也。與上文百姓罷乏正相偶配。若以無爲有無之無與罷乏失對。且不成義矣。房注云。言不爲君致死。當不然。

七臣七主篇　爲高則不御。

𢀴案。御者執轡。不御卽失轡矣。下文引記曰。無實則無勢。失轡則馬焉制。無實卽承上文無實而言。明失轡卽承此不御而言。然則御者、御車之御也。房注云。恬爵祿者君不能御。當不然。

七臣七主篇　多兑道以爲上。

鬯案。兌道、陰道也。

禁藏篇　功之於其所無誅於下。

鬯案。無誅於下當連讀。舊以誅字斷句。於下二字屬下文。非也。

禁藏篇　於以養老、長弱、完活。萬民莫明焉。

鬯案。莫明當卽謨明。書皐陶謨云。謨明弼諧。是也。惟謨明之義。據彼傳謂謀廣聰明。則尚非是。謨明、猶黽勉也。說已見前校書立政篇謀面用丕訓德條。謀面亦黽勉也。黽勉、謀面、謨明、莫明皆一聲之轉。此類主聲不主字。故不得以謀面、謨明、莫明爲借字。而黽勉爲正字。特今人習用黽勉字耳。然則萬民莫明者、謂萬民黽勉也。蓋養老、長弱、完活。雖由明王之治。而養之長之完之者。實仍在民也。故曰於以養老、長弱、完活。萬民黽勉焉。房注云。言養老活人。無明於必誅賞。未得其義。

禁藏篇　所以去茲毒也。

鬯案。此茲字蓋當作兹。兹茲二字書傳雜出。而實不同。說文艸部云。茲、艸木多益也。从艸。絲省聲。玄部云。兹、黑也。从二玄。引春秋傳曰。何故使吾水兹。朱駿聲通訓以兹隸頤部。以茲隸坤部。則二字并不得假借也。此兹乃訓黑之兹。非訓艸木多益之茲。許引春秋傳見左哀八年傳。陸釋本亦誤作茲。孔義本并加水旁。作滋。然杜解云。滋、濁也。玉篇玄部云。兹、濁也。黑也。明傳文本作兹。許引必不誤。兹訓黑。又訓濁。則與毒義相類。故兹毒二字連文。房注謂滋長之毒。卽誤以兹爲茲矣。且既曰去。又曰滋長。雖不至無義。辭究未安。下文云。所以屬親戚也。親戚二字平列。可與兹毒二字比例。

禁藏篇　塞久禱。

㽞案。塞讀爲賽。故房注云。久禱而未報者當享塞之。是讀塞爲賽也。說文無賽字。古止用塞字。以字義求之。說文竹部有簺字。云行棊相塞謂之簺。則簺或當爲賽之本字。久疑本冬字。古冬字或省仌作夂。隸書夂久形相類。因誤夂爲久。塞冬禱與上句舉春祭文正對偶。葢冬之所禱。至春而賽之。故曰舉春祭。賽冬禱也。史記封禪書、漢書郊祀志並云冬塞禱祠。尤爲明證。司馬索隱云。塞、先代反。與賽同。今報神福也。顏注云。塞、謂報其所祈也。音先代反。明塞之當讀爲賽也。

禁藏篇　忠人之和。

㽞案。此忠字俞蔭甫太史平議讀爲中。葢是也。而訓中爲得。疑未然。就俞所引諸中字訓得者。其實卽今人讀去聲之中字耳。今試讀中爲去聲。曰中人之和。仍不易解也。中、葢猶用也。中人之和者、用人之和也。較之訓得爲曉矣。國蓄篇云。夫國之君不相中。舉兵而相攻。不相中卽謂不相用也。此可以舉證。又書高宗肜日篇云。非天夭民。民中絕命。謂非天夭民。民用絕命也。說見彼校。至房注訓稱。固失甚。

地員篇　其立。后而手實。

㽞案。以下文其木其草等例之。則其立之立字。亦必有指實。立葢讀爲粒。詩思文篇立我烝民。鄭箋云。立當作粒。此其例也。其粒卽承上句五種無不宜而言。指五種之粒也。后而手實有誤。然大旨可知。卽言粒之善而已。房注云。謂立君以主之。以立后連讀。必非。

地員篇　先主一而三之。

巴案。此主字本可通。當非誤字。而王雜志引之說。以主爲立字之誤。引史記律書置一而九。三之以爲法。謂置一卽立一。此說殊似無謂。置主正一聲之轉。謂置一卽主一。又何不可。何必以立字易之。

弟子職篇　凡言與行思。中以爲紀。

巴案。此當讀思字句。言也。行也。思也。三者皆以中爲紀。故曰凡言與行思。中以爲紀。房注謂思合中和以爲綱紀。以思字下屬。誤矣。思字與紀字。并下文始字起字。皆叶韻。

弟子職篇　左手正櫛。

巴案。正葢當作止。止櫛者、謂止滅其燭𡙇也。上文房注云。櫛、謂燭盡。燭盡卽燭𡙇。燭𡙇不可以正。故知正爲止字之譌。上句云。右手執燭。是新燭已然矣。故舊𡙇當止滅也。

形勢解篇　山者。物之高者也。

巴案。此者字必不誤。而戴望校正引陳先生云。下文四言高行。則高者當是高行之誤。說殊不然。下文言惠、言慈、言忠、言孝。故謂之行。此言山。何行之有。且如下文云。山高而不崩。又四言不解。將亦可改不崩爲不解邪。如形勢篇有其文何。

形勢解篇　力而儉則富。

巴案。力、謂勤也。與上句惰對。詩烝民篇鄭箋云。力、猶勤也。

形勢解篇　奚仲之爲車器也。

巴案。此必一本作車。一本作器。誤合兩本爲一。王念孫雜志以器爲衍。俞蔭甫太史平議以車爲衍。各執一說。尙非通論。

形勢解篇　行私爲。

鬯案。爲讀爲僞。

形勢解篇　猶之爲天子也。

鬯案。猶之卽猶且也。古讀且同雎音。故與之音爲雙聲。例得假借。或曰。誤字也。草書且字作[illegible]。之字作之。二字止爭一筆。故猶且誤爲猶之耳。下文猶之困辱而死亡也。同此。

形勢解篇　此與不可之罪。

鬯案。句下當有也字。則文氣足。下文云。此强不能之罪也。有也字。卽其例證。

形勢解篇　常以言翹明其與人也。其愛人也。其有德於人也。

鬯案。翹當讀爲曉。曉亦明義。說文日部云。曉、明也。故曉明連文。若依翹本字讀翹明。則不辭矣。此謂常以言曉明其與人也。曉明其愛人也。曉明其有德於人也。下文引形勢篇見與、見愛、見施。曉明卽釋見字之義。

立政九敗解篇　養何也。

鬯案。養下脫生字。上云而生又養生。下云然後爲養生。皆可證。

立政九敗解篇　然則從欲妄行。

鬯案。從讀爲縱。

立政九敗解篇　就山非世閒上輕爵祿。

圈案。山下當脫一字。上字衍。言上必當有言下爲對。今不言下。則知上爲衍字也。或上字卽移在山字下。亦可通。山上與世閒正偶文。

版法解篇　惡不位下而位上。

圈案。兩位字蓋並當讀爲涖。周禮肆師職鄭注云。故書位爲涖。是其證也。廣雅釋詁云。位、莅也。穀梁僖三年傳云。莅者、位也。莅卽涖字。是二字義本可通。詩采芑篇毛傳云。涖、臨也。儀禮冠禮鄭注亦云。莅、臨也。臨者自上臨下之名。不涖下而涖上。是不臨下而臨上矣。宜爲君子之所惡也。涖莅二文說文皆不見。或謂本字當作𥪡。立部云。𥪡、臨也。

明法解篇　明主者。上之所以一民使下也。私術者。下之所以侵上亂主也。

圈案。明主當爲明法。王念孫雜志已校正。而未有援據。此二句實本任法篇文。彼文云。夫法者。上之所以一民使下也。私者。下之所以侵法亂主也。正明主爲明法之確證。當補王志之疏。

明法解篇　不能勿惡也。

圈案。勿惡下疑有方正二字。文義方顯。王念孫雜志依羣書治要。也字作之。必不可。

臣乘馬篇　有衡求幣焉。

圈案。有讀爲又。上文言求穀。穀之外又求幣。故曰又衡求幣焉。衡字從戴望校正引丁氏說讀爲橫。依俗音去聲讀。

乘馬數篇　有虞筴乘馬。已行矣。吾欲立筴乘馬。爲之柰何。

　　鬯案。巳當作亡。亡巳二字形相近而誤也。亡行者、謂無有行之者也。蓋有虞筴乘馬。則其行在有虞之世。至於桓公之時。固無有行之者矣。故曰有虞筴乘馬。亡行矣。吾欲立筴乘馬爲之柰何。若作巳行。則吾欲句便不浹洽。下文云。今至於其亡筴乘馬之君。正應此句。則此巳行之當作亡行明甚。又云。此筴乘馬之數亡也。蓋旣無有行之者。則其數亦亡耳。

乘馬數篇　霸國守分上分下。游於分之閒。

　　鬯案。此當讀霸國守分上分下爲句。守者、勿失之謂。言勿失之於分之上。亦勿失之於分之下。譬如分爲十數。則勿失之於十一。是爲分之上。亦勿失之於九。是爲分之下。故曰游於分之閒。分之閒者、卽分上分下之閒。游於分之閒。卽申明守分上分下之義也。戴望校正引丁氏說斷守分爲句。以分下之分涉上下文而衍。非。

事語篇　壞辟舉。

　　鬯案。辟讀爲闢。

事語篇　無委致圍。

　　鬯案。無薔讀爲廡。與下句城脆致衝城字對。輕重甲篇同此。

事語篇　凡十勝者。

　　鬯案。據上文言六勝。此十字當誤。否則上文有脫。

海王篇　今吾非籍之諸君吾子。

邑案。諸與庶義通。故小戴曲禮記鄭注云。諸母、庶母也。周禮夏官序諸子注云。或曰。庶子宮正職。賈釋云。諸、庶。一也。君與羣義亦通。故白虎號通云。君之爲言羣也。廣雅釋言云。君、羣也。然則諸君者、庶羣之謂耳。房注以吾子爲小男小女。是也。以諸君爲老男老女。則何以及老小而不及壯。下文云。而有二國之籍者六千萬。則管子之意。不過明不籍人而籍鹽筴。以荅桓公吾欲籍於人之義。何得謂不籍老小而壯猶籍乎。庶羣本可賅老壯小而言。惟既言庶羣。又言吾子。則小者自不在內。要兼老壯而言。卽上文所謂大男大女也。吾子之說。俞蔭甫太史平議讀吾爲牙。引後漢書崔駰傳注童牙謂幼小、集韻吳人謂赤子曰孲犽爲證。說已得之。邑謂今吾鄉人謂赤子曰俁子。俁子蓋卽吾子之音變也。孲犽則赤子啼哭之聲。或曰。國蓄篇云。彼人君守其本委謹。而男女諸君吾子無不服籍者也。諸君上有男女二字如何。曰。無害。男女總辭也。庶羣吾子本皆謂男女也。

國蓄篇　故民無不累於上也。

邑案。累與繫義本可通。小戴儒行記鄭注云。累、繫也。下文云。列陳繫纍獲虜。繫纍二字連文。明二字同義。纍之於繫。猶虜之於獲也。纍卽累字。繫纍卽繫累矣。孟子梁惠王篇云。係累其子弟。係與繫通。係累亦卽繫累也。民無不累於上。卽是民無不繫於上。杜佑通典食貨典引此。正作繫。并有注云。民無不繫於號令。然竊謂正文自累字。注文以繫字釋累字。杜典誤因注文而改正文。王念孫雜志謂今本繫譌爲累。則未必然也。

國蓄篇　乃今使民下相役耳。

鬯案。今當爲令。令使同義。

國蓄篇　而稅臧殫於繼孤也。

鬯案。臧疑賦字之誤。

山國軌篇　山不被穀十倍。

鬯案。山疑田字壞文。

山國軌篇　衣折券。

鬯案。折當讀爲制。書呂刑篇折民惟刑。陶潛羣輔錄折作制。論語爲政篇折獄。陸釋引魯讀折爲制。此承上文無貲之家皆假之械器、勝籯、屑糉、公衣。功已而歸公而言。則此衣卽公衣也。葢公衣與械器、勝籯、屑糉不同。械器、勝籯、屑糉接年可用。故今年功已而歸公者。明年仍可以假之。屑糉葢亦器名。王念孫雜志謂屑、碎米。劉績注謂糉、糗同。則是食物矣。必非。食物則已食之矣。何以歸公。若衣則敝矣。故不可以歸公而制券也。制券者、謂值衣價而制錢券也。故曰衣折券。衣折券者、衣制券也。霸言篇云。小國得之也以制節。又云。折節事彊以避罪。小國之形也。是彼制節當卽折節。此折之當讀制。猶彼制之當讀折矣。或云。折有損義。荀子脩身篇楊注云。折、損也。是卽今人言折算折扣之折。衣既敝矣。券價必折。故謂之折券。此又一說。今案。山至數篇云。皆有矩券於上。此折券疑卽彼矩券。葢券之制以刀判之。此判作兩矩。成矩形。卽成折形。故名矩券。亦名折券。此又別一說。附參。

山權數篇　故王者歲守十分之參三年與少半成歲三十一年而藏十一年與少半藏參之一不足以傷民。

𨏩案。此有錯文。三年二字當在與少半之下、成歲之上。下與少半三字當在藏參之一之下、不足以傷民之上。其文云。故王者歲守十分之參。與少半。三年成歲。三十一年而藏十。一年藏參之一與少半。不足以傷民。歲卽年也。守卽藏也。謂王者一年藏所入十分之三分、又一分之少半分。如是三年則成一年之藏矣。故曰三年成歲。如是三十年則成十年之藏矣。故曰三十一年而藏十。十字當句。舊連下一年讀。大謬也。其不云三十年而云三十一年者。必至三十一年。而三十年之藏始足。其實乃欲謂三十年之明年。非謂三十年外又多一年也。一年藏參之一與少半者。卽複舉歲守十分之參與少半也。十分之參與少半。卽是參之一與少半。文異而數同。參之一與少半。則其爲數無多。故曰不足以傷民。王念孫雜志、俞蔭甫太史平議、張嘯山先生隨筆並於此文有校。𨏩特刺取。而又下己意云。

山權數篇　歲守一分。

𨏩案。一疑當作二。故下文云。以行五年。國穀之重什倍異日。必歲守二分。則五年而什倍。若歲守一分。則五年止五倍。與下文不合矣。

山權數篇　將御神用寶。

𨏩案。御讀爲迓。下同。

山至數篇　秦之明山之曾青。

𨏩案。秦之明山卽秦明山之語辭也。古人於三字名輒有加之字足句者。秦之明山猶其言秦明之山也。

揆度篇作秦明山之曾青。無之字。

山至數篇　之彼幣重而萬物輕。

㽞案。之字當屬下讀。山權數篇云。之龜爲無貲。房注云。之、是也。此之與彼同。

地數篇　蚩尤受而制之。

㽞案。上文言黃帝。則此蚩尤卽五行篇所謂黃帝得蚩尤而明於天道者。爲黃帝六相之首相。與戰涿鹿之蚩尤異人。鄒漢勛尚書偶識考得蚩尤有四。鄒以蚩尤爲惡謚。則未必然。蚩尤者號也。非謚也。疑是勇武之稱。故美惡不嫌同號。

地數篇　煮泲水爲鹽。

㽞案。泲蓋謂鹽之質。鹽者、已煮之泲。泲者、未煮之鹽。海水之可以煮爲鹽者。正以其水中有此泲耳。故曰煮泲水爲鹽。泲非水名之濟。水名之濟管子書中自通作濟字。不作泲字。洪頤煊管子義證謂泲水清。不能爲鹽。因援輕重甲篇作煮沸水爲鹽。以泲爲沸字之誤。戴望校正據宋本此泲字正作沸。然竊謂泲沸二字既各本歧出。未可偏執。且在古音。𠂔聲弗聲同部。又安見不可相假。要作泲。非水名之濟。洪謂泲水清不能爲鹽。則誤矣。若作沸。亦非煮海水使沸湆之謂。沸湆之沸。說文鬲部作䰞。實通指海水中鹽質而已。何以見之。輕重乙篇云。夫海出泲無止。是明明泲出於海水。出於海水而可爲鹽。非鹽之質乎。若爲水名之濟。濟水何嘗出於海。彼文泲字。宋本亦作沸。若謂煮海水使沸湆。則曰海出沸。可通乎。抑泲之言鹺也。至今俗語鹽鹺連稱。鹺泲並諧𠂔聲。然則作泲殆較作沸爲近云。

揆度篇　天下卽已於我矣。

𢒼案。卽已二字倒。

揆度篇　吾聞海內玉幣有七。

𢒼案。玉字疑衍。幣者、通名也。所謂珠玉爲上幣。黃金爲中幣。刀布爲下幣。若玉幣。則必以玉爲幣矣。而下文所舉不定玉。

揆度篇　老者譙之當。

𢒼案。當葢讀爲黨。黨當並諧尙聲。例得通借。黨者、鄉黨也。與下文邊戍爲比。下文云。壯年遣之邊戍。葢壯者可遣。而老則不便遣。故同一蕩游。不作之罪。但譙之於鄉黨而已。譙、謂責讓之。

揆度篇　飢寒凍餓必起於糞土。

𢒼案。糞土當是古語。葢嬾惰之謂也。飢寒凍餓必起於糞土者。謂飢寒凍餓必起於嬾惰耳。以足上文一夫不耕一女不織之意。論語公冶長篇宰予晝寢。而孔子以朽木與糞土之牆喩。則糞土猶朽義。可會也。

國准篇　乘天固以安己者也。

𢒼案。固葢讀爲祜。祜固並諧古聲。例得通假。詩信南山篇云。受天之祜。

國准篇　今當時之王者。

𢒼案。今當二字葢倒。

輕重甲篇　女華者桀之所愛也。湯事之以千金。

㽞案。女華當卽是妹喜。國語晉語云。妹喜有寵。於是乎與伊尹比而亡夏。又太平桀妃覽引紀年曰。末喜氏與伊尹交。遂以閒夏。末喜卽妹喜。伊尹猶言湯也。卽此所謂湯事之以千金者也。

輕重甲篇　故君請縞素而就士室。

㽞案。士疑土字之誤。

輕重甲篇　期年而上無闕者。前無趨人。

㽞案。此十一字殊無意義。葢衍文也。且下文云。三月解匄。弓弩無匡軫者。既言期年。何得又言三月。十一字之爲衍文顯見。

輕重甲篇　此何故也。以其家習其所也。

㽞案。此二語自問自荅。王念孫雜志謂此何故也四字涉上文而衍。上是桓公問語。此是管子對桓公語。不當言何故。說卻不然。前文云。此何故也。士非好戰而輕死。輕重之分使然也。亦管子對桓公語。用此何故也云云。亦自問自荅。與此文法正同。若此四字爲衍。彼四字亦當衍矣。而王又不謂彼衍。何也。

輕重甲篇　則澤魚之正。伯倍異日。

㽞案。正字當句。正讀爲征。伯讀爲百。

輕重甲篇　桓公問四因。

𢛳案。四因者、當是總目之辭。卽指下文夫好心則萬物通。萬物通則萬物運。萬物運則萬物賤。萬物賤則萬物可因而言。葢好心則萬物通。是萬物通因乎好心也。萬物通則萬物運。是萬物運因乎萬物通也。萬物運則萬物賤。是萬物賤因乎萬物運也。萬物賤則萬物可因。是萬物可因因乎萬物賤也。故目之爲四因。當時癸乙四因之說必甚詳。故記人載之曰。桓公問四因。并其篇名亦必當稱曰四因篇也。此章論輕重。與管子意適相反。故知必原有四因篇在癸乙書中。今下文取四因篇之文。旣經節略。而此桓公問下仍出四因二字。則幾不可解矣。

輕重甲篇　然則是大臣執於朝。

𢛳案。以上下文審之。朝當作祿。

輕重乙篇　請以一朝素賞軍士。

𢛳案。素當訓空。廣雅釋詁云。素、空也。觀下文誰能陷陳破衆者云云。是皆未有功而賞也。未有功而賞。則空賞耳。故曰素賞。詩伐檀篇云。不素餐兮。素餐亦謂空餐。毛傳正訓素爲空。素賞與素餐正可類觀。戴望校正讀素爲索。未得其義。下文同。

輕重乙篇　言能得者壘千人。

𢛳案。壘當讀爲纍。羣書治要所載正作累。累卽纍字。千葢十字之誤。此所謂言者。軍士之對言。非管子之問言。故曰言能得者。卽猶上文言千人之衆臣能陷之。千人之長臣能得之。皆軍士之言也。兩千人上。各省一曰字。惟上文云。一人秉劍而前。則言能陷能得者止軍士中一人。而此則言能得者纍軍士十人。故曰言能得者纍十人。下文云賜之人千金。謂十人各一人得賞千金也。各一人得賞千金。是萬金矣。今素賞四萬二千金。去萬金。其餘數尚多。儘可爲上文百金之賞。與下文十金之賞。若言能得者纍千人。則各一人得賞千金。已有百萬金矣。以四萬二千金賞。不敷甚鉅。況尚有百金十金之賞乎。故知千人必十人之誤也。蓋卽涉上下文千金字而誤十爲千耳。至戴望校正引丁氏說此。謂當作言能得壘千人者。乃與上下文句一例。得勿誤以軍士言爲管子之言與。

輕重丁篇　其出之鍾也一鍾。

樾案。上鍾字洪頤煊義證謂當作中。戴望校正引丁氏說。謂也字當在一鍾下。然試曰其出之中一鍾也。義當何解。竊謂此本當作其出之中。鍾一釜也。也字在句末。是矣。上鍾字卻不誤。而上脫一中字。下鍾字則當作釜。下文云。其出之中。鍾五釜也。是其證。出者、對入而言。入一鍾者出則一鍾外又加一釜之息。故曰其出之中。鍾一釜也。釜十則鍾。見左昭二年傳。下文房注云。五鍾爲釜。非也。彼鍾乃鏂字之誤。見王念孫雜志。此西方之息價也。入一鍾者出則一鍾外又加五釜之息。故曰其出之中。鍾五釜也。此東方之息價也。皆以粟計。至於南方北方。不以粟計。而以泉計。故曰其出之中伯伍也。其出之中伯二十也。謂入一百泉者。出則一百泉外又加五泉之息與二十泉之息也。

輕重丁篇　若處上斷福。

樾案。若處涉上文谷處。上斷福涉上文上斷輪。五字皆當爲衍文。

輕重丁篇　衍處負海煮泲爲鹽梁濟取魚之萌也薪食。

邑案。此蓋當作衍處負海梁濟之萌也。煮泲爲鹽。取魚薪食。薪字尙恐有誤。

輕重丁篇　然欲國之無貧。

邑案。然猶言如是。

輕重丁篇　其周中十金。

邑案。周蓋讀爲售。說文無售字。故此借周爲之。古音同部字也。下文周字。疑亦同。

輕重丁篇　龍鬭於馬謂之陽牛山之陰。

邑案。馬謂之陽四字疑衍。否則當云龍馬鬭於牛山之陰。馬字乙在上。亦可衍謂之陽三字。

輕重丁篇　地重投之哉兆。

邑案。下文云。國有慟風重投之哉兆。則地重上當脫三字。

輕重丁篇　峥丘之戰。

邑案。峥疑浮字。形似而誤。上文言浮丘之戰。功臣之家。人民百姓。皆獻其穀菽粟泉金。穀上蓋脫五字。彼上文言五穀。可證。歸其財物。以佐君之大事。與此下文言民多稱貸負子息以給上之急。度上之求。其義正相合。則卽指浮丘可知。房注謂葵丘。非也。俞蔭甫太史平議以注文葵爲古乘字相近而誤。亦未必然。古乘作椉。與葵不相似也。

輕重丁篇　吾此皆以孤突之地封者也。

邑案。此字蓋涉皆字誤衍。

輕重丁篇　朝夕外之所墆齊地者。五分之一。

鬯案。外字葢卽涉夕字而衍。朝夕之所墆齊地者八字作一句讀。謂海中潮汐之所滯齊地者也。墆之言滯。如積滯之義。或曰。墆之言遰。如往遰之義。並得通。葢海中潮汐不第墆齊地。而其所墆齊地者。則去齊國五分之一也。此五分之一。合之上文泲龍夏四分之一。洪頤煊義證以泲爲海莊二字之誤。皆非生穀之地。故下文承之云。非穀之所生也。戴望校正引安井衡謂朝夕讀爲潮汐。其說甚確。而又云。外之。遶其外也。則不省外字之衍。以朝夕外之四字斷句。所謂所墆齊地者。將何指乎。義皆不可解矣。

輕重戊篇　始民知禮也。

鬯案。始民二字葢倒。

輕重戊篇　二十八月。

鬯案。此當存本文。俞蔭甫太史平議謂當作二十四月。以同於上文魯梁之民歸齊之月數。殆不可也。彼自二十四月。此自二十八月。兩異何害。俞云。二十四月。質言之則二年。若二十八月。於義無取。然則上文言十三月。而管子令人之魯梁。十三月義何取乎。

輕重戊篇　桓公卽爲百里之城。

鬯案。城疑域字形似之誤。域者、界限之而已。未必爲城也。戴望校正引安井衡說爲囿字之誤。然形太遠。

輕重戊篇　代民必去其本而居山林之中。

㗊案。此本字藝文類聚戰伐類、太平御覽狐覽引並作農。俞蔭甫太史平議力辨其失。以此本字爲當指國言。所校甚詳。然代民必去其本而居山林之中。解作代民必去其國而居山林之中。義固得通。而下文言衡山之民釋其本修械器之巧。若亦解作衡山之民釋其國修械器之巧。卽不得通。前後兩本字殆不當有異義。彼本字不得指國。則此本字何必獨指國乎。竊謂類聚御覽所引作農之本。固不必改從其文。而不妨解從其義。謂農爲本。又何妨礙。兩處之文得兩通。且上文言萊卽釋其耕農而治柴。又言楚民卽釋其耕農而田鹿。文義實一例也。俞說殆過於好異耳。

輕重己篇　帶玉監。

㗊案。此玉字疑涉上文搢玉總之玉字而誤。上文王念孫雜志據左桓二年傳孔義引管子云。天子執玉笏以朝日。以此總爲忽字之譌。忽卽笏字。然則此監必當讀爲鑑燧之鑑矣。搢玉笏。帶玉鑑。文正相對。惟鑑不合以玉爲之。故知玉爲誤字。下文云。搢玉總。帶錫鑑。疑此玉字亦本作錫。或爲金。何以言之。周禮攻金之工記云。金錫半。謂之鑑燧之齊。鄭注云。鑑燧、取水火於日月之器也。彼言祭月。則錫鑑爲取水於月之器。此言祭日。當爲取火於日之器。非錫卽金。兩者必居一矣。或謂總讀爲繐。監讀爲藍。二字並省去艸頭。說文糸部云。繐、帛青色也。艸部云。藍、染青艸也。繐藍皆謂玉色之青與上文服青而絻青正同。是春之色也。顧何以下文言秋之色服白而絻白。亦云搢玉總帶錫監乎。知其說必不然也。

晏子春秋

諫上篇　匹夫行之以家殘。

鬯案。玩家殘字。則匹夫葢當作大夫。小戴曲禮記鄭康成注、公羊桓二年傳何休解詁並云大夫稱家。

諫上篇　而禮不使也禽獸矣。

鬯案。而當讀爲如。詩都人士篇鄭康成箋云。而、亦如也。莊子人閒世篇陸德明經典釋文云。而崔本作如。而禮不使也者、如禮不使也。如禮不使則是禽獸矣。文義自明。若以而作轉語。則不可解。

諫上篇　公命柏遽巡國。致能歌者。

鬯案。此命柏與下文令柏同。下文云。令柏巡氓。家室不能禦者。予之金。兪蔭甫太史諸子平議以柏爲官名。與伯通。引管子輕重丁篇左右伯。謂此伯卽左右伯也。又云。其職卽古之常伯。古之常伯、猶漢之侍中。乃近臣也。發金與民。出自內府之藏。故使近臣將命焉。然則此命柏亦卽此伯矣。致能歌者而命近臣。於事尤爲切合。遽、乃急遽之意。小戴儒行記陸釋云。遽、急也。彼鄭注云。遽、猶卒也。國語晉語韋昭解云。遽、疾也。卒疾亦並卽急義。孫星衍音義以柏遽爲姓名。葢非。

諫上篇　狗饜芻豢。

鬯案。芻豢者因豢而連言芻。小戴月令記鄭注云。養牛羊曰芻。犬豕曰豢。國語楚語韋解云。草養曰㹨。穀養曰豢。然則此言狗。則豢而已。曰㹨豢。因豢而連言㹨也。古書此例甚多。下文云。狗不食飦肉。則易㹨豢爲飦肉。

諫上篇　秉于塗而不能逮。

鬯案。秉蓋讀爲歉。塗長而足力不足及之。故曰歉于塗而不能逮。下文因有趣駕之事。孫星衍音義謂秉程以進。非也。秉程以進。何以不能逮乎。或云。當讀爲⿱雨秉。說文雨部云。⿱雨秉、久雨也。與上文霖雨之說亦可合。

諫上篇　晏子朝。杜扃。望羊待于朝。

鬯案。杜扃當謂門關閉耳。說文戶部云。扃、外閉之關也。是也。下文云。君奚故不朝。正因杜扃而發問也。蓋君出朝。必門闢。無用扃杜矣。孫星衍音義云。杜姓。扃名。疑非。又云。望羊、猶彷佯也。或云。望羊或轉是人名。

諫上篇　以重駕公觀之而不說也。

鬯案。駕下當有八字。蓋卽因公字上首正八字。傳寫脫去一八字耳。下文云。夫駕八。固非制也。今又重此。其爲非制。不滋甚乎。則此文作以重駕八顯甚。重駕八者、卽駕八而又重之。謂十六馬也。第曰以重駕。則義不白。

諫上篇　君疏輔而遠拂。

鬯案。拂當讀爲⿱弗弓。⿱弗弓、古弼字。輔卽左輔。拂卽右弼。雜上篇云。則內無拂而外無輔。輔拂無一人。亦用拂字。

諫上篇　以管子爲有力。

匽案。力、猶功也。周禮司勳職云。治功曰力。下文多字。亦當卽司勳職戰功日多之多。然文有脫。

諫上篇　怠于德而并于樂。

匽案。并本有從義。故其字从从。从從一也。說文从部云。并、相從也。然則并于樂。猶云從於樂也。問下篇云。從南歷時而不反謂之流。從下而不反謂之連。從獸而不歸謂之荒。從樂而不歸謂之亡。彼四從字正可解此并字。并于樂。猶彼言從樂也。又。後章云。是以從欲而輕誅。從樂卽從欲也。後章又云。今君嗜酒而并于樂。放此。或云。并讀爲屛。或爲庰。屛庰皆訓蔽。見說文尸部、广部。謂爲淫樂所蔽。故云蔽于樂。說亦姑備。

諫上篇　政不飾而寬于小人。

匽案。飾當讀爲飭。小戴月令記孔義云。定本飾。俗本作飭。莊子漁父篇陸釋云。飾本作飭。並其例也。詩六月篇毛傳云。飭、正也。國語吳語韋解云。飭、治也。然則政不飭者。謂政不正。政不治耳。作飾非義。

諫上篇　何暇在彗。

匽案。何暇、語助。若言豈但。

諫上篇　爲善不用。

𠯑案。既曰爲善。又言不用。用與爲當何別之。葢此用宜讀爲勇。勇諧甬聲。甬卽諧用聲。故可借用爲勇。爲善不勇。與下句出政不行相對。爲與勇。出與行。字別輕重。一例也。且下文又云。有賢不用。若此用非假字。則文亦犯複矣。

諫上篇　錄錄彊食。

𠯑案。彊當爲彊勉之彊。非富彊之彊。依說文。當作勥。勥之古文作𠓜。正諧彊聲也。食當讀爲飾。爾雅釋詁云。食、僞也。是正讀食爲飾。故訓食爲僞。彊飾者、謂其彊辨飾非耳。此卽承上文百姓疾怨自爲祈祥而言。夫百姓既疾怨矣。而猶自爲祈祥。苟非彊飾其辭。何以祈祥乎。故曰。錄錄彊食。彊食、彊飾也。食字若從飲食義。必不可解。錄錄猶歷錄耳。重言與雙聲一也。孫星衍音義引漢書蕭曹贊錄錄未有奇節。亦有閒。

諫上篇　公疑。以爲泰山神。

𠯑案。公疑二字當句。疑晏子所言湯與伊尹也。故下文晏子曰。公疑之。則嬰請言湯與伊尹之狀。以爲泰山神者。信占夢者之言也。七字讀作一句者非。

諫上篇　湯質晳而長顔以髯。

𠯑案。長下疑復有長字。正因兩長字重疊。故脫去一長字耳。湯質晳而長當句。與下文伊尹黑而短相對。論衡死僞論無質字。然有不害其爲對。長顔以髯。亦與下文蓬頭而髯相對。今本脫頭字。依御覽鬚髯覽引補。孫星衍音義以湯質晳爲句。而長顔以髯爲句。則下文當讀伊尹黑爲句。然試問而短蓬頭而髯。成何語乎。卽從脫頭字之本。云而短蓬而鬌。亦成何語乎。皙而長者。謂其體也。孟子告子篇云。湯九尺。春秋繁露三代改制質文篇言。湯體長專。皆其證。然則長下必復有長字可知。否則顏以鬌又不成語矣。藝文類聚頭類云。湯長頭而髯鬢。

諫上篇　不易行而續蓄。

鬯案。蓄之言畜也。孟子梁惠王篇云。畜君者好君也。此以聲訓畜君爲好君。則續蓄爲續好矣。且孟子正引晏子事。見問下篇。其曰。其詩曰畜君何尤。齊大師所作也。然則謂好爲畜。殆齊語與。依本字。蓋當作㜅。畜蓄並借字。廣雅釋詁云。㜅、好也。說文女部云。㜅、媚也。媚亦好也。王念孫廣雅疏證頗詳。蓋齊宋本相舊好之國。今齊伐宋。是絕好矣。易行者。易伐爲不伐也。不伐卽續好矣。不易行以續好。則仍伐以絕好耳。蓄字之義可得。孫星衍音義謂續蓄未詳。疏矣。

諫上篇　望游而馳。

鬯案。望游蓋猶望羊。羊游一聲之轉。此類實主聲不主字。史記孔子世家云。眼如望羊。前章亦有望羊字。孫星衍音義云。望羊、猶仿佯也。然彼云望羊待於朝。或疑是人名。見前校。則孫義猶疑惑。合移以釋此。望游而馳。正謂仿佯而馳也。而孫於此乃引說文游、旌旗之旒。以實義解之。殆未的確。

諫上篇　若乃心之有四支而心得佚。焉可得令。四支無心。

鬯案。此當以若乃心之有四支而心得佚爲句。焉可得令爲句。四支無心屬下十有八日不亦久乎讀。文義自明。不意王念孫雜志誤於焉字讀斷。因謂可得本作則可。得字涉得佚而衍。又脫則字。如此。則是改書。非校書矣。彼所據韓詩齊桓公傳。作人心有四肢而得代焉則善矣。令四肢無心十有七日不死乎之文。以爲左證。鬯竊謂此類允宜各依本文。本文各自可通。必欲牽合。則必有一傷。且以兩文審之。晏子之義實較外傳爲長。焉可得令者。謂心之不可因有四支而自佚也。何善之有。然則論義轉合以此準彼。顧乃以彼準此乎。至謂藝文類聚產業部引作若心有四支而得佚則可。太平御覽人事部九十七作乃若心之有四支而心得佚焉則可。今檢類聚田獵類引云。若心有四支而得佚。則可令四支無心乎。御覽諫諍覽引云。乃若心之有四支而心得佚焉。則可令四支無心乎。兩引明並以則可二字屬下讀。王於則可讀斷。則試問令四支無心乎句如何接乎。殆强就己說而已。必不可也。且御覽心覽又引云。若心有四支而得佚。則可令四支一日無心乎。彼則可二字。亦明屬下讀。王志尙失引。若依王讀。則令四支一日無心乎句亦不能接也。竊謂此三引者。實皆節引晏子之文而誤者也。而一引亦誤連焉字。其兩引皆於佚字斷句。則轉可據矣。

諫下篇　怨者滿朝。

鬯案。據下文言民。則此似不應言朝。或者謂外朝耳。國語晉語云。絳之富商韋藩木楗而過於朝。是民亦得往來於朝。必外朝也。

諫下篇　且夫飾民之欲。

鬯案。飾讀爲戒飭之飭。實爲敕字。說文攴部云。敕、誡也。

諫下篇　請有道于相國。

鬯案。相國之稱始於戰國。晏子之書有相國。猶老子之書有偏將軍、上將軍。皆出自戰國時爲其學者語也。相之稱不始戰國。相國則前無是矣。將軍稱亦不始戰國。曰偏、曰上。則前無是矣。

諫下篇　妾父不仁。

鬯案。仁當讀爲佞。佞諧仁聲。小徐本說文如此。大徐从信省。故得假借。小爾雅廣言云。佞、才也。妾父不佞者。謂妾父不才耳。問上篇云。寡人持不仁。不仁亦不佞也。俱不合據本字讀。

諫下篇　昧墨與人比居庚肆而教人危坐。

鬯案。此二句對文。則昧墨下亦當有而字。昧墨者、孫星衍音義解爲貪墨。是也。居庚二字當乙轉。庚卽今之稻堆。說見詩楚茨篇校。比庚者、此庚與彼庚相肩比也。己貪墨而與人比庚。則人將疑之矣。居本踞字。說文尸部云。居、蹲也。是也。己踞肆而教人危坐。則人弗從之矣。此二句當是古語。而傷槐女稱述之。以明景公之不自省察而徒罪人也。庚居二字誤倒。致文不可讀。

諫下篇　以羨餒食之具。

鬯案。餒當本作妥。蓋卽涉食字而誤加食旁。說文女部云。妥、安也。妥食者、謂所便安。與所飲食二字平列。與下文鐘鼓宮室比偶。作餒食。則不辭矣。王念孫雜志依列女齊傷槐女傳。作飲食。謂餒爲飲之誤。然誠作飲食。文義淺顯。何緣誤飲爲餒。餒飲字形又不相肖。故疑晏子之文不與傳同。

諫下篇　穗乎不得穫。秋風至兮殫零落。

㐭案。穗乎二字疑當複疊。歌體七字句。

諫下篇　乾谿之役八年。百姓之力不足而息也。

㐭案。此謂百姓叛也。不曰百姓叛。而曰百姓之力不足而息。特善其辭耳。然非上息之。而百姓自息。非叛而何。下章云。楚靈王不廢乾谿之役。起章華之臺。而民叛之。卽可證。

諫下篇　恐國之危而公不平也。

㐭案。平當讀爲便。便平一聲之轉。故古多通用。書堯典中諸平字。史記帝堯紀皆作便。國危則公不便矣。故曰恐國之危而公不便也。孫星衍音義云。體不平安。義固不遠。便亦訓安。說文人部云。便、安也。惟讀平爲便。於文爲習宜耳。問上篇云。臣恐國之危失而公不得享也。又惡能彰先君之功烈而繼管子之業乎。與此云若臣之慮。恐國之危而公不平也。公乃願致諸侯。不亦難乎。語意正同。下章亦有嬰恐國之流失而公不得享也之語。然則不平卽不得享之義。不得享卽不便也。

諫下篇　景公爲西曲潢。其深滅軌。高三仞。

㐭案。高三仞上當有闕文。據下文云。亦室一就矣。亦室一容矣。此倒裝法。猶言亦就一室矣。亦容一室矣。且云公伐宮室之美。又云。公下堂就晏子曰。梁邱據裔款以室之成告寡人。又云。請改室。然則當謂築室於曲潢之上高三仞耳。其文脫去。則高三仞之文無著。孫星衍音義云。滅軌、謂滅一車也。以云高三仞知之。是孫卽謂車高三仞。殆不然。

諫下篇　移之以善政。

𢍰案。移當讀爲施。施移二字古多通用。小戴大傳陸釋云。移本作施。管子國蓄篇民庶之通施也。輕重甲篇施作移。詩葛覃篇毛傳云。施、移也。史記田叔傳裴解引徐廣曰。移、施也。是二字又互訓矣。然則移之以善政者。謂施之以善政也。

諫下篇　非存之道。

𢍰案。句下當有也字。上文可例。

諫下篇　二子同桃而節。

𢍰案。同疑當作反。故下文云亦反。

問上篇　能服天下。

𢍰案。依文例。當作能威當世而服天下。此蓋脱。

問上篇　功不遺罷。

𢍰案。遺蓋讉字形近之誤。遣者、讉之假字。説文言部云。讉、譎問也。玄應摩訶般若波羅蜜經音義引蒼頡篇云。讉、呵也。功不讉罷者。罷謂無功者也。言不以有功而呵讉無功者。與上文貴不凌賤。富不傲貧。下文佞不吐愚。義同一律。俞蔭甫太史平議以下文吐字爲咄字之誤。咄者詘之假字。佞不詘愚。言不以佞而詘愚也。佞者有才智之稱。其説甚確。讉與詘於義爲一類。猶上文凌與傲亦於義爲一類。古文用字整密如是。元刻本罷字作能。誤。若云功不遺能。非此義矣。

問上篇　雖成不安。

㠯案。依上文例。成當作得。

問上篇　雖日危。

㠯案。日當作曰。語辭也。

問上篇　則民與若矣。

㠯案。與疑興字之誤。

問上篇　故明君不以邪觀民。

㠯案。觀當訓示。莊子大宗師篇云。彼又惡能憒憒然爲世俗之禮。以觀衆人之耳目哉。郭象注正謂觀示。陸德明釋文亦云。觀、示也。不以邪觀民者。謂不以邪示民。猶彼言惡能爲禮以觀衆。謂惡能爲禮以示衆。晏子莊子取義不同。而觀民與觀衆。其義一也。依俗作去聲讀。若讀平聲。義不可通。

問上篇　寡人持不仁其無義耳也。不然北面與夫子而義。

㠯案。不仁當讀爲不佞。已見諫下篇校。無當訓不。義當訓宜。皆恆訓也。也讀爲邪。陸釋序錄所謂邪也弗殊是也。諫上篇云。交舉則先飲。禮也。兪蔭甫太史平議亦讀彼也爲邪。然與如古亦通用。書盤庚篇用懷爾。然失于政。彼文當讀爾字句。然字屬下讀。然失于政者、如失於政也。且凡形容之辭。若勃然卽勃如。躩然卽躩如。如然無別。不勝舉證。此不然與他文言不然者獨異。不然卽不如也。而猶爲也。諫下篇云。二子同桃而節。冶專其桃而宜。亦以而字作爲字用。景公之意若曰。寡人持不佞其不宜耳邪。不如北面與夫子爲宜。謂己以此不佞之身。其殆不宜於人君之位。不如己就臣位北面。而以此人君之位與晏子爲宜。故下文晏子對曰。嬰、人臣也。公曷爲出若言。則其意大曉矣。孫星衍音義乃云。言未嘗行仁義。欲北面而事晏子。以其義也。於文豈可通乎。且晏子又何以自明人臣。何至有公曷爲出若言之對。夫秦孝公欲傳於商君。梁惠王欲讓於惠施。則景公欲以位與晏子。又曷足怪乎。

問上篇　交游朋友從。

罌案。此疑衍友字。朋從連文。

問上篇　晏子對曰。意。

罌案。意葢讀爲噫。

問上篇　明言行之以飾身。

罌案。之讀爲止。

問上篇　順其令。

罌案。令當訓善。爾雅釋詁云。令、善也。善與下文赦其過過字義正相對。此言君順臣之令。故不可以令作號令解也。然如下章云。逢有道之君。則順其令。逢無道之君。則爭其不義。彼雖言臣順君之令。而令與不義相對。則亦合訓善。兩順其令。文既同。義亦不異。

問上篇　領民治民。

罌案。領讀爲令。號令也。

問下篇　水乎淸淸。

𢡺案。清清爲疊字。形容之辭。非水色清濁之清也。故下文其濁其清並舉。否則既曰清。不得復言其濁矣。下文云石乎落落。清清之形容水貌。猶落落之形容石貌也。勿泥其義。文選宋玉風賦云。清清泠泠。李注云。清涼之貌也。蓋近之。

問下篇　詩云。高山仰止。景行行止。之者其人也。

𢡺案。兩止字本作之。已詳於盧文弨羣書拾補及王念孫雜志。之止二字古本通用。卽讀止爲之。亦無不可。要以爲誤字從簡捷耳。惟盧以下止字爲衍。王依之。而又據淮南子說山訓於者字上補一鄉字。云。此文本作詩云高山仰之景行行之。鄉者其人也。則殆不然。此文但兩止字作之。更無衍字。亦無脫字。之者卽複舉仰之行之兩之字而言也。之者其人也。以其人釋兩之字。若謂詩之意曰。高山仰其人。景行行其人耳。文自曉白。故下文云。諸侯並立。善而不怠者爲長。列士並學。終善者爲師。諸侯爲長。必爲衆諸侯仰之行之。列士爲師。亦必爲衆列士仰之行之。所謂其人也。若作鄉者其人。義轉不憭。蓋說山訓當有誤。以晏子之文正彼。轉可。不合取彼正此也。孫星衍音義云。之或言往。往卽鄉義。亦不可解。

問下篇　以趨於末朝。

𢡺案。末朝倒文。猶言朝末。

問下篇　皆同于君之心者也。

𢡺案。也讀爲乎。

問下篇　夫儼然辱臨敝邑。

㒺案。夫卽大夫之省稱也。左桓十三年傳云。夫固謂君訓衆而好鎭撫之。夫亦謂大夫。說已見彼校。孫星衍音義據秦二世刻石夫下積二畫。以爲大夫。猶差一閒。夫下積二畫。則是夫夫。非單稱夫。然王念孫雜志謂孫說謬。則過矣。王徒以一本作大夫。則以此本爲脫大字。而不知大夫之省稱夫。固有是例也。且安知一本不後人增字乎。至黃元同大令校勘引孫頤谷云。當作夫子。益無本。

問下篇　臣聞君子如美。淵澤容之。衆人歸之。如魚有依。

㒺案。君子何以云如美。君子如美既不辭。又何以淵澤容之。二句義尤難解。美字必誤。疑本作雨。君子如雨。故云淵澤容之。淵澤、容雨者也。下文云。夫往者維雨乎。正與君子如雨。兩雨字相照。否則彼雨字亦無著矣。又。淵澤容之、衆人歸之二句勿並讀。句法雖相似。而義分屬上下。淵澤容之。與君子如雨爲義。衆人歸之。與如魚有依爲義。

問下篇　夫往者維雨乎。不可復已。

㒺案。不可復已。承往字而言也。往者、歸往也。上文云。若淵澤決竭。則失雨矣。又云。其魚動流則無所歸矣。故曰歸往者維雨乎。不可復已、猶孟子言孰能禦之耳。孫星衍音義云。不可復已。言雨落不上天。謬甚矣。

問下篇　公曰。王室之正也。諸侯之專制也。是以欲聞子大夫之言也。對曰。

㒺案。此文殊無謂。上文公問莊公與今君孰賢。君字。依王念孫雜志補。謂景公也。晏子既對以兩君之行不同。

且曰。不敢不知。則宜接以下文先君莊公云云。以伸明其不同之說。何得更有公語雜入其閒。且王室之正。諸侯之專制。於問兩君何涉。語更不可解也。竊謂公曰對曰四字。當爲涉上文而衍。正上脫不字。王室之不正三句。當掇在上文平公曰之下、聞子大夫數矣之上。上文問昔君先君得衆。今本昔君作昔吾。依盧文弨拾補改。謂桓公也。晏子言不知所以對。故平公又有語。其文云。平公曰。王室之不正也。諸侯之專制也。是以欲聞子大夫之言也。聞子大夫數矣。今迺得見。願終聞之。晏子對曰云云。如此則庶可通。蓋王室之不正。諸侯之專制。謂今日也。以見在昔桓公得衆。能使王室正而諸侯不專制。故急欲聞其所以得衆之說。是以欲聞子大夫之言也。與聞子大夫數矣語。亦無不接。姑著於此。以俟學者詳審。

問下篇　俞身徒處。

鬯案。俞蓋有空義。說文舟部云。俞、空中木爲舟也。則引伸之凡空亦可曰俞矣。此承上文而言。上文云。有智不足以補君。有能不足以勞民。然則是空有其智。空有其能。故曰俞身徒處。謂空身徒處也。或云。窬之借字。說文穴部云。窬、一曰空中也。

問下篇　齊尙而不以遺罷。

鬯案。齊尙者、同尙也。國語楚語、吳語韋解並云。齊、同也。同尙卽尙同也。墨子有尙同篇。是也。上篇云。民不事驕行而尙司。盧文弨校以司卽同之誤。然則晏子固明有尙同之說矣。柳宗元辯晏子春秋。以爲宜列墨家。晁公武郡齋讀書志、馬端臨文獻通考並從之。卻不爲無見。而孫星衍序斥柳爲文人無學。晁馬爲無識。轉非篤論也。且如下文云。尊賢而不退不肖。此非卽兼愛之旨乎。遺蓋當作遣。說在上篇校。

問下篇　得之時其所也。

　　𢎘案。時訓是。下文云。失之非其罪也。是與非對。

問下篇　從重不爲進。從輕不爲退。

　　𢎘案。重輕猶難易也。人求進者則肯舍易而從難。君子之從難。不爲進也。人求退者則多舍難而從易。君子之從易。不爲退也。故曰從重不爲進。從輕不爲退。若謂道在難則從難。道在易則從易。於進退無與耳。王念孫雜志據家語三恕篇作從輕勿爲先。從重勿爲後。謂此文當作從輕不爲進。從重不爲退。謂不見易而進。不見難而退也。今本輕重互易。則義不可通。𢎘謂今本與三恕篇固不可合。然義自可說。謂義不可通則過矣。要各存其義自可。必改使一之。轉爲多事。

雜上篇　若公者之謂矣。

　　𢎘案。者字羡。

雜上篇　焉有中乎。

　　𢎘案。中當讀爲用。說已見管子禁藏篇校。焉有用乎者。謂無用也。承上文若大夫爲大不仁而爲小仁而言。既爲大不仁而爲小仁。則此小仁焉有用乎。無用也。依中字義不可解。

雜上篇　遠其兆徐其日。

　　𢎘案。遠其兆義不可通。據荀子王霸篇佻其期日。楊注云。佻與傜同。緩也。謂不迫促也。引晏子春秋作遠其涂佻其日。然則今本兆徐二字互誤。當作遠其徐。兆其日。徐卽涂之誤。兆卽佻之壞。抑卽讀徐爲涂。讀兆爲佻。假借之例。亦無不可也。佻得有緩義者。朱駿聲說文通訓以爲借作迢遙之迢。似較楊氏同傜之說爲勝。兆聲䍃聲。古音不同部。且傜亦非緩義也。或云。方言。佻、疾也。疾與緩義反。此猶亂之爲治之例。亦一說。要楊以晏子證荀子。卽可以荀子證晏子。彼云佻其期日。則此作兆其日。不作徐其日明矣。後人不察而倒乙之。不亦謬乎。

雜上篇　聖王見賢以樂賢。見不肖以哀不肖。

鬯案。謂從見以推及於所不見者。而亦哀樂之。

雜上篇　寡人以天子大夫之賜。

鬯案。以天子大夫之賜。或謂諸侯之立。必天子使大夫命之。故景公爲是言。然大夫二字究當省及。義終可疑。故王念孫雜志據羣書治要無天字。謂此天字後人所加。以子大夫之賜。得率百姓以守宗廟。猶宋穆公言若以大夫之靈得保首領以沒也。說較近之。案。宋穆公語見左隱三年傳。又。襄十三年傳楚共王亦言若以大夫之靈獲保首領以沒於地。與宋穆語同。而其稱大夫則微異。隱傳上文云。宋穆公疾。召大司馬孔父而屬殤公焉。則大夫專指孔父也。襄傳上文云。楚子疾。告大夫。又下文云。莫對。則大夫不專指一人。乃總稱也。王以天字爲後人所加。則子大夫專指晏子。故舍楚共而用宋穆。然玩下句得率百姓以守宗廟。專指晏子而言。義或未備也。且說苑正諫苑亦有天字。則此天字殆不必後人所加。而爲後人傳寫形誤。則有之矣。天葢當作夫。與晏子言。故稱夫子。指晏子也。景公稱晏子爲夫子。前後不勝舉證。大夫亦總稱也。景公言以晏子及衆大夫之賜。得率百姓以守宗廟。則於文義爲備。於辭令爲宜。治要自脱落一夫字耳。猶賴今本及正諫苑存一天字。有迹可案。奈何因而抹之。孫星衍音義解此章刖跪云。刖足者使守門。是也。其説甚確。觀下文倍資無征。時朝無事。亦足見是賤者。刖跪爲守門賤者。明不在大夫之列。正惟刖跪不在大夫之列。故言衆大夫之賜。於下文今見戮於刖跪以辱社稷之語不病也。

雜上篇　晏子曰。不。

𢾺案。不下當脱可字。一云。不讀否。然恐非。

雜上篇　食魚無反。

𢾺案。食魚者必先食一面。然後反之。再食一面。無反者。留其下一面不食也。

雜上篇　晏子直席而坐。

𢾺案。直席卽正席。

雜上篇　其家老曰。非大夫喪父之禮也。晏子曰。唯卿爲大夫。

𢾺案。春秋時有大夫喪父之禮。則當時爲大夫者必皆習用之。而晏子獨否。故其家老有是言也。夫小戴中庸記云。父母之喪。無貴賤一也。孟子滕文公篇云。三年之喪。齋疏之服。飦粥之食。自天子達於庶人。三代共之。則烏有所謂大夫喪父之禮。大夫喪父之禮。卽士禮也。大夫而有喪父之禮也。齊之末造也。乃晏子不欲斥大夫喪父之禮之非禮。曰唯卿爲大夫。轉自託於己非大夫爲解。故孔子謂其不以己之是駁人之非也。夫當時既習行大夫喪父之禮。則使晏子斥大夫喪父之禮之非禮。不啻槩斥當世大夫矣。豈非招尤之道乎。故曰晏子可謂能遠害矣。明乎此義。而下文之義可通。從是知滕文定三年之喪父兄百官皆不欲者。彼滕之父兄百官亦習行大夫喪父之禮久矣。君既行之。大夫安得不行。故不欲也。而曰吾宗國魯先君莫之行。吾先君亦莫之行也。蓋大夫既別有大夫喪父之禮。則諸侯自必別有諸侯喪父之禮。皆春秋之末造也。故孟子曰。諸侯之禮。吾未之學也。豈非隱斥當時諸侯之禮之非禮與。

雜下篇　猶懸牛首于門而賣馬肉於內也。

鬯案。懸牛首于門。令殺牛。卽禁殺馬也。而賣馬肉於內。民之殺馬必不止。

雜下篇　明日問公曰。今昔聞鴞聲乎。

鬯案。今昔猶謂今夜也。上文昔者王念孫雜志云。古謂夜曰昔。或曰昔者。是也。蓋昔字从㳄。从日。㳄古文虞。實取日入虞淵之象。故謂夜曰昔。惟既言明日問。則是問昨日之夜也。乃不曰昨夜。而曰今夜。此猶言今日而有稱明日者。說見前校儀禮士虞記。皆古人稱謂與今不同。當拈出之。

雜下篇　彼安有朝夕哉。

鬯案。朝有東義。夕有西義。爾雅釋山云。山東曰朝陽。山西曰夕陽。周禮司儀職不朝不夕。鄭注云。不正東鄉。不正西鄉。賈釋云。朝謂日出時。爲正鄉東。夕謂日入時。爲正鄉西。又考工匠人記以正朝夕。釋云。言朝夕卽東西也。然則云彼安有朝夕哉。猶云彼安有東西哉。上文云室夕。室何爲夕。立宮何爲夕。立城曷爲夕。諸言夕。皆謂偏鄉西也。此言古之立國正而不偏。故上文云。古之立國者。南望南斗北戴樞星。此明正南北也。南北正則東西亦必正。故曰彼安有東西哉。謂不偏鄉東。不偏鄉西也。以見偏鄉西者。實非古。故下文又言今之夕者。用然而字作轉語。古、謂殷以前也。今、謂太公以來至於今也。

雜下篇　然而以今之夕者。

鬯案。以卽似字。左襄三十一年傳云。令尹似君矣。孔義引服本作以君。彼俞蔭甫太史平議正謂以似同字。與鬯見合。茶香說又謂作已君。又公羊定四年傳士之甚。何休解詁云。言其以賢士之甚。謂言其似賢士之甚也。彼孔廣森通義引。正作似。餘說具前校易明夷卦及詩文王有聲篇。似、猶如也。然而似今之夕者。猶云然而如今之夕者也。如今之偏鄉西者也。否則以字無義。下章云。公兩賜之曰。以晏子不奪人之功。以占瞢者不蔽人之能。兩以字亦卽似字。而當訓如。曰者。景公言也。作如。語氣合。作以。則若著書者之辭矣。則曰字爲贅矣。

雜下篇　占瞢者曰。請反具書。晏子曰。毋反書。

鬯案。具字元刻本作其。當從之。反之言翻也。漢書張安世傳顏注云。反讀曰翻。是也。反其書者。翻其書也。今人謂檢書曰翻書。乃出於此。或書作繙字。占瞢者以晏子問公瞢。故曰請反其書。謂請翻其占瞢之書以對也。晏子曰。毋反書。謂不必翻書而可以知公瞢也。故下文云。公所病者陰也云云。若以請反具書作占瞢者欲反其家而具書以對。則豈有爲占瞢之職。奉召占瞢而不攜書以來。至欲反而具書乎。且毋反書三字不成義。

雜下篇　高子國子請。

卺案。請下當脫見字。下文晏子請見。可證。

雜下篇 宗君而處身。

卺案。宗讀爲崇。

雜下篇 齊不我加矣。

卺案。加當訓陵。論語公冶長篇我不欲人之加諸我也。卽此加字。何晏集解引馬注云。加、陵也。加之言駕也。左昭元年傳杜解云。駕、猶陵也。小爾雅廣言云。駕、淩也。淩陵字通。實並夌之借。

雜下篇 足於中免矣。

卺案。中免無義。免葢讀爲晚。謂足於中年晚年耳。

雜下篇 爲世國長。

卺案。世國二字葢倒。

雜下篇 乃此則老且惡。

卺案。乃此猶乃今也。若云乃今則老且惡耳。故時則見及其少且姣也。今與下文故相對。

雜下篇 布帛不可窮。窮不可飾。

卺案。謂如以布帛爲束帶。不窮則有垂下者以爲飾。窮則無飾矣。故曰布帛不可窮。窮不可飾也。

雜下篇 國不可窮。窮不可竊也。

卺案。此竊字似難解。故俞蔭甫太史平議謂竊與察一聲之轉。然讀竊爲察。云。國不可窮。窮不可察。

義亦艱滯。要之。察之義乃近竊字之義。非竊字之義也。鬯謂此竊字竟作本義解。說文米部云。盜自中出曰竊。是竊以盜竊爲本義。盜竊者非果爲盜爲竊也。凡行而私有所利者。皆盜竊也。晏子之意。以爲此輩國宜容之。故國宜使有可竊之處。而不可太察。太察則此輩無容足之地。或轉有甚於竊者。是卽水清無魚之意。又如俗所云。大綱旣舉漏魚。小穴難防任鼠竊也。二句出袁枚小倉山房集。故曰國不可窮。窮不可竊也。問下篇云。尊賢而不退不肖。夫不肖曰不退。則其持論固未可以常道論之矣。

外篇。外篇二篇。元刻本一題重而異者。一題不合經術者。今不復識別。且漢書藝文志雖晏子八篇。而史記管晏傳張守節正義引七略云。晏子春秋七篇。是外篇止一篇也。孫星衍序謂合雜上下二篇爲一。誤。

外篇　茀又將出。天之變。

鬯案。此蓋倒文。如云天之變。茀又將出。

外篇　大帶重半鈞。舃履倍重。

鬯案。半鈞、謂半斤也。非十五斤也。說已見孟子告子篇校。然則倍重者。倍半鈞之重。則一鈞矣。一鈞者、一斤也。非三十斤也。泥於三十斤爲鈞之說。帶履之重。皆無其理。

外篇　齊舊四量而豆。

鬯案。而豆上當脫四升二字。

外篇　右陛之下。

鬯案。四字似當在上文路寢之下。

外篇　布脣枯舌。

𢾺案。布蓋讀爲膊。膊諧尃聲。尃諧甫聲。甫諧父聲。與布諧父聲。亦在同聲通借之例。故布可讀爲膊。說文肉部云。膊、乾肉也。是膊以乾肉爲本義。引伸之。蓋凡乾皆可曰膊。膊脣者、謂乾脣也。方與枯舌并下句焦心熱中四者爲一類。若布脣。無義矣。或云讀爲⿰口尃。或⿰齒尃。說文口部云。⿰口尃、噍貌。齒部云。⿰齒尃、噍堅也。義亦近。並備參。

外篇　今君不辱而臨之。

𢾺案。不語辭。

外篇　爲開凶門。

𢾺案。謂於路寢庭之牆別開一門。使柩入。故曰凶門。卽小戴檀弓記所謂毁宗者也。又曾子問記云。曾子問。君出疆薨。其入如之何。孔子曰。入自闕。鄭注云。闕、卽毁宗也。柩毁宗而入。異於生也。所毁宗。殯宫門西也。殷柩出毁宗。檀弓記云。毁宗躐行。出于大門。殷道也。周柩入毁宗。禮相變也。然則雖君柩。亦別開凶門而入矣。況此布衣之士之母柩乎。蓋禮當然也。其所開儻亦在路門之西與。要與君柩入同一在西。而必有異處耳。

外篇　臣何敢槁也。

𢾺案。槁疑當讀爲驕。驕諧喬聲。喬蓋諧高省聲。故與槁諧高聲。亦在同聲通借之例。驕者、自大之意也。上文云。公忿然作色不說曰。夫子何小寡人甚也。故晏子對以臣何敢驕。言臣何敢自大也。驕字正與小字呼應。若依槁字義。則不可解矣。俞蔭甫太史平議以槁爲撟之誤。槁之於撟。與槁之於驕。實同一通借之例。惟驕有自大之意。與上文小字較吻合也。羣書治要上文小字作少。則驕者自多之意。亦吻合。

外篇　此難得其知也。

邕案。王引之釋詞其字有語助一釋。此其字蓋亦當是語助。

外篇　君反迎而賀臣。愚不能復治東阿。

邕案。此讀臣字句。與上文君反以罪臣一例。臣下當復有臣字。屬愚字讀。蒙文而省也。王念孫雜志謂脱一臣字。殆未必然。說苑政理苑亦無臣字。可證。古書本有蒙文而省之例。卽晏子書中。如雜上篇云。決獄不避貴强。惡之。貴强下當復有貴强字。蒙文而省也。又上章云。無良左右。淫蠱寡人。左右下當復有左右字。亦蒙文而省也。下篇云。今丘失言於夫子。譏之。夫子下當復有夫子字。亦蒙文而省也。王志亦謂夫子二字脱。

外篇　廢置不周於君前。

邕案。此周字當不誤。俞蔭甫太史平議謂不周當作不由。殆未必然。周蓋讀爲調。調諧周聲。例當通借。說文言部云。調、和也。周禮地官序調人鄭注云。調、猶和合也。蓋廢君所欲廢。置君所欲置。是爲調。廢君所不欲廢。置君所不欲置。是爲不調。上文云。晏子相景公。見賢而進之。不同君所欲。見不善則廢之。不辟君所愛。則其不調甚矣。故曰廢置不周於君前者。廢置不調於君前也。廢置不調於君前者。謂其不和合於君也。穀梁成十七年傳云。公不周乎伐鄭也。楚辭離騷云。雖不周於今之人兮。彼不周亦並卽不調。與此不周正同。故王逸章句及兪太史穀梁傳平議皆訓彼周爲合。范甯集解訓周爲信。未是。訓周爲合。亦讀周爲調矣。上章云。夫能自周於君者。才能皆非常也。亦謂其能自調於君也。

外篇　元豹之茈。

鬯案。茈葢本作芘。芘者、紕之借字也。爾雅釋言。紕、飾也。廣雅釋詁云。紕、緣也。此承上狐白之裘言之。今作狐之白裘。黃元同大令校勘云。當作狐白之裘。謂狐白之裘。以元豹之皮爲緣飾也。緣飾卽在裘上。實止言一裘耳。故下文公曰。寡人有此二。謂有此裘二。一以賜晏子。一以自服也。此非謂狐白之裘之外又別有元豹之茈也。茈與紕論音實亦可通。特讀茈爲紕與讀芘爲紕。假借之例有遠近耳。故疑茈爲芘之誤也。山海南山經云。洵水、其中多芘蠃。郭璞注云。紫色螺。朱駿聲說文通訓云。芘當爲茈之誤。然則此芘之誤爲茈。猶彼茈之誤爲芘矣。

外篇　而傳者無其外。

鬯案。傳當爲儒。儒或作傿。形與傳相近。故儒誤爲傳。無與有無之無本異字。說文無訓豐。在林部。橆訓亡。在亡部。有無之無乃橆字。特書傳通作無字耳。此無字正是林部之無。非亡部之橆。林部又云。或說規模字。此無字正規模字也。上文云。行之難者在內。是晏子之意以儒者不務內而務外。故曰而儒者無其外。謂儒者徒規模其外耳。下文異于服。勉于容。以及盛聲樂。飾弦歌鼓舞。繁登降趨翔。一切云云。皆伸發儒者規模其外之實也。儒誤爲傳。又不察無字。而認爲有無之無。則語不可通矣。或曰。儒者亦務內。而傳儒道者輒略內而務外。此後代儒者通弊。宜爲世所譏。非儒道本然也。則作傳亦未始無義。㽞謂非晏子意也。晏子之道。墨道也。彼非儒。固舉儒而非之。猶儒家之非佛。固舉佛而非之。豈能曰佛是而所非者僧邪。且晏子所譏者孔子也。下章云。始吾望儒而貴之。今吾望儒而疑之。彼元刻本正作始吾望傳而貴之。今我望傳而疑之。孫星衍音義云。望儒今本儒作傳。據孔叢子改。則孫本亦原作傳。改作儒。墨子非儒篇儒者迎妻。儒舊本亦誤作傳。畢沅本據彼下文改傳爲儒。豈非並儒誤爲傳之的證與。

外篇　自大賢之滅。

㽞案。猶云自聖人之沒耳。

外篇　孔丘必據處此一心矣。

㽞案。據字卽涉處字而衍。心字涉上文而衍。孔丘必處此一矣。猶孟子梁惠王篇云。夫子必居一於此矣。

外篇　嬰則齊之世民也。

㽞案。春秋時齊晏氏爲齊世民。故嬰父弱。謚桓子。桓子以上無聞焉。管子大匡篇有晏子。房玄齡注但謂平仲之先。不能實其人。其家世之微亦可見矣。

外篇　舜者處民之中。則自齊乎士。

㽞案。士疑本作民。處民之中則自齊乎民。與下文處君子之中則齊乎君子文意一律。且上文云。若舜焉則嬰不識。正以處民之中齊乎民。故不識也。若處民之中而齊乎士。則出乎類矣。何爲不識。

外篇　必驕魯而有齊。

㥶案。驕葢讀爲撟拂之撟。荀子臣道篇云。事暴君者有補削。無撟拂。是也。上文云。孔子强諫而不聽。則晏子之意。以爲孔子必且撟拂魯而適齊矣。故曰必撟魯而有齊。有字孔叢子詰墨篇正作適。孫星衍音義云。疑有當爲適。是也。小戴少儀記云。諫而無驕。彼驕字。疑亦當讀撟。與此驕字正同。而鄭注謂言行謀從。恃知而慢。未必然也。或謂撟拂之本字實矯字。存參。

外篇　豈以人爲足恃哉。可以無亡也。

㥶案。玩可以無亡句。則豈上當有闕文。

外篇　晏子對曰。臣願有君而可輔。

㥶案。例上文。晏子上當有載一願三字。

荀子一

勸學篇　君子博學而日參省乎己。

巴案。參省二字葢平列。參亦省義。解蔽篇楊倞注云。參驗。素問三部九候論王冰注云。參、謂參校。並與省義相近。故曰參省。參與三字通。魏徵羣書治要載孫卿子作而日三省乎己。要彼三卽當讀爲參。不可以此參讀爲三也。猶下句則知明而行無過矣。黎庶昌古佚叢書所刻影宋台州本知作智。彼智卽當讀爲知。不可以此知讀爲智也。而楊此注竟訓參爲三。援曾子曰三省吾身爲證。於下文知竟讀智。殆均未審矣。論語學而篇曾子曰。吾日三省吾身。彼下文列三者之目。此下文無三者之目也。且大戴勸學記作君子博學如日參己焉。如而通。或作知。誤。若參省爲三省。安得去省字而單言參己。明參卽省義。詳言之曰參省乎己。簡言之曰參己。一也。而王引之大戴記述聞轉據此以訂彼。豈爲楊氏所惑與。

勸學篇　所繫者然也。

巴案。此者字止是語辭。謝墉校謝校多本於盧文弨。故王益吾祭酒集解例皆標盧。然謝書所列參訂姓氏趙、段、吳、朱、汪、盧凡六家。云輯諸家之說並附所見。則不得悉歸於盧也。因俗閒本多作著。故讀者爲張略切。恐未必然。卽上下文可證。上文云。繫之葦苕。止出繫字。不出著字。則此句止當承繫字。不煩增添著字。下文云。所立者然也。所漸者然也。者字並止語辭。更一例可觀。楊注所引說苑作所託者然也。者字亦語辭也。今說苑善說苑作其所託者使然也。句字雖多。者爲語辭不異。

勸學篇　强自取柱。

鬯案。柱葢讀爲仆。或荀子本借朴爲之。故誤朴爲柱。要論音。柱、朴、仆無不可通也。說文人部云。仆、頓也。釋名釋姿容云。仆、踣也。强自取仆。謂强則自取其頓踣也。楊注云。凡物强。則以爲柱而任勞。必非荀子之義。大戴勸學記作强自取折。頓踣卽折義。是其證。王雜志引之說讀柱爲祝。似尚迂遠。

勸學篇　禮樂法而不說。

鬯案。此說葢喜說之說。非辭說之說。葢學禮樂者。非徒學其法也。貴說於心也。法而不說。是不近其人而徒學之弊也。上文云。學莫便乎近其人。此下三句反承之。言不近其人而徒學。則禮樂法而不說矣。詩書故而不切矣。春秋約而不速矣。然則禮樂詩書春秋者。謂學禮樂、學詩書、學春秋也。楊注不指學者言。而卽指禮樂詩書春秋言。則書理既失。以不說爲不曲說。遂誤說爲辭說矣。況禮樂何嘗不委曲陳說乎。

勸學篇　方其人之習。

鬯案。方有法則之義。詩皇矣篇毛傳云。方、則也。後漢書桓譚傳李注云。方、法也。葢實仿之假借。仿效之義。亦卽法則之義。字又通作放。廣雅釋詁云。放、效也。小戴檀弓記云。哲人其萎。則吾將安放。正此方字的義。上文楊注其人云。謂賢師也。然則方其人之習。放其師之習也。如子貢之放孔子也。習字當句。下文君子之說自爲句。楊於上文其人既指賢師。則此其人亦必指賢師。而顧云。當其人習說之時。則其人之所指不曉。讀至下文說字句。亦於句法未安。其故由誤以當訓方。而不察此方之爲法則之義也。郝懿行補注既知楊注之非。而讀方爲傍。尤實支離。宜爲王集解斥之。若讀方爲仿。必無斥矣。即連下君子之說作一句讀。亦甚曉也。蓋上文云。學莫便乎近其人。禮樂法而不說。詩書故而不切。春秋約而不速。三者是不近其人而徒學。則君子之說亦有不說不切不速之病。不說之說。當是喜說之說。已見上條。說、謂說於心。切、謂切於身。速字難解。蓋讀爲束。楊注亦失。故必法則其人之所習。則禮樂詩書春秋之說皆尊偏而周世矣。大略篇云。博學而無方。君子不與。彼方亦當讀爲仿。與此方字正同。學禮樂詩書春秋而不法則其人。即博學而無仿也。故曰君子不與。義可參證。又案。下文云。爲其人以處之。爲亦仿義。謂仿其人之所爲以自處。楊注亦非。王集解引劉台拱郭嵩燾說。近之。

修身篇　見善。修然必以自存也。

㠯案。修當讀爲肅。肅修在今爲雙聲。在古爲疊韻。故可通借。修然即肅然也。形容之字原不必盡有正字。而未始盡無正字。楊注云。修然、整飭貌。雖得其義而未得其字。詩黍苗篇鄭箋云。肅肅、嚴整之貌。國語周語韋解云。肅、整也。是整飭之義。實肅字之義。非修字之義。莊子大宗師篇云。翛然而往。翛然而來。說文無翛字。蓋翛即修之後出字。修之作爲翛。猶肅之作爲䎘。詩鴻鴈篇陸釋云。肅肅本或作䎘䎘。是也。大宗師篇陸釋引徐音叔。則正讀翛爲肅。即讀修爲肅之證矣。然竊謂彼翛然與此修然。其字則同。而其義則別。彼翛實不必讀肅。可讀爲攸。孟子萬章篇云。攸然而逝。陸釋引李音悠。不如移讀此文之修爲的。儒效篇云。修修兮其用統類之行也。修修亦卽肅肅。楊云。修修、整齊之貌。亦得其義。而未得其字矣。

修身篇　不由禮則勃亂提僈。

邕案。勃之讀爲悖。僈之讀爲慢。皆一望可知。不煩校核。前人亦旣言之。惟提字似可疑。竊謂提之言怠也。怠提一聲之轉。故借提爲怠。是爲雙聲假借之例也。提僈卽怠慢也。下文云。怠慢僄弃。是其證矣。又云。難進曰偍。偍卽提。提爲難進之義。則亦卽怠義。難進曰偍。卽難進曰怠也。

修身篇　術禮義而情愛仁。

邕案。術當讀爲述。述術古多通用。儀禮喪禮鄭注云。古文述皆爲術。小戴樂記注云。術當爲述。並可例。述从辵。術从行。行辵義本不遠。或并同字也。術禮義、卽述禮義也。楊注訓法。稍迂矣。下文云。術順墨。亦謂述順墨也。彼注云。順墨當爲愼墨。愼到墨翟。則術字之爲述。其義益明。

不苟篇　夫富貴者則類傲之。

邕案。此類字殊無義。葢誤字也。楊注謂富貴之類不論是非皆傲之。義必未安。類傲二字就句法論。必係平列。如楊注。則類字屬富貴者言。而傲又屬見富貴者言。斯不辭矣。且下文云。夫貧賤者則求柔之。求柔疊韻字。則類傲又當是疊韻字。此可見類之爲誤字矣。竊謂類當作額。額類字形相似。故古書有誤額爲類者。家語致思篇不飭無類。無類失親。王肅注云。類、疑爲貌。大戴勸學記正作不飾無貌。無貌不敬。又。大戴文王官人記靜而寡類。壯而安人。周書官人篇作情忠而寬。貌莊而安。則類亦額字之誤。說見王引之大戴述聞。王述於夏小正傳其類辨辨然。亦云。類當爲䫉。貌䫉同字。說文皃部。皃。或文作䫉。籀文作貌。是也。書傳用貌字居多。而荀子書中卻有䫉字。見於禮論篇者不一而足。則此類字爲䫉字之誤。當無疑矣。惟此䫉字實又爲⿱艹䫉字之借。⿱艹䫉卽藐字。說文艸部有⿱艹䫉字。無藐字。書傳又用藐字居多。卽如艸部云。⿱艹䫉、茈艸也。而爾雅釋草云。藐、茈草。卽作藐字。孟子盡心篇云。說大人則藐之。趙岐章句云。說此大人之法。心當有以輕藐之。富貴者則䫉傲之者。富貴者則藐傲之也。正孟子所云說大人則藐之之義也。荀子與孟子易趣。大旨孟惡隨俗。而荀子惡矯情。故孟子以藐之爲說大人之法。而荀子則以藐傲之爲非仁人之情。下文云。是非仁人之情也。是姦人將以盜名於晻世者也。則孟荀兩論固皆有所激而云然矣。皃聲與敖聲古音同部。藐傲疊韻與下文求柔疊韻。正可比。或謂藐旣本訓茈艸。則輕藐之義在藐仍借字。非本字。其本字依朱駿聲說文通訓實卽秒。此固精小學者言。然鬯又謂讀藐爲秒。直不若讀藐爲小。秒諧少聲。少卽諧小聲也。要必據許書以求字。通儒亦勿用過泥爾。大略篇愛之而勿面。使之而勿貌。語亦見大戴曾子立事記。竊疑彼貌亦讀爲藐。蓋使與愛異。愛言勿面。宜也。使不合言勿貌。藐者亦謂雖長者使幼。不可藐傲之也。愛易於面而勿面。使易於藐而勿藐。立意較勿貌爲密合。

不苟篇　是姦人將以盜名於晻世者也。

鬯案。盜名不必定盜何名。凡可以爲名者皆可盜。苟依上下文實指之。則承上文仁人而言。所盜者卽仁名也。下文云。田仲史鰌不如盜也。田仲廉。卽孟子稱陳仲子。史鰌直。則所盜者又廉名直名也。楊注乃舍此而求諸上文之富貴貧賤。云姦人盜富貴貧賤之名。則異矣。上文云。夫富貴者則類傲之。夫貧賤者則求柔之。荀子之意若云有富貴者藐傲人。藐字說見上條。今乃藐傲富貴。有貧賤者求柔人。今乃求柔貧賤。則必是盜名者。其義亦至顯。而楊注轉不可解矣。然則謂是盜藐傲富貴之名。盜求柔貧賤之名。亦可也。而何得曰盜富貴貧賤之名乎。富貴貧賤。何名之有。且世有盜富貴者。無盜貧賤者。誠盜富貴。竟是盜實矣。非盜名也。

榮辱篇　清之而俞濁者口也。

鬯案。口字與上文怒字、忮字、訾字及下文交、爭、勝、劌等字。獨虛實失類。必借字也。疑當讀爲詬。詬諧后聲。后聲與口聲古音同部。故借口爲詬。解蔽篇楊注云。詬、詈也。則與上下文字例正合矣。詬詈原由口出。故大戴武王踐阼記云。口生㖃。㖃卽詬之借字。然云口生詬自可。單曰口則未可。不如單曰詬可也。楊此注云。欲求其清而愈濁者。在口說之過。亦必增設說之過三字。始成義。又引或曰。絜其身則自清。但能口斯愈濁。則又增設身字以對口字。義更迂回。而王集解轉謂或說是。竊未敢從。詬之言垢也。左宣十五年傳國君含垢。漢書路溫舒傳引。垢作詬。陸釋亦云本作詬。說文土部云。垢、濁也。故曰清之而愈濁者詬也。孝經卿大夫章云。言滿天下而無口過。行滿天下而無怨惡。口過與怨惡爲對。則口過亦卽詬過矣。正與此口字可互證。互見彼校。大略篇放此。

榮辱篇　是故窮則不隱。通則大明。身死而名彌白。

鬯案。不隱者、謂名不隱也。大明者、謂名大明也。兩句皆指名言。而沒去名字。故終之云身死而名彌白。卽俞蔭甫太史古書舉例所謂文沒於前而見於後例也。楊注云。不隱謂不能隱蔽。則未察古書之例矣。

榮辱篇　今以夫先王之道。

罭案。今以夫三字無此語辭。今夫先王之道句甚平易。以字必衍文也。下文云。以夫桀跖之道。蓋卽涉彼而衍。不知下文以當訓與。王益吾祭酒集解引儀禮鄉射禮鄭注以猶與。釋彼甚是。正惟旣言先王之道。故云與夫桀跖之道。彼以夫自可解。此今以夫不可解也。

榮辱篇　餘刀布有困窌。然而衣不敢有絲帛。約者有筐篋之藏。然而行不敢有輿馬。

罭案。餘刀布有囷窌與約者有筐篋之藏二句。似宜互易。約者二字雖不易解。然云筐篋之藏。則必與衣不敢有絲帛爲類。有輿馬則必有刀布之用。故刀布與行不敢有輿馬亦爲類。今二句互差。斯失類矣。或云。約蓋讀爲葯。者蓋讀爲緒。說文素部云。葯、白葯。縞也。糸部云。緒、絲耑也。葯緒者、謂縞耑耳。葯曰緒。猶刀布曰餘也。姑備俟考。

榮辱篇　幾不長慮顧後而恐無以繼之故也。

罭案。幾不猶豈不也。上文楊注云。幾讀爲豈。下同。是也。然則此也字當讀爲邪。邪也弗殊。古書通例。豈不長慮顧後而恐無以繼之故邪。語意甚明。與上非不欲也句亦洽接。而王念孫雜志乃云。二句中不當有幾不二字。蓋涉下文而衍。則未察也字之讀邪字矣。且云。下文幾字有音而此無音。則爲衍文明矣。又竟昧上文楊注明出下同二字乎。下同者、正同此幾字也。況下文注云。幾亦讀爲豈。亦者。亦上文與此兩幾字。若衍此幾不二字。則上旣云下同。下又云亦。注文不太重疊乎。

非相篇　面長三尺。焉廣三寸。

鬯案。焉字不解。要其義可意知之。既云面長三尺。則廣三寸者必指其口也。特口不可稱爲焉耳。楊注謂面長三尺廣三寸。言其狹而長甚也。則似以焉作語辭。屬三尺讀。其説已自知未安。故又引或曰狹長如此。不近人情。恐文句誤脱也。鬯謂或説是也。第不省此焉字爲何字之誤耳。至謝金圃校以焉爲發聲。則讀屬下。其讀亦是矣。要發聲在古書雖有此例。施之於此實覺非類。竊疑焉爲彖字之誤。彖讀若弛。與彖別。彖焉篆文略相似。故彖誤爲焉。而彖實爲喙字之借。説文口部云。喙、口也。許氏單訓口。本不專爲獸口之稱。後人執獸口爲喙、鳥口爲咮之説。一若不容相假者。然如詩候人篇毛傳云。咮、喙也。則鳥獸通稱矣。至如左昭四年傳云。顧而見人。深目而豭喙。史記越王勾踐世家云。越王爲人長頸鳥喙。則皆借鳥獸之稱以稱人。公孫呂之口何必不類豭若鳥。故謂其口爲喙。又如莊子徐無鬼篇云。丘願有喙三尺。則更不必配以鳥獸。而單曰喙。與説文單訓口之義尤合。益可知人口固亦得稱喙矣。面長三尺。喙廣三寸。義自顯見。則或者可備一説也。

非相篇　傅説之狀。身如植鰭。

鬯案。鰭蓋當讀爲榰。爾雅釋言云。榰、柱也。植榰者、植柱也。謂直立不動之狀。故曰傅説之狀。身如植榰。楊注訓植爲立。固也。而云如魚之立。則以鰭爲魚名。説文無鰭字。魚部有鮨字。云一曰鮨。魚名。則楊蓋讀鰭爲鮨。然魚不能立。安得曰植。郝補注云。鰭在魚之背。立而上見。駝背人似之。然則傅説其背僂人與。夫駝背人正以其似駝而謂之駝背。而遠援魚背爲喻。已屬可疑。況又指其背上之鰭。駝背人何以似之。蓋魚背上鰭。其形狀實於人無可比擬。以釋此植鰭。當更不然矣。左定十年傳云。皆至而立如植。如植樁、省言之卽如植也。彼杜解云。如立木不動。卽是身如植樁之義。又。考工輪人記云。輻也者、以爲直指也。彼直指亦卽此植樁。則二字連文又可證。彼言以爲。其義虛。此言身如。其義實。彼卷亦有校。

非相篇　堯舜參牟子。

鬯案。牟讀爲眸。楊注不謬。凡參之義皆指三。無指兩者。而云參眸子謂有二瞳之相參。殆曲說矣。竊謂人之重瞳。不必兩目皆重。堯舜之目。蓋皆一目重瞳。一目否。則合計有三瞳。故曰參眸子也。若兩目皆重。則合計當曰四眸子。必不得曰參眸子矣。然則如楊注所引尸子曰舜兩眸子者。偏擧一目言也。此云堯舜參眸子者。並指兩目言也。

非相篇　曲直有以縣矣。

鬯案。曲直楊注謂猶能不。姑從之。有楊本訓又。王雜志亦云與又同。是也。以當讀爲已。已以古本通用。下文云。人之所以爲人者何已也。何已卽何以。此以當讀已。猶彼已當讀以矣。已當訓甚。詩蟋蟀篇毛傳云。已、甚也。已縣者、甚縣遠也。而楊云其能不與人又相縣遠。則似訓以爲與。殆失之矣。謝本此句如是。王志及王集解本皆依宋呂錢本縣上補相字。然讀以爲已。相字不補亦自通。要有相無相。已甚之義不易也。

非相篇　禹湯有傳政。而不若周之察也。非無善政也。久故也。

鬯案。既言有傳政。卽有善政矣。而又曰。非無善政也。久故也。於義不協。此必涉上文五帝之中無傳政。非無善政也。久故也而誤。不知彼言無傳政。故承之曰非無善政也。久故也。此言有傳政特不若周之察。則安得亦承之曰非無善政乎。善當爲詳字之誤。詳从言。羊聲。善从言、从羊。論篆文。字體正同。又涉上文。故誤詳爲善。非無詳政也。久故也。正承有傳政而不若周之察言也。下文云近則論詳。又云詳則舉小。此作詳之證。韓詩外傳舜甑傳同誤。應放此訂正。

非十二子篇　苟以分異人爲高。

㽞案。苟以分三字不成句。據楊注云。苟求分異。不同於人以爲高行也。則楊本似異下疊一異字。作苟以分異。異人爲高。苟以分異爲句。故云苟求分異也。異人爲高爲句。故云不同於人以爲高行也。下文注又云。既求分異。則不足合大衆。亦出分異字。則此疊異字益明。若曰人爲高。又不成句矣。

非十二子篇　成名況乎諸侯。莫不願以爲臣。

㽞案。成讀爲盛。盛名況乎諸侯爲句。俞蔭甫太史平議已著說。楊注於此列說雖多。皆非也。顧俞議訓況爲賜。似義猶迂回。而楊注轉可節取。云。況、比也。葢此況字止是比並之義。成名況乎諸侯者。謂雖在一大夫之位。而其盛名直可比並乎諸侯也。史記於孔子獨作世家。葢得況乎諸侯之意。莫不願以爲臣。儒效篇作莫不願得以爲臣。多一得字。王雜志援以補此。固於義無不通。葢比乎諸侯者盛名耳。非眞爲諸侯也。曰願得以爲臣。未爲矛盾。惟儒效篇本是衍入之文。謝校已據韓詩外傳訂正。則殆不足爲據。以㽞妄言之。不惟彼得字不必補。並此以字亦可刪。曰莫不願爲臣。謂人莫不願爲之臣。下文云。賢者貴之。不肖者親之。卽莫不願爲臣之義矣。非願以之爲臣也。與諸侯義尤接洽。且上文云。在一大夫之位。則一君不能獨畜。一國不能獨容。接云。盛名比乎諸侯。莫不願爲臣。蓋願爲諸侯之臣者。止其一國之人耳。而此盛名比乎諸侯者。非徒一國願爲之臣。莫不願爲之臣。則與上文之義亦尤爲接洽也。姑志一說。俟能察者察焉。

儒效篇　罔不必分。有親者取多。

𨚵案。讀不爲罘。依宋本删必字。義固可通。王雜志及王集解引劉台拱已著說。然竊疑荀子原有兩本。一作罔不。一作罔必。其作罔不必者。誤合兩本爲一者也。謝校云。必與畢。古通用。然有不字。若云罔不必。實無義。說文華部云。畢、田罔也。是畢罔同類。則非可援論語釣而不綱爲比。云罔而不畢也。若連分字讀云罔不畢分。亦不可解。謝引新序罔罟分有親者取多。又畋漁分有親者得多。云與此不同。殊未詳其以此作何義也。以不字爲衍。則罔畢正以同類連文。猶之以必字爲衍。讀罔罘之說也。𨚵並謂必本畢字。其字从弋。卽畢弋之義。八乃象鳥形。說文八部訓爲分極。實未得必字本形本義。說已見爾雅卷律謂之分條。然則此必字並不煩讀爲畢。曰罔必。其義自合也。俞平議於上文必蚤正以待之也句謂必字爲衍文。以下文孝弟以化也句上無必字證彼說當可信。則安知非此句必字衍入於彼。然則此句作罔必。而不作罔不。亦未始不可謂是古本矣。或謂依讀不爲罘之說。卽兩字並存。云罔罘必分。句亦成義。弟以新序雜事序兩文證之。當不其然。雜事序下句亦並云孝弟以化之也。則與此文正同。謝氏謂不同。惑之甚者矣。

儒效篇　則貴名白而天下治也。

鬯案。治蓋讀爲怡。小戴內則記鄭注云。怡、悅也。天下怡。謂天下悅之也。故下文云。近者歌謳而樂之。遠者竭蹶而趨之。卽承天下悅而言。若讀天下治。則失義矣。顧千里校云。治疑當作願。據榮辱篇、王制篇、致士篇諸文皆用願字爲例。然願與治其字不相似。何緣致誤。竊謂荀子文例不必盡同。讀治爲怡。不煩改字。要天下怡卽天下願。義則無二也。

儒效篇　俄而原仁義。

鬯案。原有度義。字當與謜通。廣雅釋詁云。謜、度也。管子戒篇房玄齡注云。原、察也。察義亦卽度義。原仁義者、謂度仁義也。上文言混然曾不能決。是不能度也。下文言分是非。又云辯白黑。度義與分義、辯義正同倫類。楊注訓原爲本。未確矣。文選神女賦云。志未可得乎原。原亦當是度義。而李善注亦誤訓本。淮南子首出原道訓。以原題篇。蓋卽本此原字。原道、謂度道也。度道、猶度仁義也。高誘注亦誤訓本。韓愈雜著首出原道、原性、原毁、原人、原鬼。本淮南。

儒效篇　知之而不行。雖敦必困。

鬯案。敦疑敎字之誤。謂以所知敎人也。若敦、則與知義不貫矣。敦訓厚。知豈有厚薄之辨邪。楊注云。雖所知多厚。必至困躓。以多足厚義。亦太迂泥矣。小戴學記云。敎然後知困。則作敎不但與知義貫。與困義亦協。上文兩言殺詩書。郝補注云。殺蓋敦字之誤。鬯疑亦敎字之誤。敎與殺左旁首相似。敎與敦左旁下相似也。敦與殺則形差遠。

王制篇　分均則不偏。

鬯案。偏蓋當讀爲辨。禮經中徧辯字多通用。故儀禮飲禮、燕禮、少牢禮諸篇鄭注皆云。今文辯作徧。偏之與辨。猶徧之與辯矣。分者、名分也。所以辨上下也。分均是無上下矣。何以辨之。故曰分均則不偏。不偏者、不辨也。楊於偏字無注。殆未察其義。王雜志乃云。偏讀爲徧。言分均則所求於民者亦均。而物不足以給之。故不徧也。其說曲矣。

王制篇　所以親之者。以不并也。并之見則諸侯疏之矣。所以說之者。以友敵也。臣之見則諸侯離矣。

鬯案。二見字無義。竊疑此二則字本從古文作劓。說文刀部云。劓、古文則。是也。因誤分劓爲貝則兩字。又誤貝爲見耳。今去二見字。云并之則諸侯疏矣。臣之則諸侯離矣。其文自順。則二見字斷不宜有。楊注云。見賢偏反。是其本已誤。然讀賢偏反。仍無義也。至疏下之字原刻本無。王雜志王集解並已正。茲不贅。

王制篇　故曰一。與一是爲人者。

鬯案。此蓋當讀故曰一爲句。故曰一者。束上文也。與一是爲人者爲句。起下文謂之聖人也。楊注讀一與一爲句。則是爲人者不成句矣。君子篇云。一自善也。謂之聖。成相篇云。好而壹之神以成。精神相反。一而不貳爲聖人。此一是與彼言一自善、好而壹。義可相參也。小戴大學記云。壹是皆以修身爲本。鄭注云。壹是、專行是也。一是、猶壹是也。與一是爲人之義。於記義不必盡同。而一是連文。亦可證。

王制篇　脩採淸。

鬯案。採疑本作釆。釆非采字。說文𠦒部云。糞。从廾推𠦒棄釆也。官溥說似米而非米者矢字。是官溥以釆爲矢字。此釆正糞字所从之矢字。所云似米而非米者也。釆先誤爲采。俗因加手旁作採。采、採正俗字也。說文广部云。廁、清也。玄應阿毗曇婆沙論音義云。廁、溷池。言溷濁也。或言清。言至穢處宜脩治使潔清也。然則釆清二字同類。正猶下文之道路室律。道卽路。路卽道。室卽肆。肆卽室。郝補注云。疑律當爲肆字之譌。則釆卽清。清卽釆也。脩者、正所謂脩治使潔清也。楊注云。採、謂採去其穢。清、謂使之清潔。皆謂除道路穢惡也。其義固不謬。而云採去其穢。則未得其字矣。俞平議以採爲埰字之誤。引方言。塚、秦晉之閒謂之埰。故解爲墟墓之閒。不特墟墓與清溷不同類。且下文云治市之事。市何爲有墟墓乎。又案。以糞字从廾棄釆推之。則採亦从手棄釆。然則或本作⿰扌釆。⿰扌釆卽糞字殊體。非因誤采加手旁爲採。亦未可知。附參可也。

王制篇　諸侯俗反。

鬯案。俗蓋當爲倍字。形近之誤。倍與背通。左昭二十六年傳孔義云。倍卽背也。莊子養生主篇陸釋云。倍本作背。倍反、卽背反也。諸侯倍反。其義甚明。誤作俗反。則不可解矣。戰國齊策云。若是者信反。呂氏春秋知士紀信作倍。彼王雜志及黃丕烈札記並謂信卽倍字之譌。則此倍反之誤爲俗反。猶彼倍反之誤爲信反矣。

王制篇　進退貴賤則舉佞侻。

鬯案。侻卽娧字。凡从人與从女之字多同。如說文人部㑊或作嫉。女部姷或作侑。是也。佞侻者、佞娩也。女部云。娩、好也。娩訓好。猶佞訓才矣。凡不美之字不必其義本爲不美也。郝補注云。倪與脫同。亦與悅同。謂喜近小人也。則未得其字。亦失其義。舉佞倪、卽是舉小人也。則舉者正是喜近小人耳。若喜近小人爲倪字之義。則曰舉喜近小人。何以通乎。脩身篇云。饒樂之事。則佞兌而不曲。佞兌亦卽佞娩。楊彼注訓兌爲悅。王集解謂兌與銳同字。亦未得。

富國篇　無宜而有用。

鬯案。宜與誼通。釋名釋言語云。誼、宜也。誼訓宜。則宜亦訓誼矣。誼本古仁義字。故宜亦與義通。國語晉語韋昭解云。宜、義也。文選東京賦薛綜注云。宜之言義也。無宜而有用者、謂無義而有用於人也。楊注謂雖於人無常定之宜。皆有可用人之理。不亦迂且晦乎。王雜志云。言萬物於人雖無一定之宜。而皆有用於人。解有用則得之。王讀連下文爲人句云。爲讀曰于。要卽有用斷句。而其意亦爲用於人。非用人。顧有用於人。卽有宜於人。乃增設一定以足無宜之義。仍襲楊之謬說也。王制篇云。水火有氣而無生。草木有生而無知。禽獸有知而無義。此無宜。正卽彼無義。是其的證。上文言萬物則此固兼水火草木禽獸言之。禽獸有知尙無義。其無知無生則無義。固不待言矣。故統曰無宜。無宜者、無義也。

富國篇　今之世而不然。

鬯案。此而字當訓則。王引之釋詞云。而、猶則也。是也。今之世則不然。語始成辭。否則而字不已贅乎。下文云。不然而已矣。而亦當訓則。不然、卽承此不然而言也。厚刀布之斂三句是不然之目。楊注以不然爲不唯如此。失之矣。王釋詞引易傳左傳諸文以證而之爲則。甚詳。顧以鬯觀之。彼諸文而字猶在兩可之例。惟此兩而字實不可不作則字解。而王轉遺之。則此當補王氏之疏略也。

富國篇　然後六畜禽獸一而剸車。

㮚案。一而剸車與下文一而成羣兩一字當無殊異。楊注於下文云。言每一類皆成羣。則此亦當謂每一類皆滿車。乃云一獸滿一車。殊覺失比矣。且正文明言六畜禽獸。而注專言獸。尤屬偏舉。或者注文獸字乃嘼字之誤。嘼卽畜字。爾雅釋畜陸釋云。畜本又作嘼。是也。禽獸葢亦畜類。舉嘼或可賅禽獸耳。一嘼滿一車、卽謂每一類皆滿車也。惟不云皆滿車。而云滿一車。措語似仍可商。故亦不敢必謂是嘼字之誤也。至正文作畜。而注文作嘼。異文同字。則在楊氏固有其例。卽如上文善臧。注言善藏。可證也。

富國篇　上功勞苦。

㮚案。功字當衍。上勞苦者。上之言尙也。與上文少人徒、省官職句法一律。下文言與百姓均事業齊功勞。多與百姓三字。句亦可類。上功勞苦。則不可類矣。葢卽涉齊功勞之功字而衍也。殊不知勞苦之勞與功勞之勞不同。功勞之勞上可著功字。勞苦之勞上不可著功字。著功字不惟句與上下不類。亦無義矣。下文云。墨術誠行。勞苦頓萃而愈無功。亦足知勞苦上斷不合著功字也。

王霸篇　誠義乎志意。加義乎身行。

㮚案。誠義乎志意、謂其志意之於義誠而無僞也。加義乎身行、謂其身行之於義有加而無已也。誠字加字皆實字。若如楊注。仲尼誠能義乎志意。又加之以義乎身行。以誠字加字作虛字解。不辭甚矣。下文誠義乎志意、加義乎法則度量同。

王霸篇　如是則夫名聲之部發於天地之閒也。

㦎案。部與勃一聲之轉。部發蓋卽勃發。形容之字固主聲不主義。說文力部。勃字訓排。則亦非本字也。其本字蓋止當作𣎵。說文𣎵部云。𣎵、艸木盛𣎵𣎵然。是也。勃諧孛聲。孛諧𣎵聲。則作勃者、諧聲借字也。作部者、雙聲借字也。楊注云。部當爲剖。是亦欲求部之諧聲借字。然義實未安。故王集解改讀爲蔀。是仍欲求部之諧聲借字。而義仍不㥷。㦎竊謂必求部之諧聲借字。則合讀爲丕。丕諧不聲。部諧咅聲。咅諧否聲。否亦諧不聲。故部與丕亦在諧聲借字之例。丕發者、大發也。要不若以雙聲求之爲直捷。下文云。湯武是也。然則卽左莊十一年傳所云禹湯罪己其興也勃焉之勃矣。勃發、猶勃興也。

王霸篇　故彊南足以破楚。

㦎案。此事在齊閔王二十三年。楚懷王二十八年。史記六國楚表云。秦韓魏齊敗我將軍唐眛於重丘。齊表云。與秦擊楚。使公子將。大有功。是也。楚世家田敬仲世家亦並載其事。楊注云。史記齊閔王三十三年。與秦敗楚於重丘。南割楚之淮北。既誤二十三年爲三十三年。此依史年。若從竹書紀年。則實閔王元年。考見下條。又及割淮北之事。則溷兩事爲一事矣。割楚淮北在齊閔王三十八年。伐宋之後在楚爲襄王十三年。田世家云。齊遂伐宋。宋王出亾。死於溫。齊南割楚之淮北。是也。中間縣隔十五年。何得并爲一談乎。楚世家云。秦乃與齊韓魏共攻楚。殺楚將唐眛。取我重丘。則割者卽重丘。非淮北。又考重丘之役。卽孟嘗君傳蘇代所稱。戰國西周策。蘇代作韓慶。君以齊爲韓魏攻楚。九年取宛葉以北以彊韓魏者。

則割者楚宛葉以北。亦非淮北也。

王霸篇　北足以敗燕。

㐫案。此句楊不注。王雜志引盧校云。楊氏無注。脫耳。史記六國表及田敬仲完世家皆不載。唯燕世家載之。當在齊閔十年。㐫竊謂盧說不然。楊所以不注者。蓋其愼也。非有脫也。齊之敗燕在齊宣時。有孟子梁惠王篇可據。獨荀子此語上文言齊閔、薛公。則屬之齊閔。與史記合。與孟子不合。楊氏頗不敢據史以歧孟。故守疑者闕之之例。不發注耳。不然。上下注文皆不脫。何以獨脫此。則未可援王制篇脫注以爲例也。然則齊之敗燕。果齊宣乎。齊閔乎。曰。其事屬齊宣。決無可疑。史公於齊之世年有誤。其誤亦決無可疑。獨荀卿乃有此語者。則竊有一說以處之。史記燕世家雖云。王因令章子將五都之兵。以因北地之衆以伐燕。然戰國時多有以太子爲將者。卽如上文云南足以破楚。六國表謂使公子將大有功。則破楚之役實使公子將也。安知宣王伐燕。不閔王爲太子實將。而章子特佐之邪。苟閔王爲太子實將。雖在宣王時事。卽屬之閔。抑何不可。故孟子載齊宣。而荀子言齊閔。不然。荀子後孟子不遠。且曾讀孟子書者。豈竟不知此事爲齊宣之事漫乃屬之閔邪。彼固止言齊閔。不言齊閔十年也。不言齊閔十年。則通齊閔言之。安見其不爲太子時邪。此可以斡旋荀卿此語者。史記之齊閔十年實竹書之齊宣七年、周王赧之元年。㐫前歲因川沙麗澤舫曾作齊人伐燕考略。本朱右曾汲冢紀年存眞之說。以訂史記齊之世年之誤。特未見及宣王事而閔王實將。故尙以荀子此語爲論議假借也。雖然。仍兩不敢執也。今附舊考於左。以俟後人參擇。

孟子齊人伐燕在齊宣時。本無可疑。自荀子王霸篇述薛公齊閔事。有北足以敗燕句。於是有伐燕屬閔王之說。然孟子敍問答。荀子發論議。自當以孟子爲可據。古人論議率多假借。未可盡爲典要。齊人伐燕本齊宣事。而荀子屬之齊閔。猶吳人襲郢本吳王闔閭事。而戰國齊策屬之吳王夫差也。要事實昭著。不必深辨。獨史記燕世家據燕策。載子之三年孟軻謂齊王曰。今伐燕。此文武之時。不可失也。王因令章子將五都之兵。以因北地之衆以伐燕。士卒不戰。城門不閉。燕君噲死。齊大勝。燕子之亡。子之三年。卽六國表燕王噲之七年。當齊閔王十年。則伐燕一若屬閔王爲不誤。而不得屬之宣王矣。後人因此遂多聚訟。其據荀子史記以反駁孟子。謂校者意有所諱。改閔爲宣。說最謬妄。乃如司馬氏通鑑先降威王十年。因降宣王十年。以求合伐燕爲宣王事。而威王立三十六年者、無端有四十六年矣。呂氏大事記從通鑑降宣之十。不從其降威之十。亦合伐燕爲宣王事。而宣王立十九年者、無端有二十九年矣。且孟子言燕人畔。又在後二年。齊王言甚慙於孟子。則猶是宣王。故顧炎武日知錄又謂何不以宣王之卒下移十二三年。而但拘於十年之成數。至閻若璩四書釋地又欲以子之事移上十年。說尤紛歧。統歸無據。他如黃震日鈔欲分宣閔伐燕爲兩事。周廣業孟子四考欲并威宣二王爲一人。謬更顯見。無煩置喙。今考編年之書莫古於竹書紀年。而今本紀年又屬僞著。其冢中眞本存於小司馬索隱所引者。則猶有可徵。田世家莊子卒子太公和立下。索隱云。紀年。齊宣公十五年。田莊子卒。明年立田悼子。悼子卒。乃次立田和。是莊子後有悼子。蓋立年無幾。所以作系本及記史者不得錄也。又齊侯太公和二年卒。子桓公午立下。索隱云。紀年。齊康公五年。田侯午生。二十二年。田侯剡立。後十年。齊田午弑其君及孺子喜而爲公。春秋後傳亦云。田午弑田侯及其孺子喜而兼齊。是爲桓侯。與此系家不同也。又。六年桓公卒子威王因齊立下。索隱云。紀年。梁惠王十三年。江甯局刻史記三家注本。三誤二。當齊桓公十八年。後威王始見。則桓公十九年而卒。與此不同。據此三條。是知史公撰田世家。於田氏世年。實遺失悼子侯剡兩世。又減少桓公之年。夫悼子一世在田和未紀元之前。有無尚非所急。若侯剡一世與桓公之年。正必不可闕。闕此必增彼。乃至閔王直衍至四十年。事實乖謬。無有甚於伐燕之役矣。惟索隱所引紀年。似尚有小誤。其謂齊康公二十二年田侯剡立。後十年齊田午弑其君而爲公。考齊康二十二。當周安王十九年戊戌。十年被弑。則當周烈王二年丁未。桓公卽立於是年。則桓公十八當周顯王十二年甲子、梁惠王之十四年也。何以又云梁惠王十三年當齊桓公十八年。蓋實相差一年。竊疑齊康公二十二年當作二十一年。實周安王十八年丁酉。侯剡十年被弑。實周烈王元年丙午。桓公卽立於是年。至十八年當周顯王十一年癸亥。正梁惠王之十三年也。此誤字甚明。且世家云。康公之十九年。田和立爲齊侯。列於周室。紀元年。二年和卒。是田和卒於齊康公二十年。侯剡之立必在齊康公二十一年益著矣。由是而論列之。田和在位二年。周安王十六年乙未十七年丙申也。侯剡在位十年。元年爲周安王十八年丁酉。卒年爲周烈王元年丙午也。桓公卽立於烈王之元。十九年而卒。周顯王十二年甲子也。威王在位三十六年。元年爲周顯王十三年乙丑。卒年爲周顯王四十八年庚子也。宣王在位十九年。元年爲周愼靚王元年辛丑。卒年爲周王赧十三年己未也。閔王則止在位十八年。無四十年。元年爲周王赧十四年庚申。卒年爲王赧三十一年丁丑也。田氏之世年既定。則伐燕之役在子之三年。卽燕噲七年。實周王赧元年丁未。齊宣王七年。後二年而燕人立公子平。卽孟子所謂燕人畔者。實周王赧三年己酉。齊宣王九年。其爲宣而非閔。不待辨而自明者矣。如此。約得旁證者三。齊策南梁之難在周顯王二十八年庚辰。而云田侯召大臣而謀。依紀年。周顯二十八當齊威十六。則田侯者威王也。威王未稱王。故曰田侯。若依史。則宣王二年不得稱田侯矣。此一證也。又。齊策孟嘗君就國於薛。在周王赧二十一年丁卯。而齊王謂孟嘗君曰。寡人不敢以先王之臣爲臣。此必在齊王立年無幾。故有此語。紀年所不及載。依數推之。周赧二十一當齊閔八。蓋爲近之。若依史。則閔王立三十年矣。何得有此語乎。此二證也。又。史記越世家云。當楚威王之時。越北伐齊。齊威王使人說越王。是齊威與楚威同時。楚威立在周顯王三十年壬午。十一年卒。在周顯王四十年壬辰。依史。當齊宣四至十四。則皆宣之年。非威之年也。是卽以史證史而不合矣。依紀年。則當齊威十八至二十八。齊楚兩威正可相值。此三證也。惟燕策謂文公卒。易王立。齊宣王因燕喪攻之。取十城。燕文公卒在周顯王三十六年戊子。依史。當齊宣十年。依紀年。則齊威二十四年。非宣王矣。而策明言齊宣王。則反合史而不合紀年。此最爲可疑者。然考歐陽詢藝文類聚說類引此策。但作齊王因燕喪攻之。取十城。無宣字。則策文本無宣字。今本作齊宣王。實卽由後人據史文以增入之者。蓋史公據策文齊王而補一宣字。卽猶之其據策文孟軻謂齊宣王而刪一宣字。以照應其全書也。以史校策。遂同策於史。猶賴唐時猶存未增之本。引見於類聚。則其本爲可貴已。夫但曰齊王。安知其必指宣王。而不指威王邪。又。齊策蘇秦說齊。亦在是年。策著齊宣。頗亦疑是增入之字。惜無他書徵引以爲佐證。則但當存疑矣。

王霸篇　如霜雪之將將。

鬯案。將將葢嚴肅之意。詩緜篇應門將將。毛傳云。將將、嚴正也。彼指應門。故釋爲嚴正。此指霜雪。則當釋爲嚴肅。究之。嚴正嚴肅。一義也。嚴正可曰將將。卽嚴肅無不可曰將將矣。郝補注云。玩荀子之意。方說禮所以正國。而卽引詩。又申之云。此之謂也。然則此引詩以喻禮卽將將之義可知。其說是矣。而顧云將將大也。則殆失之。王集解援賦篇讒口將將。王誤標成相篇。案。成相篇無讒口將將句。王念孫訓集也。謂此義當同。則亦本毛傳爲說。然竊謂據執競篇傳。似不如據緜篇傳爲切洽也。閟宮篇又有犧尊將將句。雖毛鄭皆無釋。豈非既釋於緜篇。故略後邪。則其義可知矣。

王霸篇　兩者合而天下取。

鬯案。取天下不可云天下取。此取字與上文取天下之取實不同。取天下者。自取者言之也。天下取者。自天下言之也。然則此取字。葢當訓爲趨。釋名釋言語云。取、趣也。詩棫樸篇毛傳云。趣、趨也。趣取二字古本通用。故莊子齊物論云。趣舍不同。漢書王吉傳云。言其取舍同也。取舍卽趣舍也。顏注云。取、進趣也。然則趣訓趨。取亦得有趨義矣。兩者卽上文足以竭埶、足以竭人也。兩者合而天下趨。謂能竭埶竭人。則天下趨向之也。故下文云。諸侯後同者先危。同之卽趨之矣。上文云。非負其土地而從之謂也。又云。則其土地且奚去我而他適從也。去也、適也、趨也。用字或反或正。理一而已。若以爲取天下之取。則取字倒在天下下爲不辭。下文故能當一人而天下取。放此。

王霸篇　是傷國之大災也。

圈案。此傷字疑涉上下文而衍。國之大災。即是言國之傷。國上不必著傷字。下文三言是傷國。兩言是傷國者也。傷國下並不著大災字。且下文三言是傷國。而承之云三邪者。明不數此句。則此句不得言傷國。以文法論亦甚顯。

荀子二

君道篇　偶然乃舉太公於州人而用之。

㽉案。州有儔義。說文川部云。一曰。州、疇也。疇之言儔也。說文人部云。儔、翳也。朱駿聲通訓謂據許解。是與翳同字。字从人。疑當訓儕輩爲合。訓翳者。借爲翳字。又謂經傳史子儔類字多用疇。引漢諸碑以證。其說頗當。然則州訓疇。卽猶訓儔矣。國語齊語云。羣萃而州處。韋解云。州、聚也。州訓聚。亦猶訓儔矣。蓋儔州疊韻。故州聲壽聲之字并有同字者。說文酉部。醻、或作酬。又言部。訓、譸也。譸、訓也。朱通訓亦以訓譸爲一字。然則卽讀州爲儔。亦無不可矣。州人者、儔人也。謂舉太公於儔人之中也。故曰偶然乃舉太公於州人而用之。韓詩外傳紂作傳。作超然乃舉太公於舟人而用之。舟人亦儔人之借。儔舟亦疊韻。爾雅釋訓郭注引書曰無或侜張爲幻。今書無逸篇侜作譸。舟人之爲儔人。猶侜張之爲譸張矣。而郝補注引外傳乃云。此作州者。或形譌。或假借字。郝所謂假借。據外傳作舟。則以州爲舟借耳。俞平議遂謂太公身爲漁父而釣於渭濱。故言舟人。立說殆於巧窒。殊不知彼作舟者。仍不得爲正字也。

君道篇　有弛易齵差者矣。

㽉案。易者移易之易。弛易卽移易也。而王集解以易爲慢易之易。謂弛易猶言弛慢。失之矣。上文云。

天下之變。境內之事。則弛易齵差者。正指天下之變境內之事有移易參差者。王集解云。齵差、參差不齊。是也。故下文云。而人主無由知之。若解弛易爲弛慢。卽與上下句意失笱矣。楊氏此卷注佚。然儒效篇若夫充虛之相施易也。注云。施讀曰移。移易謂使實者虛。虛者實也。施易卽弛易。楊旣讀彼施爲移。亦必讀此弛爲移矣。且弛易之爲移易。非佞楊也。亦有可證。集韻紙韻云。施、改易也。通作弛。又。韓非子內儲說七術篇云。應侯謂秦王曰。弛上黨在一而已。以臨東陽。則邯鄲口中虱也。然上黨之安樂其處甚劇。臣恐弛之不聽柰何。王曰。必弛易之矣。舊注云。謂移易其兵以臨東陽。吾斷定矣。此當是欲易趙上黨之地。謂移易其兵。注似尙誤。則弛易爲移易。其說不更明乎。若以彼弛易作慢易解。王曰必慢易之矣。何以通哉。

臣道篇　楚之州侯。

𥃩案。楚州侯前後有二人。楊注云。楚襄王佞臣。引戰國策莊辛諫襄王曰。君王左州侯者、後一州侯也。又引韓子曰。州侯相荆貴。而荆王疑之。因問左右。對曰無有。如出一口也者、前一州侯也。其人亦見楚策。江乙謂楚王語云。州侯相楚貴甚矣。而主斷。左右俱曰無有。如出一口矣。彼楚王、宣王也。則是楚宣王之相也。楚宣王卒於周顯王二十九年。至襄王十九年。實周王赧三十五年。莊辛諫時已六十年。若溯至宣王初立。當周烈王七年。且九十年。則其爲二人甚明。楊溷而一之。考據疏矣。荀子此州侯。與上文蘇秦下文張儀。同目爲態臣。則當指前州侯。若後州侯。則莊辛與夏侯、鄢陵君、壽陵君並稱。鮑彪注謂皆楚之寵幸臣。卽楊所謂佞臣。與蘇秦張儀似不類也。抑以楚策考之。江乙所惡者昭奚恤也。則所云州侯。又豈卽昭奚恤之封號與。州本近楚之國。楚滅之以封其相。固事之所有也。

臣道篇　事人而不順者。不疾者也。

𠱾案。人字或謂君字之誤。此言臣道。自以事君爲合。然作人亦自通。旣曰事。則言事人卽是事君矣。惟此順字當讀爲訓。不當作順從義。楊注不順上意。非也。訓順二字古多通用。卽勸學篇云。順詩書而已耳。順詩書者、訓詩書也。特彼訓爲訓詁之訓。此訓爲訓誨之訓。要一義通轉。古人不此拘泥。事人而不順者、謂事君而不知訓誨其君也。下文云。以德復君而化之。大忠也。以德調君而補之。次忠也。以是諫非而怒之。下忠也。曰化、曰補、曰諫。皆是訓誨之義。若順從之義。是卽下文所云偸合苟容矣。則正合不順。何取乎順。而云不順者不疾者也。楊注云。疾、速也。不疾、言怠慢也。故必讀順爲訓。與下文用意方貫。卽與上文故因其懼也而改其過四句意亦合。下四不順字放此。　下文云。疾而不順者。不敬者也。與孟子公孫丑篇齊人莫如我敬王意可參。又云。敬而不順者。不忠者也。與論語憲問篇忠焉能勿誨乎意亦可參。順並當讀訓。

議兵篇　且仁人之用十里之國。則將有百里之聽。用百里之國。則將有千里之聽。用千里之國。則將有四海之聽。

𠱾案。此言仁人之用近。而聽之者遠。聽者、乃百里千里四海之聽仁人也。非仁人聽百里千里四海也。若以三之聽字乙作聽之。則義自明。然作之聽。義亦如是。不煩乙轉。此猶王制篇言周公南征而北國怨曰。何獨不來也。東征而西國怨曰。何獨後我也。惟其聽之。是以怨之。楊注謂聽猶耳目也。言遠人自爲其耳目。則以聽爲仁人聽百里千里四海。顚矣。又云。或曰謂閒諜。益謬。

議兵篇　傾側反覆無日。

𢾭案。無日之義。楊注以爲傾側反覆之速。不得一日。殊覺迂晦。竊謂廣雅釋詁。日與雙、耦、匹、兩諸字同詁爲二。似可援以訓此無日之日。傾側反覆無日者、極言其技擊之神。謂傾側反覆無二也。猶言無雙也、無耦也、無匹也、無兩也。葢正以其技愈神而愈速其亡也。故下文云是亡國之兵也。此或較楊注稍適。廣雅以二訓日。自來亦無有能疏證者。則盍卽以荀子此語證之。

議兵篇　使天下之民所以要利於上者。

𢾭案。天下之民卽指秦國之民。顧千里校謂天字疑不當有。此以下之民與要利於上相對爲文。其說頗似有理。惟各本皆有天字。究未可臆刪。至於謂秦民。非謂天下之民。則未知天下之民之卽秦民也。戰國時言天下者。不必指一統之天下。各國皆稱天下。葢其語例如此。如孟子滕文公篇云。然則治天下獨可耕且爲與。彼下文言惡能治國家。而此卻不言治國家。言治天下。則天下卽國家之謂。且彼實指治滕言。是滕而謂之天下也。又如戰國趙策云。客見趙王曰。然而王之買馬也。必將待工。今治天下舉錯非也。彼言治趙。而亦曰治天下。則趙亦謂之天下矣。又。衛策云。富術謂殷順且曰。子謂君。君之所行天下者甚謬。彼言衛君之所行於衛國者。而云所行天下。是衛亦謂之天下矣。豈非當時謂國爲天下。語例然乎。以是言之。則秦國之民謂之天下之民。其又何害。

議兵篇　兼是數國者。

𢾭案。此兼字與下文兼字不同。下文兼字謂兼并諸侯。此兼字止是語辭。兼、猶況也。況兼二字義本相近。故其爲語辭亦同。如云兼且、卽猶云況且也。特單以兼字爲語辭。此句外少見。其實與言兼且之兼無異也。兼是數國者、況是數國也。數國卽指齊魏等國也。上文言桓文之節制不可以敵湯武之仁義。有遇之者。若以焦熬投石焉。故云兼是數國者。若云況此數國者并無桓文之節制也。故下文云。未有貴上安制綦節之理也。云安制。云綦節。明指節制而言。是指未有桓文。非未有湯武。楊注似體認未的。與下條參。

議兵篇　諸侯有能微妙之以節。則作而兼。殆之耳。

鬯案。此節字卽上文綦節之節。亦卽上文節制之節。上文言秦之銳士不可以當桓文之節制。桓文之節制不可以敵湯武之仁義。然則諸侯有能微妙之以節者。謂諸侯有能爲桓文節制之兵也。故曰則作而兼殆之耳。兼字當句。作而兼者、謂起而兼并諸侯也。殆之耳三字句。殆者、庶幾也。蓋起而兼并諸侯。必在湯武仁義之兵。本非桓文節制之兵所及。惟是上文云兼是數國者。此兼字猶況義。說見上條。皆干賞蹈利之兵也。傭徒鬻賣之道也。未有貴上安制綦節之理也。明當時諸侯并未有桓文節制之兵也。則有能爲桓文節制之兵者。亦庶幾起而兼并矣。故曰殆。楊注誤以此節爲仁義。則卽指湯武仁義之兵。其起而兼并。理有固然。又何云殆。乃以兼殆連讀。云諸侯有能精盡仁義。則能起而兼危此數國。其措語亦甚拙矣。

議兵篇　無欲將而惡廢。

鬯案。將當卽上文請問爲將之將。葢爲將者必君之將我廢我。皆置度外。然後可。欲將而惡廢者、常欲保其將而惡或廢斥。是貪戀名位者也。貪戀名位之心重。則必有所當行而不敢行者。不足以成功可知矣。故必首戒之。王集解謂無以所欲而將之。無以所惡而廢之。唯視其能否無私好惡。則是言君之用將。非將之自爲矣。與上文請問爲將。下文夫是之謂天下之將。義並違背。而卽通觀上下文所言。亦皆言爲將。非言用將也。

議兵篇　犇命者不獲。

鬯案。犇命者、蓋猶亡命逃命之謂也。彼既逃亡。卽不必獲之。犇命二字始見於左傳成七年云。余必使爾罷於奔命以死。又云。子重奔命。又云。子重自鄭奔命。又云。子重子反於是乎一歲七奔命。奔命卽犇命。楊注云。犇與奔同。左傳解家雖不著。而犇命爲亡命逃命之義實顯。楊注云。犇命謂奔走來歸其命者。不獲之爲囚俘也。蓋以下文又有犇命者貢一語。與不獲相反。下文注云。貢、謂取歸命者獻於上將也。徑改犇命爲歸命。究屬未安。荀子亦何不直云歸命。而必云犇命乎。且歸命者、乃卽上文之服者也。上文云服者不禽。明指歸命者不禽之。楊以此犇命爲歸命。并上文服者之義不可解。則云服謂不戰而退者。不追禽之。夫不戰而退。本無禽理。何必以不禽爲說。且不戰而退。徒退去耳。何服之有。竊謂至於奔命。必彼敗此勝。彼敗此勝。必彼逃此追。然則當是時豈能無獲。不獲者、謂不欲必得之。非竟一無獲也。如有獲。則貢之而已。故此云犇命者不獲。下文言犇命者貢。兩文雖若牴牾。不至兩義絕不可說。實較以犇命之義上侵服義爲近情也。至漢書昭帝紀發犍爲蜀郡犇命。顏注引應劭曰。聞命奔走。故謂之奔命。後漢書光武紀發奔命兵。李注亦引前書音義。卽應書。惟走字作赴。此又別一說。

本不足援證荀子。亦不足援證楊注。而甴竊謂奔命既見於左傳。不特荀子奔命不應有異。卽兩漢奔命亦何獨異。其云發奔命。乃正是敵兵逃亡而獲者。昔獲而今發之。故仍以奔命爲名。非聞命奔赴之謂也。且聞命奔赴是兵之常。卽不名之曰奔命。豈聞命有不奔赴者乎。以是知奔命之命名必不爾也。犇命之命。是生命之命。卽楊解作歸命。命字義仍不異。聞命奔赴。則命爲命令之命。尤相遠。

議兵篇　兵格不擊。

甴案。兵格不擊。則是舍之矣。與上文格者不舍之義殊違。此格字當是借字。與上文不同。葢讀如孟子滕文公篇是率天下而路也之路。路格並諧各聲。故得通借。宋本孟子趙章句云。是率導天下人以羸路也。是路卽羸義。上文路亶之路。亦是羸義。說詳王雜志。又。戰國齊策云。則是路君之道也。路君者。羸軍也。黃丕烈札記云。君是軍字之譌。國策中及周秦諸子用此字甚多。或作路。或作露。上文路亶新序雜事序又作落單。然則落、露、潞、路、格。通一羸義也。兵格不擊。謂彼兵羸則不擊之。周書武穆篇云。毀城寡守不路。彼路當讀爲格。正字作挌。說見彼。猶此格當讀爲路。格、擊也。路、羸也。兵羸不擊。卽寡守不格之義矣。楊注德義未加云云。其言雖美。非荀子意。

議兵篇　古者帝堯之治天下也。葢殺一人刑二人而天下治。

甴案。殺一人刑二人。止是刑殺一二人之謂。言其刑殺之少。不必指實言之。楊注謂殺一人謂殛鯀于羽山。郝補注云。鯀死於殛所。非堯殺之。刑二人謂流共工于幽州。放驩兜于崇山。轉覺太泥。尙書甫刑伏傳云。子張曰。堯舜之王一人不刑而天下治。則可見言其刑殺之少。曰殺一人刑二人。甚言之且曰一人不刑。非有所指實也。

彊國篇　子發將西伐蔡。

𢾭案。蔡、高蔡也。見戰國楚策。此當別一蔡國。非蔡仲之後遷於州來之蔡。觀此西字爲足據矣。州來之蔡則在楚之北。當云北伐。何云西伐。王雜志乃狃於州來之蔡。而云蔡在楚北。非在楚西。西當爲而。謬矣。楚策云。莊辛曰。蔡聖侯之事因是以南游乎高陵。北陵乎巫山。飲茹谿之流。文選謝元暉郡內登望詩李注。引策有之字。今本脫。食湘波之魚。左抱幼妾。右擁嬖女。與之馳騁乎高蔡之中。而不以國家爲事。不知夫子發方受命乎宣王。繫己以朱絲而見之也。考高陂卽文選高唐賦所謂高邱。與巫山相近。故賦云。妾在巫山之陽。高邱之岨。巫山在秦南。故秦策蘇秦曰。南有巫山黔中之限。秦之南卽楚之西矣。何得曰楚之北乎。水經澧水酈道元注云。澧水東逕臨澧、零陽二縣故界。又東。茹水注之。水出龍茹山。引莊辛飲茹谿之流語。東流注入澧水。又經云。湘水出零陵始安縣陽海山東。北入於江。則並在楚之南。亦非楚之北。然則高蔡之國實在楚之西南。若爲州來之蔡。則高陂巫山已東西隔遠。又豈能飲茹流食湘魚乎。且策明言蔡聖侯。明言楚宣王。州來之蔡。列君無謚聖者。侯齊爲楚惠王所滅。見史記蔡世家。則是滅者爲惠王。非宣王。宣王之時久無蔡矣。宣王、惠王之玄孫。總總無一可合。是知高蔡必別是一蔡。而非州來之蔡也。潘甥和鼎云。高蔡乃蠻越之國。亦單稱蔡。適與蔡國同名。其國有今湖南長沙府澧州之地。北則闌入湖北之西境。至四川巫山縣。與楚接界。蓋得其大略矣。是知此西字必非誤字也。王氏狃於州來之蔡。以不誤爲誤。貽誤後學。不可不辨。

天論篇　地有其財。

㓂案。財當讀爲材。史記五帝紀云。養材以任地。索隱引大戴禮作養財。是小司馬所見大戴五帝德記本作財。與此作財正同。明財爲材字之借。故帝紀卽用材字也。楊注於下文言財與裁同。此不言財與材同。似未明此財爲材字之借矣。或據小戴大學記有土此有財爲說。則義有閒。彼無害讀財。此自當讀材也。

天論篇　已其見象之可以期者矣。

㓂案。已當讀爲記。小戴表記彼記之子。陸釋云。記本作已。可見記已通用。釋名釋天云。已、紀也。皆有定形可紀識也。而釋言語云。紀、記也。記、識之也。釋典藝云。記、紀也。紀、識之也。則紀記又通用。以紀釋已。卽以記釋已矣。上文所志於天者。楊注云。志、記識也。俞平議釋志爲知。然下文云。所志於陰陽者。已其見知之可以治者矣。旣是所知。又云見知。複矣。不如仍從楊注爲得。則此言記其見象云者。卽承所志而言。記亦志也。而楊於此已字不發。王雜志謂已與以同。是誤已爲巳。古書巳已二字本難分辨。要論音無害。惟是謂與以同。則句首用以其。句末當用也字爲順。不合用矣字。玩用矣字絕腳。此已字實借已爲記。非借巳爲以也。下文三已字放此。

天論篇　傳曰。萬物之怪書不說。

㓂案。此書字葢動義。非靜義。萬物之怪。古人未嘗不書之。而不爲說之。卽春秋可證矣。故曰萬物之怪書不說。猶所謂存而不論之意也。若於書字下加一而字。則義便曉然。雖無而字。義亦如是耳。楊注云。書謂六經也。則以書字爲靜字。失之。

正論篇　可以奪之者。可以有國。而不可以有天下。

𨽻案。可以奪之者。王雜志以可以二字爲衍。然以下文例之云。竊可以得國而不可以得天下。則之者二字亦當是衍文。此句止當存一奪字云。奪可以有國。而不可以有天下。方與下文句法一類。並承上而複說也。

正論篇　男女自不取於涂。

𨽻案。取當讀爲聚。易萃卦聚以正。陸釋引荀本聚作取。漢書五行志顏注云。取如禮記聚麀之聚。又云。取讀曰聚。是聚取二字相借之證。說文㐺部云。聚、會也。男女自不取於涂者、自不聚於涂也。自不聚於涂者、自不會於涂也。葢古者男女別涂。小戴內則記云。道路、男子由右。女子由左。是也。故男女在涂無相會之理。所謂風俗之美也。且下句云。百姓羞拾遺。家語相魯篇言孔子初仕爲中都宰。云。男女別塗。路無拾遺。以彼拾遺證下句。則此句卽男女別塗之謂。塗涂同字也。取字之當讀聚更無疑矣。楊無注。宜補。或因上下文言盜。以爲指盜言。卽援五行志注聚麀之說。則不然。男女聚麀斷無於涂者。不聚麀於涂。亦烏足當風俗之美。與下句羞拾遺。大失倫比。必非也。

正論篇　今人或入其央瀆。竊其豬彘。

𨽻案。瀆當讀爲竇。論語憲問篇溝瀆。或謂卽左莊九年傳之生竇。周禮大宗伯大司樂職鄭注四竇陸釋並云。竇本作瀆。是竇瀆二字古本通用。楊注云。央瀆、中瀆也。如今人家出水溝也。是於瀆字从水生義。未知瀆之當讀爲竇矣。脩身篇注云。瀆、水竇也。彼言厭其源。開其瀆。江河可竭。則解爲水竇猶可。此言竊其豬彘。則本無涉於水。何必入其出水溝。然後竊之乎。故言中瀆不如其言中竇爲得矣。而或并疑於央之訓中。以爲央乃穴字之誤。漢書五行志顔注云。竇、穴也。則穴竇一而已。亦當姑備一說。韓非子外儲說云。彘突出於溝中。彼溝當讀構。說見彼伏溝中條。

正論篇　將以爲有益於人則與無益於人也。

䆁案。則與二字葢誤倒。此當云。將以爲有益於人與。則無益於人也。與字爲句。問辭。下句答辭。義甚明。誤倒。則上句既不完。下句與字無義。楊注讀與爲豫。曲矣。王雜志讀爲舉。亦似未安。而其標文人下有邪字。檢各本皆無邪字。惟近刻湖北崇文書局本有邪字。恐屬衍文。要與字乙轉。卽猶之邪字也。

正論篇　百姓以爲成俗。

䆁案。爲字王雜志以爲衍文。云成俗卽爲俗。以禮論篇證之。其說當是。惟荀子自有成俗字。正名篇云。則從諸夏之成俗。楊注云。成俗、舊俗。方言也。則此成俗作舊俗解。亦正無害。去爲字。上三句皆用以爲。此句獨用以成。轉似失比。與禮論各存本文可也。

正論篇　獨詘容爲己。慮一朝而改之。

䆁案。詘容爲己。其道必難持久。故曰慮一朝而改之。改之、卽改此詘容爲己之道也。夫持此道而至於時慮其道之或改。其道必不能行也。故下文云。說必不行矣。楊注謂其謀慮乃欲一朝而改聖王之法。則謬甚。宋子之道以詘容爲己。乃是求省事者。非欲改法者也。

正論篇　人之情欲寡。而皆以己之情欲多。

𢷎案。情欲二字本可平列。分離言之。則有若下文云。亦以人之情爲不欲乎者。如側串矣。楊蓋泥於下文。故注云。宋子以凡人之情所欲在少不在多也。特於情欲閒多著一所字。一若惟恐人之仞爲平列者。故於天論篇注引此則云。宋子以人之情爲欲寡。而皆以己之情爲欲多爲過也。特於情欲閒多著一爲字。而豈知正名篇云。山淵平。情欲寡。情欲與山淵對文。則情欲二字平列。在荀子固有明徵矣。

禮論篇　絲末。

𢷎案。二字史記禮書無。疑衍文也。蓋絲卽因上文韅字誤衍。韅去革爲㬎。㬎去日卽絲矣。末則因下文彌字誤衍。彌去弓爲爾。爾、古文作尒。形與末相近。故衍成絲末二字。又或下文楊注云。彌又讀爲弭。弭、末也。此雖出楊注。儻本舊義。則因彌詁末而衍末字。亦未可知。楊此注謂末與幦同。絲幦、蓋織絲爲幦。竊恐難信。

禮論篇　饗尚玄尊而用酒。醴先黍稷而飯稻粱。

𢷎案。醴字當依大戴禮三本記及史記禮書作食讀。當屬下爲義。後人誤以酒食連讀。嫌饗不當有食。故改食爲醴。不知言饗言食。下文言祭。文極井井。若云饗禮則尚玄尊而用酒也。食禮則先黍稷而飯稻粱也。祭禮則齊大羹而飽庶羞也。禮書作祭嚌先大羹而飽庶羞。有先字。則祭嚌連讀。

禮論篇　縣一鍾尚拊之膈。

𢷎案。此當作縣一鍾之尚拊膈。尚與上文尚玄尊、尚玄酒、尚生魚之尚同。之字倒在拊字之下。致使楊注未詳。又引或說以尙爲上古。謬矣。郝補注頗知之字之倒。而以爲在縣字下。以縣之一鍾爲句。則亦不然。大戴禮三本記作縣一罄而尙拊搏。彼文而字。卽此文之字。彼而字在鍾字之下。不在縣字之下。知此文之字亦在鍾下。不在縣下矣。縣一鍾之尙拊膈與下文朱絃而通越也兩句以一也字承之。則或并兩句作一句。轉可說。安得又分一句爲兩句乎。至王集解以之字爲衍。可援史記禮書爲說。不可兼援禮三本記爲說。乃云大戴無之字。竟不省大戴無之字、正有而字也。又案。三年之喪。哭之不文也。清廟之歌。一倡而三歎也。一鍾之尙拊膈。朱絃而通越也。四句一之一而。相閒成文。之卽而也。異文同義之例。王引之釋詞尙遺。

禮論篇　故天子棺椁十重。諸侯五重。大夫三重。士再重。

邕案。十當本作九。據楊注引禮記曰。天子之棺四重。又。禮器曰。天子七月而葬。五重八翣。四重五重。合爲九重。非十重。而云今十重。蓋以棺椁與抗木合爲十重也。與所引不合矣。是知楊本十重必作九重。注文兩十重字。亦必並作九重也。其言諸侯已下。與禮記不同。未詳。然禮記諸侯以下止有葬之重說。卽禮器記又云諸侯五月而葬。三重六翣。大夫三月而葬。再重四翣。是也。則止言椁。不言棺。其言棺。則止有天子四重之說。見檀弓記。無諸侯以下棺之重說。椁之重說亦止下及大夫。而未及士。則宜其未詳矣。然諸侯以下棺之重與士椁之重。禮記無文。而鄭注有之。檀弓記注云。諸侯再重。大夫一重。士不重。因天子之棺四重推之。則言棺之重也。又。喪大記注引檀弓記而申之云。諸侯無革棺。再重也。大夫無椑。一重也。士無屬。不重也。視檀弓注尤詳。禮器記注云。此士之禮一重。因天子葬五重、諸侯葬三重、大夫葬再重推之。則言士椁之重也。鄭之言重有一重。復有不重。邕竊不謂然。說見儀禮卷抗木條。楊氏之所以不取鄭注而啻言與禮記不同未詳者。毋亦疑於鄭之所謂重邪。第取其所推之數以例此文。又何其巧合與。諸侯葬三重。記明文也。然則其椁三重也。而其棺再重。合之。非諸侯棺椁五重邪。大夫葬再重。記明文也。然則其椁再重也。而其棺一重。合之。非大夫棺椁三重邪。惟士棺爲不重。士椁爲一重。如鄭之意。則有三重。今既不依鄭義爲說。一重卽不重。得不曰士之棺椁再重邪。由是言之。天子棺椁十重之當作九重。益顯矣。是雖取鄭注說。而不用其義。較郝補注之改十爲五。王雜志之改十爲七。猶爲有據矣。故備之而仍不敢執。

禮論篇　然後月朝卜日。月夕卜宅。

邕案。此當是前月之夕卜宅。後月之朝卜日。因先言月朝。後言月夕。於文爲順。遂先言卜日。後言卜宅耳。其文無妨倒述。而其事不可逆施也。楊注亦明知士喪禮先筮宅後卜日。而云先卜日。知其期然後卜宅。此大夫之禮。則臆說無據。荀子然後二字在二句之上。故二句不妨倒言。楊移然後二字於卜宅之上。謬矣。宜王雜志斥之。謂斷無先卜日後卜宅之理。顧王氏因之欲互改日宅二字。則又不免於專輒矣。

禮論篇　其須以象菲、帷、幬、尉也。

邕案。尉字無義。楊注謂讀爲罻。罻、網也。生人之飾無所用網。故又云帷帳如網。則必不然。上文云。其須象室屋也。室屋二字平列。又云。其須象版、蓋、斯、象拂也。楊以下象字爲衍。則版蓋斯拂四字平列。俞平議云。斯疑靳字之誤。或借爲鞎。下文云。其須以象槾、茨、番、閼也。槾茨番閼四字亦平列。然則菲帷幬尉四字亦必平列。帷帳如綢。不既失其倫比乎。竊疑尉爲幄字之誤。幄本字止作屋。與尉字左邊相近。又或古人左右形輒多反寫無別。幄字反寫作尉。與尉字尤形似。故誤幄爲尉。且尉幄本一聲之轉。繩以雙聲假借之例。卽讀尉爲幄。亦無不可。釋名釋牀帳云。幄、屋也。以帛依板施之。形如屋也。小爾雅廣服云。幄、幕也。覆帳謂之幄。然則幄與菲、帷、幬正同類。故曰。其須以象菲、帷、幬、幄也。菲帷幬幄四字平列。與上下文一例。

禮論篇　刻死而附生謂之墨。

鬯案。此墨當如解蔽篇引詩墨以爲明之墨。彼楊注云。墨、謂蔽塞也。然則謂之墨者、猶謂之蔽塞耳。楊注謂墨子之法。王雜志已辨之。而王止辨楊注墨子之非。未解荀書墨字之義。則所當爲之申釋也。

樂論篇　帶甲嬰軸歌於行伍。使人之心傷。

鬯案。傷蓋讀爲揚。揚諧昜聲。傷諧煬省聲。煬亦諧昜聲。同聲字例得通借。故傷可讀爲揚也。揚者、卽小戴樂記發揚蹈厲之揚。鄭注云。發揚蹈厲。所以象威武時也。帶甲嬰軸。歌於行伍。正使人心威武。故曰使人之心揚。揚借爲傷。苟以傷字本義說之。則不可通矣。俞平議謂荀子書多用惕字。惕與蕩同。歌於行伍。則使人之心爲之動蕩。故曰使人之心惕。惕傷形似。因致譌耳。案。惕傷亦並同聲字。可通借。不必謂譌。但動蕩之義與歌於行伍仍似未切。樂記又云。粗厲、猛起、奮末、廣賁之音作而民剛毅。粗厲等音正合歌於行伍。民剛毅正使人之心剛毅也。剛毅猶威武也。則讀傷爲揚。似較讀惕爲近矣。

樂論篇　瑟易良。

邕案。瑟易良與下文琴婦好爲對。惟易良與婦好又顛倒成文耳。易與好對。則易亦好也。小戴郊特牲記鄭注云。易、和悅也。論語八佾篇何解引包注云。易、和平也。和悅和平。皆好意也。良與婦對。則良者夫也。孟子離婁篇趙章句云。良人、夫也。儀禮昏禮媵衽良席。鄭注云。婦人稱夫曰良。此良人單稱良之證。王念孫廣雅釋詁疏證云。郎之言良也。良與郎聲之侈弇耳。古者婦稱夫曰良。而今謂之郎。案如王說。則良正宜單稱。不必連人字。蓋良人者、猶今言郎君耳。瑟易良之義蓋如此。琴瑟比夫婦。莫不能道之。此文瑟比夫。琴比婦。亦典故所當知者。楊此卷注佚。未知云何。王集解謂易良同義。然則婦好亦同義與。俞平議引賦篇女好證此婦好。彼楊注云。女好、柔婉也。夫女既好。必柔婉。以柔婉爲女好引申義。自無害。而不可以柔婉爲女好之詁代字也。知女好二字非同義。則知婦好亦非同義。即知易良不得以同義解之矣。下文其容婦。謂男子而效婦人之容耳。婦字亦非有別解也。

解蔽篇　數爲蔽。

邕案。數當依宋本作故。郝補注、王雜志、俞平議、王集解皆已正。俞議謂故猶胡。胡之言何。乃設爲問辭。其說甚是。然則此爲字當作謂。胡謂蔽。正是設問辭例。應用謂字。不應用爲字。蓋正因胡字借故字爲之。讀者不察其爲問辭。依下文句法改謂作爲。猶其改故爲數。同一誤也。抑謂爲二字聲轉相近。戰國西周策臣恐齊王之爲君實立果。鮑彪本改爲作謂。吳師道校注云。策爲謂通借。果如吳說。即非誤謂作爲。亦當讀爲作謂。與下文十爲字自不可溷也。

解蔽篇　凡人之有鬼也。必以感忽之閒疑玄之時正之。

闓案。正或讀爲証。証者、證也。凡證驗字作証。今人所習用。葢未始無由。証之者、謂證驗之也。鬼本無可證驗。有證驗。必其感忽疑玄。上文楊注云。玄或讀爲眩。故云凡人之有鬼也。必以其感忽之閒疑玄之時証之。楊注云。必以此時定其有鬼。則楊讀正爲定。定亦正聲。讀定與讀証。音理一也。顧證驗之義似較定義爲愜。卽不必漫易楊說。要無害於楊外備一說矣。下文而已以正事。放此。至王雜志竟以荀子本文作定。則不敢信。下文注云已以正事。謂人以此定事也。明本是正字。非定字。

解蔽篇　雖億萬已不足以浹萬物之變。

闓案。已當是人己之己。非已止之已。葢一己固不足接萬物之變。楊注云浹或當爲接。然卽使化己爲億萬。亦不足接萬物之變。故云雖億萬已不足以浹萬物之變。楊於已字無注。俞平議以爲已止之巳。云已、猶終也。疑未是。

解蔽篇　案彊鉗而利口。

闓案。此彊字作勉彊之義解。似較彊暴之義與下文厚顏而忍詬爲近類。厚顏忍詬之人必其能勉彊者也。楊注云。彊、彊服人。非也。鉗蓋有持義。鉗之言拑也。說文手部云。拑、脅持也。拑訓脅持。則鉗亦得訓持矣。說文金部云。鉗、以鐵有所劫束也。劫束卽脅持之義。是拑鉗當屬後之分別文。古實同字。朱駿聲通訓云。以手曰拑。以竹籋拑曰箝。以鐵鈷拑曰鉗。上文云。案直將治怪說。玩奇辭以相撓滑也。則持者、卽持其怪說奇辭也。怪說奇辭焉用持之。不可持而持。斯不亦出於勉彊矣乎。故曰彊鉗。彊鉗者、彊持也。楊注云。鉗、鉗人口。亦非也。王雜志據方言廣雅訓鉗爲惡。以彊惡二字平列。則與利口及下文厚顏忍詬皆貫義者失比。俞平議據大玄玄瑩篇范望注。訓箝爲求。以彊鉗爲彊求。而所求何物迄未說。且彊字皆作彊暴義。似均不然。下文云。不少頃干之胷中。干當讀爲扞。扞者、扞格也。不少頃扞格胷中。與彊鉗者正相反矣。

正名篇　說故喜怒哀樂愛惡欲以心異。

鬯案。說之言悅也。故疑讀爲苦。苦故並諧古聲。例得假借。苦者、不悅也。說與苦義正相反對。猶喜與怒、哀與樂、愛與惡也。楊注云。說讀爲脫。脫故猶律文之故誤。則既失反對之義。且律文言故誤。亦不足以證脫故。王集解謂說者、心誠悅之。故者、作而致其情也。是欲强比反對之義。而不知仍在悅字一面也。且但言說。又何以見其必誠悅。不過因故字爲不誠。特增成其意耳。

正名篇　單與兼無所相避則共。

鬯案。避當讀爲譬。譬避並諧辟聲。古二字多止作辟。則二字通借可知。廣雅釋言云。譬、喻也。說文言部云。譬、諭也。諭卽喻字。許書有諭無喻。上文云。單足以喻則單。單不足以喻則兼。此云單與兼無所相避。避卽譬。譬卽喻也。上言喻。此言譬。文異而義同之例。若依避字解。則無義。楊注不明避爲譬之借。於避字亦不能詮釋也。　楊注云。謂單名復名有不可相避者。則雖共同其名。此雖字與下文犯複。似當省。謂若單名謂之馬。雖萬馬同名。復名謂之白馬亦然。雖共不害於分別也。案。楊解共字。亦恐未是。共字之義見下文云。故萬物雖衆。有時而欲偏舉之。故謂之物。物也者、大共名也。推楊注之意。亦未始不本乎此。

蓋物雖萬。共謂之物。故馬雖萬。謂之馬。白馬雖萬。謂之白馬。殊不知萬物非一馬之謂也。故共也。馬雖萬。仍一馬也。白馬雖萬。仍一白馬也。無所謂共也。當云如白馬黃馬。共名之曰馬而已。如白馬黃馬。而又有白羊黃犬。則共名之曰畜而已。推而廣之。物雖不齊。無不可以一二名共之。此所謂共也。如楊注。雖萬馬謂之馬。雖萬白馬謂之白馬。是仍單言兼言之例。無所謂共矣。

正名篇　苟之姦也。

㘣案。苟即論語子路篇君子於其言無所苟而已矣之苟。苟之則姦。明君子必不姦。則君子之言必不苟矣。故下文云。故名足以指實。辭足以見極。苟則無實無極也。指實見極。即申明不苟之義。然則此句起下文。而楊無注。其上文注又斷於此句下。則一若此句爲承連上文者。不知其作何義矣。夫上文云。足以相通。則舍之矣。即論語衞靈公篇辭達而已矣之義。惟辭止取其達。則或且慮其苟。是此句從上文轉出。以起下文之義。以上文注於此斷。烏乎可也。

正名篇　雖封侯稱君。其與夫盜無以異。

㘣案。夫疑大字之誤。大盜與下文無足爲偶。大誤爲夫。則爲語助。與無足失偶矣。故或本遂刪此夫字。更非也。戰國秦策夫項槖。史記甘羅傳作大項槖。則夫大二字之誤。有例矣。

性惡篇　必失而喪之。用此觀之。然則人之性惡明矣。

㘣案。失喪二字平列。上文失喪其性可證。云失而喪之。則而字之爲語辭。猶莊子庚桑楚篇尸而祝之、社而稷之之類。古人自有此句法也。又。王雜志謂明矣下當有其善者僞也句。人之性惡其善者僞也二句前後凡九見。則此亦當然。鬯謂王氏補一句。是也。要其文不合在此處。竊疑用此觀之然則人之性惡明矣其善者僞也凡十七字。當在下文若夫可以見之句上。上文云。孟子曰。今人之性善。將皆失喪其性故也。曰。若是則過矣。今人之性。生而離其朴。離其資。今字葢作令。涉上文而誤。謂假令生而離其朴離其資。信失喪其性矣。故又曰必失而喪之。而所謂性善者初非離其朴離其資者。則不得謂失喪其性。故下文云。所謂性善者鬯向頗疑上文孟子曰今人之性善。作今人之不善。今以此句觀之。則彼性字又實不誤。不離其朴而美之。不離其資而利之也。上下文義其大旨可知者如是。楊注俱謬。不足置辨。下文所謂性善者句與必失而喪之句正相密接。入此用此觀之以下十七字。隔斷無義矣。而下文若夫二字承其善者僞也句文氣亦自合。則用此觀之以下十七字之必當移入於彼。似無可疑。惟下文心意之於善句下恐猶有闕文耳。

性惡篇　今不然。人之性惡。

鬯案。今不然。承上文而言。上文云。今誠以人之性固正理平治邪。則惡用聖王。惡用禮義矣哉。雖有聖王禮義。將曷加於正理平治也哉。則今不然者。謂今人之性不能正理平治。不能不用聖王禮義。聖王禮義實有加於人。則以人之性惡也。故曰今不然。人之性惡。此義本甚顯。而楊注云。今以性善爲不然者。謂人之性惡也。解不然句。差矣。楊蓋以今不然卽上文之是不然。而不知兩不然自不同。上文云。孟子曰。人之性善。曰。是不然。則不然者。信以性善爲不然也。此承上文則不然者。謂人實不能然。非我以爲不然也。

性惡篇　禮義積僞者。

鬯案。此積字葢當訓習。解蔽篇楊注云積習、是也。僞讀爲爲。在荀子前後皆是。不煩舉證。然則積僞者、猶言習爲也。楊此注謂禮義雖是積僞所爲。亦皆人之天性。是別爲於僞矣。僞卽爲字。楊亦明知之。何以於此忽又異說。王集解謂積作爲而起禮義。雖知爲僞爲一。然義更迂。亦未敢信也。上文云。聖人積思慮。習僞故。僞故者、爲故也。積僞卽彼習僞也。彼習字與積字偶。則其互義亦可知矣。

成相篇　主忌苟勝。

鬯案。忌苟二字。疑本作苟忌。傳寫誤倒。主苟忌勝。謂人主苟忌人之勝己。則人莫敢諫矣。故下文云。羣臣莫諫必逢災。義甚明曉。苟忌倒爲忌苟。則苟勝二字無義矣。楊注云。苟欲勝人。曲說也。

成相篇　愚而上同國必禍。

鬯案。上當讀爲尙。儀禮鄉射禮鄭注云。今文上作尙。論語顏淵篇草上之風。孟子滕文公篇上作尙。又。史記主父傳司馬索隱云。上、猶尙也。是二字義本相通矣。上同者、尙同也。卽墨子尙同之道也。天論篇楊注云。墨子著書有上同、兼愛。則楊所見墨子尙同篇正作上同。墨子尙同。而荀子尙別。荀與墨尤水火也。故荀卿斥諸子。獨於墨子尤屢斥之。此云愚而上同國必禍。又隱斥墨子也。下文既云愼墨季惠。又云聖人隱伏墨術行。亦見荀子於墨尤惡。楊注謂以愚闇之性苟合於上。則必禍。其說殊非。上文云。拒諫飾非。明指人君言。故曰國必禍。人君卽是上。安得云苟合於上。所謂上又其誰邪。且又沒去國字。則其說之不安明矣。正名篇云。貴賤不明。同異不別。如是則志必有不喻之患。而事必有困廢之禍。貴賤不明。同異不別。卽尙同之說也。志有不喩。非愚而何。困廢之禍。乃所謂國必禍矣。又。賦篇云。嗚呼上天曷維其同。亦正此同字。

成相篇　隱諱疾賢、良用姦詐鮮無災。

樾案。此文論例讀法。自合隱諱疾賢四字爲逗。良用姦詐鮮無災七字爲句。都十一字。而義則賢良連屬。上文云墮賢良。又云窮賢良。又云宗其賢良。並可證也。古人之文不泥如是。猶上文云下以敎誨子弟上以事祖考。論例讀法。亦自合下以敎誨爲逗。子弟上以事祖考爲句。而義則敎誨子弟連屬。與此可比觀矣。郝補注王雜志皆泥求之。故郝謂當作隱疾賢良諱由姦詐鮮無災。王謂良當爲長。是非校書。乃乙書改書耳。究失信而好古之義。俞平議於下文孰公長父之難云。古人之文變動不居。誠哉是言。樾竊謂不惟古人文例有然。卽後世能文家亦有然者。曷勿吟蘇軾念奴嬌詞一案。大江東去。浪淘盡千古風流人物。故壘西邊人道是。三國周郎赤壁。依律。自宜讀去字句。是字句。而義則浪字上屬。人道是下屬。顧千里校云。本篇之例兩三字句、一七字句、一十一字句爲一章。每章四句。每句有韻。其十一字句或上八下三。或上四下七。上八下三者如愚以重愚闇以重闇成爲桀之屬是也。上四下七者如主誠聽之天下爲一海內賓之屬是也。唯下以敎誨子弟上以事祖考。又孰公長父之難、楊注云。孰或爲郭。厲王流于彘兩處。則上六下五。雖變例。正可推知其十一字句矣。樾案。然則如此文又上五字句下兩三字句。合之仍十一字句。又如下文云。前車已覆後未知更無覺時。上七字句。下四字句。合之仍十一字句。當補顧氏之遺。而要其讀法。仍上四下七。無害也。

賦篇　喜溼而惡雨。

鬯案。蠶性喜溼。古時必有其說。故小戴祭義記云。故者天子諸侯必有公桑蠶室。近川而爲之。玩近川二字。見蠶性之喜溼矣。若第爲浴蠶計。浴蠶之水所需無多。卽遠川爲室。亦豈難致。是知彼下文言奉種浴于川者。旣因近川。自從其便。非其本意專因浴蠶而然也。葢川氣有溼。與蠶性實有宜者。故戴記之近川與荀書之喜溼。正可互證。楊注云。溼、謂浴其種。專以浴解喜溼。於喜字之義殊不足。宜後人執鄭注蠶性惡溼之說疑之。太平御覽蠶覽引孫卿蠶賦。作疾溼而惡雨。王雜志至欲據彼疾字以訂喜字之誤。殊不知此句與上句一律。上句云夏生而惡暑。夏生者宜喜暑而惡暑。喜溼者宜喜雨而惡雨。兩句兩而字皆作轉義。若作疾溼。與上句不類。文亦平弱矣。且蠶性惡溼。後人習知。必原作喜而改疾則有之。烏有原作疾而改爲喜者。是知御覽所引實係誤字。俞平議已辨王志。而仍云其種必浴。有似喜溼。從楊氏之說。則猶惑於惡溼之說。而不知蠶性之眞喜溼也。竊謂鄭言惡溼者。解記桑于公桑風戾而食之之文。其注明云。風戾之使露氣燥。乃以食蠶。蠶性惡溼。則所謂惡溼者、實惡露也。惡露、猶荀子謂惡雨也。卽今人恆言蠶性惡溼。亦並以雨露爲溼。非能知近川之溼。知後人格物必不逮古人矣。

賦篇　閭娵子奢。

鬯案。閭娵作明陬。見楊注所引後語。而謝校謂明是閭字之誤、楊未省照。則非也。楚辭哀時命篇云。隴廉與孟娵同宮。王章句云。孟娵、好女也。是好女有名孟娵者。孟明一聲之轉。周禮職方氏賈釋云。

明都、宋之孟諸。是也。則明陬卽孟娵也。娵陬同諧取聲。通借更無疑義。荀子之閭娵。後語作明陬。然則哀時命之孟娵。卽閭娵也。俞蔭甫太史楚辭人名考正云。孟娵疑卽閭娵。閭氏、孟字也。其說確矣。顧猶未徵及此注之引後語。不免少疏。俞考云。娵、荀子作姝。是僅據洪興祖補注所引荀子。而未檢今荀子正作娵。不作姝也。作姝乃戰國楚策。而以明爲閭字之誤。且譏楊未省照者。抑何言之易與。

大略篇　慶者在堂。弔者在閭。

邕案。閭疑本作閶。閶閭二字其形相似。故誤閶爲閭。上下文皆有韻。此不應無韻。閶與堂亦正相叶。若作閭。則失韻矣。故知閭必閶字之誤。至論其義。一也。說文門部云。閶、天門也。朱駿聲通訓云。此字本訓門。自淮南原道排閶闔淪天門。用以爲喻。後遂以爲天門也。然則慶者在堂弔者在閶。正如楊注云慶者雖在堂弔者已在門。言相襲之速也。惟又云。閭、門也。則楊本已誤。然卽云閶、門也。自通。注文傳寫與正文俱誤。亦可言矣。要不必以是護楊耳。

大略篇　上大夫中大夫下大夫。

邕案。此九字無著。楊注謂此覆一命、再命、三命也。然覆之甚無謂。或者荀子在唐以前已有注。而傳寫誤爲正文。此蓋卽上文一命、再命、三命之注語。特倒釋耳。上大夫三命也。中大夫再命也。下大夫一命也。此則在古注本不必拘。又如下文云。立視前六尺而大之。六六三十六。三丈六尺。旣云六六三十六。亦不必復云三丈六尺。蓋三丈六尺者、亦卽三十六之注語也。姑爲拈出。俟後士之考察。

大略篇　不知而問堯舜。無有而求天府。

邕案。此文各六字句。本一望可知。而楊注云。好問則無不知。故可比聖人。知無而求之。是有天府之富。則竟似讀不知而問、無有而求絕句者。其謬不待言。宜爲俞平議所斥。特俞所說亦非荀子文義。竊謂不知而問堯舜。堯舜必不可作也。無有而求天府。天府必不可到也。然則終於不知、終於無有而已矣。故下文爲之說曰。先王之道。則堯舜已。六貳之博。則天府已。若云堯舜不可作。不如問先王之道。則不知者可知也。天府不可到。不如求六貳之博。則無有者可有也。蓋此二語必當時俗言以譏世者。其意猶孟子言道在邇而求諸遠。事在易而求之難。下文乃轉出曰字。以善解之。若如俞議謂何謂堯舜。先王之道是。何謂天府。六貳之博是。則荀子亦曷不如是言。而特倒之曰先王之道則堯舜。六貳之博則天府乎。玩其文法之不平。卽其意可見矣。謝校云。貳當爲藝。聲之誤也。卽六經也。俞議從之。邕案。下文云。學問不厭。好士不倦。是天府也。則六經之說自近。然究不敢執言先王之道。蓋亦謂問之方策耳。

大略篇　和之璧。井里之厥也。

邕案。厥讀爲橜。謝校是也。楊注既云未詳。又引或曰厥石也。則其解仍嫌未詳矣。惟謝以橜爲門限。門限也者、若止作限止門義。固無不可。若以門限指閾。則不啻以橜爲閾矣。斯不然也。爾雅釋宮云。橜、謂之闑。小戴曲禮記鄭注云。闑、門橜。則橜者闑也。非閾也。閾爲門之界限。闑則用以止門耳。楊注引晏子春秋此文作井里之困也。困卽梱字。梱之說。說文木部云。梱、門橜也。又門部云。闑、門梱也。是梱亦卽闑。而小戴曲禮記鄭注云。梱、門限也。門限也者、儻亦以爲限止門義則無不可。若謂閾。是以梱爲閾矣。梱晏子本作困。困梱蓋古今字。困既从木。梱又从木。則梱爲困後出字無疑。困之口。卽象門之匡。當門匡當中有木。非闑而何。奚闕之云也。謝校以晏子作困。當卽因鄭注訓梱爲門限。而并橜亦爲門限。門限二字雖於限止門義橜梱皆可通。而終指閾爲確切。說文門部云。閾、門榍也。木部云。榍、限也。則門榍卽門限也。曲禮記不踐閾、玉藻記不履閾鄭注。爾雅釋宮柣謂之閾郭注。國語魯語不踰閾韋解。左僖十二年傳、襄二十七年傳並言不踰閾杜解。皆云閾、門限。無異辭也。漢書王莽傳顏注云。閾、門橛也。最謬。又疑橜闑、閾。不但閾與橜闑不容相假。卽橜之與闑。渾言可通稱。而析言亦有別。特皆所以止門者耳。蓋闑者、以短木豎地。使門闔有著。論語鄉黨篇皇疏謂闑以硋門兩扇之交處。是也。而橜之爲用。乃在門闔施閣之後。爾雅釋宮云。所以止扉謂之閣。今本閣。誤閎。閣者、蓋卽今俗稱門柵也。以閣止門。門與閣猶病不能綹合。故復用木若石以介之。所謂橜也。其形當一頭厚。一頭薄。今人家大門猶皆用之。說文木部云。橜、弋也。一曰門梱也。梱卽闑。別梱於弋外。則橜之訓弋。蓋卽此物矣。廣雅釋室云。橜機、闑朱也。此渾言之例。析之則橜機爲一類。闑朱爲一類。朱卽困字。

大略篇　而仕者必如學。

慁案。如字無義。蓋始字之脫壞。仕者必始學。謂仕者必始於學也。楊注不省其壞文。而訓如爲往。遠矣。郝補注云。如、肖似也。亦殆未然。

宥坐篇　綦三年而百姓往矣。

慁案。此往字蓋不誤。故楊注云百姓從化。極不過三年也。從化當釋往字之義。而王雜志引盧校云。往乃從之誤。是未解得往字矣。下文云。邪民不從。往與從異文同義。謂往卽從義。自可。改往爲從。斯已拙矣。周書謚法篇仁義所在曰王。張守節史記正義所載謚法。作仁義所往曰王。彼盧校亦以張義作往爲非。而王雜志謂彼往字是也。後人不解仁義所往之語。故改往爲在。廣雅。歸、往也。廷、歸也。廷與往同。仁義所往。猶言天下歸仁耳。鬯謂彼志此說。實爲此往字之確解。歸亦從也。謚法篇孔晁解云。民從之也。張義作民往歸之。百姓往。即百姓歸之。亦即百姓從之也。盧改此往爲從。猶謚法篇改往爲在矣。而王志於此轉依盧改。且援御覽所引及韓詩外傳說苑於從下復添入風字。抑何多事。若此下文楊注云。百姓既往。則楊本此原作往字可信。要與韓傳、政理苑並存無害。政治覽所引雖標孫卿子。而作上陳敎而先服之。則百姓從風矣。與荀子此文實不同。而轉同於彼。明即涉彼而誤。不足引證。而盧并以注文往字亦爲從之誤。又何武斷之甚哉。

宥坐篇　邪民不從。然後俟之以形。

鬯案。此邪民二字亦當不誤。王雜志據說苑政理苑作躬行不從。以此邪民爲躬行之誤。殊不必也。且其言曰。上文云上先服之。服者行也。即此所謂躬行也。故云躬行不從。然後俟之以刑。案上文云。上先服之。若不可、尚賢以綦之。若不可、廢不能以單之。然則躬行不從。尚有尚賢廢不能兩事。安得遽云俟之以刑乎。蓋正惟躬行之後。尚賢以綦之。復廢不能以憚之。楊注云。單或爲憚。謝本作或爲殫。蓋非。而百姓皆從。獨有邪民不從。故俟之以刑也。家語始誅篇作其有邪民不從化者。然後待之以刑。此作邪民之明證。而王顧强謂王肅改以曲通其義。不亦謬乎。且楊注云。百姓既往。然後誅其姦邪。則楊本又明作邪民。王氏亦既不能爲之解。徒執說苑以繩荀子。豈能饜飫人哉。竊恐政理苑之躬行。乃轉是邪民之譌誤也。惟政理苑上文無若不可二語。則其作躬行以承服字。如王所說。於理猶可。荀子則必不然矣。

有坐篇　還復瞻被九蓋皆繼。

鬯案。被讀爲彼。蓋讀爲闔。繼當爲鐖。前儒之說皆不謬。可從。獨九字楊注謂當爲北字傳寫之誤。引家語作北蓋皆斷。王肅云觀北面之蓋皆斷絕也。則竊有疑焉。上文云。賜觀於太廟之北堂。吾亦未輟。是太廟盡於北堂。北堂之北。更無可觀。而賜意猶未止。故還復瞻彼九闔也。若九闔作北闔。若解作於北堂瞻北方之闔。何還之有。家語今見三恕篇。作還瞻北蓋皆斷。無復字被字。而亦有還字。竊意王肅當正因一還字。故不謂北蓋爲北方之蓋。而云北面之蓋。北面之蓋。則是非北闔。乃南闔矣。惟南闔。故北面也。南闔而謂之北蓋。尤覺無理。故家語北字轉屬誤文。而荀子九字之不誤可知。惟九闔之義。誠不易解。要先明北堂之制。然後九闔可得而言。而自漢以來北堂亦無確說。伏生尚書多士傳以東房西房北堂並稱。則北堂似即指正室。此說與禮經不合。後儒鮮或宗之。儀禮昏記鄭注云。北堂、房中半以北。夫房中地位既不寬大。又分半以北爲北堂。不愈逼窄乎。故俞蔭甫太史有通以房中爲北堂之說。而儀禮特牲記云。尊兩壺于房中。內賓立于其北。宗婦北堂。既言房中。又言北堂。分別明析又如此。北堂與房中必有辨而不容溷矣。鬯妄謂諸說皆非也。北堂實在太廟之北。其制略如明堂之法。東西三室。南北亦三室。合之有九室。特規模當視明堂爲小耳。考工匠人記云。內有九室。九嬪居之。外有九室。九卿朝焉。鄭注云。內、路寢之裏也。外、路門之表也。賈釋云。九卿之九室。在門外正朝之左右爲之。案九室必不能分左右。若左四右五。左五右四。其制皆不整。後人或謂九室皆偏在西者。西有而東無。仍不成體制。葢其數既有九。則其室必不居左右而居中。苟使九室居中。一字排列。又妨於出入之道。勢非略仿明堂之法不可。葢東西占三室之位。度其地尙足容耳。九卿之九室如是。九嬪之九室亦如是。惟一在朝外。一在寢內耳。至於廟無九嬪之居。而廟後之寢亦爲九室之制。在廟後。故謂之北堂。每室有闥。有九室。自然有九闥矣。則正賴此文一九字。因闥而猶得想見北堂之制。斯則可寶實甚。安得漫不加察。改九爲北乎。葢子貢既觀於北堂。意猶未止。因復徧觀周圍闥皆斷截。故曰還復瞻彼九闥皆𢇍也。還字正有著落。謂還轉而觀之也。而皆字亦正從九字出。改九爲北。不但不可通於還字之義。并皆字意亦不應。則九字之不誤益可明矣。　又案。禮經諸言北堂。率指士言。士之北堂不必有九室。而其地位正亦如是。故昏記云。婦洗在北堂。直室東隅。惟北堂在室之北。故設洗可直室之東隅。若室卽北堂。洗卽在室隅。不得曰直。卽房中半以北爲北堂。則可直者止室一東北隅。但云直室隅已明矣。若通房中爲北堂。則可直者有東北東南兩隅。今直東北一隅。當省去東字。云直室北隅。卻不當省去北字。而云直室東隅。葢東西直之與南北直之異也。今云直室東隅。知必自北直之。非自東直之矣。洗自北直室東隅。而洗在北堂。知北堂必在室之北。而不在室之東矣。葢北堂者。其實卽燕寢之異名也。詩斯干篇。西南其戶。指燕寢。似可因九室之制以通其說。

法行篇　老而不教。死無思也。

鬯案。此思字疑本作志。涉上下文思字而誤。抑志思二字在古音本可通。卽讀思爲志。亦在假借之例。

不煩改字。而要非上下文之思字也。哀公篇楊注云。志、記識也。葢古者先生旣死。則其門人記識其平日之所敎。卽如論語記識孔子之敎是也。戰國時則有自著書者。卽如荀子是也。孔子時猶無之。若不敎。則無可記識。故曰老而不敎。死無志也。楊此注不察思之爲志。而云無門人思其德。殆非矣。且上文曰三思。此處出思字。在文例亦不宜也。

哀公篇　不知選賢人善士託其身焉。以爲己憂。

䦨案。不知選賢人善士託其身。則必所託非人。及所託者一旦得禍。託之者亦被其禍。故曰以爲己憂。楊注云。不知託賢自憂而已。失以爲二字之義。葢但不知託賢。如其無託。則亦無憂。以爲己憂者。坐在誤託也。此文若以後人審義定讀之法言之。以不知選賢人善士讀作一句。託其身焉以爲己憂八字連讀。其義自曉然。古讀初不必爾。故大戴哀公問五義記。作不能選賢人善士而託其身焉以爲己憂。託上著一而字。則自讀至託其身焉爲句。韓詩外傳紂作傳亦有而字。家語五儀解作不擇賢以託其身。有以字。且並刪卻以爲己憂四字。是其讀益可知矣。葢古人行文自有省法。但言不知選賢人善士託其身。其所託非人已在言外。不患以爲己憂句不接也。

哀公篇　亡國之虛則必有數葢焉。

䦨案。葢者、屋也。左襄十七年傳孔義引服虔云。葢、覆葢之。穀梁文十三年經范解云。屋者、主於覆葢。明葢屋二字同義。小戴郊特牲記云。喪國之社屋之。不受天陽也。喪國之社、卽亡國之虛也。彼言屋。卽此言葢。其言數者。則可見前此亡國者之多也。楊注云。有數葢焉、猶言葢有數焉。倒言之耳。夫苟不以蓋爲屋。作語助常解。試倒言則必蓋有數焉。成何意義。楊直忘卻則必二字。其說之妄實不足辨。謝校謂數蓋猶言數區。似差近之。而蓋從無區字之詁。至郝補注據新序雜事序。則作列之誤文。而屬上讀。謂故虛羅列。必有聚廬而居者。益爲無理。上文云。君出魯之四門以望魯之四郊。既聚廬而居。則望而見其聚廬。何由知其爲亡國之虛乎。要亡國之虛本無可望而知。所可望而知者。惟有見其社屋而已。是則苟不以蓋指社屋。於文義并不可通。雜事序作亡國之墟列必有數矣。列字既爲誤文。蓋字亦爲脫文矣。今案。公羊哀四年傳云。亡國之社蓋揜之。蓋揜之。當亦謂屋揜之。徐解謂公羊子不受于師。故言蓋。未必然。

哀公篇　東野畢之馬失兩驂。列兩服入廏。

鬯案。此當讀失兩驂爲句。列兩服入廏爲句。列讀爲⿱列馬。說文馬部云。⿱列馬、次第馳也。廣雅釋室云。⿱列馬、犇也。謂東野畢之馬失其兩驂。其兩服犇馳而入廏。楊注斷失字句。讀列爲裂。謂外馬擘裂中馬牽引而入廏。作七字爲一句。非也。俞平議讀兩驂列三字爲一句。尤非。家語顏淵篇作東野畢之馬佚兩驂。曳兩服入于廏。彼列作曳。曳字必當屬下讀。此明證。依彼作曳。則讀此列爲迾亦可。

堯問篇　周公謂伯禽之傅。曰。女將行盍志而子美德乎。

鬯案。此於傅字當讀斷。曰者、周公與伯禽言。非與傅言也。女者、女伯禽也。而子者、子伯禽之傅也。惟問伯禽以其傅之德。故曰周公謂伯禽之傅。楊誤連曰字讀之。故注云。將行。何不志記汝所傅之子美德以言我。夫伯禽之傅。何得稱之曰汝。伯禽何得轉尊曰子。且曰美德。其立辭既失體。且上文明云伯禽將歸於魯。如楊所謂將行。竟是傅將行。非伯禽將行矣。而下文又明云。女以魯國驕人幾矣。又豈是與其傳言哉。伏生尙書洛誥傳及說苑敬愼篇並載伯禽封魯周公戒之之語。與下文所云可以取驗。謂伯禽乎。謂其傳乎。自此文讀一誤。致通篇意義全失。而不知古人自有曰字不上屬之例也。

堯問篇　彼爭者均者之氣也。

樾案。均蓋讀爲勻。說文勹部云。勻、少也。少小義通。勻訓少。亦可訓小矣。爭者勻者之氣者、猶言爭者小人之氣耳。上文云。彼其好自用也。是所以窶小也。小人之氣正與窶小之義應。王雜志云。窶亦小也。楊注解爲均敵者尙氣之事。於上文君子力如牛六句似可承。而與窶小之義了不涉。然窶小之義實此段主意。此句斷不容不應。小人與君子相反。則於上六句亦未始不承也。且此文上下以文例論之。其有錯簡。蓋未可知。依例、上文彼其好自用也是所以窶小也十二字當在此句之下。下文彼其愼也是其所以淺也十字當在下文彼淺者賤人之道也之下。如此。則與弟一段彼其寬也、出無辨矣下。接女又美之句同法。而下文所以淺、正緊承彼淺者賤人之道言。此所以窶小、亦正緊承爭者均者之氣言。均之當讀爲勻而訓小。更顯然矣。廣韻諄韻勻字下云。一曰均也。均字下云。或作勻。則二字之通亦明甚。

墨子一

親士篇　入國而不存其士則亡國矣。

邕案。亡當讀爲忘。詩綠衣篇鄭康成箋云。亡之言忘也。假樂篇不愆不忘。說苑建本苑引忘作亡。小戴檀弓記陸德明釋文云。本亡作忘。列子仲尼篇殷敬順釋文亦云。亡一本作忘。是忘亡古多通用。下文云。非士無與慮國。則不存其士。是忘其國矣。非謂亡國也。下文又云。緩賢忘士而能以其國存者。未曾有也。此正亡國之義。亡國之義在彼。明此不得先言亡國。此先言亡國。前後義犯矣。且如謂亡國。則此文卻當云國亡。不可倒言亡國。玩語氣自曉。惟其言忘國。故又不得倒言國忘也。緩賢忘士。彼緩忘二字並承上而言。緩承緩其君之緩。忘卽承此亡國之亡。則此亡國之當讀爲忘國愈明矣。

親士篇　君子進不敗其志。內究其情。

邕案。進不敗其志者。不敗其未進時之志也。故曰內究其情。惟能內究其情。故能不敗其志。是二句貫義。而畢沅校注、俞蔭甫太史諸子平議皆以二句爲偶文。畢且於內字下增一不字。而云疚究同。俞則謂內當作㕯、卽退字。兩家之說。俞爲校近。葢進與內初非反對字。不足爲偶。進與退方可偶也。但此二句實與下文雖雜庸民終無怨心爲偶。不當自爲偶。進者、富貴也。卽不雜乎庸民也。雜庸民者、貧賤也。卽不進也。以此二句自爲偶。則下文轉蛇足矣。

親士篇　分議者延延。

鬯案。延延蓋是審慎安詳之意。延之言㢟也。說文㢟部云。㢟、安步㢟㢟也。字亦作眐。廣雅釋訓云。眐眐、行也。楚辭哀時命篇云。魂眐眐以寄獨兮。王逸章句云。眐眐、獨行貌也。王望寄獨之義。故以眐眐爲獨行貌。然獨行貌與審慎安詳意亦正無悖。眐實⿰目延字之省。⿰目延依說文卽目部之遣字。彼云。遣、相顧視而行也。相顧視而行。則於審慎安詳之義尤顯矣。此謂分議之人當遇事審慎安詳。故曰分議者延延。下句云。而支茍者詻詻。支茍二字他書少見。故畢沅注疑字誤。然以分議者例之。則支茍者必是主斷之人矣。主斷之人與分議之人異。故不合延延而合詻詻也。說文言部云。詻詻、訟也。引傳曰。詻詻孔子容。小戴玉藻記云。言容詻詻。鄭注云。教令嚴也。是卽詻詻之義。與主斷之義可合。則支茍之義卽可會矣。

脩身篇　批扞之聲。

鬯案。批扞之言狴犴也。說文犬部解犴爲胡地野犬。而無狴字。字書或訓狴犴爲獸。狴犴之爲獸、當卽野犬之名。古犬以守獄。故狴犴又爲獄。獄字从㹜。㹜卽二犬。此言狴犴之聲。則無與獄義。正謂野犬之聲也。蓋其聲惡。故下文云無出之口。說文有陛字。見非部。云牢也。卽狴犴之狴。

脩身篇　殺傷人之孩。

鬯案。人之孩卽人之子也。此爲人君言。猶謂民爲赤子之意耳。人固莫非人子也。故曰殺傷人之孩。於殺傷而曰人之孩。語甚沉痛。畢沅注謂當讀如根荄。轉似迂塞矣。經說云。忠、不利弱子亥。不蓋當作必。彼亥當讀孩。單言孩與累言子孩。一也。

脩身篇　藏於心者無以竭愛。

邑案。竭當讀爲遏。詩文王篇無遏爾躬。陸釋云。遏或作竭。明遏竭二字通用。釋文盧文弨校本。竭作謁。書湯誓云。率遏衆力。彼遏當讀爲竭。說見前校。竭之讀爲遏。猶遏之讀爲竭矣。無以遏、卽無遏也。邑前亦校文王篇無遏爾躬。宣昭義問。猶彼上文亹亹文王。令聞不已。無遏卽亹亹也。亹亹者、勉也。然則藏於心者無以遏愛。亦謂藏於心者勉於愛耳。下文云。動於身者無以竭恭。出於口者無以竭馴。孫詒讓閒詁云。馴猶雅馴。兩竭字並當一例讀遏。亦謂動於身者勉於恭。出於口者勉於馴耳。若以竭爲竭盡之竭。則何言無以。其義必不可通。易大有卦云。君子以遏惡揚善。蓋惡則當遏。愛也、恭也馴也。非惡也、善也不可遏也。故曰無以也。

脩身篇　徧物不博。

邑案。徧蓋論字之形誤。

脩身篇　故彼智無察。

邑案。彼有非義。而畢沅注云。彼當爲非。則以彼爲誤字。拘矣。廣雅釋言及左襄八年傳杜解。並云。匪、彼也。匪可訓彼。則彼亦可訓匪。故王引之釋詞云。彼、匪也。匪之言非也。彼可訓匪。則彼亦可訓非。彼智無察者、卽非智無察也。不必以彼爲誤也。經篇云。循此與彼此同。彼此亦卽非此。非此卽不循此。彼此與循此相反對。明彼卽非矣。可以相證。論語憲問篇彼哉彼哉。彼彼亦當訓非。

所染篇　子墨子言見染絲者而歎曰。

鬯案。既言子墨子言。又言歎曰。曰言二字殊覺犯複。雖墨子書中固多犯複之文。兼愛篇云。不識將擇之二君者將何從也。兩將字犯複。節葬篇云、後世之君子或以厚葬久喪以爲仁也、義也。又云。或以厚葬久喪以爲非仁義。四以字並各犯複。此類良多。不勝枚舉。然此言字疑之字之誤也。之與言草書相近。尚賢篇云。今也天下言士君子。據彼下文又云。今天下之士君子。則言字明之字之誤。已見王念孫雜志。此可比例。下文五入必而已。必疑亦之之誤。

所染篇　處官得其理矣。

鬯案。官當訓管。小戴王制記孔義云。官者、管也。管官二字本在假借之例。儀禮聘禮鄭注云。古文管作官。史記范雎傳云。崔杼淖齒管齊。司馬貞索隱引高誘曰。管、典也。漢書食貨志顏師古注云。管、主也。而管子宙合篇房玄齡注。官、亦云主也。則益見管官二字之通矣。至今恆言謂典主之義猶曰管。如管事管家之類。上文云。士亦有染。則此指士言。必不得言官府之官也。下文處官失其理矣。放此。

所染篇　則段干木、禽子、傅說之徒。

鬯案。此傅說次段干木、禽子之下。疑非殷之傅說。當別一人。與殷之傅說同名。宜考。

法儀篇　是以天欲人相愛相利。而不欲人相惡相賊也。

鬯案。是字爲辭。有同於則字者。王引之經傳釋詞云。是、猶則也。然則是以猶則以矣。此與上句相呼應。上句云。夫奚說人爲其相殺而天與禍乎。則以天欲人相愛相利而不欲人相惡相賊也。用則以字。

義斯可接。明是以卽則以也。而王雜志以是以下脫知字。殊謬。葢上句夫奚說人爲其相殺而天與禍乎與上文夫奚說以不欲人之相愛相利也雖同用夫奚說三字。而語氣自別。彼結上語。此呼下語也。王氏殆誤以呼下亦爲結上。故不得不於此增一知字。然誠上句是結上語。則合云天不與禍。何云天與禍乎。然則如王說。上句且脫不字。不第脫此知字矣。當不然也。

七患篇　先盡民力無用之功。

鬯案。此先葢語辭也。先與率一聲之轉。先盡民力。猶書湯誓言率遏衆力。彼率亦語辭也。見俞蔭甫太史羣經平議尚書卷。遏之言竭也。見前校。竭、盡也。此先盡民力四字。疑墨子正本書語而言之。兩文適可相證。此盡字可證彼遏字之當讀竭。彼率字可證此先字之非先後字也。

七患篇　必無社稷。

鬯案。無本訓亡。說文亡部云。無、亡也。與橆本兩字。而隸書通作無。則無亦亡也。必無社稷、必亡社稷也。孫詒讓閒詁云。無疑當爲亡。云當爲、則以無爲誤字矣。猶拘虛也。管子七臣七主篇云。君子無死。無死卽亡死也。校見彼。可與此參。

七患篇　爲者疾。

鬯案。疾、病也。此與小戴大學記爲之者疾異。

辭過篇　足以待不然。

鬯案。不然卽不服。下文云。足以征不服。服與然葢字異而義同。左莊二十三年傳云。征伐以討其不然。杜解云。不然、不用命。不用命卽不服也。

辭過篇　凡回於天地之閒。

恩案。回豈卽輪回之說與。佛家輪回之說未必本於墨子。而墨子好鬼。其與佛家同說。亦固其所也。不然。何以云回與。蘇時學刊誤以回爲同字之誤。殊無當也。

三辨篇　聖王之命也多寡之。

恩案。命與名通。名猶謂也。聖王之命也、猶聖王之謂也。言我所謂聖王者。分別於多寡而已。故曰聖王之命也多寡之。葢言我所謂聖王無樂者。分別於有樂無樂之多寡。如有樂寡而無樂多。是卽無樂也。

三辨篇　食之利也。以知饑而食之者智也。因爲無智矣。

恩案。此因字當如陳陳相因之因。謂其多也。言食利於人。則以知饑而食之者。本人之智也。然人人皆知饑而食之。卽不足爲智。故曰因爲無智矣。因卽陳陳相因之因也。謂食之者多也。食之者多。則雖有智卽爲無智。以譬聖王之有樂少而無樂多。則雖有樂可稱無樂。故下文云。今聖有樂而少。此亦無也。畢沅注言。人所以生者食之利。但必以知饑而食之。否則非智。以否則解因字。必非義。且與下文意亦不曉也。孫詒讓閒詁謂因當作固。尤必不然。

尙賢上篇　不辟近。

恩案。此言不辟近。下文言不辟遠。遠近二字葢互辭也。據上文言親者。云不辟親疏。則此言近者。當云不辟遠近。乃下文又別出遠者言不辟遠。故此不言不辟遠近。並不言不辟遠。而卻言不辟近。要之言不辟近者、不辟遠近也。下文言不辟遠者、亦不辟遠近也。特取遠近二字分配二句。故謂之互辭。文之變例也。不察乎此。則若王念孫雜志以近爲當作遠矣。然而與下句語複。且不辟遠。亦不辟近。義始周匝。猶上文言不辟親疏也。其所以不兩言不辟遠近。而必一近一遠爲互辭者。正嫌其語複也。至上文言不辟貧賤。而不言富貴。若云不辟富貴貧賤。又嫌文累。固不必泥。王氏泥於彼文。而並以上文親字爲衍。改書無乃甚乎。孫詒讓閒詁貿然從之。亦爲不察。尙同篇云。千里之外有賢人焉。千里之內有暴人焉。一言外。一言內。外內二字亦互辭。與此遠近正可取例。　又案。上文云。不義不富。不義不貴。不義不親。不義不近。以富貴親近列爲四項。而承之卻以富貴并作一項。近者之外別出遠者一項亦列成四項。四項同而不同。亦文例之變也。

尙賢上篇　牆立既謹。

鬯案。既謹葢讀爲墍墐。說文土部云。墍、仰涂也。墐、涂也。二字皆有涂義。故可連文。牆必用涂。故曰。牆立墍墐也。小戴內則記塗之以謹塗。鄭注云。謹當爲墐。聲之誤也。彼亦借謹爲墐。與此正可比例。孫詒讓閒詁於既字斷句。而又欲乙立既爲既立。必非也。或云。但讀謹爲墐。既字不必破讀。亦可解。

尙賢上篇　上爲鑿一門。

鬯案。上字無義。下文云。有盜人入。闔其自入而求之。盜其無自出。是其故何也。則上得要也。上字更不可解。竊疑兩上字皆工字之誤。鑿門必用匠工。故曰工爲鑿一門。鑿一門則盜入而無自出。故曰工得要也。孫詒讓閒詁以上爲止字之誤。非。

尚賢上篇　以勞殿賞。

鬯案。殿疑嗀字形近而誤。嗀之言醻也。醻之言受也。故魏徵羣書治要作受。

尚賢中篇　故唯昔三代聖王堯舜禹湯文武之所以王天下。

鬯案。三代而有堯舜。則此三代者非弟稱夏商周三代矣。疑墨子此言實本尚書。漢儒傳古文尚書者。題虞夏書、商書、周書。葢以唐虞合夏爲一代。唐虞禪讓。本可與夏聯合。又。唐虞之書成於夏史。商一代。周一代。其本當有所自。墨子之尚書卽是已。則宜其以堯舜禹湯文武爲三代也。不然。言三代不當兼及堯舜。兼及堯舜則且五代。非三代矣。曰。三字安知非五字誤與。曰。非也。此言不但見於此。下文亦云。若昔者三代聖王堯舜禹湯文武者是也。天志篇云。若昔三代聖王堯舜禹湯文武者是也。又云。吾以昔者三代之聖王知之。故昔也三代之聖王堯舜禹湯文武之兼愛之天下也。貴義篇云。凡言凡動。合於三代聖王堯舜禹湯文武者爲之。若三爲五誤。豈容皆誤。且下文云。故雖昔者三代暴王桀紂幽厲之所以失措其國家。又云。若昔者三代暴王桀紂幽厲者是也。卽彼天志篇下文亦云。若昔者三代暴王桀紂幽厲者是也。是故昔也三代之暴王桀紂幽厲之兼惡天下也。貴義篇亦云。凡言凡動。合於三代暴王桀紂幽厲者舍之。皆言桀紂幽厲。明是三代。非五代。文法上下相比。又豈得上言五代。下言三代邪。知三之必非五誤也。曰。然則桀紂幽厲豈非夏商周與。曰。然。三代原夏商周之名。特古文家以唐虞合夏爲一代。非謂必合唐虞夏爲一代也。就如天志篇又一則云。故昔三代聖王禹湯文武。再則云。昔三代聖王禹湯文武。魯問篇亦云。昔者三代之聖王禹湯文武。言禹湯文武而不及堯舜。彼亦並又云昔三代之暴王桀紂幽厲。何傷其稱三代哉。去堯舜而三代無所損。兼堯舜而三代無所增。古文尚書說也。今案明鬼篇亦云。若昔者三代聖王堯舜禹湯文武者。足以爲法乎。又云。且惟昔者虞夏商周三代之聖王。此尤明證。云三代聖王。而冠以虞夏商周。則墨子不嘗自注之矣。古文尚書本題虞夏書而不及唐。則固以虞夏爲一代。而虞書兼載堯舜。故言國號。則三代者虞夏商周也。言聖王。則三代者堯舜禹湯文武也。其爲本古文尚書。於茲益信。曩校失檢。今得此。喜不自勝。

尚賢中篇　無故富貴。

𢒈案。此無字當是語辭。俞蔭甫太史平議云。故富貴謂本來富貴者也。是也。而云後人不達故富貴之義。而妄加無字。則不必然。既不達故富貴之義。然加無字。義仍不曉也。況下文及下篇屢見無故富貴字。謂逐處妄加之。尤難信矣。墨子書中固多以無爲語辭。字或作毋。詳王引之釋詞。非攻篇云。夫無兼國覆軍。猶言夫兼國覆軍也。此王釋尚遺引。

尚賢中篇　距年之言也。傳曰。求聖君哲人以裨輔而身。

𢒈案。此承上先王之書而言。則距年者、書篇名也。故云傳曰求聖君哲人以裨輔而身。卽距年傳之文也。與下文湯誓並引。惟湯誓但稱湯誓曰。此則不但稱距年傳曰。而云距年之言也、傳曰。文法爲變耳。下篇云。於先王之書呂刑之書然。又云。於先王之書豎年之言然。彼豎年之言與呂刑之書並稱。書字蓋亦當作言。豎年之言卽距年之言。則距年之爲書篇名。彰彰明矣。又。尚同篇云。是以先王之書呂刑之道曰。又云。是以先王之書相年之道曰。彼相年之道與呂刑之道並稱。相年之道亦卽距年之道。畢沅注云。相年當爲距年。案。相拒形誤。拒距聲近。則距年爲書篇名。更彰彰明矣。蓋墨子引書。例出篇名。距年若非篇名。則所謂傳者何傳邪。惟距年篇今既佚。其義不可妄說。畢注謂猶遠年。必不然也。墨子所引古書篇名今不見者。此距年之外。又如尙同篇之術令。引唯口出好興戎句。孫詒讓閒詁云。術令當是說命之假字。晉人作僞古文書。乃以竄入大禹謨。天志篇之天明不解。云。又以先王之書馴天明不解之道也知之。畢注云。馴與訓同。是也。天明不解。亦書篇名。馴天明不解之道者。訓天明不解篇之說也。解蓋讀懈。明鬼篇之禽艾。孫詒讓閒詁引翟灝云。逸周書世俘解有禽艾侯之語。當卽此禽艾。鬯案。彼禽、謂擒之也。殆非此禽艾。非樂篇之官刑、左昭六年傳云。商有亂政而作湯刑。武觀。卽五子之歌。非命篇之三不國、三下原有代字。衍。說見彼。執令。說亦見彼校。總德、去發、卽太誓上篇。見後校。十簡。公孟篇之子亦。戴望校云。子亦疑當作亣子。亣古其字。其子卽箕子。周書有箕子篇。皆賴墨子存其名者也。御覽箴覽引胡廣百官箴敍曰。墨子著書。稱夏箴之辭。今墨子書中不見。惟七患篇云。故周書曰。國無三年之食者云云。止稱周書。不出篇名。然與周書文傳篇引夏箴云云大類。或本出夏箴字也。

尙賢中篇　乃熱照無有及也。

鬯案。熱照者、蓋赦之之謂也。此指親而不善以得其罰者。承上句既乃刑之于羽之郊而言。既刑矣。而乃令赦。故曰無有及也。小戴文王世子記王公族獄成。有司讞於公。其死罪。則曰。某之罪在大辟。其刑罪。則曰某之罪在小辟。公曰。宥之。有司又曰。在辟。公又曰。宥之。有司又曰。在辟。及三宥。不對。走出。致刑於甸人。公又使人追之曰。雖然。必赦之。有司對曰。無及也。此卽熱照無有及之謂矣。畢沅注言其罪績用弗成。亦止見有所不及。當非其義。孫詒讓閒詁謂幽囚之。日月所不照。尤爲臆說。必欲詮熱照之義。或者照之言詔也。熱詔者猶後世稱恩詔云爾。然亦不敢執也。或曰。下文云。帝亦不愛。既不愛矣。何赦爲。曰。禮在則然。不能因不愛而禮不行也。抑正有疑焉。世子記又云。反命於公。公素服不舉。爲之變。此愛字。豈或變字之譌。正以其不愛而不爲之變與。

尙賢中篇　若禹稷皐陶是也。

鬯案。據下文引呂刑云云。則皐陶當作伯夷。

尙賢下篇　勸以教人。

鬯案。勸本訓勉。說文力部云。勸、勉也。勸以教人者。勉以教人也。故與上文疾以助人。勉以分人。句義一律。戰國秦策云。則楚之應之也必勸。齊策云。然二國勸行之者何也。宋策云。許救甚勸。皆卽此勸字。彼高注宋策云。勸、力也。力亦勉也。而注秦策云。勸、進也。失義矣。

尙賢下篇　湯有小臣。

鬯案。小臣、伊尹也。呂氏春秋尊師紀云。湯師小臣。高注云。小臣、謂伊尹。楚辭天問篇云。成湯東巡。有莘爰極。何乞彼小臣。而吉妃是得。王章句亦云。小臣、謂伊尹也。齊侯鎛鐘有伊𠂤臣。𠂤臣卽小臣。然則小臣爲伊尹固無可疑。惟伊尹曷稱小臣。豈猶以其始爲師僕與。上文云。昔伊尹爲莘氏師僕。案。師僕、蓋猶言衆僕。謂羣從也。殆非也。竊謂小臣當以齊鐘作𠂤臣爲正。而彼𠂤臣上有伊字。實爲贅文。𠂤卽伊也。臣卽尹也。伊與𠂤。在古音同部。尹與臣亦同部。故伊尹可稱𠂤臣。而又加伊字。不成曰伊伊尹乎。蓋在春秋時已昧其乇臣之所以稱而漫贅之者也。伊尹之稱乇臣。葢猶其稱阿衡。詩長發篇毛傳云。阿衡、伊尹也。阿與伊、衡與尹、並雙聲字。乇與伊、臣與尹。並疊韻字。皆音借也。乇與小同義。故乇臣遂又稱小臣。

尙同上篇　其明察以審信。

𨛜案。其當讀爲期。期其二字古多通用。如郲庶其之或作郲庶期。樊於期之或作樊於其。已具前書無逸篇校。以、猶與也。其明察以審信者。期明察與審信也。義本甚明。若以其爲語辭。則不可解矣。其者、借字也。中篇作甚明察以審信。甚與期不能假借。則形誤矣。猶左僖二十四年傳云。懼者其衆矣。陸釋云。其本作甚。亦必有一誤。是其例也。惟彼甚其二字卻得兩通。而此則甚其二字兩不通。必讀其爲期。然後可通。則知此其字不誤。而彼甚字誤也。而王念孫雜志乃轉以此其字爲當作甚。不亦惑乎。

尙同中篇　故相交非也。

𨛜案。相交二字似倒。當乙作交相。上篇可證。

尙同中篇　以爲唯其耳目之請。

𨛜案。唯當讀爲雖。雖諧唯聲。故得通借。詳王引之釋詞及俞蔭甫太史古書疑義舉例。卽墨子書中借唯爲雖者。亦幾不勝舉也。請當讀爲淸。淸請並諧靑聲。故亦得通借。且从言傍水傍之字。草書相似。最易譌溷。或本是淸字。而傳寫誤爲請。亦未可知矣。下句云。不能獨一同天下之義。故此云。雖其耳目之淸。句勢緊接明白。不煩解釋。唯其耳目之請。則義不可通。畢沅注云。請當爲情。唯其耳目之情。

仍不可通也。畢於下篇唯欲毋與我同。卻改唯爲雖。此不改者。坐以請爲情誤耳。然唯雖本通用。改之亦非。故已爲王念孫雜志所辨。墨子他處之文。請字卻多有可讀情者。此請字不可讀情也。凡字義必隨文義而定。卽如號令篇云。志意顏色使令言語之請。及上飲食必令人嘗。皆非請也。擊而請。故彼言語之請。請字當讀爲情。非請之請。亦當讀爲淸。淸、謂淸潔也。非淸、謂不淸潔也。至皆字爲若字之誤。擊字爲繫字之誤。請故之請又爲詰字之誤。具見孫詒讓閒詁。孫詁從蘇時學說。以非請之請亦讀爲情。則不如讀淸爲的。

尙同下篇　有黨上以若人爲善。

㬥案。黨當讀爲儻。漢書伍被傳及京房傳。顏注並云。黨讀爲儻。是其例也。下文云。上以若人爲暴。與此上以若人爲善相比。而彼句上無有黨二字。則此有黨乃總辭。當連讀。不得以黨上連讀。而說爲黨與之黨也。說文無儻字。故古止作黨。或作當。法儀篇云。當皆法其父母奚若。當皆者、儻皆也。或作尙。尙賢篇云。尙欲祖述堯舜禹湯之道。尙欲者、儻欲也。或作賞。魯問篇云。或所爲賞與爲是也。賞與者、儻與也。說見彼。

尙同下篇　小人見姦巧乃聞。

㬥案。小人見姦巧。當謂見小人姦巧。一見字著在小人姦巧之閒。義貫上下。古書有此文例。此引先王之書大誓之言。非出墨子之言。則宜有此古法也。乃聞絕句。聞、謂上聞也。卽使其言也。下文不言也作轉語。

尙同下篇　愛民不疾。民無可使。

㽖案。疾、當謂愛之極也。猶尙賢篇云。有力者疾以助人。疾以助者、亦謂助之極耳。故與彼下文勉字勸字爲類。勸以敎人。校見彼。彼主助言。則爲助之極。此主愛言。則爲愛之極。而如方言爰㬉篇云。拊撫、疾也。拊撫是極愛之意。而訓疾、則疾且正有愛之極之義矣。此言雖愛民而不能極其所愛。則民仍不可使。故曰愛民不疾。民無可使。下文云。必疾愛而使之。致信而持之。致今本誤敂。道藏本不誤。疾愛爲極愛。致信爲極信。愛言疾。猶信言致矣。愛民不疾。民無可使。二句連貫爲義。孫詒讓閒詁乃誤以兩句截斷。謂不疾疑當作必疾。或當云不可不疾。眞妄說也。

兼愛中篇　亦何用生哉。

㽖案。用當訓由。注家訓由爲用者甚多。而鮮訓用爲由者。然由可訓用。卽用可訓由矣。且玉篇由字在用部。故張嘯山先生舒藝室隨筆有用卽由倒文之說。其說縱未必果確。然由用一聲之轉。例以假借。亦無不可。亦何用生哉。猶言亦何由生哉。猶上篇言何自起。下篇言胡自生。此言用。卽彼言自。自亦由也。蘇時學刊誤。此用字已云當作由。但言當作。竟以用爲誤字矣。此則猶有辨耳。

兼愛中篇　今若夫攻城野戰殺身爲名。

㽖案。名與命通。命、猶令也。下文乃若夫少食惡衣殺身而爲名。同。

兼愛中篇　焚舟失火。

㽖案。此舟字當不誤。孫詒讓閒詁疑當爲內。殊不足信。下篇亦作舟。又彼下文云。伏水火而死者不可勝數也。者今誤有。王念孫雜志改。不但言火。而言水火。足明舟字之不誤矣。孫以下文言越國之寶盡在此。以舟非藏寶之所。致生此疑。然舟雖非藏寶之所。而寶何不可陳設舟中。固不謂藏也。孫詁又云。御覽宮室部引墨子作自焚其室。案。御覽有居處部。無宮室部。其居處部宮室兩覽中皆不引。

兼愛中篇　況乎兼相愛。

鬯案。況乎二字義不協。蓋涉前文而誤。下篇作今若夫三字。此亦當然。

兼愛中篇　北爲防原。泒注后之邸。嘑池之竇。

鬯案。注后二字當連文。注后之邸與嘑池之竇爲偶文。注后疊韻字。嘑池古音家雖分部。而通轉甚近。在古實亦疊韻字。以嘑池偶注后。音偶也。古文之整密如此。此文當讀原字絕句。泒當作派。一字領下二句。謂爲防原以派別注后之邸與嘑池之竇也。邸之言泜也。竇之言瀆也。蓋二水也。畢沅本於注字斷句。甚誤。又疑泒卽雁門泒水。尤不然。此从𠂢之派字。非从瓜之泒字。今本作泒者。俗書溷耳。且泒水卽嘑池水之上原也。於文不更犯乎。今案。孫詒讓閒詁以后之邸爲卽昭余祁。說殊佳。鬯初校此書時。未見孫書。今既據孫書多所增删改易。此條聊復存之。

兼愛中篇　洒爲底柱。

鬯案。洒字疑讀爲析。析洒一聲之轉。此雙聲假借例也。下文云。鑿爲龍門。析與鑿同義。若洒、則無義矣。畢沅注以洒爲灑字之假借。引說文云。灑、汛也。然汛爲底柱。義仍迂晦。漢書溝洫志云。禹之治水。鑿龍門。闢伊闕。析底柱。破碣石。此可以舉證。

兼愛中篇　此言禹之事。吾今行兼矣。

鬯案。此矣字之爲語辭。如乎字之義。王引之釋詞云。矣猶乎也。是也。上文言古者聖王行之。因述禹之事。明聖王在昔已行此兼愛。非吾自今創行此兼愛也。故曰吾今行兼矣。猶云。吾今行兼乎此。反語也。若作正語。則不可通。古書矣字如乎字義者。自王釋所徵之外。如左僖二十八年傳云。豈在久矣。戰國秦策云。秦過趙。已安邑矣。謂秦過趙。豈止安邑乎。鮑彪註非。晏子春秋諫篇云。盡去寃聚之獄使反田矣。散百官之財。施之民矣。振孤寡而敬老人矣。矣皆乎也。下文並同。

兼愛中篇　連獨無兄弟者。

鬯案。連葢讀爲憐。憐連一聲之轉。

兼愛下篇　是故以聰耳明目相爲視聽乎。

鬯案。此乎當讀爲也。古也乎二字通用。然近之學者頗知也之有讀爲乎者。而卻鮮知乎亦有讀爲也者。此承上以兼爲正而言。則所謂聰耳明目相爲視聽者。實決辭。非疑辭。若作疑辭解。文理不可通矣。故此乎字必當讀爲也字也。說文兮部云。乎、語之餘也。是乎本無決辭疑辭之辨。竊謂論其原。乎實卽兮之轉音。兮部云。兮、語所稽也。是也。而也則實兮乎二字之借音。說文乁部云。也、女陰也。則語辭非其本義也。下句同。

兼愛下篇　卽若其利也。

鬯案。若猶言若是也。史記禮書張守節正義云。若、如此也。如此卽若是也。若是而單言若。與上文唯毋可作反比例。唯毋者、唯也。蘇時學刊誤云。毋、語詞。王念孫雜志於尙賢篇具說之。毋有字而無義者也。若者、若是也。是又無字而有義者也。亦極語辭之變化矣。王引之釋詞於若訓如此一釋。引書大誥爾知甯王若勤哉。孟子梁惠王篇以若所爲。求若所欲。荀子禮論篇若者必死。若者必害。以證若爲如此之義。而卻遺墨子此文。非樂篇云。惟勿擅擊。勿亦語辭。惟勿擅擊者、惟擅擊也。然則惟勿猶唯毋矣。此王氏所未推及。

兼愛下篇　又有君大夫之遠使。

啚案。此君字誤。無論君無遠使之道。且下段又別言君。則此必不宜及君。或者當云卿大夫。

兼愛下篇　然卽敢問不識將惡也家室奉承親戚提挈妻子而寄託之。

啚案。也字葢本作它。它也二字音雖有別。而書傳每多通用。此它又實悓字之假借也。說文見部云。悓、司人也。是悓爲司義。悓家室。猶言司家室。與奉承親戚提挈妻子列作三排語。承上死生未可識往來及否未可識言。故問司家室奉承親戚提挈妻子。將何而寄託之。惡之言何也。然卽猶然則也。然卽以下二十三字作一句讀。俞蔭甫太史平議據下文不識將擇之二君者將何從也。讀此也字句。於也上亦增一從字。恐必不然。彼文實當與此下云不識於兼之有是乎、於別之有是乎作對。故下文皆接以我以爲當其於此也句。今本我字。一誤作哉。不與此文爲對也。

非攻上篇　是以知天下之君子也。

啚案。君子也猶言君子者。者也二字墨子書中多通用。如大取篇云。取小也、謂取小者。又云。語經也、謂語經者。彼畢沅皆發注。而此文注略。畢注一云。也當爲者。一云。也同者。然謂當爲、則是以也爲誤字矣。云同、則又以也者爲同字。措語皆可酌。

非攻中篇　和合其祝藥。

邕案。祝葢讀爲毒。毒祝疊韻。例得假借。祝藥、毒藥也。惟和合毒藥。故下文云于天下之有病者而藥之。于上今本有之字。葢衍。萬人食此。若醫四五人得利焉。猶謂之非行藥也。故孝子不以食其親。忠臣不以食其君。然則非毒藥而何也。行藥與祝藥相照。惟行藥之義亦不可通。行葢當爲仁。涉上文行道之行而誤。上文行字作仁。亦通。然則亦或誤字。并未可知。又案。經說云。論行行。疑本作論仁行仁。仁與毒義正相反。雖以毒治毒而得利。猶謂之非仁藥者。正以其究爲毒藥也。畢沅注乃云。祝謂祝由。是分祝與藥爲兩項。但祝由在古亦列一道。初非邪術。祝由見内經素問移精變氣論。而弟曰藥。亦不可遽目爲毒藥。則於下文之義何以通乎。畢又引或云。祝藥猶言疰藥。則本周禮瘍醫職鄭注爲說。彼職云。掌腫瘍、潰瘍、金瘍、折瘍之祝、藥、劀、殺之齊。鄭注云。祝當爲注。讀如注病之注。聲之誤也。注謂附著藥。注卽疰字。以其義施於此。亦不協。畢氏固斷其非也。釋名釋疾病云。注病、一人死。一人復得氣相灌注也。義尤遠。邕竊謂彼祝藥適可解爲祝由。彼文祝藥劀殺四者平列。則祝必別一項。以祝藥爲附著藥。轉與劀殺失類。且以符咒移瘍於樹木。號曰祝由治瘍者。其術至今有之。宜爲瘍醫所掌。則畢以解墨子之祝藥。不如解周禮之祝藥也。抑卽以彼祝讀爲毒。亦自無不可。彼下文言。凡療瘍。既云以五毒攻之。又云以五藥療之。則毒與藥明別爲二。以祝藥爲毒藥。未始不與劀殺爲類。而與此文之毒藥則同而異矣。彼毒藥爲並義。此毒藥爲貫義也。醫師職云。聚毒藥以共醫事。注云。毒藥藥之辛苦者。藥之物恆多毒。此注似不然。後世本草分毒藥類。而其實不必毒者。正誤於此。鄭以毒爲辛苦也。藥固恆多辛苦。則宜其恆多毒矣。賈釋以巴豆狼牙之類當之。實失鄭意。而其義轉勝。要彼毒藥者、亦謂毒與藥也。疾醫之毒藥與瘍醫之祝藥異而同。而與墨子之祝藥當讀爲毒藥者。仍同而異也。

非攻中篇　東而攻越。

鬯案。東當作南。越在吳南。不在吳東。且南與上文北正相對。又。上文言闔閭戰於柏舉。是西攻楚也。西攻楚。北攻齊。南攻越。獨闕其東一面者。吳自居東也。下文言越王句踐收其衆以復其讎。入北郭。越攻吳而入北郭。是北攻也。則吳攻越爲南攻。益顯矣。

非攻下篇　必反大國之說。

鬯案。大國因攻伐得地。以成其大。則其說必以攻伐爲是。故必反之。反大國之說。卽非攻之說也。

非攻下篇　則是國家失卒而百姓易務也。

鬯案。卒葢讀爲率。莊子人閒世篇陸釋云。率本或作卒。是率卒二字古通用。率之言遾也。說文辵部云。遾、先導也。葢百姓之務。惟國家有以遾之。國家失其所遾。則百姓易其所務矣。故曰則是國家失率而百姓易務也。率字借作卒。依卒義則不可通。畢沅注引一本作足。亦無義。下文同。

非攻下篇　天不序其德。

鬯案。下文序利及經篇無序、備城門篇有序。三序字王念孫雜志皆謂序當爲厚。隸書形相似而誤。然則此序字葢亦當厚字之誤。天不厚其德。謂紂之薄德。天實爲之。義甚明曉。而王於此序乃訓順。言天不順紂之德。於義轉迂。下文云。予既沈漬殷紂于酒德矣。曰沈漬殷紂于酒德。則紂之荒於酒。亦天實爲之也。上文序疏孫詒讓閒詁亦謂當爲厚餘。　今案。此條俞讀享。下文序利同。孫從之。似可刪。

非攻下篇　兼夜中十日。

㘝案。中疑屮字之誤。屮之言出也。夜言兼夜。猶旬言兼旬。不但一夜之謂也。若曰連夜耳。連夜有十日。故曰兼夜出十日。卽上文所謂日妖宵出也。此五字自合讀一句。畢沅注於中字下云。句。然十日雖可屬下文讀。而兼夜中實不成義。

非攻下篇　九鼎遷止。

㘝案。止蓋讀爲徙。徙諧止聲。故得假借。九鼎遷止者。九鼎遷徙也。

非攻下篇　成帝之來。

㘝案。來當讀爲釐。釐來疊韻。古多通用。儀禮少牢禮鄭注云。來讀曰釐。詩思文篇貽我來牟。漢書劉向傳作飴我釐麰。顏注云。釐又讀與來同。說文里部云。釐、家福也。文選甘泉賦李注引服虔曰。釐、福也。成帝之釐者、謂成帝之福也。畢沅注謂來當爲賚。似未是。

節用上篇　子生可以二三年矣。

㘝案。二蓋當作十。上文云。昔者聖王爲法曰。丈夫年二十。毋敢不處家。又云。聖王既沒。于民次也。其欲蚤處家者、有所二十年處家。其欲晚處家者、有所四十年處家。王念孫雜志云。所、猶時也。言有時二十年。有時四十年也。以其蚤與其晚相踐。後聖王之法十年。謂以二十與四十蚤晚相踐。則通三十年處家也。故視聖王之法二十年處家者。後十年矣。又云。若純三年而字。謂三十年處家者若純三年而生子。則其子生之時。在二十年處家而逾年卽生子者。其子已十三年矣。故曰子生可以十三年矣。十誤爲二。則義不可解。或者墨子之文本作子生可以一十三年矣。十字脫中一筆。誤作一。一并成二字也。

節用中篇　彼其愛民謹忠。利民謹厚。

鬯案。利民謹厚。疑本作厚民謹信。愛民謹忠。厚民謹信。故下文承之曰。忠信相連。又示之以利。若此文不言信。則下文信字無著矣。利字出於下文。明此文不合先言利民也。又。下文云。逮至其愛厚。以愛厚並稱。仍本此愛民厚民而言。否則不當云愛利乎。亦可以證。

節用中篇　冬服紺緅之衣。輕且暖。

鬯案。說紺緅者。率以色言。但觀墨子之意。冬服紺緅之衣輕且暖。與下句夏服絺綌之衣輕且凊爲對文。絺綌凊而紺緅暖。則紺緅必不指其色矣。色則何暖之有。故絺綌爲宜夏服。紺緅必宜冬服者也。說文糸部云。紺、帛深青揚赤色。固明著帛字。說文無緅字。而大徐新附云。緅、帛青赤色。亦明著帛字。然則此紺緅。實謂帛也。非指其深青揚赤色、青赤色也。深青揚赤色、今俗謂天青是。青赤色、今俗謂青蓮是。兩色近似而異。葢雖深青揚赤色、青赤色。而非帛則不謂之紺緅。紺緅之名是帛之專名。而非色之專名也。故曰冬服紺緅之衣輕且暖。謂冬服帛、則輕且暖也。猶之夏服絺綌之衣輕且凊。謂夏服葛、則輕且凊也。辭過篇云。冬則練帛之中。足以爲輕且暖。彼言練帛。卽此言紺緅。卽紺緅指帛之明證矣。

節葬下篇　人民寡則從事乎衆之。

𨚓案。此言孝子之爲親度。則民字可疑。下文言仁者爲天下度。則可言民。此不應言民。民字卽涉下文而衍也。且上句言親貧則從事乎富之。下句言衆亂則從事乎治之。親貧衆亂。並止兩字。則此亦合兩字。故曰人寡則從事乎衆之。若人民寡。獨出三字。非例也。下文則上言天下貧則從事乎富之。下言衆而亂則從事乎治之。天下貧。衆而亂。並有三字。則中一句亦合三字。故曰人民寡則從事乎衆之。若亦言人寡。又獨出兩字。非例也。觀其一言衆亂。一言衆而亂。一不著而字。一特著而字。義豈有異。誠斤斤於字數之齊一也。此民字之衍爲尤可見矣。

節葬下篇　且故興天下之利。

𨚓案。故蓋欲字之誤。

節葬下篇　妻與後子死者五。皆喪之三年。

𨚓案。妻服亦在三年之列。儒家之失禮也。凡墨子所譏之儒。皆取儒家流弊言之。觀非儒篇諸云云可見。雖然。妻服夫三年者、降父之服以服夫也。夫服妻期者、以服母之服報之也。喪服。父在爲母、亦止齊衰杖期。父卒然後爲母齊衰三年。以母服服妻。已必猶在。則猶之服母而父在。其爲期固宜。自唐制不論父在父卒。爲母槩齊衰三年。明制又甚之以斬衰三年。則以母服服妻。正宜其爲三年之服矣。要之。古人制禮。權衡悉當。不容以意輕重之。輕重之。則重宜皆重。輕宜皆輕。故論服於古。墨子之言儒之失禮也。論服於今。妻死而喪之三年者。其轉爲得正乎。非儒篇亦云。妻。後子。三年。上著其禮曰三字。則妻死服三年。七十子後學者當必有其說也。

節葬下篇　壟足以期其所。則止矣。

𢒼案。此期字蓋是記字之借。己聲其聲。古音同部。故詩頍弁篇實維何期。朱駿聲說文通訓謂期與其、箕、己、記、忌、居字皆同。是也。且如侯人篇彼其之子。小戴表記引作彼記之子。期之爲記。猶其之爲記矣。又如說文心部引周書來就惎惎。卽今書秦誓未就予忌之異文。期之爲記。又猶惎之爲忌矣。壟足以期其所者、謂壟足以記其所也。廣雅釋詁云。記、識也。所者、葬之處所也。足以記識葬之處所。而不求崇高。故曰壟足以期其所。則止矣。畢沅注言。期、會。壟足以期會其所。不知究爲何義。是未察期之爲借字矣。小戴檀弓記云。孔子既得合葬於防。曰。古也墓而不墳。今丘也東西南北之人也。不可以弗識也。於是封之。崇四尺。彼識字正此期字。崇四尺之封至卑也。壟足以期其所者。亦如四尺之壟與。則孔墨之道合矣。

天志上篇　多詐者不欺愚。

𢒼案。多詐卽謂多智　此詐字不必爲惡辭。故能不欺愚。上文云。强者不劫弱。貴者不傲賤。强與弱對。貴與賤對。則此詐與愚對。詐非智義而何。不然。則下文多詐欺愚可解。而此不欺愚不可解。既詐矣。何得不欺乎。且多詐矣。欺不愈甚乎。古人用字有未可拘以習義者。如佞、惡辭也。而或以爲才。毒、惡辭也。而或以爲治。此類甚多。詐亦其一矣。

天志中篇　僞明知之。

𢒼案。知猶見也。明知者、明見也。謂明見天子之貴諸侯。諸侯之貴大夫也。下文兩言然吾未知。兩言吾所以知。知皆猶見也。見知二字義本相通。詳管子霸言篇校。

天志中篇　若豪之末非天之所謂也。

鬯案。十字當作一句讀。末非二字連文。末非者猶言莫非、無非也。蘇時學刊誤謂非上當有莫字。俞蔭甫太史平議謂非上脫無字。並誤以若豪之末斷句耳。然下文亦云。若豪之末非天之所爲。則何得兩處皆脫乎。謂卽當讀從爲。吳寬本此謂字正作爲。與下文同。

天志中篇　驩若愛其子。

鬯案。驩若二字當連讀。驩若者、猶言驩然也。卽形容其愛子之狀也。下文云。其子長而無報子求父。蘇時學刊誤云。當云其子長而無報乎父。則是眞言愛其子也。非以愛其子作譬語也。故不可讀成若愛其子。讀成若愛其子。卽與下文不合矣。孟子盡心篇云。霸者之民驩虞如也。驩虞如亦猶言驩虞然。單言驩。累言驩虞。其義一也。若也、如也、然也。亦一也。

天志下篇　名之曰失王。

鬯案。此失字當非誤字。失王者蓋古有是稱。故管子任法篇云。聖君身佚而天下治。失君則不然。又云。聖君令往而民從之。而失君則不然。失王猶失君也。上文言堯舜禹湯文武。名之曰聖人。此言桀紂幽厲。名之曰失王。失王與聖人爲反對。亦猶彼失君與聖君爲反對也。又彼立政篇云。德薄而位尊者謂之失。正其義矣。或謂桀紂失國。幽厲雖不失國而失其身。故謂之失王。亦備一解。而要非誤字也。蘇時學刊誤云。失字誤。上篇言暴王。則豈欲改此失字爲暴字乎。然暴失二形不相近。且下句云。

以此知其罰暴之證。與上文名之曰聖人。以此知其賞善之證爲對。賞善而不曰善人。曰聖人。則罰暴必不曰暴王矣。或謂失當讀爲佚。亦似不必。

天志下篇　抯格人之子女者乎。

詒案。抯格二字疊韻。葢古語也。抯格卽格也。單言曰格。累言曰抯格。故下文兩見。一亦云抯格。一則但曰格。明抯格卽格矣。俞蔭甫太史平議據後漢書鍾離意傳注曰。格、拘執也。云。是其義也。合從之。而以抯字爲衍。非也。畢沅注於下文但曰格。又以爲脫抯字。亦非也。或謂史記留侯世家云。良與客狙擊秦始皇帝。司馬索隱引應劭云。狙、伺也。一曰。狙、伏伺也。與上文言踰於人之牆垣。意似可合。儻抯格卽狙擊之謂與。然擊格在古音不同部。聊備一義亦可。

明鬼下篇　逮至昔三代聖王既沒。天下失義。

詒案。明鬼上中兩篇既闕。下篇亦已不完。故發首言逮至昔三代聖王既沒。天下失義云云。逮至之上。必先有言不失義一段文字。而今闕之矣。節葬下篇亦云。今逮至昔者三代聖王既沒天下失義云云。而其前先有仁者之爲天下度一段文字。可以取例。

明鬼下篇　今若使天下之人。借若信鬼神之能賞賢而暴罰也。

詒案。借若卽若使。既言若使。又言借若。惟墨子書中有此複疊文法。而王念孫雜志以下若字爲衍。又以借爲偕字之誤。此在他書已不免臆改。猶之可也。而以校墨子。雖若文字從順。乃正所以失墨子文法矣。兼愛篇云。不識將擇之二君者。將何從也。兩將字複疊。節葬篇云。以厚葬久喪以爲仁也、義也。兩以字複疊。大取篇云。是一人之指乃是一人也。兩是字複疊。小取篇且連文言若若。凡兩見。此就複疊之同字者言之。他若非攻、節葬並言譬之無以異乎。無以異乎。猶譬之也。又並言多皆。皆猶多也。非攻又言與及。及猶與也。節葬又言今逮至。逮至猶今也。是亦複疊也。其全書中幾於觸目皆是。葢好爲文法如此。王氏豈不見乎。而顧疑此借若也。

明鬼下篇　賊誅孩子。

曾案。孩子卽書微子篇之刻子。彼云。我舊云刻子。王子弗出。我乃顛隮。王充論衡本性論刻子正作孩子。據焦循尚書補疏云。易箕子之明夷。劉向荀爽讀箕爲荄。淮南時則訓爨萁。高注云。其讀荄備之荄。古荄其聲近。刻从亥。與孩荄同。箕卽其字。此言箕子王子兩人皆當出也。其解書義似較他家調直。則此孩子者儻亦指箕子與。因上文言播棄黎老。故特用孩子字以工對偶。不必竟作孩子本義解也。紂不聞有賊誅孩子事。亦未可誣乎。至誅字之義。本不必定誅殺。古雖小罪亦稱誅。如小戴曲禮記以足蹙路馬芻有誅、齒路馬有誅之類。箕子爲之奴。亦未被紂殺也。則一本誅字作殺字。不必從。今案。孫詒讓閒詁亦徵及書微子及論衡。而直作紂誅殺小兒解。本通。此條姑存。

明鬼下篇　當齊之社稷。

曾案。社稷何國無之。豈惟齊有。而曰齊之社稷。殊屬可疑。竊謂禝當作神。神禝二字葢亦以形略相近而譌。而社神文尙倒轉。當作神社。下文云。盟齊之神社。卽齊有神社之明證。且上句燕之有祖。據法苑珠林君臣篇。祖下有澤字。王念孫雜志巳校補。神社與祖澤正相比類。故曰燕之有祖澤。當齊之神社也。神社誤爲稷社。因乙爲社稷。則不可通。又一說。此不必破稷字。但文倒耳。稷社者卽稷下也。下社疊韻。字得通借。史記田敬仲世家云。是以齊稷下學士復盛。是齊有稷下、卽此稷社也。且彼裴駰集解引劉向別錄曰。談說之士期會於稷下。云期會、卽不以下社通借爲說。固得有社義矣。謂之稷社。不亦宜乎。兩說未知孰勝。姑兩存。以俟來者決擇。

明鬼下篇　萬年梓株。

鬯案。此當是紂二宮名。上文云。武王逐奔入宮。下文云。折紂而繫之赤環。是武王先入萬年宮。繼入梓株宮。而得紂所在也。史記周紀云。紂登于鹿臺之上。蒙衣其珠玉。自燔于火而死。武王至商國。遂入至紂死所。則是鹿臺者。當卽梓株宮中之臺也。或曰萬年梓株乃一宮四字名。非二宮名。亦可。

明鬼下篇　指寡殺人。

鬯案。寡蓋讀爲顧。小戴緇衣記鄭注云。寡當爲顧。聲之誤也。書顧命篇無壞我高祖寡命。寡命卽顧命。說已見前彼校。然則指寡殺人者、指顧殺人也。上文言指畫殺人。此言指顧殺人。其義則類。其文自別。畢沅注謂寡、畫字假音。非也。寡畫字音不相假。御覽引作畫者卽據上文而改正。由不知寡之當讀顧耳。

明鬼下篇　然而天下之陳物。

鬯案。陳物猶言常事耳。上文云。今有子先其父死。弟先其兄死者矣。然是事之變也。非常也。若以常事論。則先生者必先死。故下文云。曰先生者先死。若是則先死者非父則母。非兄而姒也。因上文執無鬼者謂不忠親之利而害爲孝子。蘇時學刊誤云。忠當作中。故其說云然。

非樂上篇　然則當用樂器。

鬯案。此文當從王念孫雜志所訂。下接上文譬之若聖人之爲舟車也、卽我弗敢非也二句。則此當字宜讀爲儻。儻字或作倘。然皆說文所無。故用當字。與下文兩言然卽當爲之撞巨鐘同。然卽猶然則。彼當字亦讀爲儻。已見王引之釋。而未及此文當字。故補說之。與尙同篇有黨上以若人爲善條校參。非命篇云。故當執有命者之言。不可不明辨。當亦讀儻。

非樂上篇　鏽然奏而獨聽之。

鬯案。鏽然蓋猶肅然。

非命上篇　先王之書所出。

鬯案。先王之書所出者。猶謂出於先王之書者耳。所下必不當有以字。而畢沅本據下文。於此所下增以字。孫詒讓閒詁從之。於下文國家斷句。殊不然也。下文言國家布施百姓者、憲也。又云。所以聽獄制罪者、刑也。又云。所以整設師旅進退師徒者、誓也。義皆顯明。首句著國家字。不著所以字。下二句承省國家字。而著所以字。於法何害。且試問所以出國家。出字果何義乎。國家如何可出也。不解畢孫之用心乃不察至於如此。

非命上篇　上帝山川鬼神必有。幹主萬民被其大利。

鬯案。有當讀爲右。右有并同字。見說文校。卽佑字也。上帝山川鬼神必佑截句。與上句天下必治句法同例。幹主二字當屬萬民被其大利爲句。幹主與萬民並稱。則必不指天下之主。蓋幹主者、諸侯之謂也。何以見之。下文云。是以天鬼富之。卽此上帝山川鬼神必佑也。又云。諸侯與之。百姓親之。賢士歸之。百姓賢士、萬民也。則幹主非諸侯而何也。舊以必有幹主連讀。殊失之。下文同。

非命上篇　不忍其耳目之淫。

鬯案。此忍字當訓矯。荀子儒效篇云。志忍私。然後能公。行忍性情。然後能脩。卽此忍字。彼楊注云。忍、謂矯其性。然則不忍其耳目之淫者。正不能矯其性也。故下篇作不而矯其耳目之欲。彼畢沅注云。而讀如能。不而矯卽不能矯也。此不忍二字中閒亦著一能字。則義豁。不然。若孟子所謂不忍者。去此遠矣。

非命上篇　心涂之辟。

鬯案。涂蓋當讀爲捈。說文手部云。捈、臥引也。廣雅釋詁云。捈、引也。然則心捈者、心引耳。揚子法言問神篇云。捈中心之所欲。卽其義矣。彼宋咸注亦云。捈、引也。此畢沅注云。涂猶術。恐未然。王雜志引之案。謂涂本作志。尤難信。彼徒以中篇作心志耳。然下篇又作心意。則可見三篇之字不必同矣。而王并欲以下篇心意亦爲心志之譌。則何其強與。

非命中篇　今故先生對之。

鬯案。故蓋當作胡。胡故並諧古聲。於假借例亦可通。先生、稱墨子也。惟對字之義艱解。對蓋讀爲懟。懟諧對聲。例亦通借。廣雅釋詁云。懟、恨也。今故先生對之者、猶言今胡先生恨之也。此執有命者之言。承上文自昔三代有若言以傳流而言。故曰今胡先生恨之。墨子非命。惟恨之。故非之也。抑對有仇耦之義。則卽有仇恨之義。至今謂人相恨曰作對。要對从心爲懟。懟字之義亦卽本此而出也。然則今胡先生對之者、卽是今胡先生仇之也。俞蔭甫太史平議以此句爲墨子之言。似非是。今案。孫詒讓閒詁已云。疑當作今胡先生非之。則其意得矣。但非之與對。於形不肖。而於義亦遠。

非命中篇　初之列士桀大夫。

鬯案。初、猶古也。列士與桀大夫並舉。則列當讀爲烈。詩大叔于田篇火烈具舉。毛傳云。烈、列。是二字本可通用。文選東京賦正作火列具舉。李注引毛詩亦作列。列士者、義烈之士也。桀大夫者、俊桀之大夫也。耕柱篇稱桀相。同。此列士與他書作參列義者不同。下文放此。

非命中篇　有於三代不國有之曰。

鬯案。有當讀爲又。代字葢衍文也。下文云。女毋崇天之有命也。命三不國。是止稱三不國。無代字。則此三下亦不當有代字。可證。三不國者、書篇名也。其書以命三不國。故卽以三不國題篇。又下文命三不國四字斷句。或連下句亦言命之無也讀。亦非。亦言命之無也。乃墨子申釋之語。

非命中篇　於召公之執令於然。

鬯案。下於字卽涉上於字而誤。於當作亦。孫詒讓閒詁已正。惟孫謂此有捝誤。疑當作於召公之非執命亦然。召公亦周書佚篇之文。令與命字通。於亦字誤。則竊取其於亦字誤之說。而餘不謂然。此葢當以執令爲周書佚篇。不當以召公爲周書佚篇也。上文云。亦言命之無也。此承之曰於召公之執令亦然。知亦言命之無矣。其義已足。何必言召公之非執命亦然乎。故知執令爲書篇名。執令爲召公所作。故謂之召公之執令。安得以召公爲篇名。召公之執令。卽猶之非樂篇言湯之官刑。下篇言禹之總德。官刑、總德篇名也。若以召公爲篇名。豈彼以湯爲篇名。禹爲篇名邪。

非命下篇　太誓之言也。於去發曰。惡乎君子。

邕案。去發、亦書篇名也。太誓爲大名。去發爲小名。俞蔭甫太史平議謂去發疑太子發之誤。古人作書。或合二字爲一。此文太子字或合書作孛。其下闕壞。則似去字。因誤爲去。古太誓三篇。其上篇以太子發上祭於畢發端。故稱爲太子發。此說精矣。惟邕疑去字實𠫓字之誤。𠫓者、倒子也。古文正倒不別。觀育字从𠫓可見。𠫓卽子也。𠫓發卽子發也。後人不察𠫓卽子字之倒。遂誤爲去字。太子發省稱子發。固無害也。此儻可於俞議附備一說。下文同。惡乎卽嗚呼。

非儒下篇　下則妻子。

邕案。上文言顛覆上下。悖逆父母。下文言妻子上侵。是本指儒家不孝子而言。則下則妻子者。竟是以妻子爲法則而法則之。知有妻子而不知有父母也。畢沅注言爲妻子法則。與上下文皆不貫。墨子非儒。舉此類非之。豈能折儒者哉。甚如下文云。富人有喪。乃大說喜曰。此衣食之端也。會儒者而有此。有之。不惟墨子非之。儒亦非儒矣。

非儒下篇　夫憂妻子以大負絫。

邕案。憂當讀爲優。尙書孔義云。夏侯等書心腹腎腸曰憂腎陽。據洪邁隸釋所載漢石經。作優賢揚。說文久部引詩布政憂憂。今詩長發篇作敷政優優。明優憂二字通用。且據說文。憂愁之憂在心部。作𢝊。久部訓憂爲和之行。與人部優訓饒。義轉相近。故或疑憂優爲古今字。墨子書多古字。故以憂爲優也。優妻子者。卽上文謂喪妻子三年。爲優待其妻子也。優待其妻子。以至己實大負其𥡴。𥡴者、亦卽上文謂其宗兄守其先宗廟數十年。死喪之其。畢沅注云。同期。兄弟之妻奉其先之祭祀弗散。畢注云。盧云。當爲服。以妻子相形之。爲其道大有𥡴也。不明憂之卽優。若誤以憂愁解之。則句義不可通矣。下文云。有曰所以重親也。有、又也。是又一說也。正以奉祭祀守宗廟之說大負𥡴。故又爲重親之說。而墨子至斥爲大姦。則非徒大負𥡴矣。今案。孫詒讓閒詁亦以憂爲優。而以以與已同。與此稍殊。故不删。

非儒下篇　有强執有命以說議曰。壽夭貧富安危治亂。固有天命。不可損益。窮達賞罰。幸否有極。人之知力不能爲焉。羣吏信之。則怠於分職。庶人信之。則怠於從事。不治則亂。農事緩則貧。貧且亂政之本。

㘝案。此凡七十四字。依王念孫雜志不治上補一吏字。則凡七十五字。葢必非命篇之脫文。衍入於此。下文云。而儒者以爲道敎。是賊天下之人者也。今本賊誤賤。卽承上豈非大姦也哉句而言也。

非儒下篇　而羝羊視。

㘝案。羝羊視、當卽望羊視也。史記孔子世家云。眼如望羊。裴解司馬索隱並引王肅曰。望羊、望羊視也。羝羊卽牂羊。牂望疊韻。

非儒下篇　君子笑之。怒曰。散人焉知良儒。

鬯案。君子者墨子之所謂君子。卽爲墨道者也。笑之者、墨笑儒也。怒者、儒見笑而怒也。散人焉知良儒。斥墨之不知儒也。散有放義。公羊莊十二年傳何詁云。散、放也。小戴樂記鄭注亦云。散、猶放也。荀子勸學篇云。故隆禮。雖未明。法士也。不隆禮。雖察辨。散儒也。明儒家貴法而不貴散。彼楊注云。散、謂不自檢束。不自檢束、卽放義也。儒者自檢束。故斥墨家爲散人。猶其言放肆之人耳。故曰散人焉知良儒。畢沅注謂散人猶宂人。必非。且注文斷在散人下。雖畢書注例不盡以句斷。然以散人爲宂人。據說文。宂、㰊也。从儿在屋下。無田事。則一似以散人墨斥儒。非儒斥墨。果爾。文義益戾。而句讀亦殆失矣。今案。孫詒讓閒詁已讀正。

非儒下篇　揜函弗射。

鬯案。揜吳寬本作掩。二字通用。掩有止義。方言爰喛篇云。掩、止也。函當謂甲。考工函人記云。函人爲甲。釋名釋兵云。甲亦曰函。廣雅釋器云。鎺、鎧也。鎺卽函。鎧亦甲也。然則掩函者、止甲也。甲何以止。謂戰敗而棄甲於地也。孟子梁惠王篇所謂棄甲曳兵而走。是也。故曰掩函弗射。謂敵既棄甲而走。我弗射之也。孫詒讓閒詁顧云。函疑亟之形誤。又云。又疑函當爲臽之誤。何其謬與。

非儒下篇　强則助之胥車。

鬯案。强疑讀爲僵。畺聲强聲古音同部。例得假借。字俗作殭。死人之謂也。此作强。下文兩作施。施疑讀爲屍。尸聲也聲雖不同部。而通轉亦近。例亦得假借。字通作尸。亦死人之謂也。曰强曰施。總謂敵人之戰死者。上文既言勝。則敵敗可知。勝必死者少。敗必死者多。多則載死之車且不足。則勝者助之以車。故曰强則助之胥車。謂僵則助之胥車。下文兩言施則助之胥車。猶謂屍則助之胥車。謂敵人之戰死者。我則助之胥車耳。上言强。下言施。文異而義同。畢沅本據下文改此强亦爲施。則歸一律。然而苟不明乎强施之假借。卽施義仍無可說也。明乎强施之假借。卽存强文無害。胥車必是載死人之車名。疋之言延也。儻取其延通。使可出尸氣。若後世風涼車之制爾。

非儒下篇　勝將因用傳術。

𨛭案。將字葢涉上文衍。傳作儒。王念孫雜志已訂。

非儒下篇　是爲羣殘父母。

𨛭案。羣字讀當逗。殘父母三字連讀。言爲羣衆之殘暴父母也。

非儒下篇　伏尸以言術數。

𨛭案。言字據孫詒讓閒詁謂當作意。卽億之省。然則術字恐是兆字之誤。隸書兆字與篆文行字相類。兆誤爲行。又因與數字連文。行數無義。而誤行爲術耳。十萬曰億。十億曰兆。伏尸以億兆數。甚言其多也。

墨子二

經上篇　直、參也。

鬯案。此直謂日直。日食之語至今猶爲恆語。見室中日光之直。則謂之日直也。何以言此直爲日直也。下文云。此書旁行。故讀者當閒隔讀之。此句實承上文日中缶南也而言。缶卽正字。彼日爲頟字。若云日中正南也、日直參也。則直爲日直明矣。何以言日中正南而日直參也。言日中。則自日言之。中國旣居赤道之北。則日中正南。無可易也。言日直。則自日之光言之。日之光射入於室。而見其直。室向正南。則亦正南矣。室或斜偏於東。或斜偏於西。則參差而不能正。故曰直參也。

經上篇　令、不爲所作也。

鬯案。此不字疑當作必。書中必字多譌爲不。如經說云不若金聲玉服、必若金聲玉服也。不利弱子亥、必利弱子亥也。亥卽孩字。說文口部以孩爲咳之古文。然亥部云。亥从乚。象裹子咳咳之形。則亥字中已有孩子之義。不以其言之當也、必以其言之當也。功不待時若衣裘、功必待時若衣裘也。不夾於端與區內、必夾於端與區內也。此類不勝枚舉。此言令必爲所作也。故經說云。所令非身弗行。卽詩節南山篇所云、弗躬弗親、庶民弗信之義。論語子路篇子路問政。孔子告以先之。亦此意也。蓋身先則不令而行。不先則雖令不從。故令必先自爲之。然後行也。是必爲所作也。非不爲所作也。必誤爲不。則如畢沅注云。言使人爲之。不自作。不與經說義反乎。

經上篇　平、知無欲惡也。

㦤案。平者、謂平旦之氣也。此書旁行。此句實承上文臥知無知也、夢臥而以爲然也二句而言。故經說云。臥、夢。平、惔然。平與臥夢并釋。則平之爲平可知。葢卽孟子告子篇所謂其日夜之所息平旦之氣也。故曰知無欲惡也。亦卽彼言其好惡與人相近也者幾希矣。下文利害諸云云。又豈非其旦晝之所爲乎。

經上篇　辨、爭彼也辨勝當也。

㦤案。上也字當作而。辨一字逗。爭彼而辨勝當也七字連讀。此書旁行。辨爭彼而辨勝當也。與下文窮知而縣於欲也爲對文。則上也字之作而。明矣。辨爭彼而辨勝當者與下篇言謂辨無勝必不當。說在辨意。可參。

經上篇　治、求得也。

㦤案。治如治天下之治。治之者、正爲求有所得。畢沅注云。言事既治。所求得。是讀作天下治之治。有虛實之辨。葢因經說云吾事治矣。人有治南北。故以爲既治而所求得。不知云吾事治矣。而又云人又治南北。正見治之無盡。而所欲求得者尙多也。彼文有當讀爲又。

經上篇　知、聞說親名實合爲。

㦤案。聞字畢沅本改作聞。是也。此當以知字讀逗。聞說親名實合爲七字爲句。言知有此七義也。而畢注云。知句。聞說親句。名句。實合爲句。孫詒讓閒詁亦云。知句。聞說親。言知有此三義。名句。實合爲。言名有此三義。竟皆以一項分作兩項。然畢新考定旁行本。卻以兩項并作一條。而孫重校正本。遂作兩條。俱在下截。致上截因此闕一條。殊所不解。經說云。知、傳受之、聞也。方不瘴、說也。身觀焉、親也。所以謂、名也。所謂、實也。名實耦、合也。志行、爲也。則明以七義平列。釋一知字也。而兩家於彼文亦分兩項。更不可解。

經上篇　君臣萌。通約也。

𢀳案。萌蓋讀爲盟。故曰通約也。君臣二字頗疑衍文。然經說亦出君字。特義不了。要卽連讀謂君與臣盟耳。畢沅注疑同名。說云。君、以若名者也。彼名字正恐譌文。或同氓。殆並非是。

經上篇　服執說巧。轉則求其故。大益。

𢀳案。此蓋當讀巧字句。則當讀爲側。莊子列禦寇篇陸釋云。側或作則。是其例矣。轉則者、轉側也。轉側者、猶言反復也。服執說巧。苟非上智之質。豈能一服說而卽通其故。故必反復求之。其爲益亦大矣。故曰轉側求其故大益。若云反復求其故大益也。經說云。取此擇彼。問故觀宜。卽反復求其故之謂矣。此條在畢沅旁行本本止作一條。惟畢讀於轉字爲句。則非也。孫詒讓重校本乃分作三條。讀說字句。以服執說爲一條。巧轉則求其故爲一條。大益爲一條。亦旣破碎而無理。又欲移大益一條在巧轉之上。其諸太多事乎。

經上篇　動或從也。止因以別。道讀此書旁行舌無非。

毘案。動或從也止因以別葢爲一條。動與止對。從與别對。一條中自爲對。如上文欲𦬼權利惡𦬼權害之比。惡上舊有且字。孫詒讓閒詁云。疑衍。今依删。惟此句法稍差耳。𦬼無非三字。當在道字下。𦬼卽正字。正無非者。解道字之義也。道正無非四字亦爲一條。讀此書旁行五字是後人注語。總指通篇旁行。下不得復出𦬼無非三字。畢沅注云。卽正讀亦無背於文義也。其諸强解甚乎。

經下篇　所存與者。於存與孰存。

毘案。存與、葢卽存也。與、特語辭耳。王引之釋詞。與有語助也一釋。云與字語助。無意義。此兩與字亦其類矣。故經說云。室堂、所存也。其子、存者也。單言存。不言存與。明與字語辭無意義。故省卻也。其子、謂居室之人。此問所存者。於存者孰存。猶問室堂於居室之人孰存耳。故曰所存與者。於存與孰存。孫詒讓閒詁乃於者上增一存字。以合說所存存者之語。則於存與孰存句將何以解之。由未察存與之卽存。與字無意義也。

經下篇　二與鬬。

毘案。二上當脫說在二字。下文云。說在見與俱。可例。此說在二字貫至下文夫與履句而止。猶彼說在二字貫至下文廣與循句而止。文法一律。

經下篇　說在病。

毘案。病葢讀爲炳。炳病並諧丙聲。故得假借。說文火部云。炳、明也。說在炳者、謂說在明耳。上文云。取物之所以然。與所以知之。與所以使人知之。不必同。然則謂但能明其故。而不在說之同也。譬如今之爲算學者。同一問題。或用九章此術。或用彼術。或用天元。或用代數。而皆能得其數。明其理。然其說不同也。

經下篇　狗、犬也。而殺狗非。殺犬也可。

鬯案。既云狗犬也。則犬卽狗矣。殺犬卽殺狗矣。何以殺狗非而殺犬可。鬯聞之先師鍾朝美先生曰。古祇有殺字。無弒字。而上殺下及敵者相殺。讀殺短言之。下殺上。讀殺長言之。其字則皆从殳杀聲之字。弒者、後出之字。从殺省、式聲。凡六藝羣書在公羊前者。皆有殺無弒也。其參差溷亂。并公羊中字亦不畫一者。皆寫本刊本之失也。其說今見穀梁補注隱三年經撰異。竊謂以先生此說讀此文。方始有義。蓋殺狗之殺。讀殺長言之。殺犬之殺。讀殺短言之。殺狗殺犬。狗犬特互文耳。非有意義。意義不在狗犬。而在兩殺字也。試問殺犬殺狗。有可謂之弒犬弒狗乎。故曰殺狗非。殺犬也可。若云弒狗非。殺犬可耳。蓋謂之弒則非。謂之殺則可也。不在狗犬也。經說云。謂之殺犬可。是固在說謂之之例也。

經下篇　無久與宇。堅白。說在因。

鬯案。無久與宇。蓋當屬上文說在之下。此篇亦本旁行。故當閒剕之大。其沈淺也。說在具一條讀之。則無久與宇與上文說在正連文。且上文云。不堅白。說在。說在之下明有脫文。說在無久與宇與上文說在見與俱。同一句法也。堅白與不堅白正反對。不堅白說在無久與宇。堅白說在因。文法亦至顯矣。以旁行之讀。豎行讀之。卽不差誤。已處處閒隔不接。況其有錯。若依豎行之文。以無久與宇四字乙在剕之大之上。亦合矣。

經下篇　不可牛。馬之。非牛。與可之同。

𠑹案。此不可與可相照。則不可二字明連牛字讀。畢沅本孫詒讓本俱以不可二字屬上文。殆不然也。此文不可牛句。馬之句。非牛句。意謂牛不可以牛之。則馬之。馬之則非牛矣。可之謂可牛之也。

經下篇　以言爲盡誖誖。說其在言。

𠑹案。其在當作在其。孫詒讓閒詁已據道藏本吳鈔本乙正。以言之言、人言也。其言、己言也。以人言爲盡誖誖。則己必明其所以誖之故。且必申己不誖之言。故曰說在其言。

經下篇　是是與是同。說在不州。

𠑹案。是是者、是人之是也。是者、其人自是也。州疑分字之誤。考工匠人記云。九分其國。以爲九分。彼下分字當作州。卽彼量人職謂以分國爲九州也。說見前校量人職。此州之當爲分。猶彼分之當爲州矣。是人之是與其人自是同。則何分之有。故曰說在不分。畢沅讀上是字屬上句。非。顧廣圻校上文云。澤字句。注疑不州作不同。亦未是。經說云。故文與是不文同說也。亦止言同。不言不同。

經說上篇　體也若有端。大故有之必無然。若見之成見也。

𠑹案。上若字疑者字之誤。體也者與下文知也者、慮也者同例。皆標經字也。大故有之必無然與上文小故有之必不然同例。則七字必上文脫句。而錯衍在此。此文葢當讀體也者有端。若見之成見也。下文云。體二之一。尺之端也。又出體字者。複舉經字。如下文既言故言也者。又出言字。既言必謂壹執者也。又出必字。不必疑。

經說上篇　知也者。以其知過物而能貌之若見。

鬯案。過字孫詒讓閒詁疑當爲遇。蓋是能貌之者。蓋此知字如呂氏春秋報更覽齊王知顏色、自知論文侯不說知於顏色之知。謂其遇物而能發見於貌也。故曰知也者。以其知遇物而能貌之若見。畢沅連下恕字讀。非。孫詁已正。若見者、正謂此知字之義如見字之義也。自知論高注云。知、猶見也。報更覽注云。知、猶發也。發卽發見也。

經說上篇　佴。與人遇。人衆愲。

鬯案。愲字書無。蓋是遁字。此讀與人遇爲句。人衆遁爲句。經云。佴、自作也。與人遇而人衆遁。則惟有自作矣。

經說上篇　爲是之台彼也。

鬯案。台字顧廣圻校謂讀當爲詒。孫詒讓閒詁云。顧說是也。說文言部云。詒、相欺詒也。卽今用紿字。鬯謂如此則爲當讀爲僞。僞爲二字。古多通用。小戴月令記鄭注引今月令作爲。爲詐僞。左成九年傳定十二年傳陸釋並云。爲本作僞。蓋惟其僞是、非眞是也。故曰詒彼。爲是上舊本複衍爲是二字。孫詁已訂。

經說上篇　民若畫俿也。

鬯案。此句與上下文不類。疑當在上文誹必其行也其言之忻下。脫於彼而衍於此也。彼上文云。譽之必其行也。其言之忻。使人督之。是其言之忻下有使人督之一句。則誹必其行也其言之忻下。必脫一句可知。以此句上掇。文例正合。俿卽虎字。虎、惡獸也。畫虎之義與經言誹明惡之義亦可合。

經說上篇　若斯貌常。

鬯案。常本裳字。說文巾部云。裳、下裠也。重文作裳、是也。此釋庳。上文庫當作庳。盧文弨校。故以裳比。裳、庳蔽之具也。釋名釋衣服云。裳、障也。所以自障蔽也。是也。障卽庳字。惟斯貌二字無義。竊謂斯貌葢古語。此當以音求之。不當以義求之。斯貌者、細密之謂也。細與斯、密與貌並一聲之轉。故細密音轉爲斯貌也。斯貌裳者、或古謂裳有此名目。實言細密之裳也。謂以細密之帛爲裳。而卽名其裳爲細密也。葢試以粗疏之帛爲之。則其內衣仍當隱見。猶不足以庳蔽。惟其細密。然後能庳蔽其內。故不第曰若裳。而曰若斯貌常。

經說上篇　戶樞免瑟。

鬯案。句上疑脫若字。上下文通例。

經說上篇　無久之不止。當牛非馬。

鬯案。當牛非馬。似應作當馬非牛。葢馬行疾。故爲無久之不止。無久之不止者、疾行之謂也。若牛行緩。則爲有久之不止矣。有久之不止者、緩行之謂也。此言無久之不止。明應作當馬非牛。不應作當牛非馬。下文云。有久之不止。當馬非馬。當馬非馬。正合作當牛非馬。當馬非牛者、以馬爲當。牛爲非也。當牛非馬者、以牛爲當。馬爲非也。

經說上篇　若弟兄一然者一不然者。

鬯案。若弟兄釋上文必字之義。一然者一不然者。別泛指人。不承弟兄言。言弟兄。則同然者。猶下文所謂兄弟俱適。故可必也。如一然者一不然者。則不可必矣。故下文云必不必也。是非必也。孫詒讓閒詁云。有必有不必。是非所謂必也。

經說上篇　厚惟無所大。

啓案。無語辭。墨子書中多用惟無。或作唯無、唯毋、雖無、雖毋。見於尙賢、尙同、非攻、節用、節葬、天志、非樂各篇者不一而足。無字若毋字皆爲語辭。著於王念孫尙賢篇雜志。然則厚惟無所大者、亦言厚惟所大也。故以釋經文厚有所大也。若無爲有無之無。則經言有所大。而說言無所大。不適相反乎。畢沅注云。言唯其大無所加。是所謂大。與凡他處作毋者畢輒改作毋。同爲臆說。

經說上篇　圜規寫攴也。方矩見攴也。

啓案。見字孫詒讓閒詁謂亦當爲寫。是也。以兩攴字爲交字之誤。則未敢信。竊謂上下文文字多爲之字之誤。此兩攴字。亦之字之誤也。蓋之誤爲文。文又誤爲攴耳。且攴字隸書作攵。正與草書文字作攵同體。其與文同爲之之誤。益可知。圜規寫之也。方矩寫之也。寫之猶言圖之也。則句自可明。

經說上篇　堅白之攖相盡體。攖不相盡端。

啓案。堅白之攖。攖字蓋涉上下文而衍也。此援堅白之相盡。以明攖之不相盡。讀當於體字句、端字句。若云堅白之相盡者體也。攖之不相盡者端也。堅白之下必不當有攖字。其爲衍文無疑。孫詒讓閒詁讀堅白之攖相盡爲句。體攖不相盡爲句。遂無以處一端字。而以爲上文尺與或盡或不盡句中脫字。誤錯於此。豈其然乎。啓并謂上文攖尺與尺俱不盡端。無端但盡。亦讀至盡端句。言尺與尺俱不盡者端也。但無端盡矣。蓋尺與尺量帛。則遞起其端。故不盡。至於無端則及尾矣。安得不盡。其尺與或盡或不盡句中。信有脫字。竊恐尺與下即脫堅白二字。非脫端字。故承之曰堅白之相盡體。攖不相盡端。

經說上篇　意、規、員。三也。

毌案。規即員。員即規。規員止是一而已。則意與規員止是二而已。不可謂三。規員二字必有一誤。或作意規矩。或作意方員。蓋意者不規不矩不方不員之謂也。故與二者共爲三。

經說上篇　彼凡牛樞非牛。

毌案。樞蓋讀爲區。區者、區別之義。言凡牛之別於非牛也。

經說上篇　爲。欲難其指。

毌案。難字字書無。據下文云。而猶欲難之則離之。是猶食脯也。以離之承難之。則彼之難字明離字之誤。則此之難字并下文諸難字　。皆離字之誤矣。畢沅注以爲難字異文。未敢信。備蛾傅篇云。令有力四人下上之。勿難。彼難當作離。備穴篇云。令一人下上之勿離。可證。俞蔭甫太史平議已校。是墨子中亦有誤離爲難者。又下文云。難脯而非恕也。難指而非愚也。恕字亦字書無。與愚字對。明即智字。畢以爲悊字異文。亦未敢信。墨子書中多以智爲知。故以恕爲智。　今案。孫詒讓閒詁。恕字已訂正。其以難爲斱之誤。則下文而猶欲斱之則離之仍不接。或者改彼則離之亦爲則斱之。要離之義亦如斱義耳。

經說上篇　早臺、存也。

闓案。早卽阜字。古無阜字。止作早。阜臺、賤役也。常伺候主人。呼則聞。故以爲存之義。

經說上篇　鼃買。化也。

闓案。買蓋黽字形誤。

經說上篇　中、央旁也。

闓案。中央與旁義正相反。以旁釋中央。似可疑。竊謂中字从丨从口。丨者。中央也。口者。四旁也。是中字內原晐中央四旁之義。此蓋以央旁釋中。非以旁釋中央。央旁者卽謂中央與四旁也。然則讀當以中一字句。不當以中央二字爲句。說文冂部云。央旁同意。央旁二字連文。蓋出於此。

經說下篇　包肝肺子。

闓案。包蓋讀爲炰。依說文作炮。火部云。炮、毛炙肉也。炮、炰特字體上下與左右之異。

經說下篇　若爲夫勇不爲夫。

闓案。勇上當有以字。上下文句可例。孫詒讓閒詁亦云然。惟勇字殊不可解。爲夫不爲夫。何與於勇不勇。孫謂上夫爲勇夫之夫。下夫爲夫婦之夫。則上句爲非以人是不爲非。下句爲屨以買不爲屨。不、舊誤衣。依孫說改。兩非字、兩屨字。又何異乎。是知兩夫字亦必不異也。竊疑勇乃寡字之誤。寡與勇字形略類。故誤寡爲勇。兩夫字皆爲夫婦之夫。寡則夫亡矣。故曰不爲夫。

經說下篇　偏去未。

闓案。未當爲夫字形誤。夫者、語辭之夫也。上文云。二與一亡。不與一在。譬謂一物劈破爲兩半。則終成二矣。不得復并爲一也。然使去其一半。則一轉不亡而在也。言欲求一。惟有偏去之耳。卽經謂一偏棄之也。故曰偏去。夫是承作轉語。故用夫字爲語辭。夫誤爲未。則不可通。或屬下讀。更無義。

經說下篇　不若敷與美。

邕案。此敷字葢猶今人所謂敷衍耳。與當訓爲。王引之釋詞有與猶爲也一釋。引韓非外儲說及戰國西周策秦策以證。此敷與美、亦謂敷爲美也。上文云。有文實也。而後謂之。無文實也。則無謂也。各四字句。畢沅讀兩文字句。非。孫詒讓閒詁已正。文實者、猶今人所謂意義耳。無意義則無謂。無謂則下文所謂報也。孫詁云。報疑當作執。是不可以無謂也。既無意義而又不可以無謂。則惟有敷衍之而已。故曰不若敷衍爲美也。下文云。謂是則是固美也。謂他舊作也。依孫詁改。則是非美。言謂此爲美則此固美也。謂他爲美則此卽非美。葢既無意義所在。隨所謂而謂之。所謂敷衍也。經云。謂而固是也。說在因。彼因字葢當讀爲茵席之茵。茵。引伸有敷義。書顧命。席皆言敷。故說以敷衍說之。

經說下篇　擧不重不與箴。

邕案。不與箴畢沅注疑當云不擧箴。是也。上不字葢卽涉下不字而衍。擧重不擧箴、謂擧重不擧輕耳。

經說下篇　猶氏霍也。

邕案。氏當讀爲是。小戴曲禮記鄭注云。是或爲氏。漢書地理志顏注云。古字氏是同。然則猶氏卽言猶是。語辭也。

經說下篇　在堯善治。自今在諸古也。自古在之今。則堯不能治也。

𢍁案。此二十一字蓋當在下文所義之實處於古之下。合彼上文云云。皆釋經堯之義也。生於今而處於古而異時。說在所義之說。錯簡在此。今下文所義之實處於古之下有若殆於城門與於臧也九字。殊不可解。孫詒讓閒詁謂當在上文無讓者酒、未讓、始也不可讓也之下。甚確。是彼有衍入之字。卽知有脫去之文。

經說下篇　若在盡古息。

𢍁案。古亦息也。古之言苦也。爾雅釋詁云。苦、息也。古之言䖏也。廣雅釋詁云。䖏、息也。苦仍是借字。䖏當爲專字。而其字不見說文。竊謂求本字。當卽居字耳。說詳詩日月篇逝不古處校。古息猶古處也。古處者、居處也。古息者、居息也。上文云。景。光至景亡。當依俞蔭甫太史平議讀景一字句。光至景亡句。云所以有景。由無光也。光之所至。則景亡矣。若在盡古息。又與上句反復相明。言景若在。則光盡古息也。其說至明。惟解盡古爲終古。則不然。此當以古息連文。不當以盡古連文。蓋俞猶未省古字之亦息義也。

經說下篇　鑒中之內鑒者。近中則所鑒大。景亦大。遠中則所鑒小。景亦小。而必正。起於中。緣正而長其直也。

𢍁案。內當讀爲納。鑒中之納鑒者爲句。謂如以兩鑒縣於東西兩壁。則皆鑒室中之物。而東壁之鑒。又納西壁之鑒所鑒之物。西壁之鑒。亦又納東壁之鑒所鑒之物。東壁之鑒。又納西壁之鑒所鑒東壁之鑒所鑒之物。西壁之鑒亦然。層層納入。長至於無窮。其第一層所鑒室中之物最近最大。鑒中之景亦大。第二層所納彼鑒中之物較小。鑒中之景亦較小。第三層所納彼鑒中所鑒此鑒中之物自更小。鑒中之景亦更小。長至於無窮。愈遠則愈小。故曰近中則所鑒大。景亦大。遠中則所鑒小。景亦小。中者、卽謂人立室中之位也。此指鑒對直之物納入於鑒者而言。故曰而必正。起於中。緣正而長其直也。下文云。中之外。鑒者近中。則所鑒大。景亦大。遠中。則所鑒小。景亦小。是指中之外鑒者。謂鑒旁之物斜納入鑒者。故曰而必易合而長其直也。合下於字當衍。否則於下或脫一鑒字。王雜志引之說於下脫中字。未是。兩條不過分鑒正納之物景與斜納之物景而言。皆鑒中納鑒之說。實一理而已。葢因經言景舊作量。依王引之說改。一小而易。一大而缶。說在中之外內。故特別外內而兩言之。而畢沅注及孫詒讓閒詁皆斷鑒中之內爲句。則以下多不可解矣。孫詁以突鏡解之。殊附會。且內、卽中也。鑒中之內。句法亦太無理乎。至下文又云鑒鑒者近。則所鑒大。景亦大。亦遠。所鑒小。王引之云。亦遠當作亣遠。亣古其字。鬯謂亦遠。依文例。當作遠則。然作亦遠。辭尚無害。王改此作亣。不逮其改公孟篇諸亦字之當。景亦小。而必正。景過正。此條當是說中之說。而雜入於說中者。鑒鑒者、卽鑒中之納鑒也。正景、卽正起於中也。過正、卽易合也。葢正因兩條不過正納斜納之別。而文繁若此。故并一條言之。古人注書。有正文多而說之轉簡約者。不似後人之注。注必詳於正文也。鬯昔聞之先師鍾朝美先生云。小戴中庸記雖有其位一節。凡二十九字。鄭康成說之云。言作禮樂者必聖人在天子之位。以十三字說二十九字。其義大了。朱子無以易之。葢得此古法與。注文而雜入於正文。亦古書所恆見。就如備城門篇。既云。夫四分之三在上。夫舊誤失。孫詁云。皆爲夫趺之借字。又云。

藉車夫長三丈。丈舊誤尺。孫詁云。當作丈。四之三在上。之舊誤二。孫詁云。當作之。又。既云。凡輕重以挈爲人數。爲薪蘸挈。壯者有挈。弱者有挈。皆稱亣任。又云。凡挈輕重所爲。使人各得亣任。使舊誤吏。蘇時學刊誤云。當爲使。　孫詁謂藉車二句。凡挈二句。皆注錯入正文。凡挈二句。亦注文簡於正文。是在墨子書中已有近例。校者所當知矣。正納斜納。要皆鑒之所及。若鑒之所不及。則鑒中不能有景。遑論大小。此則而必二字之意義也。

經說下篇　車梯也重。其前。

𠱾案。其前二字葢涉下文而衍。車梯也重。謂車梯重也。下文云。弦其前。載弦其前。載弦其軲。而縣重於其前。是梯挈。梯舊誤埭。依畢沅改。弦卽下文繩之引軲之繩也。載與再通。既弦其前。再弦其前。再弦其軲。則并有三繩引之。挈字當斷句。舊屬下讀。非也。畢挈下無注。而於梯下有注。然畢書例。注語或卽出其字下。故不盡句斷。殆未始不讀至挈字句。未可知。葢因車梯重。不能挈。故詳言挈之之法。云是梯挈。不云梯前挈。則知挈者梯也、非僅挈梯之前也。卽知重者梯也、非獨重梯之前也。其前二字之不當有明矣。　又案。上文云。兩輪高。兩輪爲輲。是四輪兩高兩低。必低在前。高在後。玩縣重於其前一句可悟。然則正重在後。非在前也。孫詒讓閒詁乃云。凡車兩輪而平。此四輪而前高後低。說殆顚矣。葢由未察此其前二字之衍。以爲重其前。必高其前。然恐無其制也。

經說下篇　䠵倚焉則不正。

𠱾案。䠵葢本作𡴀。二字形近而誤。說文出部云。𡴀、槷𡴀不安也。𡴀倚、謂不安於倚。故曰不正。

經說下篇　說以少連。是誰愛也。

𢚩案。說者卽承上句無欲惡傷生損壽之說也。以卽似字。說已屢著易詩校中。今不復贅。說似少連者、少連人名。殆卽論語微子篇逸民之少連也。彼少連爲逸民。則其爲無欲惡傷生損壽之說亦宜。故曰無欲惡傷生損壽。說似少連也。其說但知愛身而不知愛人。則人孰愛之。故曰說似少連是誰愛也。自來此少連皆不以爲人名。故說論語者亦輒引小戴雜記少連、大連以證。從未有徵及此者。由不知此以卽似字。則少連作人名解爲無義耳、

經說下篇　若無焉。則有之而后無。

𢚩案。焉與下文天陷爲對。則必有所指。焉本鳥名也。說文鳥部云。焉鳥、黃色。出於江淮。若無焉者、謂無焉鳥也。無焉鳥。必先旣有焉鳥。而焉鳥飛去之後。乃謂之無。故曰則有之而后無。書傳中焉字多假借作語辭用。此則獨存本義。

經說下篇　十二焉。

𢚩案。二葢本作一。上文云。五有一焉。一有五焉。俞蔭甫太史平議云。數至於十。則復爲一。五有一者、一二三四之一也。一有五者、一十一百之一也。然則正因一有五之一爲一十一百之一。故特伸之云十一焉。若云十亦是一也。後人不察。徒見五有一。一有五。則成十二之數。因改一爲二。誤甚。

經說下篇　前則中無爲。半、猶端也。

𢚩案。此葢當讀爲字句。上文云。非斱半。進前取也。葢中者、半也。旣進前取。則無所爲中矣。故云前

則中無爲也。半猶端也。止借端以譬半。非果指前之端而言。故下文云。前後取則端中也。前後取卽蔪半矣。蔪半則中矣。端字承此而言。云端中、明意在中而不在端也。孫詒讓閒詁讀半字句。訓端爲前。云。終必前極其端。失之。　又案。此條釋經之非半弗蔪則不動。說在端。然則說之所以必欲及端者。正以經言說在端耳。其實若止云非蔪半進前取也。前則中無爲。前後取則中也。義亦自明。不必及端。由是觀之。說之義其諸亦有不能槩得經之義者與。卽此强借一端字以譬半。足見也。

經說下篇　智少而不學必寡。

鬯案。少字當是功字之壞文。功壞爲力。因誤爲少耳。惟功字尙當移在必寡之上。經云。唱和同患。說在功。故曰智而不學。功必寡。且下文云。智而不教。功適息。與此句對文。則此句之錯誤可知。而畢沅注轉謂下文智下當有少字。夫智者、知也。下文諸智字皆知義。知而不教。故曰功適息。若本知少。其何以敎乎。彼文不可有少字。則此文亦必無少字矣。適之爲辭。猶言直也。功適息者、謂功直息耳。則其患更甚於功必寡也。惟先言功必寡。故承言功直息。必寡上無功字。微特此句義不曉。而下文適字之爲辭。亦欠密切矣。故知少字必爲功字。而在必寡上也。今案。孫詒讓閒詁。必寡上已補功字。而不刪少字。轉欲於下文智下增多字。亦恐未然。

大取篇　而斷指與斷腕利於天下相若。無擇也。

鬯案。此腕葢當作脛。上文斷指以存蜸。彼蜸自掔之誤。掔卽腕正字。而意林引彼文作斷指以存脛。非也。竊恐正因此文作脛而誤涉彼耳。彼自應作斷指以存腕。故卽承之曰利之中取大。害之中取小也。蓋腕大而指小也。是斷指與斷腕明有大小之别。而何得云利於天下相若無擇乎。云利於天下相若無擇。則必謂斷指與斷脛非與斷腕矣。蓋手足之用。手勝於足。足行而已。手則百事需之。故手指不得與足指爲相若。必與脛爲相若。是知意林所引之脛字必在此句。上文自作腕。此文自作脛。不可亂也。

大取篇　死生利若一無擇也。

樾案。無擇也孫詒讓閒詁謂當作非無擇也。樾謂當作非若一無擇也。非字在若一上。不在無擇上。

大取篇　非殺一人以利天下也。

樾案。也讀爲邪。

大取篇　聖人不爲其室臧。之故在於臧。

樾案。之字蓋衍。室臧猶言家藏也。家藏者、家財也。聖人不爲其室臧者、言聖人不治其家財也。然聖人豈無家財。特人爲之治而已。故曰故在於臧。臧者、爲聖人治室臧之人也、卽臧獲之臧也。原臧獲之所以名爲臧者。固因其爲主人治室臧者而名之。楚辭王逸章句云。臧、守藏者也。是也。臧與藏今分兩字。古止一也。

大取篇　有。有於秦。馬有。有於馬也。

樾案。上當脱一秦字。讀秦有句。有於秦句。馬有句。有於馬也句。

大取篇　聖人有愛而無利。俔日之言也。

闓案。倪日者、墨子書篇之名。今亡矣。聖人有愛而無利一語。見於倪日篇中。故曰聖人有愛而無利。倪日之言也。倪日之言也與尙賢篇距年之言也、非命篇大誓之言也句法一律。則其爲書篇名無疑。距年校見彼。特彼爲古書。此卽墨子之書。葢倪日篇中載墨子與客問答之語。此聖人有愛而無利一語。乃是客之語。非墨子之語。故下文云。乃客之言也。天下無人。子墨子之言也。今本墨下脫子。吳寬寫本有。

大取篇　諸聖人所先。爲人欲名。實名。實不必名。

闓案。諸語辭也。詩柏舟篇孔義引左傳服注云。諸、辭。小戴郊特牲記義亦云。諸是語辭。諸聖人者、猶儀禮稱諸公耳。諸公者、公也。猶左僖九年傳稱諸孤耳。諸孤者、孤也。說見儀禮飲禮校。則諸聖人者、止謂聖人耳。不必謂諸凡聖人也。下文諸以居運命者、諸以形貌命者。諸、其實亦是語辭。古人諸字率作語辭。而後人率作諸凡解。雖得兩通。然語辭之說實勝。好古者自能辨也。又此當以諸聖人所先爲句。爲人欲名爲句。實名爲句。實不必名爲句。謂聖人之所先者爲人之欲名也。人卽聖人也。非謂他人也。此人字不對己言之人。乃對物言之人。葢謂物不欲名。人則欲名也。名必由實。故曰實名。然有實者不必有名也。故曰實不必名。孫詒讓閒詁斷爲人欲名實爲句。以名實不必名之上名字爲衍。殆不然。

大取篇　人右以其請得焉。

闓案。右字恐誤。以下文人不必以其請得焉例之。則當作必。人必以其請得焉、人不必以其請得焉。兩請字並當讀爲情。今案。孫詒讓閒詁。請字已讀正。

大取篇　其類在蛇文。

　　鬯案。文葢交字形近之誤。儀禮鄉射記言楅其中蛇交。疑蛇交二字爲古人恆言也。

小取篇　假者今不然也。

　　鬯案。今葢當作令。以令不然釋假。猶語辭假令之謂也。凡語辭謂假令。必其本事不然。如本事爲白馬。必曰假令非白馬。故曰假者令不然也。令誤爲今。則無義矣。畢沅注云。假設是尚未行。則宜云今未然。不可云今不然。殆非乎。

小取篇　有命非命也。非執有命非命也。

　　鬯案。下二非字疑並衍文。有命非命也。執有命命也。與上文一例。

耕柱篇　一南一北。一西一東。

　　鬯案。一西一東。據藝文類聚鼎類、太平御覽金覽、路史疏仡紀諸引。皆作一東一西。王雜志引之說。以作一東一西者。是西字與上文雲字爲韻。是也。其以北字與下文國字爲韻。亦是也。而謂一東一西當在一南一北之上。則非也。古人自有閒隔叶韻之例。一南一北。一東一西。西字無不可上叶。北字無不可下叶。何必倒轉。王據詩文王有聲篇自西自東、自南自北爲例。彼東字自與上廱字叶。北字自與下服字叶。而墨子之文不必摹擬文王有聲篇而作也。且云。諸書所引一南一北句皆在上。則足以明此不倒矣。

耕柱篇　有狂疾。

　　鬯案。三字語不完。上文人不見而邪。邪字殊無義。竊疑彼邪字本在此句末。而錯在彼。有狂疾邪。則語始完。下文云。然則是子亦貴有狂疾也。也卽當讀爲邪。上下語辭正相準照。上文邪字王雜志引之案以爲服之壞字。邪字既無義。則服字之說姑當從之。王云。而、汝也。人不見而服。未見人之服汝也。但謂邪之壞字。則必不然。服邪形異。服何緣壞成邪。蓋彼人不見而下自脫一字。而邪字則在此而錯入彼者。卽謂彼文是服字。而服初不由邪壞也。蘇時學刊誤以爲取字。孫詒讓閒詁以爲助字。似更難信。

耕柱篇　人所以智告之。

㲋案。以字當在人字之上。以人所智告之。卽上文所謂葉公子高豈不知善爲政者云云。葉公既知之。而孔子以其所知告之。故曰以人所智告之。與上句不以人之所不智告。義正相明。智卽知也。以字倒在人所下。則不可通。畢沅本據一本作人以所智告之。孫詒讓閒詁遂斷人字屬上句。亦非也。

耕柱篇　人之其不君子者。古之善者不誅。今也善者不作。

㲋案。其爲甚之誤。誅爲訹之誤。下同也爲之之誤。訹與上文之術下文之遂皆當讀述。近各校家並已及之。惟此兩言善者。下文三言善者。者字實語辭。無義之字。非指人也。蓋者與諸通。諸可爲無義語辭。故者亦可爲無義語辭。古之善者、古之善也。今之善者、今之善也。故曰人之甚不君子者。古之善者不述。今之善者不作。謂人之甚不君子者。古之善不述。今之善不作也。下文云。其次不君子者古之善者不述。亦謂其次不君子者。古之善不述也。又云。吾以爲古之善者則述之。今之善者則作之。欲善之益多也。謂墨子之意以爲古之善則述之。今之善則作之。欲其善之益多也。諸文各去者字讀之。其義自明。故知者爲無義語辭。而不指人也。夫古之善、原謂古人所已行之善。今之善、謂古人所未行之善。然使以古之善者今之善者爲古之善人今之善人。胥不可解矣。

耕柱篇　我何故疾者之不拂。而不疾者之拂。

鬯案。拂、謂還擊也。人擊我而我還擊之。謂之拂。故曰我何疾者之不拂。而不疾者之拂。

耕柱篇　故有我有殺彼以我。

鬯案。下有字當在下我字之上。殺彼則彼亡而我存。是彼無而我有矣。故曰有我。

耕柱篇　則還然竊之。

鬯案。還有便捷之義。詩還篇毛傳云。還、便捷之貌。是也。此乃形容竊者便捷之貌。故曰還然竊之。或謂其本字當爲趯、爲懁。説文走部云。趯、疾也。心部云。懁、急也。疾急皆便捷之義。或謂言部譞、人部儇皆訓慧。義亦相近。要之。諧睘聲之字多有此義。則作還何必是假也。

耕柱篇　不知日月安不足乎。

鬯案。月疑用字之誤。詩天保篇云。日用飲食。恐此正本詩語爲説。故曰不知日用不足乎。猶言不知飲食不足乎。安、語辭也。

耕柱篇　苟使我和。

鬯案。苟當作茍。説文茍部云。茍、自急敕也。蓋卽經傳通用之亟字。茍使我和者、亟使我和也。非儒篇云。曩與女爲苟生。今與女爲苟義。王念孫雜志亦以兩苟字爲茍。然則墨子書中固用茍字矣。然竊謂彼文卽作苟字亦有義。而此文則若作苟。必有下文語。今無下文語。則苟字必不可通。其爲茍字尤屬顯見者矣。儀禮諸言苟敬。亦笱敬也。苟敬、亟敬也。彼亟又當讀爲極。亟敬者、極敬也。戴震、翁方綱、陳壽祺、洪頤煊諸家皆從笱敬說。王引之述聞又卻不從。小戴大學記言苟日新。亦笱日新也。下文苟使我皆視。同。

貴義篇　見楚獻惠王。

㓙案。獻惠王卽惠王。然如畢沅注謂楚無獻惠王。藝文類聚引作惠王。是則其說尙可議。以惠王爲是。必以獻惠王爲非矣。故謂楚無。然安見惠王不本謚獻惠乎。古人謚法率不止一字。如周武王實本謚甯武。說見前書大誥校。衛武公謚叡聖武。見國語楚語。齊靈公謚桓武靈。見叔弓鎛。孫詒讓古籀拾遺說。戰國時周諸王見於漢書古今人表者。無不兩字謚。豈非謚皆不止一字。而後人省稱止以一字。傳偶有舉全謚者。轉爲可怪與。楚何以必無獻惠也。楚惠之本謚獻惠。正賴墨子矣。

貴義篇　故雖賤人也。

㓙案。雖上蓋脫一翟字。墨子自稱名也。故翟雖賤人也句義顯。無翟字則不顯。下文云。翟上無君上之事。下無耕農之苦。又云。翟聞之。同歸之物。信有誤者。他篇著翟字者猶不一而足。皆墨子自稱名之證也。墨子名翟。本無疑義。獨伊世珍瑯嬛記引賈子說林。言墨子姓翟。名烏。并載母夢誕說。周亮工因樹屋書影遂謂墨子以墨爲道。今以姓爲名。以墨爲姓。是老子當姓老。此妄逞辨耳。如其說。豈孟子當以軻爲姓。荀子當以況爲姓乎。

貴義篇　上比之農。下比之藥。曾不若一草之本乎。

㓙案。此舉半見全文法也。上文以藥草農稅並譬。則此承之。其上比之農下當亦有一句。若云上比之農。曾不若一稅之入乎。下比之藥。曾不若一草之本乎。而下文引湯之說。乃止及藥而不及農。故於此接縫中省卻一句。文法之善也。是謂舉半見全法。在古書原有此例。顧炎武日知錄說孟子。以紂爲兄之子。且以爲君。而有微子啓王子比干。云。以紂爲弟。且以爲君。而有微子啓。以紂爲兄之子。且以爲君。而有王子比干。並言之。則於文有所不便。故舉此以賅彼。此古人文章之善。且如郊社之禮所以事上帝也。不言后土。地道无成而代有終也。不言臣妾。先王居檮杌於四裔。不言渾敦、窮奇、饕餮。俞蔭甫太史古書疑義舉例有舉此以見彼例。卽此法也。俞亦已徵及顧錄。

貴義篇　何有也。

𢒼案。卽猶言何以也。以有疊韻。今甯波人言有。猶作以音。

貴義篇、同歸之物信有誤者。

𢒼案。信有誤者句無義。誤字必譌。下文云。然而民聽不鈞。若如孫詒讓閒詁謂理雖同歸。而言不能無誤。則下句然而字如何可接。竊謂以上文求之。此誤字實當作揣。上文云。揣曲直而已。故此云同歸之物信有揣者。蓋物既同歸。則其曲直之理信有可以揣測者。然而民聽不鈞。然而字方可接。然而民聽不鈞者、正以雖有可揣測。言不能無誤耳。言不能無誤之義。在然而民聽不鈞句內。不可先出之然而上也。

公孟篇　國爲戾虛者。

𢒼案。戾虛卽虛戾。王念孫雜志必謂戾虛當爲虛戾。拙矣。卽其引莊子人閒世篇陸釋。李云。居宅無人曰虛。死而無後爲厲。厲與戾通。則虛戾倒作戾虛何害。

公孟篇　知有賢於人則可謂知乎。

閏案。知有賢於人。謂凡見解勝於他人。此本文義至明。不煩解釋。乃孫詒讓閒詁探下文之意而說之云。謂偶有一事賢於他人。則誤矣。下文云。子墨子曰。愚之知亦有賢於人。亦有從吳寬本。舊作有以。然亦有義長。正所謂偶有一事賢於他人者。是墨子答意也。非公孟子問意也。偶有一事賢於他人。此其不足爲智可知。公孟子斷不發問矣。下知字當讀爲智。下文知矣哉之知。同。

公孟篇　迷之反。

閏案。迷之、語辭。歎聲也。猶言末之、蔑之。末蔑迷並一聲之轉。說詳前左文五年傳校。此因程子無辭而出。故墨子呼而反之曰。迷之反。發歎聲而呼之也。畢沅注云。言惑於此說者請反云云。失之。孫詒讓閒詁以迷爲還之誤。尤非。

公孟篇　夫應孰辭、稱議而爲之敏也。

閏案。孰字畢沅注謂當作執。葢是也。議、恐讓字形誤。夫應執辭讀略逗。謂應執辭讓之禮也。故稱讓而爲之是敏也。讓誤爲議。則非其義矣。

公孟篇　應孰辭而稱議。是猶荷轅而擊蛾也。

閏案。孰當作執。議當作讓。同上文。見上條。惟上文云。夫應執辭。稱讓而爲之敏也。此則云。是猶荷轅而擊蛾也。其不敏甚矣。何以同一執辭稱讓。而義直相反。則辭字殆又當誤也。辭葢當作吾。其作辭者、卽涉上文而誤。吾者、卽承上文兩吾字而言也。上文云。厚攻則厚吾。薄攻則薄吾。王雜志引之說。吾讀爲利禦寇之禦。禦古通作吾。引趙策守吾之具以證。其說甚確。應執吾而稱讓者、應執禦而稱讓也。應執禦寇之道。而乃亦稱讓。不亦不敏之甚乎。故曰是猶荷轅而擊蛾也。擊蛾何須荷轅。荷轅而擊蛾。信乎其不敏矣。畢沅於上文孰字謂當作執。而不云下同。又不知議之當作讓。則安知辭之當作吾。其意似以執辭稱議爲敏。以孰辭稱議爲不敏。則試問其義云何哉。又案。上文論儒。則此厚攻則厚禦薄攻則薄禦。亦指儒而言。觀於此。知當時儒之攻墨。蓋亦甚矣。故墨子以爲於儒應執禦而不應執讓也。

公孟篇　欲使隨而學。

鬯案。欲使者、其意將然之謂也。隨當讀爲惰。管子弟子職篇云。有隨執燭。今本隨作墮。此依宋本。謂有惰執燭也。又。形勢解云。臣下隨而不忠。彼宋本隨作墮。謂臣下惰而不忠也。惰字並借隨爲之。此其例矣。學上蓋脫不字。謂此人將惰而不學也。故下文子墨子曰。姑學乎。必其惰而不學。故語之姑學。又云。吾將仕子。勸於善言而學。善言者、卽吾將仕子之言也。猶下文云。當爲子沽酒。勸於善言而葬。善言者、卽當爲子沽酒之言也。夫至勸於善言而學。則其惰而不學更可見矣。且下文又云。子不學則人將笑子。故勸子於學。明出不學字。與此不學正相照。此文之脫不字。益明矣。昧於不字之脫。則焉知隨字之讀。云欲使隨而學。一若欲隨子墨子學者。下文皆不可通矣。上文云。有游於子墨子之門者。則固從子墨子學者也。故曰欲使。謂其將然云。或疑使字爲衍。

魯問篇　讎怨行暴。

㳒案。讎怨二字不平列。讎怨者謂怨上而讎之也。卽如桀殺關龍逢、紂殺王子比干之等。讎怨行暴與上文說忠行義爲對文。說忠者忠我而我說之。讎怨者怨我而我讎之。夫聖王之所謂忠。卽暴王之所謂怨也。故不必如俞蔭甫太史平議改怨爲忠。且上言義。而此不言義而言暴。若上言忠而此亦言忠。轉非文例矣。

魯問篇　歐國而以事齊。

㳒案。事齊者、從事於齊。謂與齊戰。非謂服事齊。故曰歐國。

魯問篇　過必反於國。

㳒案。過讀爲禍。

魯問篇　孰將受其不祥。

㳒案。不祥、謂不義也。祥字本有二義。說文示部云。祥、福也。一云善。訓福之祥、則災祥之祥。訓善之祥、卽義之謂矣。詩文王篇陸釋云。義、善也。是也。上文云。刀則利矣。則此言孰將受其不祥者。若爲訓福之祥。必被殺者受其不祥。而下文云試者受其不祥。則謂殺人者受其不祥。不謂被殺者之不祥。是不祥卽不義之謂也。非謂不福也。下文子墨子與曹公子語云。今子處高爵祿而不以讓賢。一不祥也。多財而不以分貧。二不祥也。兩不祥亦並不義也。

魯問篇　天加誅焉。使三年不全。

㘫案。全者、病愈之稱。周禮醫師職云。十全爲上。鄭注云。全猶愈也。字或作痊。莊子徐無鬼篇云。今予病少痊。是也。玉篇疒部云。痊、病瘳也。病瘳卽病愈。此蓋當時鄭君病三年不愈。故曰天加誅焉。使三年不全。下文同。

魯問篇　苟不用仁義。何以非夷人食其子也。

㘫案。夷人卽指啖人之國。言己不用仁義。未可以非彼食子也。啖人之國在楚之南。謂之夷者、夷通稱也。蠻亦夷也。

魯問篇　或所爲賞興爲是也。

㘫案。興字畢沅本改與。是也。賞蓋讀爲儻。古無儻字。故墨子書中或假黨爲之。或假當爲之。或假尙爲之。說見尙同篇校。而此假賞爲之。實皆同聲通字也。與字依俗作平聲讀。儻與二字爲句。語辭也。猶曰儻或然與。此句極難措辭。蓋二子之一爲好學。一爲好分人財。信其出於眞。則尙有所疑。謂其出於僞。則未有所決。故用儻與爲辭。以示不定之意。或所爲者、卽指二子之所爲也。言其一爲好學。一爲好分人財。儻意正在爭爲太子也。故曰儻與爲是也。此爲字依俗作去聲讀。是字卽指爲太子也。下文云。吾願主君之合其志功而觀焉。合志功而觀。斯眞僞見矣。畢既改興爲與。卽於與下斷句。並是。惟不發賞字之說。則必以賞與作賜予義。是止可以承上分人之財。不足以承好學。且語太質實。不類當時辭氣。孫詒讓閒詁八字作一句讀。讀與爲譽。當更不然。

魯問篇　其不御三軍。

㗊案。御之言禦也。其不御三軍。謂其不能禦三軍也。以上文例之。或不下脱能字。亦未可知。

魯問篇　不能以封爲哉。

㗊案。不畢沅注引一本作奚。孫詒讓本從之改正。是也。能字猶恐衍文。奚以封爲哉。義自明。不必贅。能字或當在上文聽我言之上。而錯在此。則未可知。

魯問篇　子墨子曰。出曹公子而於宋。

㗊案。曰字、而字。王念孫雜志並以爲衍。然曰字信衍矣。而字恐是曹公子之名。故下文云。今而以夫子之教家厚於始也。而、正曹公子自稱其名也。説文而部云。而、頰毛也。取人身上字命名者。如樊皮、狐毛、荀首、皇耳、公子牙、公子黑肱之類亦不少。則何疑乎以而爲名。然則而不可謂衍。

魯問篇　吾未知夫子之道之可用也。

㗊案。可讀爲何。

魯問篇　然而反王。

㗊案。然而卽而也。墨子之書用字好複疊。已略見於明鬼篇校。下文云。越人因此若埶。楚人因此若埶。此若卽此也（埶舊誤作執。王念孫雜志訂。）又云。猶若相制也。猶若相害也。猶若卽若也。不單曰而。而曰然而。猶不單曰此。而曰此若。不單曰若。而曰猶若矣。畢沅注以然而爲然後。俞蔭甫太史平議以然字屬上句。皆未察墨子文法也。

公輸篇　以牒爲械。

詒案。此承上句解帶爲城而言。則牒葢韘字之借。詩芄蘭篇云。童子佩韘。韘言佩。必佩於帶也。毛傳云。韘、玦也。能射御則佩韘。葢韘用則著於指。不用則佩於帶。因解帶而以韘爲械。宜矣。畢沅本依御覽改牒爲褋。解爲禪衣。則當云解褋爲械。與解帶爲城作對文。不當用以字爲承上之辭。王念孫雜志依史記孟荀傳索隱。以札牒本義說之。尤遠。俞蔭甫太史平議據文選陳孔璋書。言墨子之守縈帶爲垣。折著爲械。以牒爲梜字之借。梜卽著。抑知彼文言折著。正與縈帶作對文。此言以牒。未嘗援據矣。又所謂解帶爲城、以牒爲械者。不過借帶韘以爲城械。指點其守圉之法耳。非帶果可爲城。韘果可爲械也。墨子豈有神術與。下文云。公輸盤九設攻城之機變。一設字足玩。葢盤亦必借他物以指點其雲梯之攻。所謂設也。

備城門篇　爲縣沈機長二丈。

詒案。縣沈機、葢其器之名也。可沈入塹中。故其下鑿塹。下文云。塹中深丈五。是也。機長二丈。而塹中深丈五。則沈之猶上出者五尺矣。又云。塹之末爲之縣。明又可以縣也。故曰縣沈機。畢沅據太平御覽於縣下增一門字。則不以縣沈機爲名。而名縣門矣。縣門二字雖兩見左傳。莊二十八年。襄十年。然其同物與否。姑勿論。要彼自名縣門。此自名縣沈機。御覽自衍一門字耳。備穴篇有轉射機。亦以機名器。可旁證也。

備城門篇　塹長以力爲度。

詒案。此力字當不誤。俞蔭甫太史平議謂力字無義。疑方字之誤。竊謂不然。下文云。塹之末爲之縣。

塹有末則必不方。方則無所謂末也。葢鑿塹必自城門起。由城門而鑿進內。至盡頭處則謂之末。其處爲之所。可容一人。故又云可容一人所。此一人者、司縣沈機者也。欲縣卽此人縣之。欲沈卽此人沈之。惟沈不須力。縣則必用力。縣力與一人之力相準。乃可以縣。若塹太長。則人力且不勝縣力。不得縣矣。故塹長必以力爲度。力字之義如此。非誤字也。或疑此爲守城門之具。其力必重大。諒非一人之力能勝。則不悟其爲機矣。謂之曰機。又何疑乎。

備城門篇　夏葢亓上。

啚案。夏當讀爲廈。淮南說林訓高注云。廈、屋也。說文無廈字。故古書廈屋字止作夏。以說文求之。广部有庌字。云廡也。葢廈之本字矣。夏葢亓上者。屋葢其上也。

備城門篇　喪以弟。

啚案。喪字之義。畢沅注訓藏。孫詒讓閒詁釋爲掩覆。未知孰是。畢讀連下文瓫字句。孫以下文瓫爲兌之誤。讀弟字句。似孫優於畢。而孫以弟字爲茅字之誤。則亦恐不然。弟葢讀爲鐵。古弟與夷通。易渙卦匪夷所思。陸釋云。夷荀本作弟。又如明夷卦釋。引子夏本作睇。又作眱。亦其例也。書堯典嵎夷。史記堯紀索隱云。今文尚書及帝命驗並作禺鐵。然則弟之爲鐵。猶夷之爲鐵矣。喪以弟者、喪以鐵也。故下文云。兌亓端。兌者、銳也。銳其端。正謂銳此鐵之端耳。狗屍之制。葢以木三尺牢縛於弋。故上文云。狗屍長三尺。下文云。堅約弋。堅約卽牢縛也。而猶以木爲不足以傷敵。故又包之以鐵。而銳其端也。或疑喪字爲襄字之誤。卽書堯典懷山襄陵之襄。正包義也。依說文作⿱竹褱。竹部云。⿱竹褱、褱也。褱之言包也。不必訓藏與掩覆。然仍不敢執。今案。下文言。狗走蚤長四寸。此爽字疑當作蚤字。形雖不相近。義或較優。

備城門篇　之廁者不得操。

罯案。操蓋讀爲躁。論語季氏篇。言未及之而言謂之躁。何晏集解引鄭注云。躁、不安靜也。言之廁者宜安靜。故曰不得躁。此借作操。而畢沅注遂謂不得有挾持。孫詒讓閒詁并謂下有挩文、並非也。

備城門篇　七尺一居屬。

罯案。居蓋讀爲倨句之倨。大戴曾子立事記云。與其倨也。寗句。蓋凡物之侈者謂之倨。斂者謂之句。屬、謂斸也。斸有句有倨。考工車人記鄭注引爾雅曰。句欘謂之定。欘亦卽斸。今釋器作斪斸。此斸之句者也。此言居屬。斸之倨者也。有句斸。則宜有倨斸矣。亦於其形侈斂分之耳。云一倨斸。明倨斸一物也。若管子小匡篇云。惡金以鑄斤斧、鉏夷、鋸欘。彼鋸欘與斤斧、鉏夷並稱。則謂鋸與欘兩物乖於一字之義。且下文所舉。亦多主一物言。故知此居字當讀爲倨。不當讀爲鋸也。畢沅注云。疑鋸欘。未然。

備城門篇　除城場。外去池百步。

罯案。此當讀場字句。外去池百步、卽謂所除之城場也。孫詒讓閒詁本於外字斷句。非。

備城門篇　則民亦不宜上矣。

罯案。宜與義通。義之言議也。故宜亦可通議。詩文王篇宜鑒于殷。小戴大學記引作儀監于殷。宜之通議。猶宜之通儀矣。民亦不宜上者、民亦不議上也。卽有道則庶人不議之意也。俞蔭甫太史平議以不爲亣字之誤。又移亣字在宜字下。似太更張。

備高臨篇　敢問適人積土爲高。

㐫案。高亦可爲名目。葢積土爲之。其名曰高。故曰積土爲高。若止作崇高義。則爲字不辭矣。說文高部雖訓高爲崇。而云與倉舍同。意與倉舍同意。則高字本實義矣。備穴篇云。十步擁穴。左右横行。高。彼高當亦名目。卽積土爲之者。雜守篇放此。

備高臨篇　足以勞本。

㐫案。本當爲士。古士字有作夲者。中筆下出。卽成本字。故誤士爲本。然足以勞本。義不可解。士者、士卒也。謂羊黔之法。足以勞士卒。而不足以攻城。故下文云。不足以害城也。王念孫雜志於備城門篇穴師選本。謂選本當爲選士。甚確。而此校附備城門篇城下樓本率一步一人下。云本當爲卒。竊疑未是。彼本率、葢亦正士卒之誤也。

備高臨篇　左右出巨各二十尺。

㐫案。各當讀爲閣。下文云。行城三十尺。行城與巨閣對。皆名目也。上文云。守爲臺城。閣卽臺也。然則巨閣、行城。卽臺城而分言之。備梯篇言守爲行城、雜樓。行城雜樓亦卽臺城也。故彼下文亦分言行城、巨各。彼各亦當讀閣。巨閣卽彼雜樓也。且彼文云。左右出巨各二十尺。高廣如行城之法。不知各之爲閣。則高廣句如何可解。俞蔭甫太史平議謂上文皆言行城。而此卽云高廣如行城之法。義不可通。致疑高廣上脫雜樓二字。而豈知巨各卽雜樓。斷不容再加雜樓二字也。

備高臨篇　杖大方一方一尺。

畧案。杖字據俞蔭甫太史平議謂當作材。是也。下文出材大字。可證。方一方一尺者、葢當作廣一丈一尺。廣方疊韻。例可假借。一方爲一丈之誤文。如此句始有義。且下文云。長稱城之薄厚。下既别言長。則上不得言方。方則廣長悉在内矣。故知方爲廣字之借也。其長稱城之薄厚。城之薄厚卽極薄。必逾丈。而其廣乃僅一尺。又必無之理。故不可以方一複文爲衍。而知一方爲一丈之誤也。

備高臨篇　兩軸三輪。

畧案。兩軸而有三輪。必是前一軸居中一輪。後一軸左右兩輪。是三輪矣。三輪之制。亦所當有。俞蔭甫太史平議謂三當作四。似不必破字也。

備高臨篇　以弦鉤弦至於大弦。

畧案。云至於大弦。則以弦鉤弦者、小弦矣。弦有大小。猶下文矢亦有大小也。此著大弦而不著小弦。著大弦。而以弦鉤弦之爲小弦可知。猶下文著小矢而不著大矢。著小矢。而矢高弩臂三尺之矢爲大矢亦可知。古人文法之精也。惟其以弦鉤弦。故曰至於大弦。弦字似無誤。孫詒讓閒詁疑上弦字作距。未必然矣。

備高臨篇　引弦鹿長奴。

畧案。長字衍文。吳寛本無長字。是也。鹿奴者、鹿盧也。盧奴疊韻字。故鹿盧可稱鹿奴。卽下文之磿鹿也。磿鹿舊譌爲磿麀。王雜志引之云。當爲磿鹿。引弦鹿盧者、謂以鹿盧引弦也。孫詒讓閒詁云。此疑當作鹿盧收。下云。以磿鹿卷收。是以長爲盧之誤。奴爲收之誤。則不然。同一鹿盧之用。彼言收。此言引。文選典引李注云。引者、伸也。引爲引伸。則與收義正相反。既言引伸弦。又曰鹿盧收。豈可通乎。淮南子說林訓言引弓。高注云。引、張弓也。引弦猶引弓矣。

備梯篇　及管酒塊脯。

鬯案。及、乃之誤。畢沅孫詒讓本俱改正。管酒者、謂酒一管也。塊脯者、謂脯一塊也。惟酒以管稱。似無義。豈竟以竹管盛酒邪。墨子好儉。要亦未可知者。否則脯何以塊稱乎。抑古酒器名與樂器名多同名者。說見周禮鬯人職校。則安見管之名樂器有之。酒器獨不當名邪。又或者讀管爲盌。夗聲官聲。古音同部。故如捾搯之捾。字或作捥。是其證矣。管酒者、盌酒也。謂酒一盌也。孫閒詁以管爲澄字形近之誤。恐不然。澄卽省作登。與管形實不相近。至塊字義本甚明。至今肉猶稱塊。而畢以爲魄。孫以爲搏。不免多事矣。

備梯篇　爭土吾城。

鬯案。土城者、土城門也。戰國齊策云。衛八門土而二門墮矣。鮑彪註云。以土塞門而守。土門與土城一也。鮑言守。則非。此言攻。不言守。土之言杜也。周禮大司馬職言。犯令陵政則杜之。是古攻城有杜之之法。然則策言衛門。亦未必不謂趙攻衛。非謂衛自守。鮑自誤解作守耳。爭土吾城者、謂彼武士爭杜吾城門也。上文云。煙資吾池。煙資者、堙塞也。王念孫雜志、俞蔭甫太史平議。並有說。彼言池、謂城池也。此言城、謂城門也。煙資吾池、卽杜吾城池也。爭土吾城、卽堙塞吾城門也。其義互觀自得。此土必非誤字。畢沅本據御覽改爲上。大非矣。備穴篇以柴木土稍杜之。畢云。此及杜門字皆爲敗之假。是畢亦明知杜之說矣。徒以此作土。妄依御覽改上。夫亦於假借之例未盡貫澈與。土借字。杜仍是借字。其本字信如畢云作敷。是也。說文攴部云。敷、閉也。閉塞之義也。　又案。穀梁成二年傳云。使耕者盡東其畝。則是終土齊也。彼以盡東其畝爲杜。其義與土城門有閉。或謂彼土齊。當讀爲墮齊。要於此土字卽讀爲墮。亦可備一說。非攻篇云。墮其城郭。以湮其溝池。

備水篇　鑿城內水耳。

鬯案。內當讀爲納。謂鑿城以納城外之水入於耳也。耳上或脫一於字。耳卽上文今耳其內之耳。孫詒讓閒詁以爲巨字之誤。而讀巨爲渠。鬯則疑其爲井字之誤。未知是否。

備穴篇　城壞或中人。

鬯案。或卽域字。說文戈部云。或、邦也。从囗、从戈。以守一。一、地也。又出或體。从土作域。是許以或城爲同字。此或中人。正謂域中人。故承城壞而言。城中人卽城中人也。城壞故不曰城中人。而曰域中人。據王念孫雜志。此下當接備城門篇爲之柰何云云。（孫詒讓本巳據移。）則意義正協。或中人卽屬爲之柰何七字連讀。問城壞則城中人爲之柰何也。書傳別或於城。或字多作語辭。然此或字作語辭。不可通矣。

備穴篇　令亣廣必夷客隊。

鬯案。夷蓋有及義。古雖無訓夷爲及。然有訓夷爲儕。小戴曲禮記鄭注云。夷、猶儕也。儕與及、義相成矣。及之、故儕之也。竊謂如詩。蟊賊蟊疾。靡有夷屆。罪罟不收。靡有夷瘳。謂靡有及屆。靡有及瘳也。

孟子盡心篇云。其志嘐嘐然曰。古之人。古之人。夷考其行而不掩焉者也。謂及考其行而不掩也。是夷有及義。令其廣必夷客隊者。令其廣必及客隊也。上文云。穴隊若衝隊必審知攻隊之廣狹。知原誤如。孫詒讓閒詁巳正。而令雅穿亣穴。畢沅本。雅改邪。邪雅並牙聲。二字可通。不須改。攻隊卽客隊也。是旣知客隊之廣狹矣。故令其所穿之穴必及客隊之廣也。不然。則夷字不可通。

備穴篇　倚殺如城報。

巸案。報字無義。疑亦當作殺。古城有殺法。考工匠人記云。囷、窌、倉、城。逆牆六分。卽言殺法也。彼文遙承彼上文爲防。其綱參分去一而言。城六分者、謂六分其崇而去其一也。說巳詳彼校。然則倚殺如城殺者。亦謂六分其崇而去其一矣。

備穴篇　亣木也。廣五尺。

巸案。木也二字。疑一杝字誤分之。小戴曲禮記鄭注云。椸可以枷衣者。椸卽杝字。枷衣者謂之杝。故枷藉莫者莫畢沅注云。幕同。案。讀爲幕。非同字。亦謂之杝。藉莫廣七尺而杝廣五尺。則左右外餘者一尺也。

備穴篇　中藉苴爲之橋。索亣端。

巸案。苴卽莫字之誤。讀爲幕。孫詒讓閒詁巳著。橋、猶下文以橋鼓之之橋也。彼畢沅注云。橋、桔皋也。則此橋亦當是桔皋。蓋爲桔皋於藉莫之中。而以繩索繫於其端也。畢注於下而不注於上。當失檢耳。

備穴篇　十步一柄長八尺。什大容二什以上。到三十。

𢇁案。什、十。據俞蔭甫太史平議謂並斗字之誤。孫詒讓閒詁謂上斗字卽料之假字。皆是也。惟料當在十步一之下。謂十步一料。其柄長八尺。其大容二斗以上。至三斗也。料字既誤爲什。而又錯在大字之上。則柄爲何柄乎。

備穴篇　用撚若松爲穴戶。

𢇁案。撚疑楙字之誤。集韻侯韻有楙字。云。木曲枝曰楙。一曰木名。此與松並言。當從木名一訓。而木曲枝之義亦可參。葢惟楙木枝曲。松亦枝曲。故爲穴戶必取此二木也。蘇時學刊誤以撚爲桐字之譌。似未是。孫詒讓閒詁以爲梓字之異文。尤杜撰矣。

備穴篇　卽以伯鑿而求通之。

𢇁案。此伯字吳寬本作百。百疑巨字之形誤。葢巨誤爲百。百又誤爲伯也。巨者、鉅之借字。鉅者、謂鉤鉅也。下文云。客卽穴。亦穴而應之。爲鉤鉅長四尺者。財自足。則鉤鉅者正鑿穴之器也。孫詒讓閒詁疑當作倚。必非。此言以伯鑿。玩一以字。則伯必是器名。不可以邪倚之義解之。

備蛾傅篇　敢問適人强弱。

𢇁案。此强弱二字不平列。謂彼以强淩我弱也。故曰敵人强弱。適敵通。

備蛾傅篇　以爲勇士前行。

𢇁案。爲字無義。爲或讀爲僞。謂眞勇士在後。而以僞勇士前行欺敵。

備蛾傅篇　連殳長五尺。大十尺。

詒案。長五尺。則其大不得有十尺。十字或衍。否則當云大十寸。十寸卽一尺也。猶下文諸言十尺。十尺卽一丈也。不言尺而言十寸。與不言丈而言十尺。同一措辭法也。下文云。挺畢沅改从扌爲从木。作梃。然二字假借自通。不必改。長二尺。大六寸。是大必無過於長者。卽近證。

備蛾傅篇　荅爲格。令風上下。

詒案。格如今窗格。故云令風上下。

迎敵祠篇　從外宅諸名大祠。

詒案。從字孫詒讓閒詁謂當作徙。是也。但云。城外居宅及大祠。寇至則徙其人及神主入內。分外宅與諸名大祠爲兩項。疑未然。城外居民豈能盡容城內。此止當謂城外所宅之諸名大祠。徙其神主入內耳。故下文云。靈巫或禱焉。給禱牲。卽承諸名大祠言。不及居民也。

旗幟篇　女子爲梯末之旗。

詒案。梯當讀爲娣。娣梯並諧弟聲。末當讀爲妹。妹字依說文諧未聲。不諧末聲。然白虎三綱六紀通云。妹者、末也。又。紂妃妹喜。或作末喜。則安知妹不本作妹。諧末聲與。說文女部。娣、妹皆訓女弟也。則是娣卽妹也。妹卽娣也。如或別之。則以嫁者爲娣。未嫁者爲妹。然古人自有複語。總爲女子年少之稱耳。女子爲娣妹之旗。猶上文云五尺男子爲童旗。童亦年少之稱也。或云。梯當姊之誤。姊妹則不複矣。此亦一說。蘇時學刊誤疑當作枯楊生稊之稊。必非。

號令篇　必選擇之有功勞之臣。

闓案。上之字當讀爲諸。詩伐檀篇寘之河之側兮。彼上之字。漢書地理志作諸。孟子萬章篇封之有庳。後漢書袁紹傳李注作封諸有鼻。諸之一聲之轉。例可通用。虛實之義。古人弗泥。此之有功勞之臣者、謂諸有功勞之臣也。

號令篇　里舌與皆守。

闓案。皆葢者字形誤。者之言諸也。諸守者謂諸凡有職守之人也。畢沅注謂與皆守當爲與守皆。殆未是。孫詒讓閒詁謂當作與有守者。下文常見。然此不必與下文同。意則然矣。

號令篇　舌與開門內吏。與行父老之守。

闓案。舌與之與當衍。與行之上葢卽涉上脫一吏字。舌開門內吏者、里正開門納吏也。吏與行父老之守者、吏與里正行父老之守也。

號令篇　絕巷救火者斬。

闓案。絕巷者、葢守巷門。禁人之入巷也。今西國救火必絕巷。其意葢防匪人因火劫物耳。然巷中人旣出。亦不得復入。坐視其家物焚盡而不能取攜。實虐政也。故墨子處以斬。下文云。以火爲亂事者如法。則因火劫物者自不赦。其視西人之法爲近情矣。

號令篇　若視舉手相探。

闓案。視字葢涉上文衍。

號令篇　及非令也。

鬯案。非令、謂非議在上者之令也。此自上文若舉手相探舉上視字衍。見上條。至下文而視敵動移者斬。當讀作一長句。則也字或衍。

號令篇　諸門下。朝夕立若坐。各令以年少長相次。

鬯案。朝夕疑涉下文旦夕而衍。下文云。旦夕就位。先右有功有能。右字本作佑。畢沅本改爲佑。云。此右字。俗加人。今從之。旦夕卽朝夕也。既旦夕就位。先右有功有能。則是不以年少長次矣。然則各令以年少長相次者。明在一日之閒隨立隨坐。非旦夕就位之時。故不必著朝夕字也。其爲衍文可知矣。

號令篇　能捕得謀反賣城踰城敵者。

鬯案。敵字葢當在踰字之上。敵踰城者、謂敵人潛踰我城而入者也。既城內人有謀反賣城者。則豈無敵人潛來者。故曰敵踰城者。作踰城敵者。則義不可通矣。畢沅注云。當作歸敵。脫歸字。無論專臆補字。既言謀反賣城。則其潛踰城而出。已在其中。若既歸敵矣。其又何以捕得乎。　又案。下文云。一人。以令爲除死罪二人。城旦四人。反城。事父母去者。孫詒讓閒詁云。事疑當作弃。去者之父母妻子。王念孫雜志云。此下有脫文不可考。鬯謂脫文當在此句之下。一人至城旦四人十四字當與反城至父母妻子十四字乙轉。謂去者之父母妻子。或止有父。止有母。止有妻。止有子。是一人也。除、當如考工玉人記以除慝之除。鄭注云。除慝、誅惡逆也。然則除、猶誅也。以令爲除爲止一人。故或以死罪除之。或以城旦除之。不定。當聽令而行。若父母妻子有多人。則定罪死者二人。城旦者四人也。是彼文實無脫。下文云。守身尊寵明白貴之。令其怨結於敵。不知是此句之下脫文否。

號令篇　主者門里莞閉。

匽案。者門、諸門也。孫詒讓閒詁云。者諸通。是也。里字蓋衍。蘇時學刊誤謂門里當作里門。非也。此諸門承上文而言。上文云。葆宮之牆必三重。則門者指牆門。非里門。牆有三重。則有三門。故曰諸門也。不合著里字。

號令篇　其受構賞者。

匽案。構賞當是謂賞其父祖。說文木部云。構、蓋也。从木冓。會意。木冓則有層累之義。既賞其本人。又賞其父祖。是層累賞之。故曰構賞。此後世勅誥封典之濫觴矣。下文云。以與其親。親卽指其父祖也。則構賞之義甚曉。而校家未有表出者。下文諸言構賞同。

號令篇　候來若復就閒。

匽案。來者、來至守宮也。復者、反至異宮也。就閒者、承上文信吏而言。閒、如孟子離婁篇王使人瞯夫子之瞯。依說文目部。瞯訓戴目。門部云。閒、隙也。今大徐本。隙誤隟。則恐閒是正字。瞯轉借字。从門从月者。門中窺月之意也。門中窺月。引伸之卽凡窺伺之義矣。戴目之義於窺伺之義轉遠。此謂候之一來一復。信吏必就窺伺之。故曰就閒也。所以然者、候者欲其得敵情也。而又慮其泄我情也。故就閒必使信吏。上文云。勿令知我守衛之備者爲異宮。亦此意也。孫詒讓閒詁止引小爾雅廣詁云。閒、隙也。則其義何以曉乎。無乃太簡。

號令篇　士候無過十里。

詒案。士當爲土字之誤。候以土爲之。故曰土候。此候蘇時學刊誤謂斥候。是也。故下文云。居高便所樹表。表三人守之。比至城者三表。比原譌北。王念孫雜志云。北當爲比。比、及也。比至城者、卽謂自十里之土候比至於城也。其閒則立三表耳。而王雜志王引之說。以士爲出字之誤。據下文候者日暮出之爲證。然彼文自出字。此文自土字。兩文候字不同。此候自斥候。彼則明言候者。乃孫詒讓閒詁又援說文人部云。候、伺望也。云斥與候不同。不知候爲伺望。故伺望之所卽曰候。大凡字之動靜皆一義之引伸。淮南子兵略訓高注云。斥、堠也。堠卽候之借字。明斥候一也。且古書以斥候連舉者甚多。斥與候何以別乎。雜守篇云。候出置田表。斥坐郭內外。立旗幟。候斥分言之。是對文有異。惟彼言候與斥。謂候者斥者。卽下文所謂遮也。今案。彼文孫詁亦引兵略訓高注。而云此斥爲遮。與候異。是孫於此亦誤仞斥爲遮耳。非不知斥候之一也。

號令篇　北至城者三表。

詒案。此北字王念孫雜志改比。當是。又引之案。三表當爲五表。恐不然。彼據下文云望見寇。王引之據雜守篇。補見寇二字。今從之。舉一垂。入竟、舉二垂。狎郭、舉三垂。入、王入下補郭字。詒案。蒙上句。省亦可。舉四垂。狎城、舉五垂。以彼垂字皆表字之誤。五垂卽五表。俞蔭甫太史平議云。垂者、郵之壞字。郵卽表也。較王說優。謂卽此所謂比至城者五表也。詒竊謂小王於兩文尚未細會。此文與彼文其實不同。此上文言土候無過十里。土字校見上。則此言比至城者三表。謂自十里之土候比至於城。中閒列立三表。蓋約二里半一表耳。上文云。高便所樹表。則不必準二里半。要大率不離此。彼上文已言城上以麾指之。則五垂之舉。實皆城上舉之。卽觀於其言狎郭、言入、言狎城。亦足見城郭之閒。其相去幾何。而顧列有三表邪。又豈有寇已入郭。而猶舉郭外之表邪。然則彼言望見寇者、謂城上人望見也。言入竟者、入軍竟。而非謂入國竟也。要寇已入三表之內。故此三表之舉必尚在彼舉一垂之前。此三表自三表。彼五垂自五垂。不可牽合也。焉可以此三字爲五字之誤乎。

號令篇　木盡伐之。

鬯案。此蒙上宅室而言。王雜志引之曰。外空窒當作外宅室。謂城外人家之室也。則木謂人家庭中之木。與上文樹木不複。

號令篇　出其所治則。從淫之法。

鬯案。此當讀至則字句。孫詒讓閒詁乃於治字斷句。非也。治則者、治之則例也。出其所治則者、謂縣示所治之則例。使人知之也。又案。從當讀爲縱。漢書中縱字多作從。不勝舉證。顏注每云。從讀曰縱。從淫者、縱淫也。之葢不字之誤。

雜守篇　救死之時。日二升者二十日。日三升者三十日。日四升者四十日。如是而民免於九十日之約矣。

鬯案。救死之時、謂城被圍而兵糧甚乏之時也。備城門篇言守城之法云。薪食足以支三月以上。支依畢改。舊誤交。是食至少必有三月之糧。三月者、九十日也。今救死之時必不足三月。而仍必以三月計之。故爲九十日之約。約者、與民約也。與民約守此九十日也。則必合計其人數與食數矣。設每人尚有食二石九斗。則以九十日均計之。每人合日食三升强。然如此。則慮民之久守而漸懈也。故先給以少。而後給以多。二十日每人止二升。二十日之後至五十日。則日三升。五十日之後至九十日。則日四升。故曰二升者二十日。三升者三十日。四升者四十日。備城門篇云。城中無食。則爲大殺。大殺之法當卽此法。如此則民勉矣。故曰如是而民免於九十日之約矣。免當讀爲勉。孫詒讓閒詁不省免之當讀勉。云。約謂爲危約。謬甚矣。

雜守篇　城四面外各積。其內諸木大者。皆以爲關鼻。

鬯案。內讀爲納。大字疑盇字之壞文。說文血部云。盇从血大。朱駿聲通訓云。盇从皿从大。大者象覆蓋形。从一。一者、皿中物也。今隸作盍。从去。从皿。深得六書之意。疑篆本从去皿。不从大血也。俗字作盒。竊謂朱說卻勝許舊說。此盇字正是俗之盒字。木盒者、以木爲之也。蓋各積指小物言。故納諸木盒。然後便攜取。納諸木盒猶慮其易啓也。故又爲關鼻。畢沅注關鼻云。言爲之紐。令事急可曳。其說然矣。但不察大字爲盇字之壞文。則所謂木大者何器乎。

雜守篇　守大門者二人。夾門而立。令行者趣。其外各四戟夾門立。而其人坐其下。

鬯案。趣讀爲趨。趨趣二字。聲義俱近。古書通用。不煩舉證。孫詒讓閒詁云。趣、疾行也。以疾行詁趣。然趨亦疾行之義。固無害也。惟孫斷句在其外下。故又云。所以防窺伺者。是則專令門外之人疾行過門。而豈竟無一人出入門者乎。且令門外之人疾行過門。而云令行者趣其外。句義實不調直也。鬯以爲此當讀令行者趨爲句。其外二字下屬各四戟夾門立爲句。各者、謂門左右也。各四戟。則八戟矣。是謂門外夾門而立八戟也。而其人卽坐戟下。其人者、亦守門之人。而非卽二人也。以其外二字上屬。

將毋以其人卽二人。顧止二人則安用八戟。有八戟。則坐其下者亦必八人。不言者、旣云各四戟。其數可知也。且二人明言夾門而立。立者何得忽坐。曰立曰坐。分別甚明。則其異人甚明。葢二人之守門。守門內也。八人之守門。守門外也。然則門外之人窺伺。正宜八人者防之。而二人者之令行者趨。實專司出入門之人。無與於門外窺伺之人也。號令篇云。侍大門中者。曹無過二人。彼亦言大門。與此同。則彼二人卽此二人。云大門中。中卽內也。二人之守門內有明證。

莊子一

內篇

逍遙遊篇

鬯案。天道篇云。逍遙、無爲也。此莊子自注。又。達生篇云。逍遙乎無事之業。讓王篇云。逍遙乎天地之閒。又案。逍遙可作須臾解。楚辭離騷聊逍遙以相羊。蕭統文選逍遙作須臾。須臾、逍遙並疊韻字。須逍、臾遙並一聲之轉。例得通用。故漢書禮樂志須臾作須搖。顏師古集注云。須搖、須臾也。然則逍遙遊者、須臾遊也。知北遊篇云。雖有壽夭。相去幾何。須臾之說也。卽逍遙遊之義也。故曰若夫乘天地之正。而御六氣之辯。以遊無窮者。彼且惡乎待哉。無窮二字爲一篇主腦。葢不須臾。惟有無窮耳。苟有窮。雖如鵬去以六月息。在鵬亦須臾耳。冥靈以五百歲爲春。五百歲爲秋。大椿以八千歲爲春。八千歲爲秋。在冥靈大椿亦須臾耳。俞蔭甫太史諸子平議以冥靈大椿爲人名。鬯謂楚之南有冥靈。楚人好巫。冥靈當是巫者。大椿葢如大撓之類。

逍遙遊篇　之二蟲又何知小知不及大知小年不及大年。

鬯案。二蟲承蜩與學鳩而言。此十八字當一氣讀。言此二蟲之不知小不及大也。故下文云。奚以知其然也。朝菌不知晦朔。王念孫讀書雜志餘編云。朝菌、蟲名。非謂芝菌。案此條引之說。惠蛄不知春秋。明蜩鳩之不知小知不及大知。兩知字。依陸德明釋文音智。小年不及大年矣。郭象注以二蟲爲鵬蜩。既失之。又於何知截斷。則小知二句意便黏滯。而下文亦隔閡不通。此與應帝王篇而曾二蟲之無知。意義自異。彼於知字斷。此必不可於知字斷也。十八字作一氣讀。則小知不及大知小年不及大年。指斥二蟲之無知而已。非果莊子有小不及大之旨也。於何知截斷。則小知二句爲莊子之言。宜乎談莊學者皆以莊周爲貴大而賤小矣。則何以云堯讓天下於許由。許由曰。鷦鷯巢於深林。不過一枝。偃鼠飲河。不過滿腹。明鳩斥鴳者。許由當之矣。然則鵬必堯當之。莊果賤由而貴堯者乎。莊不賤由而貴堯。則亦不貴鵬而賤蜩鳩斥鴳矣。曷見其貴大而賤小也。且齊物論云。天下莫大於秋豪之末而大山爲小。則亦何不可謂莫大於蜩鳩斥鴳而鵬爲小乎。秋水篇云。河伯曰。然則吾大天地而小豪末可乎。北海若曰。否。則有問莊子以吾大鵬而小蜩鳩斥鴳者。亦必曰否矣。又云。知天地之爲稊米也。知豪末之爲丘山也。則又何不可謂知鵬之爲蜩鳩斥鴳也。知蜩鳩斥鴳之爲鵬也。故我謂逍遙遊之主指在無窮。而不在大也。

逍遙遊篇　何不慮以爲大樽而浮之江湖。

圖案。慮蓋語辭也。古語辭有用慮字者。初無意義。如論語顏淵篇云。察言而觀色。慮以下人。言察言觀色以下人也。漢書賈誼傳云。慮無不帝制而天子自爲者。言無不帝制而天子自爲也。然則言何不慮以爲大樽而浮之江湖者。何不以爲大樽而浮之江湖也。陸釋引司馬云。樽如酒器。縛之於身。浮於江湖。可以自渡。慮、猶結綴也。以慮爲結綴義。然慮字從無結綴之訓。且結綴以爲大樽。以爲二字亦不可通。要言以爲大樽而浮之江湖。則自必縛之於身以浮。不必於慮字生結綴之義也。慮字自語辭。不煩生義。而其言縛之於身。陸氏所謂腰舟者。說浮字固不爲謬也。後人或讀慮爲鑪。以爲鑪瓠而容身瓠內以浮。於以爲二字卻可通。特恐更非莊子之意。莊說皆取自然。若必鑪之始浮。造作不已甚乎。腰舟之說。則瓠固仍全其瓠。而不鑪壞也。

齊物論　山林之畏佳。

鬯案。畏佳葢卽崔嵬之謂。崔嵬、畏佳皆疊韻字。特略別於侈斂之閒。使畏佳倒言佳畏。侈言之卽崔嵬之音矣。使崔嵬倒言嵬崔。斂言之卽畏佳之音矣。要疊韻、順倒一也。侈斂亦一也。惟崔嵬二字从山。則當是專字。畏佳爲假借字耳。陸釋引李頤云。畏佳、山阜貌。於義固無失。而未得其字也。

齊物論　厲風濟則衆竅爲虛。

鬯案。此言厲風之作。非言厲風之止。而郭注云。濟、止也。烈風作則衆竅實。及其止則衆竅虛。是殆泥一虛字。遂訓濟爲止。然既不先言其作。而遽言其止。無此文法。竊謂濟當訓渡。爾雅釋言云。濟、渡也。謂厲風濟渡之際。非謂厲風濟止之後也。虛葢讀爲嘘。謂衆竅爲之吹嘘。非謂衆竅成爲空虛也。且上文云。泠風則小和。飄風則大和。亦言泠風飄風之作。非言泠風飄風之止。厲風、則其勢更甚於泠風飄風。必不僅於小和大和矣。故曰厲風濟則衆竅爲嘘。衆竅爲嘘者、卽上文言萬竅怒呺也。故彼下文云。而獨不聞之翏翏乎。此下文亦云。而獨不見之調調之刁刁乎。文同一律。若謂厲風止而衆竅空虛。亦與上二句意義不倫。與下文更不接矣。淮南子天文訓云、大風濟、亦謂大風渡也。卽彼下文言涼風至。可證。涼風言至。則大風必不言止矣。而彼高誘注亦誤訓止。郭之誤儻卽承彼與。今案。字有可以上下文雙聲得其義者。涼風言至。而大風言濟。濟與至、雙聲也。則濟即至也。猶詩何彼襛矣篇云。何彼襛矣。唐棣之華。曷不肅雝。王姬之車。既言何彼。又言曷不。不與彼、雙聲也。則不即彼也。說亦見詩校。濟可訓至。猶不可訓彼濟渡之義。猶爲望文。濟之訓止。亦是聲訓。

齊物論　六藏。

𨙸案。六藏疑并胃在內。陸釋云。心、肺、肝、脾、腎謂之五藏。今此云六藏。未見所出。竊謂心、肺、肝、脾、腎、胃則六藏矣。內經玉機眞藏論云。胃者、五藏之本也。然則并胃數之者。并其本數之耳。故彼刺瘧篇言肺瘧、心瘧、肝瘧、脾瘧、腎瘧、胃瘧六瘧並數。明胃得爲一藏也。

齊物論　奚必知代而心自取者有之。愚者與有焉。

𨙸案。奚必知代而心自取者有之十一字爲句。代者、更易也。許叔重說文人部云。代、更也。漢書食貨志顏集注云。代、易也。知代而心自取者、謂知更易其成心者也。上文云。夫隨其成心而師之。誰獨且無師乎。蓋惟知更易其成心者。其心方有師。若隨其成心而師之。雖愚者亦有師矣。奚必知代而心自取者始有哉。故曰奚必知代而心自取者有之。愚者與有焉。郭注云。夫以成代不成。非知也。心自得耳云云。是讀奚必知代四字絕句。則誤讀而誤解矣。抑此知字。陸釋無音。讀如字自通。然音智亦正可。智代者、謂以智更易其成心也。智與愚相對。

齊物論　大廉不嗛。

𨙸案。嗛卽讀爲廉。廉嗛並諧兼聲。例得通借。大廉不嗛。猶言大廉不廉。與上句大仁不仁一律。郭注以爲嗛盈。義不可通矣。大仁不仁、大廉不廉者。卽老子三十八章上德不德之謂也。

齊物論　道昭而不道。言辯而不及。仁常而不成。廉淸而不信。勇忮而不成。

圖案。此五而字當如則字之義。古則而二字通用。則聲而聲。本疊韻也。故如管子七法篇云。故事無備、兵無主、則不蚤知。野不辟、地無吏、則無蓄積。官無常、下怨上、而器械不功。朝無政、則賞罰不明。賞罰不明、則民幸生。凡用四則字。中閒獨出一而字。明而卽則也。彼朱東光本。而亦作則。乃後人改從畫一。又法法篇云。上妄予則功臣怨。功臣怨而愚民操事於妄作。愚民操事於妄作、則大亂之本也。上下用兩則字。中閒亦獨出一而字。明而卽則也。就莊子中亦有可證者。如人閒世篇云。雜則多。多則擾。擾則憂。憂而不救。連用三則字。末獨出一而字。明而卽則也。王引之經傳釋詞有而猶則也一釋。明乎此五而字之如則字之義。然後其文之錯誤亦可案。道昭而不道。當作道道而不昭。謂道道則不昭也。上道字道也。下道字猶言也。卽上文大道不稱之稱也。下文不道之道。亦謂不言之道也。老子首章云。道可道。非常道。兪蔭甫太史老子平議云。常與尚古通。尚者、上也。言道可道。不足爲上道。道道、卽所謂道可道也。故其道不昭也。此明昭道二字之互誤矣。言辯而不及。當作辯言而不及。謂辯言則不及也。上文云。大辯不言。不曰大言不辯。則此當主承辯字。不當主承言字。上下文皆可比例。又下云不言之辯。不云不辯之言。此明言辯二字之互誤矣。仁常而不成。成當讀爲誠。誠與信比。信亦誠也。仁常則不誠。廉淸則不信。皆謂其仁其廉之不實也。且讀此成爲誠。與勇忮而不成。亦不犯複。

齊物論　我欲伐宗膾胥敖。

圖案。此三國據陸釋引崔云。宗、一也。膾、二也。胥敖、三也。而陸標宗膾。又標胥云。華胥國。又標敖。則是陸以宗膾爲一國、胥爲一國、敖爲一國。與崔氏異。雖引其說。實不從之也。兩說未見孰勝。其以胥爲華胥。似較崔略有據。竊謂膾諧會聲。卽可音胡外反。不必如陸引徐音古外反。華音胡瓜反。胡瓜胡外爲雙聲。膾胥、儻卽是華胥之音轉與。呂氏春秋召類覽言。禹攻曹、魏、屈、驁。敖儻卽是驁與。今案。孫詒讓札迻亦徵及召類覽。又以宗爲崇山。伐驩兜。則是宗一國也、膾胥一國也、敖一國也。此又別一說。與崔陸兩說亦可兼備者矣。人閒世篇云。堯攻叢、枝胥、敖。叢卽宗。膾胥又作枝胥。抑此雖國名。而實指人名言也。故下文言三子。其爲人名可見矣。解家必專以爲國名者。殆因一伐字耳。然伐之義不必定伐國。草木亦言伐。他如伐蛟伐鼓之類。不一而足。則人獨不可曰伐乎。且下文云。夫三子者猶存乎蓬艾之閒。正從伐字生義。是固以伐草木解之矣。故以蓬艾之閒取譬。蓬艾乃必伐之物。而伐之甚易者也。存乎蓬艾之閒。亦見其可伐而伐之甚易也。故又曰。若不釋然何哉。蓋旣可伐而伐之甚易。應無不釋然矣。而堯乃自以爲不釋然。何哉。以起下文德之說也。三子者、必與堯抗者也。故堯欲伐之。雖然。則殊不必伐矣。故又曰。昔者十日並出。萬物皆照。十日可以並出。堯與三子無不可並立於世也。而況德更進夫日乎。此節文意至淺顯。而說者竟不能明憭。故因校宗膾胥敖而遂連及之。國名而亦人名。卽如堯所伐之驩兜。戰國秦策高誘注云。驩兜、國名。而高於淮南子脩務訓注云。驩兜、堯佞臣也。是人名矣。是其例也。

齊物論　三者孰知正處。

㞒案。三當作二。

齊物論　不緣道。

㞒案緣當訓飾。小戴玉藻記鄭注云。緣、飾邊也。故緣有飾義。緣道者、飾道也。何謂飾道。道家所謂道空無所有之道。儒家之詩書仁義威儀品節制度。一切皆道家所謂緣飾之具也。故曰不緣道。謂不飾道也。郭注云。獨至者也。未得其義。

齊物論　夫子以爲孟浪之言。

㞒案。孟浪之說。陸釋所引。惟向氏謂孟浪音漫瀾。無所取舍之謂。以聲求之。似較其引李崔二家說勝。李云。猶較略也。崔云。不精要之貌。後人支解。更何足數。㞒竊謂孟浪合音爲夢。短言曰夢。長言曰孟浪。孟浪之言、猶云夢之言也。故下文言夢。且云固哉丘也。與汝皆夢也。非卽因此夫子以爲夢之言而云邪。此亦以聲求。於向說之外又當備一解。

養生主篇　人之貌有與也。

㞒案。之當訓則。王引之釋詞引左僖九年傳東略之不知及國語晉語實之不知。證之有則義。葢則之一聲之轉。亦在可通之例。人則貌有與。見無與而獨者。是天而非人也。

養生主篇　澤雉十步一啄。百步一飲。不蘄畜乎樊中。神雖王不善也。

㞒案。此二十二字當別一節。與上文義不合。郭注本不涉及上文。後人解者率多牽合。非也。又。神雖王不善也。若云雖神王不善也。謂雖奉之爲神。尊之爲王。而雉不以爲善也。雖字著在神王二字之閒。

義屬上下。此文之變例。郭謂雖心神長王。亦非。

人閒世篇　且若亦知夫德之所蕩。而知之所爲出乎哉。

樾案。蕩有亡義。論語陽貨篇皇侃義疏云。蕩、無所據也。無所據非亡象乎。又。泰伯篇疏云。蕩蕩、無形無名之稱也。無形無名。非亡象乎。蕩與出對。出猶生也。明此蕩當訓亡。言德之所以亡與知之所以生也。所爲卽所以也。德之亡、亡於名。知之生、生於爭。故下文云。德蕩乎名。知出乎爭。郭注以流蕩釋此蕩字。未協。要亡之義、卽由流蕩引伸之義也。

人閒世篇　順始無窮。

樾案。此始字爲語辭。卽未始之始也。蓋如反言之。則云順未始有窮。今正言之。故曰順始無窮。上文自目將熒之下。所言皆順也。此承上而言。若云順之則無已時矣。郭注不釋始字。甚是。後人多誤爲始終之始。殆文不成義。

人閒世篇　夫以陽爲充。孔揚采色。不定常。人之所不違。

樾案。此蓋當讀夫以陽爲充爲句。孔揚采色爲句。不定常爲句。舊讀揚字句、定字句。非也。其義則當借孟子之說反證之。盡心篇云。充實之謂美。充實而有光輝之謂大。大而化之之謂聖。聖不可知之謂神。以陽爲充。非充實也。孔揚采色。非光輝也。不定常。非化也。而亦不可知也。不定常。人之所不違。又可以論語證之。子路篇所謂唯其言而莫予違也。抑此常當讀爲尙。賈誼新書宗首篇常憚以危爲安。宋建甯府刊本如此。漢書賈誼傳常作尙。明二字可通。不定尙者、謂不定其所尙也。

人閒世篇　因案人之所感。

樾案。因當讀爲恩。儀禮喪服傳因母、猶恩母。校見彼。案　語辭。猶則也。王引之釋詞云。荀子臣道篇曰。是案曰是、非案曰非。言是則曰是、非則曰非也。正論篇曰。今子宋子案不然。言今子宋子則不然也。然則因案人之所感者、猶云恩則人之所感也。上文云。不定常人之所不違。是畏之也。此言恩則人之所感。是私之也。畏之私之者、皆欲求悅君心。故下文云以求容與其心。史記司馬相如傳司馬貞索隱引郭璞曰。容與、言自得也。文選洞簫賦李善注云。容與、寬裕之貌。皆悅意也。

人閒世篇　成而上比。

樾案。成葢讀爲誠。與齊物論仁常而不成之成同。見上校。詩我行其野篇成不以富。論語顏淵篇作誠不以富。明誠成通用。孟子公孫丑篇趙岐章句云。誠、實也。則誠而上比者、謂實而上比也。故下文云。成而上比者與古爲徒。其言雖教讁之。實也。實字正解成字。又云。古之有也。非吾有也。解上比也。分解成而上比。明白如此。明成卽誠矣。且使執成字言之。其義何在。其言雖教讁之。實也。當讀至之字句。實也二字句。郭注讀教字句。非也。

人閒世篇　知天子之與己皆天之所子。

樾案。下子字疑子字之誤。言天子與己。無論貴賤上下。皆受生於天。故曰皆天之所子。若作子、則與天子之子旣犯複。而上文云與天爲徒。旣曰徒。又何曰子乎。

人閒世篇　無門無毒。

𤕤案。毒字無義。疑讀爲堂。堂毒一聲之轉。此雙聲假借字也。無門無堂。猶知北遊篇云無門無房。房堂同也。郭注訓毒爲治。必非。

人閒世篇　事若不成。則必有人道之患。

𤕤案。人道猶人言也。事若不成。則必有人言讒譖之患。故曰必有人道之患。郭於上文寡不道以懽成注云。少有不言以成爲懽者。是明以言訓道。而此注云。夫以成爲懽者、不成則怒矣。此楚王之所不能免也。卻遺釋人道二字。或以上下兩道字爲異義。非矣。此言以人言爲患。故下文有言必或傳之。夫傳兩善兩怒之言云云。皆論人言。正因此人道發也。其曰凡溢之類妄。妄、則其信之也莫。莫、則傳言者殃。所以明人言實不足爲我患。直彼自爲患耳。下文同。

人閒世篇　三圍四圍求高名之麗者斬之。

𤕤案。此名字可疑。恐各字之誤。各之言閣也。墨子備高臨篇、備梯篇並言左右出亘各。亘各卽亘閣也。校見彼。然則高各卽高閣也。高閣猶亘閣也。彼言禦敵。則軍事有建閣之法。又如戰國齊策言。棧道不閣。則凡險絕之處亦建閣以通道。史記高祖紀司馬索隱引崔浩謂。險絕之處。傍鑿山巖而施版梁爲閣。是也。古之所謂閣。有止扉之閣。有庋食之閣。此閣已自戰國始有之。宜見於莊周之書。若夫阿閣。則其制更在後矣。故陸釋引司馬云。麗、小船也。又、屋檼也。小船之解於此無施。不知高名之誤故。屋檼之說。則是非分半。其言檼。是也。其言屋。非也。惟阿閣始有屋。莊子所稱閣。必未有屋也。故但當謂麗爲檼。而不當謂屋檼。秋水篇云。梁麗可以衝城。亦卽此麗字。彼陸釋引崔云。屋棟也。則視屋櫺之義更遠。蓋梁者、屋脊之橫木也。棟者、承梁之木也。櫺者、惟重屋有之。今人所謂閣柵是也。櫺之言隱也。閣柵隱在閣版之下。故謂之櫺。以櫺訓此麗。固甚確。高各之麗者、正謂高閣之櫺也。三圍四圍。用適合宜。故求者斬之。閣以各爲之。後人不通假借。以高各爲無義。因改各爲名。而不知高名斯無義矣。而麗字亦遂莫得其眞解矣。

人閒世篇　迷陽迷陽。無傷吾行。

㓂案。此句法如詩碩鼠篇碩鼠碩鼠無食我黍之類。然則迷陽當是物名。郭注謂猶亡陽。陸釋引司馬謂伏陽。疑並未是。呂氏春秋本味覽云。迷蕩之掔。今本迷字誤作述。徐堅初學肉記引彼不誤。高誘解以迷蕩爲獸名。陽之言蕩也。迷陽蓋卽迷蕩也。

德充符篇　魯有兀者。

㓂案。此兀者別本必有作介者。故陸釋云。兀、五忽反。又音界。兀何得有界音。必係別本作介之音。而陸卽以音此兀字。猶養生主篇惡乎介也。釋云。介音戒。一音兀。介亦何得有兀音。則卽以作兀之本音彼介字耳。陸書自有此例。故彼又云。崔本作兀。又作跀。庚桑楚篇。介者拸畫。陸釋亦云。介音界。又古黠反。崔本作兀。明彼介也有作兀也者。則此兀者亦必有作介者矣。而陸於此不云某本作介。不免疏略。顧云篆書兀介相似。尤爲可議。篆書兀介二文正絕異。謂隸書相似或猶可。何云篆書相似乎。竊謂此與下文諸兀者及見於他篇用字。當本一律。作介、則諸處皆合作介。作兀、則諸處皆合作兀。今或作介。或作兀。實雜兩本爲一本也。且如下文云。申徒嘉、兀者也。又云。而未嘗知我介者也。此非雜出之明驗乎。

似未當以上下異文同義之例説之矣。

德充符篇　勇士一人雄。入於九軍將。

𨑯案。此當讀各五字句。將者、將軍之將也。言勇士初特其一人自雄耳。而入於九軍之中爲將軍。則九軍從之。故曰勇士一人雄。入於九軍將。郭於此無注。其讀不著。而自來皆讀勇士一人爲句。雄入於九軍爲句。將字作語辭。連下句讀。殆非也。

德充符篇　今子與我遊於形骸之內。而子索我於形骸之外。

𨑯案。內外二字互誤。

德充符篇　彼何賓賓以學子爲。

𨑯案。學子、猶學人也。子者、男子之美稱。故稱學人爲學子。猶才人稱才子耳。以學子爲。若云以爲學子。倒字法也。謂彼何賓賓然自以爲學子也。郭注謂學於老聃。以子指老聃。殆非是。孔子生平本以學人自任。故論語開首言學。又曰學而不厭。然則無趾雖與孔子趣向異。亦爲能識孔子者矣。

德充符篇　資刖者之屨。

𨑯案。資字舊讀屬上句。非。前人已有訂之者。此之字蓋猶云以。資刖者之屨者、謂資刖者以屨也。資訓給。戰國秦策高注云。資、給也。又齊策注云。資與、與亦給也。資刖者以屨者、給刖者以屨也。刖者無足。給刖者以屨。無所用之。故下文云無爲愛之。

德充符篇　爲天子之諸御。不爪翦。不穿耳。

闓案。爲天子之諸御。郭下文注云。采擇嬪御。是也。采擇嬪御。則其中采不中采尙未有定。故不爪翦不穿耳。葢必古時之處女不爪翦。不穿耳。及其嫁也。則爲之爪翦穿耳。以別之於處女也。莊子之言不盡爲典制。要據當時風俗如此。乃今爲天子采擇嬪御。脫不中采。則必仍還歸別嫁與人。若先爲爪翦穿耳。幾幾類非處女乎。故不爪翦不穿耳也。下文云。形全猶足以爲爾。彼兼承下條取妻者而言。於此句義亦謂形全猶足別嫁與人耳。郭此注云。全其形也。合下文注觀之。其意固若是。特語太簡略。而後人伸郭。亦未有爲之發明者。

德充符篇　取妻者止於外。不得復使。

闓案。此必是當時道家之例如是。凡得入使者。皆未取妻者。旣取妻。則不復入使。而止於外。故曰取妻者止於外不得復使。陸釋引崔本使下有入字。其義一也。此葢猶今西敎之取不嫁女爲使。神父至。諸女入值臥房。旣嫁者亦不得與。諸女有犯淫者。斥之。闓前聞友人言。其僦屋與神父臥房鄰。於壁穴中竊視。得見其使諸女術。意其爲秘樂也。古道家之使未取妻者而外取妻者雖使男不使女。葢必有以矣。刻意篇云。吹、呴、呼、吸。吐故納新。熊經鳥申。爲壽而已矣。此道引之士、養形之人、彭祖壽考者之所存也。則道家之有使術也固宜。

大宗師篇　亡身不眞。

闓案。眞當讀爲愼。

大宗師篇　人之有所不得與。

鬯案。此與字承上文而言。上文云。其一、與天爲徒。其不一、與人爲徒。明眞人無所不得與也。故死生命也。不知說生。不知惡死。與人爲徒矣。其有夜旦之常。天也。在夜得夜。在旦得旦。與天爲徒矣。此言人之有所不得與。正謂不得與天爲徒、與人爲徒。則皆因情累之故。下文云。皆物之情也。蓋一有情、卽天人俱失。故上篇惠子謂莊子曰。人故無情乎。莊子曰。然。郭注云。人之有所不得而憂娛在懷。則沒去與字矣。其於與字之說。蓋未得也。

大宗師篇　昧者不知也。

鬯案。昧當讀爲寐。承上文夜半而言。謂人於夜半負己所藏而走。上文山字。俞蔭甫太史平議讀汕。引爾雅釋器。罺謂之汕。藏舟藏汕。皆以漁者言。鬯案。俞議是也。下文云。藏小大有宜。卽承上藏舟藏山言。舟大汕小。而已尙寐而未覺也。

大宗師篇　是恆物之大情也。

鬯案。此與上文皆物之情也句相照。物之情者、暫物也。小情也。此則恆物之大情矣。

大宗師篇　特犯人之形。

鬯案。犯當讀爲範。易繫傳陸釋引馬、王、張本。範圍作犯違。是範犯二字通用。依說文字作笵。書傳則多用範字。或通作范。荀子彊國篇楊倞注云。刑范鑄劍。規模之器也。犯人之形者、蓋正以鑄劍爲喻。故下文云。今大冶鑄金。金踊躍曰。我且必爲鏌鋣。大冶必以爲不祥之金。今一犯人之形。而曰人耳、人耳。夫造化者必以爲不祥之人。今一以天地爲大鑪。以造化爲大冶。惡乎往而不可哉。此言特犯人之形。卽彼言今一犯人之形。彼正以鑄劍喻犯人。則犯字之義可得矣。

大宗師篇　可傳而不可受。

𢎘案。可傳者、得其人卽可傳之也。苟非其人。雖欲强受我道而不可也。楚辭遠遊篇云。道可受兮不可傳。可受者、其人可受卽受之矣。苟非其人。我雖欲强傳之不可也。莊屈兩文用字相反。而意實同一。下文云。南伯子葵曰。道可得學邪。曰。惡。惡可。子非其人也。卽所謂可傳而不可受也。亦卽可受而不可傳也。王應麟困學紀聞諸子卷辨此。猶未明。

大宗師篇　偉哉。夫造物者將以予爲此拘拘也。曲僂發背。上有五管。頤隱於齊。肩高於頂。句贅指天。陰陽之氣有沴。其心閒而無事。跰𨇤而鑑于井曰。嗟乎。夫造物者又將以予爲此拘拘也。

𢎘案。自曲僂發背至跰𨇤而鑑于井一段。乃著書者之辭。莊周之言也。首云。偉哉。夫造物者將以予爲此拘拘也。末云。嗟乎。夫造物者又將以予爲此拘拘也。並子輿之辭。複舉子輿歎辭。而中閒夾入敍事一段。文法之變也。若論常法。必先合敍子輿之病狀。然後及其歎辭。然雖變法讀之。亦使人自了。獨怪崔譔之注竟以中閒一段敍事爲敍語。則誤之甚矣。據陸釋出偉哉二字云。崔云。自此至鑑于井。皆子祀自說病狀也。又出曰嗟乎三字。云。崔云。此子輿辭。夫同一造物將以予爲此拘拘一語。而分爲兩人之辭。則一予爲子祀自予。一予爲子輿自予。有此文例乎。且果誰病乎。又孰有自說之辭。而曰其心閒而無事。崔讀其心二字屬上。然閒而無事。仍非自說之辭。且苟自說閒而無事。則其不能忘情於事多矣。而曰跰𨇤而鑑于井乎。果自說乎。抑著書者敍事乎。且曰子祀自說病狀。尤不可解。上文明云子輿有病。子祀往問之。是子祀爲問病之人。病者爲子輿。非子祀。子輿病而子祀自說病狀。又有是理乎。如謂崔本上文子輿子祀誤倒。作子祀有病。子輿往問之。則與下文子祀曰女惡之乎。曰。亡。予何惡云云。皆不合。如謂下文子祀崔本亦作子輿。則何以曰嗟乎一句。卻謂是子輿辭也。蓋正因下文出子祀曰。則子祀曰之上必爲子輿之辭。故以曰嗟乎一句爲子輿之辭。而曰嗟乎以上又必爲子祀之辭。故以偉哉至鑑于井爲子祀之辭。直不顧上文之病爲子輿、非子祀。亦鹵莽太甚矣。其故要不過誤認中閒一段敍事爲敍語耳。明乎中閒一段爲敍事。非敍語。則前後並子輿之辭。固不煩言而解也。淮南子精神訓云。子求行年五十有四而病傴僂。脊管高于頂。腸下迫頤。兩脾在上。燭營指天。匍匐自闚於井曰。偉哉。造化者其以我爲此拘拘邪。彼則行文常法。先敍病狀。然後及其歎辭。雖以子輿爲子求。實本於莊子此文。則此文自曲僂至鑑于井爲著書者敍事之言。益以明矣。俞蔭甫太史平議以上文子輿有病。爲當作子來有病。下文子來有病。當作子輿有病。引精神訓子求。又崔引淮南作子永。抱朴子博喻篇亦稱子永。永、求與來相似。與輿不相似。故知上下文傳寫互易。圀謂因下文言子來有病。故淮南卽誤此子輿爲子求。其爲來、爲求、爲永孰是。不可知。古書稱引每多此類。似不必改莊子之文。

大宗師篇　彼近吾死而我不聽。

圀案。近蓋迎字之誤。迎與近草書相似。

大宗師篇　或編曲。

圀案。此曲爲歌曲之曲。下文云。或鼓琴相和而歌。則其義甚明。而陸釋引李乃云。曲、蠶薄。據曲字本義說之。當因一編字不可屬歌曲耳。然今人作村歌正曰編。或稱村歌曰里編。殆卽本此編曲。知俗語亦有自來矣。

大宗師篇　夫無莊之失其美。

鬯案。無莊葢卽閭娵。閭無疊韻。娵莊雙聲。荀子賦篇云。閭娵子奢、莫之媒也。楊注云。閭娵、古之美女。引漢書音義韋昭曰。梁王魏嬰之美女。案。戰國魏策梁王魏嬰觴諸侯於范臺。魯君擇言。有主君左白台而右閭須語。閭須卽閭娵。此韋氏所本。須又與娵爲疊韻字。於莊聲則遠矣。戰國楚策作閭姝。姝莊亦正雙聲。姝娵則雙聲又兼疊韻矣。楚辭怨世諫云。親讒諛而疏賢聖兮。訟謂閭娵爲醜惡。亦正以閭娵爲美人。親讒疏賢。則謂美人爲醜惡耳。非謂閭娵醜惡也。卽此言無莊之失其美。正見無莊之爲美也。卽閭娵其人矣。陸釋引司馬以無莊爲人名。固無害。而引李云。無莊、無莊飾也。望文生義。孰甚於此。

應帝王篇　而未始出於非人。

鬯案。非人與人義相反。則非人者、直謂禽獸耳。故下文言泰氏一以己爲馬。一以己爲牛。非眞禽獸乎。其意不過謂有虞氏雖人而猶不免於禽獸。泰氏雖禽獸而實乃人。故言有虞氏曰。未始出於非人。言泰氏曰。未始入於非人。非人爲禽獸。出於非人卽人矣。未始出於非人。仍禽獸也。入於非人。眞禽獸矣。未始入於非人。仍人也。自來說此文者似皆太深。由是言之。上文所謂四問而四不知者。必是問人所以異於禽獸之說。陸釋引向秀以爲卽齊物論中語。當必不然。且彼三問而此四問也。

莊子二

外篇

駢拇篇　二者或有餘於數。或不足於數。其於憂一也。

鬯案。此文今承上文且夫駢於拇者抉之則泣、枝於手者齕之則啼而言。然二者皆有餘於數。無不足於數。以此文承之。義實不合。疑此當在上文是故鳧脛雖短續之則憂、鶴脛雖長斷之則悲之下。故曰二者或有餘於數。指鶴脛之長也。或不足於數。指鳧脛之短也。續之則憂。斷之則悲。悲亦憂也。故曰其於憂一也。因此上文四句與彼四句文法相類。故誤錯於此。

駢拇篇　臧與穀。

鬯案。穀卽獲。獲穀古音雖不同部。而蒦聲㱿聲通轉甚近。臧與穀、卽臧與獲也。要之。穀獲並假借字。特臧獲爲後人習用。而臧穀少見耳。其專字當如陸釋引崔本作㝅。云孺子曰㝅。是也。故論音理借穀爲㝅。實較借作獲者轉爲切近。陸引方言及張揖臧獲之說。而別出崔注。是不以㝅爲卽獲。則未通乎聲類矣。荀子禮論篇云。臧㝅猶且羞之。亦用㝅字正字也。

馬蹄篇　齕草飲水。翹足而陸。

鬯案。陸下葢闕一字。陸釋引司馬云。跳也。字書作踛。踛、馬健也。是司馬氏讀陸爲踛。然下文云。夫馬、陸居則食草飲水。彼陸字似不可讀爲睦。則此陸下實當脫一居字耳。陸爲水陸恆義。並不必讀睦。齕草飲水翹足而陸居。卽猶言陸居則食草飲水也。

馬蹄篇　織而衣。耕而食。

㥯案。莊子猶不能廢織而衣耕而食。則豈能廢陶匠哉。其織也。無機乎。果有機乎。則匠人需矣。其食也。無盛乎。果有盛乎。則陶者需矣。其衣也。無紉乎。果有紉乎。其耕也。無鐵乎。果有鐵乎。則所需且不止於陶匠矣。且其織也。取理絲而去棼絲乎。其耕也。留嘉禾而鋤草萊乎。則與陶者之中規矩。匠人之中鉤繩。何以異哉。凡莊子書中可議處類如是。讀莊蓋不在指摘之例。聊拈於此。

胠篋篇　不乃爲大盜積者也。

㥯案。此也讀爲乎。其語自通。俞蔭甫太史平議以不爲衍文。似不然也。且下文云。則是不乃竊齊國并與其聖知之法以守其盜賊之身乎。彼下接言嘗試論之云云與此句下亦接言故嘗試論之云云文法正同。則此句可以彼文例矣。彼亦有不字。明此不字非衍。彼句尾用乎字。明此也字讀乎也。

胠篋篇　十二世有齊國。

㥯案。十二世自謂田成子以後有齊國者十二世。此在史記田敬仲世家司馬索隱早已有說。蓋據世家。田成子、襄子、莊子、太公、桓公、威王、宣王、湣王、襄王、子建止十世。尙闕二世。故索隱引紀年。莊子之後有悼子一世。太公之後有侯剡一世云。莊周及鬼谷子亦云田成子殺齊君十二代而有齊國。今據系家。自成子至王建之滅唯祗十代。若如紀年。則悼子及侯剡卽有十二代。乃與莊子鬼谷說同。

明紀年非妄。鬯謂小司馬此說當爲定論。惟莊周生當威宣之際。滑褢非其所見。子建尤不能及矣。若鬼谷則更在莊周前。何以能知齊之終末。知此文必經後人附入。非莊子原書也。鬼谷更無論矣。但因此如陸釋解十二世以爲敬仲至莊子九世知齊政。自太公至威王三世爲齊侯。故云十二世。不數其後。而追數其前。意以莊周爲威王時人。故自威王溯至敬仲得十二世。要於文義必不通也。上文專言田成子。初不及敬仲。則必從田成子順數。斷無從威王逆數之理。一望可知其非。且僅據史記耳。使據紀年。則其所數卻有十四世。與十二世亦不合也。俞蔭甫太史平議已非之。而俞以十二世爲本作世世。重字作二。應作世二。傳寫倒爲二世。而從田成子追數至敬仲適得十二世。此句誤。成子當作威王。若自成子追數至敬仲。僅七世矣。遂臆加十字於其上。則於文義雖通。夫亦太鑿矣。要之。此文之解。必以索隱爲定論也。

胠篋篇　漸毒。

鬯案。漸葢有銳意。今人謂人英銳曰尖。亦曰尖毒。或曰尖刻。葢卽此漸字。尖、俗字也。說者以說文金部鑯字爲俗尖之本字。固無不可。然金部云。鑯、鐵器也。一曰鐫也。鐫之訓當近尖。而在一曰之下。但曰鐵器。則安見必尖銳之鐵器乎。則不若以彼部鏨字當之。云。鏨、小鑿也。小鑿則明有尖銳義矣。鏨漸並諧斬聲。則以漸爲鏨之假借字。於例尤近也。史記宋微子世家司馬索隱云。漸漸、麥芒之狀。文選雉賦云。麥漸漸以擢芒。芒義引伸亦銳義。則漸漸疊字形容。亦有尖銳之意。然正恐漸漸亦實鏨鏨之假字耳。漸毒二字平列。上下文可例。陸釋引李云。漸漬之毒。崔云。漸毒猶深害。並貫義說之。非。

在宥篇　有治天下者哉。

𢎘案。此句據陸釋引崔本作有治天下者材失。其實與此本不異。而云强治之是材之失也。則殆誤矣。材諧才聲。哉諧𢦏聲。𢦏亦諧才聲。故二字可通用。論語公冶長篇云。無所取材。皇疏及何晏集解並云。古字材哉同。是也。有治天下者材。卽是有治天下者哉。材字當句。與無所取材句法正同類。失字則疑夫字之誤。屬下句昔堯之治天下也讀。

在宥篇　說禮邪。是相於技也。說樂邪。是相於淫也。說聖邪。是相於藝也。說知邪。是相於疵也。

𢎘案。四相字無義。郭注訓助。亦不可通。輒疑相爲㮙字之誤。㮙。實沒字之借。㮙相形近。故㮙誤爲相。㮙諧𠩺聲。沒諧𡿨聲。𡿨當卽諧𠩺聲。說文又部以𡿨所从回爲囘字。殆非也。說文水部云。沒、沈也。然則以禮爲沈沒於技。樂爲沈沒於淫。聖爲沈沒於藝。知爲沈沒於疵。故曰㮙於技。㮙於淫。㮙於藝。㮙於疵也。沈沒之義方與上文淫義亂義相比。㮙誤爲相。作相助義。與上文用字已不類。而四於字不在可删之例乎。

在宥篇　今夫百昌皆生於土而反於土。

𢎘案。昌葢讀爲菖。百菖猶言百草耳。呂氏春秋任地論云。菖者、百草之先生者也。是菖生百草之先。故卽謂百草爲百菖。說文無菖字。故古止借昌爲之。陸釋引司馬云。百昌猶百物也。然昌無物訓。且云。皆生於土。謂百草則可也。若夫物、則動物亦兼矣。雖亦反於土。而不必生於土也。

天地篇　顯則明。

𢓕案。此承上句不以王天下爲己處顯而言。似當云不顯。則明脱不字。而云顯則明。意義不協矣。下文云。冥冥之中。獨見曉焉。非不顯則明之説邪。

天地篇　夫何足以配天乎。

𢓕案。何足以配天、猶言何足以天配。上文云。與之配天乎。彼且乘人而無天。明齧缺將以人乘天。是雖人。而更高於天矣。故曰何足以天配。且上文連用方且字。下文以雖然作轉。其義自顯。或本作天配。涉上文而倒爲配天。亦未可知。郭於此句無注。而後之解者謂齧缺不足與語配天。則失其旨矣。下文諸芒説神人云。上神乘光。與形滅亡。則更高矣。齧缺信未逮也。故下有雖然以下抑辭。

天地篇　治。亂之率也。北面之禍也。南面之賊也。

𢓕案。治一字句。率之言達也。説文辵部云。達、先導也。經傳亦以帥爲之。治亂之率也者、猶云治者亂之帥也。謂治、實亂之先導也。故云北面之禍也。南面之賊也。並專承亂言而不及治。明此治亂二字不平列。郭注言非但治主。乃爲亂率。則以治亂二字連讀。失其義矣。郭意止當云治之率也。今云。治亂之率也。故云然。孟子公孫丑篇云。夫志氣之帥也、與此治亂之率也句法正可例。又北面南面者、不過謂君臣耳。天道篇云。明此以南鄉。堯之爲君也。明此以北面。舜之爲臣也。明北面指臣。南面指君。若云。治實亂之先導。人臣之禍也。人君之賊也。郭以桀紂田恆爲説。亦多事。

天地篇　鳥行而無彰。

𢓕案。鳥讀爲窵。説文穴部云。窵、窅深也。徐鍇通釋云。深邃貌也。故曰無彰。

天地篇　凡有首有趾無心無耳者。衆有形者。與無形無狀而皆存者。盡無。

罱案。此讀凡有首有趾無心無耳者句。衆有形者句。與無形無狀而皆存者句。盡無二字承三句而總言之。郭注於衆字斷句。非。

天地篇　且若是則其自爲處危。其觀臺多物將往投迹者衆。

罱案。此當讀危字句。觀臺多物連文。將往投迹連文。其觀臺多物將往投迹者衆作一句讀。危字衆字皆一字論斷文法。郭注於臺字往字斷句。誤。且其注危其觀臺云。高顯若臺。觀之可觀。然則當云危若觀臺。其字必無義矣。

天地篇　於于以蓋衆。

罱案。於于蓋當時譏儒語。若今人笑讀書者曰之乎之類也。於于實卽嗚呼。但不可作歎辭解。

天地篇　夫子無意于橫目之民乎。

罱案。橫目之民、謂衆字也。凡从目之字多作直目。衆字从橫目。下从乑。三人也。故橫目之民必衆字之說也。此殆古小學家言。而莊子用之。

天道篇　此之謂天樂。天樂者。

罱案。此之謂天樂。與上文複。上文言與人和者謂之人樂。與天和者謂之天樂。故姚藝諳舅氏謂此天樂當作人樂。天樂者之天當作夫。本云此之謂人樂。夫樂者云云。未知然否。舅氏諱有彬。舉人。官丹徒縣學教諭。

天道篇 知雖落天地。

㘝案。落當讀爲籠絡之絡。蓋以竹裹物曰籠。故字从竹。以繩裹物曰絡。故字从糸。其實同義也。落天地者、猶云籠絡天地耳。文選遊天台山賦云。落五界而迅征。彼落亦當讀爲絡。絡天地、絡五界。同一用字法。秋水篇云。落馬首、亦絡字也。是莊書借落爲絡。亦可例。

天道篇 鼠壤有餘蔬而棄妹。不仁也。

㘝案。此當據事而言。非可臆造。蓋老子實有棄妹之事。故曰鼠壤有餘蔬而棄妹。是其待妹直不如其待鼠矣。不仁孰甚也。郭注云。無近恩故曰棄。意以爲非眞棄也。特無近恩耳。陸釋引釋名云。妹、末也。謂末學之徒。則并不謂是妹。並以老子不應有棄妹之事。故必曲爲之解。豈知彼其視一身猶可棄。而況於妹乎。天運篇云。至仁無親。殊不必作斡旋之說也。下文云。昔者吾有刺於子。刺者、如刺詩之刺。固舉實事而刺之。焉有不棄妹而漫謂其棄妹者哉。況老子曰。昔者子呼我牛也。而謂之牛。呼我馬也。而謂之馬。苟非大不近人情之事。何至以牛馬自居。又曰。苟有其實。人與之名而弗受。再受其殃。是老子且明明自仞爲實矣。

天道篇 生熟不盡於前。而積斂無崖。

㘝案。生熟蓋指祭品物而言。前、其前人也。謂祭其前人品物不足耳。祭品不足。而積斂有餘。故曰生熟不盡於前而積斂無崖。不盡者、不足也。無崖者、有餘之謂也。此亦屬實事。故又爲刺之一端。郭注亦非。

天道篇　今吾心正卻矣。

慁案。此正字葢當作止。形近而誤。士成綺自謂心能止卻。故下文老子謂其似繫馬而止。葢非眞能止卻矣。彼止字與此止字正相應。且止卻有義。正卻則無義也。此章問答上文有老子漠然不應句。故下文老子所答夫巧知神聖云云。乃答上文之問。又下文所答而容崖然云云。乃答此止卻之問。而下文所問脩身若何。竟置不荅。所答與所問遞閒。又一文法。或解下句何故也。云仍問前所問。頗爲得之。

天道篇　苟有其實。人與之名而弗受。再受其殃。

慁案。此承上牛馬言。謂有牛馬之實行。人與之以牛馬之名而受之。尙一受其殃耳。苟弗受。則其牛馬之實行一殃也。弗受又一殃也。是再受其殃矣。故曰苟有其實人與之名而弗受。再受其殃。郭注非。

天道篇　吾服也。恆服。吾非以服有服。

慁案。服葢指喪服言。吾之喪服無喪而常服。非有當服之人而服之。故曰吾服也。恆服。非以服有服。且此承上殃字而言。其指喪服顯見。郭注以服作容行解。非。

天運篇　故西施病心而矉其里。

慁案。矉本訓恨張目。說文目部云。矉、恨張目也。恨張目與蹙頞之義有別。曾見蹙頞而張目者乎。西施因病心而遷恨其里人。亦情事之所有。故曰故西施病心而矉其里。後人率以蹙頞解矉字。豈謂西施止宜籧篨。而不許其恨張目乎。然其里二字必不可通矣。致俞蔭甫太史平議以此與下文亦捧心而矉其里。兩其里爲並涉下而衍。豈可說哉。下文捧心而矉其里。亦正是恨其里人。故其里人或至於閉門。而或至於去走也。若謂醜人效西施之籧篨。又何至是乎。縱爲寓言。亦須顧情實也。至樂篇云。髑髏深矉蹙頞。既曰深矉。又曰蹙頞。明分兩事。則矉之非籧篨。益可證矣。

天運篇　覯而多責。

㘝案。覯當讀爲冓。覯諧冓聲。故得通借。說文冓部云。冓、交積材也。交積之義正與上文不多取不久處相反。故曰冓而多責。而如則字之義已見齊物論校。不多取名。不久處仁義。何責之有。多取而久處焉。則其責多矣。郭注云。見則僞生。僞生而責多。以見訓覯。是誤以覯字本義解之。不得不添出僞生一層。非旨也。

天運篇　子生五月而能言。

㘝案。此言字當訓笑。古謂笑爲言。左莊十四年傳載息嬀未言。謂未笑也。說詳彼校。子生五月而能笑。古今所同。若言字作言語解。非恆事也。豈舜之民獨有異乎。下文云。不至乎孩而始誰。方謂其能言語。惟誰字不可解。竊恐卽語字之誤。後人不知語與言別。因誤語爲誰。成爲不解之文。或者讀誰爲唯。唯、應聲也。未知然否。

天運篇　蟲。雄鳴於上風。雌應於下風而化。

㘝案。蟲、指螣蛇而言。淮南子泰族訓云。螣蛇、雄鳴於上風。雌鳴於下風。而化成形。此其明據。陸釋引司馬云。雄者黿類。雌者鼈類。未是。

刻意篇　無所於逆。粹之至也。

鬯案。逆有亂意。廣雅釋詁云。逆、亂也。無所於逆。即謂無所雜亂耳。故曰粹之至也。郭注云。若雜乎濁欲。則有所不順。說轉迂。

繕性篇　夫德。和也。道。理也。德無不容。仁也。道無不理。義也。義明而物親。忠也。中純實而反乎情。樂也。信行容體而順乎文。禮也。禮樂徧行則天下亂矣。

鬯案。莊子此文與全書宗旨出入。他篇多崇道德而薄仁義禮樂。此獨由道德而推及於仁義。又由義而推及於忠。又推及於禮樂。殊無薄仁義禮樂之意。承之曰。禮樂徧行則天下亂矣。然則徧必當依陸釋音遍。不當如郭注以偏義說之。郭云。以一體之所履。一志之所樂。行之天下。則一方得而萬方失也。是郭本作偏字。而亂實當訓治也。亂本義爲治。說文乙部云。亂、治也。从𤔔。受部。𤔔亦訓治。从乙。乙治之也。特書傳多假亂爲𤔔。遂爲敗亂之義所奪。此則正用其本義也。故曰禮樂徧行則天下亂矣。猶云禮樂徧行則天下治矣。與上文言古之治道者前後應照。上文用治字。此文用亂字。異文同義例也。　一說。此文當讀至義明而物親忠也止。中純實而反乎情樂也爲別起之語。句法一類相連。而實不平列。莊子書中有此文法。逍遙遊篇云。南溟者、天池也。齊諧者、志怪者也。庚桑楚篇云。公族也。昭景也、著戴也。甲氏也、著封也。並其例矣。且樂也禮也之下。獨承禮樂而不及忠以上。明於忠也斷頓。如此則仍是薄禮、樂之宗旨。故曰反乎情、順乎文。情文者道家之所斥也。而亂字乃得爲敗亂之義矣。然徧字仍當從陸釋音遍。蓋既薄禮樂。必以爲禮樂愈行而天下愈亂。何爲言禮樂偏行。言禮樂偏行則天下亂。將使禮樂偏行則天下治乎。失其薄禮樂之意矣。故此偏字必無偏義。偏徧二字義則相反。而音本可通。竊謂郭本作偏。實亦當讀偏爲徧。郭從偏義說之。故誤。陸依郭作音。然其所據標本不必專守一家。其全書類然。不但莊子。然則若崔、向、司馬、孟、王、兩李諸本。必有作徧者矣。而今之郭本亦依陸改徧爲偏。故俞蔭甫太史平議謂其非是也。

繕性篇　時命大謬也。

𠷎案。此句兼下文當與不當兩義。則謬字不可作謬誤解。大謬者、蓋猶言大異耳。下文云。當時命而大行乎天下。不當時命而大窮乎天下。當而大行。不當而大窮。不亦大相異乎。故曰時命大謬也。猶云時命大異也。而下卽分承以明其大異之說。郭注非。

秋水篇　井鼃不可以語於海者。拘於虛也。

𠷎案。虛當讀爲處。處虛並諧虍聲。故得通借。謂井鼃不可以語於海者。拘於其處所耳。下文云。夏蟲不可以語於冰者。篤於時也。此篤字用本義。說文馬部云。篤、馬行頓遲。爾雅釋詁云。固也。後漢書光武紀李賢注云。因也。處以地言。時以天言。時與處正相比偶。陸釋引崔云。拘於井中之空也。則望文生義。其引一本作墟。王念孫志餘從之。亦似不逮讀處爲得。荀子大略篇云。非其里而虛之、非禮也。彼虛必不可讀爲墟。而亦當讀爲處。楊注云。虛讀爲居。讀居與讀處。一也。墟爲故所居。雖廣雅亦單訓凥。要與處義別。

秋水篇　人處一焉。人卒九州。穀食之所生。舟車之所通。人處一焉。

鬯案。卒當讀爲萃。易序卦傳云。萃者、聚也。小戴王制記三十國以爲卒。鄭注云。卒、猶聚也。是亦讀卒爲萃矣。人萃九州者、謂人羣聚於九州也。陸釋引司馬訓卒爲衆。崔訓盡。並不可通。俞蔭甫太史平議引至樂篇人卒聞之。盜跖篇人卒未有不興名就利者。云。施之於此不可通。鬯案三人卒。義皆別。此人卒當謂萃。至樂篇之人卒當讀猝。盜跖篇之人卒當訓終。兩人處一焉。其義有別。上人處一焉。承上文號物之數謂之萬而言。是卽謂九州所羣聚之人處萬物之一也。故卽承之曰人萃九州。下人處一焉。承人萃九州穀食之所生舟車之所通而言。則人者、我一人也。謂一人處人萃九州穀食所生舟車所通之內之一也。故下文云。此其比萬物也。不似豪末之在於馬體乎。此者、此一人而言之也。

秋水篇　其生之時。不若未生之時。

鬯案。未當作末。形近而誤。末生者無生也。未生以前。既死之後。皆爲無生之時。若作未。但指未生以前。爲不賅矣。

秋水篇　予動吾脊脅而行。則有似也。

鬯案。似字本訓象。說文人部云。似、象也。象兼動靜二義。易繫傳云。見乃謂之象。靜義也。又云。象也者、像此者也。動義也。像字亦見說文。然二字通用無別。則似亦兼動靜二義矣。此靜義也。有似者、謂有象也。下文云。似無有者、象無有也。書傳似字多動義。此獨靜義。

秋水篇　然。而指我則勝我。

鬯案。然字當一字句。屬上文。云。然子蓬蓬然起於北海而入於南海也。然。首尾用兩然字。中閒又有蓬蓬然一然字。凡三然字。亦文法也。而、汝也。以然而二字連讀非。

秋水篇　未得國能。

毁案。能當讀爲態。詩民勞篇陸釋引書鄭注云。能、姿也。楚辭大招篇王逸章句云。態、姿也。能態二字同訓姿。明能卽態矣。內經素問有病能論。卽病態論也。其書中諸言病能。皆當讀爲病態。詳胡澍素問校義。卽王冰於彼風論注亦云。能、謂內外之形。則亦明以能爲態。荀子天道篇云。耳目鼻口形能。形能卽形態。詳王念孫雜志。此言國能者、謂國態也。上文言學行於邯鄲。則態指行態。稱國者、美之之辭耳。美態而曰國態。猶美色而曰國色也。古謂美曰國。故謂惡曰野。猶之謂美曰都。而謂惡曰鄙矣。

秋水篇　楚王使大夫二人往先焉。

毁案。先當讀爲詵。說文言部云。詵、致言也。

至樂篇　與人居長。子老身死。

毁案。人子二字疑當互易。讀各四字句。與子居長者。子莊子也。長猶久也。人老身死。謂今其人老而身死也。如今本。則義不可解。

至樂篇　支離叔與滑介叔。

毁案。滑介卽滑稽。稽介一聲之轉。

至樂篇　俄而柳生其左肘。

罜案。柳讀爲瘤。

達生篇　五六月累丸二而不墜。

罜案。五六月者、當謂習累丸之時候。或五越月。或六越月也。蓋習至五六月後。而累丸二始能不墜也。陸釋引司馬云。五六月。黏蜩時也。非。

達生篇　若乃夫沒人。

罜案。沒人、指舟覆也。上文云。善游者數能。論其常也。此沒人。論其變也。故用若乃夫三字作轉語。玩若乃夫三字。亦足知沒人之爲非常事矣。下文云。則未嘗見舟而便操之也。謂若不見舟之覆而即操之。蓋置身患難之外。自不至驚惶無措。而仍行所無事。仲尼曰。善游者數能。忘水也。蓋論其常、則忘水。論其變、則并舟而忘之。故又云。若乃夫沒人之未嘗見舟而便操之也。彼視淵若陵。陵本作陸。視舟之覆猶其車卻也。是沒人之義固顯可見。郭注謂沒人謂能驚沒於水底。說雖本向注。見列子黃帝篇注。殆非也。

達生篇　吾聞祝腎學生吾。子與祝腎遊。

罜案。此當讀至生吾句。生吾者人名也。子、子田開之也。蓋祝腎爲生吾之弟子。田開之爲祝腎之弟子。故曰祝腎學生吾。子與祝腎遊。郭於生字斷句。注云。學生者務中適。非矣。陸釋云。司馬本以吾子屬上句。更云。子與祝腎遊。是司馬本多一子字。讀法甚當。生吾子其爲人名。益白矣。而陸於學生下引司馬注。乃亦云。學養生之道也。殊大可異。且既讀吾子上屬。而仍以學生爲學養生之道。則祝腎學生吾子者。謂祝腎學養生之道於田開之矣。是祝腎爲田開之之弟子矣。則下文開之言聞之夫子。夫子將何指。豈指其弟子爲夫子與。在司馬氏似不應漫說至是。竊意司馬氏既讀吾子上屬。自必以生吾子爲人名。其云學養生之道者。第推明祝腎之所學於生吾子者。養生之道也。而非以釋學生二字也。陸依郭標句。截司馬注於學生之下。遂致司馬之義不曉云。讀莊者以爲然否。

達生篇　東北方之下者。倍阿鮭蠪躍之。西北方之下者。則泆陽處之。

樾案。此承上戶內而言。則東北方西北方蓋指室中之東北方西北方也。故曰東北方之下。西北方之下。復並著之下二字。其意亦可見矣。樾嘗謂室中奧、屋漏、宧、窔之名。實皆神名。說見前小戴郊特牲記校。觀於此而益信。王扞鄭太史爾雅校勘記以上文沈有履陸釋引司馬本作沈有漏。以說屋漏。實不確。沈有履與竈有髻爲對文。則彼履字不誤。盍以此文當之。然則所謂倍阿鮭蠪者、其卽宧神乎。所謂泆陽者、其卽屋漏神乎。

達生篇　公密而不應。

樾案。猶言默而不應。默密一聲之轉。

達生篇　工倕旋而蓋規矩。

樾案。規字衍。陸釋可證。

達生篇　有孫休者。踵門而詫子扁慶子。

樾案。詫當讀爲託。陸釋引李本正作託。然詫卽諧託聲。二字假借自通。不必改詫爲託。特不可如司馬注以詑爲告義耳。說文一部云。詑、奠爵酒也。則訓告亦非本義。下文云。賓於鄉里。賓讀擯棄之擯。逐於州部。是孫休幾無所託矣。故欲託於子扁慶子也。亦願留受業之意云。

山木篇　此木以不材得終其天年夫。子出於山。

鬯案。子字陸釋據本所無。陸標夫出云。如字。夫者、夫子。謂莊子也。本或卽作夫子。其稱本卽此本也。此本有子字。則夫子自應指莊子。若無子字。則夫字殊不必指莊子。不如屬上讀云。此木以不材得終其天年夫。夫爲句末助辭。語甚平易。上文既出莊子行於山中。則此出於山者其爲莊子。不言可知。復著夫子。本贅辭也。

山木篇　猶且胥疏於江湖之上。

鬯案。胥疏疊韻字。此必當以聲求之。而不可以義求之者。竊疑胥疏卽胥胥。胥胥疊字。疊字卽疊韻也。此例見前詩車舝篇校。鬯前校穀梁定四年傳正是日。疑胥胥之誤。據劉向善說苑、劉熙釋飲食名皆有胥胥字。則胥胥在古當恆言。傳言美裘胥胥。此承上文豐狐文豹言。則胥胥亦正言其毛之美狀矣。故曰胥胥於江湖之上。陸釋引司馬云。胥、須也。疏、菜也。李云。胥、相也。謂相望疏草也。以兩字分解。必非。且須菜當卽謂求食。與下文求食義更複。

山木篇　大公任。

鬯案。大公蓋是氏。如大師大伯之類。見林寶元和姓纂。抑公之言翁也。大公者、大翁也。老者之稱。而陸釋引李云。大公大夫稱。則未聞。

山木篇　顏回端拱還目而窺之。

鬯案。還有竊義。墨子耕柱篇云。見人之作餅。則還然竊之。見宋鄭之閒邑。則還然竊之。以還然形容竊狀。則還字之義可見。彼亦有校。還目者、竊目也。猶今人謂偷眼耳。葢既端拱。則手掩目外。必竊目然後可以見。故曰端拱還目而窺之。其狀如繪矣。

田子方篇　彼直以循斯須也。

鬯案。循讀爲遁。遁循並諧盾聲。且从辵从彳之字多無別。若延之作征。退之作徂。往之作迬。後之作逡。具見說文辵彳二部。然則雖謂遁循同字可也。淮南子繆稱訓、脩務訓高注並云。遁、欺也。上文云。夫文王盡之也。而又何論刺焉。則文王宜無欺。然究之欲舉臧丈人。而恐大臣父兄弗安。託於夢以出之。是明欺大臣父兄矣。謂之無欺不得也。而以爲斯須之欺。在文王若可諒者。故曰彼直以遁斯須也。謂其縱以欺。特斯須耳。郭注謂斯須者、百姓之情。當悟未悟之頃。故文王循而發之。以合其大情也。語殊支而無當。

田子方篇　適矢復沓。方矢復寓。

鬯案。此二句義頗艱奧。適矢方矢之稱。亦他書未有見。姑以意說之。適矢者、葢猶今人謂沖天射也。適有中義。呂氏春秋侈樂記高誘注云。適、中適也。沖天射則矢居中。故謂適矢。方矢者、四方射也。射四方必設的。若沖天射。則無的可設。故曰復沓。復沓者、一矢既發。復發一矢。直與前矢如沓。復寓者、一矢既寓的。復發一矢。又寓其處。總謂上射旁射。前後矢無少偏斜。兩者一義。特上射無的。故曰復沓。旁射有的。故曰復寓也。其射法之精如此。且上文云。措杯水其肘上。則雖上射旁射。杯水在肘。能不使傾覆。精之尤精矣。郭注於適矢復沓云。矢去也。似當云。適。去也。箭適去復歃沓也。似求之尙淺。於方矢復寓云。箭方去未至的。已復寄杯於肘上。則尤當不然。既措杯肘上。則射時固未嘗去杯。何云復寄杯於肘上乎。小戴內則記言。射人以桑弧蓬矢六。射天地四方。彼言國君世子生之禮。然足見古射亦有沖天射之法。并有射地之法。特射地差似無謂。故疑適矢方矢者、謂射天與四方也。

知北遊篇　聖人之所保也。

鬯案。保讀爲寶。

知北遊篇　直且爲人。

鬯案。且爲人三字連文。且爲人者、姑且爲人也。姑且爲人。將不爲人矣。故下文云。將及於宗。

知北遊篇　自本觀之。生者喑醷物也。

鬯案。喑葢本作湆。湆諧泣聲。喑諧音聲。兩字不同聲。此當屬形近寫誤。然泣聲音聲在古音亦正同部。則雖謂借喑爲湆。亦無不可也。儀禮虞禮、少牢禮鄭注並云。湆、肉汁也。小戴內則記鄭注云。醷、梅漿也。湆醷爲二物。故曰湆醷物。而以喩生。葢以湆爲肉汁。而已非肉。醷爲梅漿。而已非梅。是非其本矣。故曰自本觀之。生者湆醷物也。言生之於本。亦若是也。郭注云。直聚氣也。陸釋引李亦同。郭以喑醷爲聚氣。不詳其旨。且於物字作何解。

知北遊篇　人倫雖難所以相齒。

圏案。雖字所以字於語意殊未協。竊疑此所字實爲無義語辭也。八字作一句讀。人倫雖難所以相齒者、謂人倫雖難以相齒也。故下文云。聖人遭之而不違。過之而不守。惟其難以相齒。故遭特不違。過卽不守。而不從事於人倫。郭注云。人倫有知慧之變。故難也。然其知慧自相齒耳。實止當云人倫有知慧之變。故難相齒。以然其作轉義。解所以字。必無當矣。王引之釋詞所字下原列語助也一釋。而其采諸證似不甚愿。轉不若以莊子此語當之。

知北遊篇　已矣夫子。無所發予之狂言而死矣夫。

圏案。已矣夫子四字當句。近讀以巳矣二字屬上句。誤甚。予字當爲子字形近之誤。子卽夫子也。卽老龍吉也。神農言老龍吉因己僻陋慢訑。致無所啓發其狂言而死。故下弇堈言老龍吉雖未得道。猶知藏其狂言而死。若作予。則謂老龍吉無所發神農之狂言矣。則神農未死。何言猶知藏其狂言而死乎。弇堈者、必是老龍吉之師也。故其言如彼。

知北遊篇　於是泰清中而歎曰。

圏案。中字誤。當從陸釋引崔本作卬。卬卽仰字也。古書仰字多作卬。卬而歎、仰而歎也。或解謂聞言未竟而歎。望中字生義。非。

莊子三

雜篇

庚桑楚篇　老聃之役有庚桑楚者。

闓案。旣稱役。卽無不可解作厮役之役。公羊宣十二年傳所謂厮、役、扈、養。何詁云。汲水漿者曰役。是也。陸釋云。司馬云。役、學徒弟子也。廣雅云。役、使也。似兩義備存使之一義。葢卽厮役之義。然不若直言厮役爲曉矣。夫霍氏有計事之奴。鄭家有知詩之婢。老聃之役能偏得老聃之道。亦何足異。我家舊婢中有名越琴者。侍先妣馮孺人者也。一日代司茶持風箱。諷文不已。先祖學博公在書齋聞之。親至茶室。則越琴也。何必定爲學徒弟子乎。漁父篇言先生不羞而比之服役。而身敎之。又。子路曰。由得爲役久矣。是學徒弟子原有自謙於役者。要自謙可耳。目學徒弟子爲役。究未安也。

庚桑楚篇　以北居畏壘之山。

闓案。以讀爲已。已者、猶言已而也。言庚桑楚初爲老聃之役。已而北居畏壘之山。則不爲老聃之役矣。書洪範序以箕子歸。江聲厶注解之云。已而箕子來歸。彼以字與此以字可例觀。

庚桑楚篇　夫春與秋豈無得而然哉。

闓案。此無字疑誤。庚桑子之意正欲言春與秋無得而然。故下文云。天道已行矣。則安得云豈無得而然乎。無字直當作有。云夫春與秋豈有得而然哉。見尸而祝、社而稷。在我爲有得而非道也。於脈理方貫。

庚桑楚篇　我其杓之人邪。

𨙸案。杓者、杯杓之杓。取物之具也。故杓有取義。靜字而動用之。我其杓之人者、我其取之人也。蓋若謂釣名沽譽者然。郭注云。不欲爲物標杓。則讀杓爲的。義未見確。陸釋引向云。馬氏作魡。據刻意篇釋云。魡本亦作釣。說文無魡字。則魡卽釣字。釣則亦取義矣。而又云音的。似仍當解如郭義也。殆非與。淮南子兵略訓云。爲人杓者死。彼高注云。杓、所擊也。竊謂彼杓字亦可訓取。與此杓足例云。

庚桑楚篇　夫函車之獸。

𨙸案。函與吞義相類。以下文吞舟之魚例之。則函車之獸、亦謂吞車之獸耳。陸釋引李云。獸大如車。一云大容車。並未是。

庚桑楚篇　南榮趎。

𨙸案。此人據陸釋引李注。以爲庚桑弟子。竊謂必非。下文云。若趎之年者已長矣。則其年實長於庚桑楚。且庚桑楚曰。今吾才小不足以化子。子胡不南見老子。其非弟子益明矣。老子曰。子自楚之所來乎。亦不謂子學於楚。蓋卽畏壘之民之一也。

庚桑楚篇　不知乎。人謂我朱愚。

𨙸案。朱愚猶言顓愚。顓朱一聲之轉。此雙聲假借例也。

庚桑楚篇　人舍之。天助之。

𨙸案。舍當是廢舍之義。依說文本字。是捨字。非居舍義也。人舍之。天助之。人天兩義相反。故下文云。人之所舍謂之天民。葢惟人之所廢舍。故其人不謂之人民。而謂之天民。郭注以居舍解。似非是。下文業入而不舍。彼舍字亦可作廢舍義。

庚桑楚篇　無親者盡人。

𨙸案。盡有空義。說文皿部云。盡、器中空也。是引伸之凡空皆可曰盡。爾雅釋詁云。空、盡也。然則無親者盡人。猶言無親者空人。謂無親者無人耳。郭注云。盡是他人。似未得其義。

庚桑楚篇　有所出而無竅者有實。

𨙸案。別本作有所出而無本者有長。有所入而無竅者有實。爲偶文。中多九字。似較善。此本脫。

庚桑楚篇　昭景也。著戴也。甲氏也。著封也。非一也。

𨙸案。昭景也。著戴也。甲氏也。著封也。四句當分兩項。郭注云四者。非也。陸釋引一說云。昭、景、甲、三者皆楚同宗也。著戴者、謂著冠世世處楚朝。爲衆人所戴仰也。著封者、謂世世處封邑而光著久也。昭、景、甲、三姓雖異。論本則同也。此正分兩項。是矣。但所說尙當分別觀之。楚有昭氏、景氏。而從不聞有甲氏。不得謂昭景甲者皆楚同宗。楚辭離騷王逸序云。三閭之職。掌王族三姓。曰昭、屈、景。則昭氏景氏爲楚公族甚顯。戰國時人如昭奚恤、昭陽、昭雎、昭魚、景翠、景陽、景鯉、景瑳之倫。不一而足。春秋時則尙未見。疑昭氏或出自昭王。景氏亦必本其祖之謚若字爲氏。故曰昭景也。著戴也、謂表著其所戴之祖也。而豈著冠爲衆人所戴仰之謂乎。甲必申字之誤也。申、甲隸書止爭半筆。故誤申爲甲。申氏則遠見於春秋。如申舟、申犀、申驪、申無宇、申亥、申包胥皆是。又有申公叔侯、申叔時、申叔展、申叔跪、申叔豫。與姜姓四嶽之後氏申者自別。據此。則亦爲楚之公族。楚文王滅申國而縣之。故楚有申邑。則公族之封此固宜。申氏必以封邑爲氏。故曰申氏也。著封也、謂表著其封邑也。其謂世世處封邑而光著久。此語是也。然則昭景申三氏雖同爲公族。而細論之。著戴與著封不同。故曰非一也。其謂三姓雖異。論本則同。語雖無害。亦不合云然也。

庚桑楚篇　因以乘是非。

鬯案。此乘字當如算法乘除之乘。十十乘百。十百乘千。愈乘愈多。見是非之不可窮究也。故曰乘是非。然則乘是非者、有是非也。而郭注云。乘是非者、無是非也。誤矣。下文云。移是。今之人也。是此段皆指斥今之人之語。郭似誤所指。故上下文所說都非。

庚桑楚篇　使人以爲己節。因以死償節。

鬯案。節本訓竹約。說文竹部云。節、竹約也。竹約之義。謂以竹爲約。非謂竹之約。已見前說文卩部校。然許書節字次箸字之下。則卻以竹約爲竹之約。凡許書訓釋皆有所本。非許臆造。所以可貴。節訓竹約。而乃次箸下。蓋實得其說而失其義者也。蓋古無紙券。惟用竹約。竹約謂之節。故節字从竹。此實以債約喻也。以己喻債。以人喻債之約。徇人之事至於死。是以死償約矣。故曰使人以爲己節。因以死償節。蓋指墨氏之徒也。郭不顧下文今之人句。既失所指。而於此兩節字似以爲節義之節。故語更不憭。且云人皆謂己是。則合云使人以己爲節。何得云使人以爲己節邪。

徐無鬼篇　因女商見魏武侯。

鬯案。晉舊有女氏。春秋時女齊、女寬等。並見左傳。此女商、當其後裔也。陸釋云。女商、人名。不曰人姓名。但曰人名。蓋昧於女爲氏矣。

徐無鬼篇　故乃肯見於寡人。

鬯案。一本故作顧。

徐無鬼篇　武侯超然不對。

鬯案。超然有遠避之意。老子二十六章云。燕處超然。河上公注云。超然、遠避而不處也。然則此言武侯超然不對。亦謂其有遠避之意。與孟子梁惠王篇言王顧左右而言他一種情狀相似。陸釋引司馬云。猶悵然也。未得其義。

徐無鬼篇　子不聞夫越之流人乎。

鬯案。越自當指越國。陸釋云。越、遠也。殆因徐無鬼爲魏人。觀上下文武侯所云。是本國人。不應遠引越人耳。然此不足疑。孟子告子篇言越人關弓而射之。戰國西周策司寇布言。越人請買之千金。要爲寓言。隨便言之。且安知非寓言而爲實事。則越人之事自不可不謂越人也。訓越爲遠。則云遠之流人。必無義矣。

徐無鬼篇　良位其空。

鬯案。良位二字無義。以聲音假借求之。良葢讀爲詤。何則。詤諧巟聲。巟諧亡聲。而良亦諧亡聲。二字之通。實恆例也。說文言部云。詤、夢言也。夢言之義。引伸爲詤忽。再引伸爲驚詤。故字或變从心。作㤺。又或作慌。位字則諧立聲。卽當讀爲立。二字之通尤爲習見。周禮小宗伯職鄭注所謂古者立位同字。古文春秋經公卽位爲公卽立。是也。良位者、詤立也。上文云。夫逃虛空者。藜藋柱乎鼪鼬之逕。則獨立於其空際。能無詤乎。故曰詤立其空。下文云。聞人足音跫然而喜矣。喜義與詤義正相照。陸釋引司馬云。良、良人巡虛者也。（司馬本上文逃字作巡。）位其空、謂處虛空之閒也。釋位爲處。與讀位爲立。義固不別。而以良爲良人。必非矣。又謂良或作踉。亦不敢謂然。

徐無鬼篇　招世之士興朝。

鬯案。招葢讀爲超。超招並諧召聲。例得通借。超世之士、猶謂不世出之士。故能興朝。

徐無鬼篇　其命閹也。不以完。

鬯案。此完字當讀爲院。說文院有二文。一爲宀部寏之重文。解云。周垣也。一見𨸏部。云。堅也。此當爲宀部之院。義爲周垣。院完或本同字。亦未可知。說見前書說文攴部校。上文云。齊人蹢子於宋者。是所以命閹者、恐此子逃而命之守也。命之守而不以周垣。可得守乎。故曰其命閹也不以完。郭注云。投之異國。使門者守之。出便與子不保其全。以全字解完字。且其作句艱滯。幾不成義。必非莊子意矣。下文云。其求鈃鍾也。以束縛。子能逃而令不以周垣。鈃鍾非能逃者。而轉加束縛。並甚言其無理。兩句義正相反。偶也。

徐無鬼篇　其求唐子也。而未始出域。有遺類矣夫。

鬯案。夫字舊屬下句讀。俞蔭甫太史平議讀上屬。當從之。惟唐子之義。俞依郭注訓唐爲失。唐子爲亡失其子。竊疑不然。以遺類之義玩之。則唐子或是獸名。域卽獸牢也。旣云求唐子。則唐子必逸出域外。乃不出域而求唐子。豈唐子尙有遺類在域內與。故曰其求唐子也。而未始出域。有遺類矣夫。抑類字从犬。唐子其犬類與。以聲音求之。如奘。說文犬部云。妄彊犬也。是奘爲犬名。奘與唐疊韻字。又如獷。犬部云。犬獷獷不可坿也。說文之例輒有實義而虛解之者。以獷獷釋獷。正謂此犬之所以名獷也。凡此類解釋。實義之最古者。特出之後人。亦多附會耳。則獷亦爲犬名。獷與唐亦疊韻字。獷犬與奘犬。或者正是一犬。而呼之則音隨人變。字亦因之異耳。然則唐子者、犬名也。特非常犬。故養之必以域。而有時則逸出域外也。周書王會篇有獸名在子。則唐子以子名。亦有可例。

徐無鬼篇　狙執死。

鬯案。執葢有墜下之義。故从執之字如𡫸。說文宀部云。𡫸、屋傾下也。又如墊。土部云。墊、下也。墊之訓下。亦爲墜下之義。故書益稷篇孔義引鄭注云。墊、陷也。陷、猶墜也。然則狙執死者、謂此狙墜下而死耳。或謂執从㚔。說文㚔部云。㚔、所以驚人也。是執當有驚義。故从執之字如慹。說文心部云。慹、怖也。怖卽驚也。要之。驚與墜下義正相成。並可釋此執字。而陸釋引司馬云。執死、見執而死也。雖不明詁執字云見執。必以爲執持之執。則非矣。上文云。王命相者趨射之。陸釋云。趨音促。是此狙死於射。非死於執。

徐無鬼篇　丘願有喙三尺。

樾案。人而有喙三尺。豈尚能言乎。是正謂不言。故下文云。彼之謂不道之道。此之謂不言之辨。郭注云。彼謂二子。市南宜僚、孫叔敖。此謂仲尼。然則不道之道指上文弄丸與甘寢秉羽。不言之辨指此有喙三尺。有喙三尺之爲不言明矣。而郭於此乃云。苟所言非己。則雖終身言爲未嘗言。則以有喙三尺爲能多言。故又轉以多言爲不言。求合下文不言之辨之義。殆不然與。

徐無鬼篇　若勿怪何邪。

樾案。怪字與上文祥字爲對。上文云。而梱祥邪。言是怪也。非祥也。此云。若勿怪何邪。言若不以爲怪而反以爲祥。何也。下文云。凡有怪徵者必有怪行。子綦之所謂怪徵。卽九方歅之所謂祥徵也。祥怪二字相對。文實甚顯。而郭注於此第云。所以怪。出於不意故。則於二字相對之處。似尚未察。怪行者、卽刖是也。郭謂今無怪行而有怪徵。亦非義。

則陽篇　入之者十九。

樾案。入當讀爲亼。或字本作亼。而壞畫爲入。亦未可知。說文亼部云。亼。三合也。从入一。象三合之形。讀若集。書傳通用此字。是亼者。亼合也。承上雖使丘陵草木之緍而言。故曰亼之者十九。俞蔭甫太史平議云。入者謂入於丘陵草木所掩之中也。入之者十九。則其出於外而可望見者止十之一耳。以入爲出入之入。則說之太費力矣。要第當云亼合之者十九。則見者止十之一耳。其所說大意固不易也。陸釋見十識九之說不足信。俞已駁正。可不贅。

則陽篇　冉相氏得其環中以隨成。

鬯案。此稱冉相氏之故事。但隨成二字頗難解。妄疑隨讀爲墮。墮隨並諧隋聲。故得通用。說見前校書益稷篇。依說文𨸏部。字作隓。彼下又出篆文作嫷。今作墮。從篆文移土旁在下耳。俗字又或作隳。云。敗城𨸏曰隓。是其義也。然則成卽當讀爲城。城諧成聲。故得通用。說見前校詩文王有聲篇。隨成者、墮城也。城者、有形之物也。惟有城然後有環中。冉相氏得其環中而墮城。是得其無形之環中矣。得環中無形。與下文言與物無終無始無幾無時。同一意也。若如郭注云。居空以隨物。物自成。殆曲義乎。下文云。得其隨成爲之司其名。亦謂得其所墮之城。故曰司其名。蓋無其實矣。

則陽篇　之名嬴法。

鬯案。之猶此也。名猶謂也。嬴法、名目也。之名嬴法。猶云此謂嬴法耳。郭注陸釋並以名法二字作對偶。非是。

則陽篇　忌也出走。

鬯案。忌、田忌也。戰國齊策云。田忌爲齊將。

則陽篇　季子聞而恥之。

鬯案。季子卽季梁也。戰國魏策云。魏王欲攻邯鄲。季梁聞之。中道而反。衣焦不申。頭塵不去。往見王曰。今王動欲成霸王。舉欲信於天下。恃王國之大、兵之精銳而攻邯鄲。以廣地尊名。王之動愈數。而離王愈遠矣。是季梁在當時不主戰者。嘗止攻邯鄲。則其止此攻齊固宜。且下文云。築十仞之城。城者既十仞矣。俞蔭甫太史平議云。下十字疑七字之誤。則又壞之云云。與止攻邯鄲語意亦大同。則季子之爲季梁無疑。且策亦出季子。云公孫衍爲魏將。與其相田繻不善。季子爲衍謂梁王云云。彼季子當亦卽季梁。此陸釋但云季子魏臣。固未詳考矣。今案。荀子成相篇云。愼、墨、季、惠。楊注云。或曰。季卽莊子曰季眞之莫爲者也。又曰。季子聞而笑之。韓侍郎云。或曰。季梁也。列子曰。季梁。楊朱之友。據此。以季子卽季梁。已有言及者。所引列子。見力命篇。又。仲尼篇云。季梁之死。楊朱望其門而歌。

則陽篇　華子聞而醜之。

鬯案。華子卽子華子也。讓王篇云。子華子見昭僖侯。陸釋引司馬云。子華子、魏人也。昭僖侯、韓侯。韓昭僖侯正與魏惠王同時。則此華子之卽子華子明矣。今子華子僞書。以爲卽孔子所遇之程子。名本。字子華。書中有辭趙簡子使幣與晏子問答等事。則以爲春秋之人。殊不足信。陸此釋云。亦魏臣也。亦未詳考。　或問子華子既非程本。則何名。鬯曰。名戚。何以知之。讓王篇子華子曰。君固愁身傷生以憂。戚不得也。彼以憂戚連讀者非。當讀戚字絕句。故呂氏春秋審爲論作君固愁身傷生以憂之。臧不得也。憂下有之字。明讀法矣。戚者、子華子自稱其名也。審爲論作臧。然彼高解云。臧、近也。臧無近義。必戚字之誤。畢沅校本已改正。但是子華子之名。亦不合訓近耳。

則陽篇　禍福淳淳至。

鬯案。此當讀至字句絕。舊以至字屬下文讀。非。

則陽篇　或使莫爲。在物一曲。夫胡爲於大方。

𨙸案。此謂或使莫爲一家不能爲大方也。故曰在物一曲。所謂一曲之士。天下篇云。不該不徧。一曲之士也。是也。大方者、所謂大方之家。秋水篇云。吾長見笑於大方之家。是也。大方之家與一曲之士相去縣絕。一曲之士必不能爲大方之家。故曰或使莫爲在物一曲。夫胡爲於大方。不言不能爲大方。而言夫胡爲於大方者。語之譎也。葢順一曲之士自安於小之意見。若以大方爲不必然者。正如逍遙遊篇蜩與學鳩之笑鵬曰。奚以之九萬里而南爲。於夫字上著一曰字。則其義便曉然。不著曰字。意亦可會也。若正言之。卽荀子解蔽篇所謂凡人之患蔽於一曲。而闇於大理也。大理猶大方也。郭注云。舉一隅便可知。則竟以大方爲不必然。其殆失義矣。

外物篇　水中有火。乃焚大槐。

𨙸案。水葢木字形近而誤。木中有火。水中不能有火也。且惟木中有火。故曰乃焚大槐。若水中有火。則乃焚大槐句其何以協。古樹自焚。世閒所有。故知木中有火也。𨙸家西園牆西百步外有大銀杏一株。其大數圍。相傳北宋時物。一旦竟自焚。至今燼餘猶存。郭注云。所謂錯行。然上文云陰陽錯行。猶小戴中庸記言。譬如四時之錯行。如日月之代明。下如字當訓與。彼錯行與代明爲偶。則錯行者非雜亂而行之謂也。安得以水中有火爲錯行之義乎。上文木與木相摩則然。俞蔭甫太史平議疑當作木與火。云兩木相摩未見其然。案兩木相摩發熱則焦。焦則然。此屬恆事。況有淮南子原道訓明言兩木相摩而然。足證。而俞竟疑之。則疑非當疑矣。竊謂與其改彼木爲火。不如改此水爲木。不誤者自不誤。而誤者自誤也。

外物篇　鮒魚來。子何爲者邪。

鬯案。此來爲語助辭。與大宗師篇嗟來桑戶乎一例。王引之釋詞謂彼嗟來猶嗟乎。然則此猶云鮒魚乎。子何爲者邪。

外物篇　鼻徹爲顫。

鬯案。顫葢讀爲膻。說文肉部云。膻、氣海也。膻爲氣海之名。故引伸凡氣皆爲膻。鼻徹爲膻者、猶言鼻徹爲氣也。一云。讀爲羶。說文羴部云。羴、羊臭也。或體爲羶。

外物篇　胞有重閬。

鬯案。胞當讀爲庖。小戴祭統記云。胞者、肉吏之賤者也。胞者卽庖人是也。就莊子中此二字之通亦可證。養生主篇庖丁。陸釋云。庖本作胞。庚桑楚篇胞人。釋云。胞本作庖。然則胞有重閬者、謂庖有重閬也。說文广部云。庖、廚也。庖廚之義。葢本指藏飲食之具。因而製飲食之室謂之庖。今俗稱廚房。或稱竈閒。是也。竈閒宜空虛。不宜窒塞。則於食物爲宜。人亦不至於擁擠。俗語云。閣房閬竈。故爲重閬。閬之言廓也。重閬者、重廓也。古無廓字。見說文新附。故借閬。或但作郎。周書作雒篇重郎。孔晁解云。累屋也。葢卽今屋重簷之制也。屋有重簷。室自多空虛處。故下文云。室無空虛。則婦姑勃谿。心無天遊。則六鑿相攘。心無天遊。明承下句心有天遊而言。則室無空虛。必承此胞有重閬而言。則胞有重閬之義愈明矣。庖室正婦姑所宜有事者。勃谿或卽是擁擠之意。亦未必如郭注謂爭處也。陸釋云。胞、腹中胎。腹中胎何以云重閬乎。

外物篇　勞者之務也。非佚者之所未嘗過而問焉。

鬯案。非字衍。郭注云。若是猶有勞。故佚者超然不顧。明郭本無非字。

寓言篇　與己同則應。不與己同則反。

鬯案。此二句承上文非吾罪也人之罪也而言。下文同於己爲是之。異於己爲非之。又承此二句而言。六句相承。而自來讀者於上文非吾罪也人之罪也截斷屬上。則無義。

寓言篇　可謂無所縣其罪乎。

鬯案。罪字不可通。郭注云。無係祿之罪也。第係祿何罪之有。陸釋云。雖係祿。而無係於罪也。語更迂回。妄疑此本云可謂無所縣其网非乎。葢凡富貴利祿。莫非网也。係祿如在网矣。非乎者、疑辭也。网非二字并合則成罪字。此即俞蔭甫太史古書疑義舉例所謂二字誤爲一字例也。未知然否。俞引石鼓文小魚作𩵖。散氏銅盤銘小子作𡥈。則古人有此書法。並不可云誤。

寓言篇　而生陽也。

鬯案。陽之言佯也。小戴檀弓記孔義云。陽或作佯者。字相假借。義亦通也。說文未見佯字。古多作陽。漢書田儋傳顏注云。陽即僞耳。然則此謂生僞也。故下文云無自也。

讓王篇　恐聽者謬而遺使者罪。

鬯案。者字有止作語辭而無義者。聽者謬、即聽謬也。與使者之者實不同。俞蔭甫太史平議據呂氏春秋貴生紀。作聽謬而遺使者罪。以上者字爲衍。殆未必然。即如下文顏回曰。所學夫子之道者。足以自樂也。盜跖篇云。若告我以人事者。不過此矣。彼者字亦並止語辭。子書中者字爲語辭而無義者不勝舉。墨子耕柱篇亦曾校及。

讓王篇　子綦爲我延之以三旌之位。

鬯案。綦、別本作其。是也。三旌之位蓋卽三柱國。或旌字卽柱字之誤。亦未可知。楚官有三柱國。雖惟見於余之古渚宮故事。然戰國齊策言官爲上柱國。又。楚策言上柱國子良。既有上柱國。何必無中柱國、下柱國乎。蓋凡單言柱國者。必中若下也。是三柱國當可信。此言三旌之位。必卽三柱國矣。陸釋云。三旌、三公位也。考據嫌略。又引司馬本作三珪。云。謂諸侯之三卿皆執珪者。案。執珪是楚爵。非楚官。以此旌爲珪字。不如以爲柱字。

讓王篇　而甕牖二室。

鬯案。二室卽東房西室之制。正士寢制也。禮經鄭注每言人君左右房。大夫士東房西室。其實大夫亦有左右房。東房西室惟士之制。說詳俞蔭甫太史儀禮平議。原憲爲士。合有東房西室。特以甕牖形其陋耳。故曰甕牖二室。二室卽房室。其不曰房室而曰二室者。猶漢書鼂錯傳言二內。彼顏注引張晏曰。二內、二房也。蓋散文房室通稱。房室並內也。二內也、二房也、二室也一也。陸釋引司馬云。二室夫妻各一室。未探古制。

盜跖篇　穴室樞戶。

鬯案。樞者、樞機之樞。實字而虛用之。則所以樞之亦謂之樞。蓋戶閉則內有關鍵。外人不得啓之。惟盜竊能於戶外用樞以啓人家之戶。卽今挖門賊之伎倆也。故曰樞戶。樞戶與穴室偶文。穴室者、穴其室壁。樞戶者、樞其戶關。穴字樞字並實字虛用之也。陸釋云。破人戶樞而取物。以樞爲戶樞。豈穴爲室穴乎。且必加破字成義。而豈知樞之卽破之矣。

盜跖篇　大國守城。小國入保。

䎽案。國卽指邑。承上句所過之邑而言。猶云大邑守城。小邑入保。蓋大邑有城故守城。小邑無城而有保。故入保以避之。

盜跖篇　舜不孝。

䎽案。此如孟子萬章篇云。舜南面而立。瞽瞍亦北面而朝之。韓非子忠孝篇云。瞽瞍爲舜父而舜放之。又云。舜入則臣其父。妻其母。皆舜不孝之事。戰國時此類語不足怪。

盜跖篇　疾走。料虎頭。編虎須。幾不免虎口哉。

䎽案。料本訓量。說文斗部云。料、量也。料虎頭者、謂料量虎頭之輕重大小也。又此文有兩解。一。疾走者、孔子自述見盜跖後疾走也。料虎頭。編虎須。幾不免虎口哉。意謂若不疾走。幾死於跖矣。是皆爲孔子語於柳下季之言。一。上文云。丘所謂無疾而自灸也。孔子語止此一句。疾走者、敍事之辭。謂孔子語柳下季後。不再多語而疾走也。料虎頭。編虎須。幾不免虎口哉。著書者斷結之語。兩說並通。

盜跖篇　鮑子立乾。

䎽案。立乾無義。當必有誤。據陸釋引司馬云。鮑子名焦。周末人。汙時君。不仕。採蔬而食。子貢見之謂曰。何爲不仕食祿。答曰。無可仕者云云。則此乾字蓋朝字之誤。朝乾左旁同體。故誤朝爲乾。立字上尙當脫不字。不立朝、卽不仕也。鮑子不立朝與下句勝子不自理。文相爲偶。誤朝爲乾。又脫不字。不特義不可解。與下句文法亦參差失整矣。

說劔篇　王三環之。

樾案。環之言還也。承上文宰人上食而言。當是王三還顧宰人耳。已足狀其不安之象。陸釋謂繞饌三周。則何至如此乎。且上文云。王乃牽而上殿。然則此時尙牽莊子繞饌三周。則必且與莊子同繞矣。尤當無其事。

漁父篇　其分於道也。

樾案。分葢讀爲紛。其分於道者、其紛於道也。謂孔子之道爲紛紜繁多也。故下文云。今子擅飾禮樂。選人倫以化齊民。不泰多事乎。又云。子審仁義之閒。察同異之際。觀動靜之變。適受與之度。理好惡之情。和喜怒之節。而幾於不免矣。亦紛之說也。陸釋引司馬注。訓分爲離。殆必不然。本作介者。更誤字矣。

列禦寇篇　若是。則汝何爲驚已。

樾案。已字葢與下文曰字形略相涉而衍。

列禦寇篇　使人輕乎貴。老而韲其所患。

樾案。此當讀貴字句。老而韲其所患者。猶終必釀成患之意。郭於老字斷句。非。

列禦寇篇　觀乎汝處已。

鬯案。五字一句。言我觀汝處己之道也。郭無注。而後人多以觀乎屬上善哉讀。當非。

列禦寇篇　齊人之井飲者相捽也。

鬯案。齊當讀爲擠。說文手部云。擠、排也。人方井飲。己往擠排而奪飲。故至於相捽也。

列禦寇篇　彼宜女與予頤與誤而可矣。

鬯案。十一字當是一句。女與予、頤與誤。爲偶文。猶之上文受乎心、宰乎神也。予字、誤字。則韻叶也。若女字、兩與字亦合予誤爲韻。彼字、宜字、可字亦爲韻。頤字、而字、矣字亦爲韻。當不定爲叶韻。然雖不定爲叶韻。而古人行文音節不可不察也。郭於兩與字各斷句。疑非。誤葢讀爲娛。

列禦寇篇　非所以視民也。

鬯案。視當讀爲示。視民、謂示民也。詩鹿鳴篇視民不恌。鄭箋云。視、古示字也。孔義云。古之字。以目視物。以物示人。同作視字。後世目視物爲示旁見。爲原作與。阮元校勘記云。與當作爲。因別體俗字與作与而致譌也。示人物作單示字。由是經傳之中視與示字多相雜亂。此云視民不恌。謂以先王之德音示下民。當作示字。而作視字。故鄭辨之。視、古示字也。言古作示字。正作此視。辨古字之異於今也。又引禮記士昏禮諸文以證。據此。則示民之示作視字。亦視之本義。然說文見部云。視、瞻也。則主目視物之義。後世分別。當主說文。要兩字自在通借之例也。此視民之爲示民與鹿鳴篇之視民。正可例觀。視示之通。在莊子書中亦有可證者。應帝王篇云。以予示之。陸釋云。示本亦作視。崔云。視、示之也。

列禦寇篇　非天布也。

𧦝案。布疑當作市。市布二字。隸書形類。故誤市爲布。市與上文治字下文齒字並叶韻。且言天市。故下文云。商賈不齒。若天布。與商賈義亦不貫也。

列禦寇篇　中德爲首。

𧦝案。中葢讀爲衷。故下文云。何謂中德。中德也者、有以自好也。而呲其所不爲者也。則其義爲衷明矣。如爲中正之中。非其義。

天下篇　皆以其有。爲不可加矣。

𧦝案。此當有字讀逗。皆以其有爲不可加者。卽下文所謂天下多得一察焉以自好也。郭注有爲連讀。非。天下至自好十字作一句讀。郭於一字斷句。亦非。

天下篇　又好學而博不異。

𧦝案。以墨子爲好學。似乖其宗旨。疑又字爲不字之誤。且承上其道不怒讀。下作不好學。文較從順。

天下篇　上說下教。

𧦝案。此謂逢在上之人則說之。逢在下之人則教之。故曰上說下教也。義至顯易。陸釋於說字作兩音。云。音悅。又如字。悅上之教下也。一云。說猶教也。上教教下也。其前一說迂謬特甚。讀說如字訓教。固未誤。而云上教教下。語究何解。疑其本云上教下教也。則可通矣。葢宋鈃尹文之徒。祇知以言教人。而不問人之聽與否。故下文云。雖天下不取。强聒而不舍者也。

天下篇　先生恐不得飽。弟子雖飢不忘天下。

𠥓案。此承上五升之飯而言。不承上文曰字而言也。先生自謂其師。弟子自謂其徒。言其師徒皆不求自飽。而不忘天下耳。郭注云。宋鈃尹文稱天下爲先生。自稱爲弟子。則誤以爲承上曰字言。然決無此等稱謂也。

天下篇　趣物而不兩。

𠥓案。趣當讀爲取。齊物論云。趣舍不同。趣舍卽取舍也。兩當讀爲緉。周禮大宰職云　以九兩繫邦國之民。彼兩亦當讀緉。故曰繫。已見前書校。說文系部云。緉、一曰絞也。絞卽繫也。此言其取物而不繫於物。故曰趣物而不兩。郭注云。物得所趣故一。殆非其義。

天下篇　若磨石之隧全。而無非動靜無過。

𠥓案。全字當句。陸釋云。隧、回也。徐絕句。一讀至全字絕句。一讀是也。隧全二字雙聲。當屬古語。隧字旣詁回。則隧全亦回轉之義而已。全字與上文還字旋字韻叶。若於隧字絕句。則失其韻矣。而全而無非句亦不成義。陸釋雖能强說之。殊不足據。陸云。全而無非。磨石所劃。麤細全在人。言德全無見非責時。言其無心也。而無非動靜無過當七字句。無非猶莫不也。

天下篇　丁子有尾。

𠥓案。丁子當謂人。猶言人丁耳。陸釋引李注。以丁子字形說之。與上下文不倫矣。近人說丁子謂蝦蟇。則亦通。

天下篇　指不至至不絕。

巴案。不絕上當有闕字。至至必是五五之誤。

天下篇　孤駒未嘗有母。

巴案。孤駒有母而無母。謂之未嘗有母者。今旣無母。則向雖有母。亦等於無矣。陸釋引李注。未明。

韓非子一

初見秦篇　此篇爲韓非作。種種可疑。說見鬯戰國秦策注。顧廣圻韓非子識誤云。首必有劉向序。而今佚之。則足知此書首有殘闕。初見秦篇蓋當別有文。後人漫以此文補之。

初見秦篇　其頓首戴羽。

鬯案。頓字盧文弨羣書拾補據國策補注引。改作頡。云。說文。頡、直項也。頓字無理。惟今國策吳師道校注所引。實亦作頓。故顧識誤謂頓字有譌。未詳所當作。孫詒讓札迻因援下文頓足徒裼。不以頓字爲誤。轉疑此首字爲足字之誤。則恐不然。下文與徒裼連文。則頓足義可協。此與戴羽連文。則頓足似不可協也。要仍當依盧爲近。盧所據策注。或別有本。亦未可知。先師鍾朝美先生言。國策吳注。元時刻本之外有曲阜孔氏本。今不可得。惟戴羽之說。自來未見解釋。汪遠孫國語發正於晉語被羽先升引此。則意謂戴羽卽被羽。然彼韋昭解云。羽繫於背。若今將軍負眊。而後漢書賈復傳被羽先登。李賢注又謂析羽爲旗旗。將軍所執。汪則是韋非李。而洪頤煊讀書叢錄又是李非韋。鬯竊謂被羽兩說。姑存弗論。此言戴羽。不言被羽。似不必牽涉。戴羽者、蓋鶡冠之制也。續漢書輿服志云。武冠俗謂之大冠。環纓無蕤。以青系爲緄。加雙鶡尾豎左右。爲鶡冠。云。鶡者、勇雉也。其鬭對。一死乃止。故趙武靈王以表武士。劉昭注引荀綽晉百官表注曰。冠插兩鶡。鷙鳥之暴疏者也。又引傅玄賦注曰。羽騎、騎者戴鶡。則此正所謂戴羽矣。後代軍冠猶存此制。俗稱曰山雞毛冠。今惟優人貌武官用之。至於國朝則有藍翎花翎之賞典。而其制異矣。要亦是戴羽之遺意也。

初見秦篇　此皆秦有也以。

圉案。以當讀爲已。上文三言此固以失霸王之道。亦用以爲已字。其近證也。此已字語辭。當絕句。舊讀也字絕句。以字連下文代上黨不戰而畢爲秦矣讀。無義。張嘯山先生舒藝室隨筆因戰國秦策無以字。遂謂此以爲衍字。亦非。秦策作皆秦之有也。少一以字。多一之字。兩文固不必盡同。趙策云。此百代之一時也以。正可取例。彼姚宏本作以。鮑彪本正作已。又。楚策黃雀因是以。姚本作㠯。黃鵠因是以。蔡聖侯之事因是以。李治敬齋黈讀法如此。近儒亦多主此讀。然圉於彼卻猶有所疑。詳在楚策注。而此與趙策之兩以字並當絕句讀爲已。則無疑者也。

存韓篇　秦特出銳師取韓地而隨之。

圉案。隨當讀爲墮。猶書隨山刊木。隨山卽墮山也。已詳彼益稷篇校。依說文。字作隓。篆文作隋。卽墮字。𨸏部云。敗城𨸏曰隓。然則取韓地而隨之者。謂取韓地而墮之也。此隨字自來無說。儻依本字解。可通乎。春秋定十二年經云。叔孫州仇帥師墮郈。國語魯語云。墮會稽。戰國秦策云。攻城墮邑。齊策云。衛八門土而二門墮矣。呂氏順說覽云。墮人之城郭。此類不勝枚舉。皆卽此隨字之義也。

存韓篇　從韓而伐趙。

圉案。此從爲從横之從。非隨從之從。與戰國趙策言知伯從韓魏兵以攻趙同。秦策高誘注云。從、合也。則此從韓而伐趙。亦謂合韓伐趙耳。戰國從横之稱。本不可泥於關東關西之説。史記樂毅傳言皆爭合從。與燕伐齊。其時伐齊者秦亦在内。而言合從。秦策云。秦卒有他事而從齊。則齊秦之合亦稱從。又何疑於此從韓乎。俞蔭甫太史諸子平議讀此從爲隨從之從。致謂韓未聞其將伐趙。秦何得從韓以伐趙。秦之伐趙。亦何必從韓。疑韓字衍文。誤矣。至下文。則轉可以移書定也。趙用賢本轉作韓。俞議從之。卻是。俞正因彼依作韓之本。故衍此韓字。使不複犯。而不知從韓與定韓異也。從韓者、合韓也。韓固猶國也。定韓者、舉韓國而有之。韓不國矣。其時韓本服秦。故上文云。韓入貢職。與郡縣無異也。與郡縣無異。明韓究未成爲郡縣。定韓卽使郡縣之亦可矣。義有淺深之別。初不爲病。或云。依作韓本。則下句二國疑本作三國。涉上二國而誤。

存韓篇　韓秦强弱。

鬯案。韓疑當作趙。顧識誤謂當作轉。恐非。

存韓篇　韓反與諸侯先爲鴈行。

鬯案。鴈當讀爲顔。顔諧彦聲。彦諧厂聲。鴈亦諧厂聲。是顔鴈同聲。故得通借。管子輕重甲篇云。士爭前戰爲顔行。漢書嚴助傳以逆執事之顔行。顔師古注引文穎曰。顔行猶鴈行。在前行。故曰顔也。葢顔訓顙、訓額。引伸有前義。故知顔行爲正字。鴈行爲借字。鴈無前義也。云先爲鴈行。玩此先字。則鴈行之卽顔行明矣。外儲左説云。是則將令人主耕以爲上服戰鴈行也。又。戰國韓策云。必不爲鴈行以來。燕策云。今使弱燕爲鴈行。並借鴈爲顔。與此同。　或云。然則小戴王制記所謂父之齒隨行、兄之次鴈行者。與此鴈行異解乎。曰。異解之固亦可。然安知彼鴈行非亦顏行之借。而當訓爲前行乎。何以言之。曲禮記云。年長以倍。則父事之。十年以長。則兄事之。五年以長。則肩隨之。父事之者卽父之齒隨行也。隨行者行在後也。兄事之者卽兄之齒鴈行也。鴈行者導在前也。若以鴈行爲卽肩隨之義。則又謂五年以長則肩隨之者何說。彼鄭康成注云。肩隨者與之並行差退。並行差退。非卽如鴻鴈之行乎。孔穎達正義於兄事之謂差退而鴈行。於並行差退謂齊於鴈行。究亦無甚可別。則曷若以鴈行爲前行。父事之者行在後。兄事之者行在前。肩隨之者行差退後。三者截然可了乎。

難言篇　辭不悖逆。

鬯案。悖逆卽是悖遻。而顧識誤乃謂逆當作遻。作逆者形近之誤。且引說難篇拂悟、鄭檀弓注弗寤、列女傳不拂不寤比例。已知拂、弗、悖之通。悟、寤、遻之通。竟不知遻、逆之通。何也。逆諧屰聲。遻諧咢聲。咢卽諧屰聲。篆作㖾。遻逆同聲。安得不通。故詩雨無正篇陸德明釋文云。遻、本亦作逆。而必以作遻爲是。作逆爲誤。其殆昧矣。蓋千里號知古音。實於古音不曾通澈。識誤中拘泥處不止於此。

難言篇　田明辜射。

鬯案。田、戰國時齊姓也。田明疑卽齊明。以姓稱之則曰田明。以國稱之則曰齊明。齊明屢見戰國策。

愛臣篇　萬物莫如身之至貴也。位之至尊也。主威之重。主勢之隆也。此四美者。

鬯案。此文義甚顯白。而顧識誤出萬物莫如身之至貴也此四美者云。藏本同。今本也下衍十四字。顧所稱今本。趙用賢本也。其以十四字爲衍。卽位之至尊也主威之重主勢之隆也十四字。其云藏本同。

則乾道本亦無此十四字矣。今啚所據浙江書局重刻吳鼒影宋乾道本亦有此十四字。此十四字實不當衍去。葢所謂此四美者。卽指身也、位也、威也、勢也。若去此十四字。止存身之至貴一項。何云此四美者。若并合上文諸侯羣臣將相數之。文義必不可通。故無論乾道本亦有此十四字。卽此十四字眞爲趙本獨有。猶當存之。而何當衍邪。且如外儲左上說見說。趙本作皃說。可證諸呂氏君守覽、淮南子人間訓。此在趙本爲獨得。亦可見其本不盡由臆改矣。卽顧氏校此書。亦有不能不依趙處。而漫曰衍、曰誤。正復繁多。此好古之病也。兪蔭甫太史平議云。趙本固多臆改。然亦當以文義求之。未必趙本皆非。古本皆是。此爲善能校古書者。　顧氏所據亦乾道本。故吳氏刻乾道本附顧氏識誤於後。而識誤所標出往往與吳刻本不同。此條之外。如八姦篇。顧出羣臣知不聽。云。藏本今本重羣臣。誤。而吳刻亦重羣臣。解老篇。顧出莫見其端。云。藏本今本端下有末字。而吳刻亦有末字。外儲左上說。顧出王曰吾欲觀見之。云。藏本同。今本無王曰二字。而吳刻亦無王曰二字。外儲右說。顧出公儀休相魯。云。藏本同。今本儀休作孫儀。而吳刻亦作孫儀。難三篇。顧出故疾功利於業。云。藏本同。今本疾作習。誤。而吳刻亦作習。八說篇。顧出不爲能活餓者也。云。藏本同。今本爲能作能爲。誤。而吳刻亦作能爲。八經篇。顧出不害功罪賞罰必知之。云。藏本同。今本功作公。而吳刻亦作公。啚案此條上文云。禁誅於私家。疑當讀禁誅於私爲句。家不害公爲句。罪賞罰必爲句。罪賞字有誤。義當謂賞信罰必耳。五蠹篇。顧出而仁義者一人。云。藏本同。今本而下有爲字。誤。而吳刻亦有爲字。據吳序自言。是本卻有以他本改易處。然則與顧所據爲未改易本與。第顧既據乾道本作識誤。宜其全書所出皆乾道本原文。乃如十過篇出而後爲由余請期。

云。乾道本藏本期作其。則此條轉似出今本矣。又。解老篇出人君無道。云。藏本君下有者字。乾道本重道字。譌。則此條亦似出今本矣。又。問田篇出知明而不見民萌之資夫利身者。云。乾道本利作科。譌。則此條似亦出今本與藏本矣。顧氏校書有義例。今本爲顧所薄。而有此。不甚解。

主道篇　收其餘。

㕓案。餘韻叶下文輔虎。乃顧識誤云。餘當作與。下文輔虎其韻也。以與韻輔虎。將必謂餘於輔虎不韻矣。是何説也。豈讀古書談古韻。而猶可繩以四聲平仄乎。且上文云。散其黨。黨卽與也。是散之矣。收其餘者、正謂收捕其非黨與而爲魁首者也。古人言其餘。多承上爲義。如論語爲政篇多聞闕疑。愼言其餘。其餘者、卽謂不疑者也。多見闕殆。愼行其餘。其餘者、卽謂不殆者也。泰伯篇如有周公之才之美。使驕且吝。其餘不足觀也已。其餘者、卽謂周公之才也。則此云散其黨。收其餘。其餘正謂非黨與也。改餘爲與。與卽黨也。既曰散。何云收。是不但韻同不必改。並改使不成義矣。

有度篇　攻盡陶魏之地。

㕓案。魏當作衞。顧識誤是也。不但飾邪篇魏數年東鄉攻盡陶衞可證。吕氏春秋應言覽云。魏舉陶削衞。地方六百。亦卽此事。又。戰國齊策云。富比陶衞。魏策云。又長驅梁北。東至陶衞之列。但陶衞二字連文。亦足旁證。

有度篇　若是則羣臣廢法而行私。重輕公法矣。

㕓案。重輕二字似宜連讀。舊注云。元何犿本稱舊有李瓚注。盧抬補因謂此書注乃犿删舊李瓚注而爲之者。私重謂朋黨私相重也。故顧識誤引王渭說於重字句絕。從舊讀也。然竊謂廢法而行私。句法自完。多一重字。轉成贅文。重輕公法乃卽伸其廢法行私之義。上文云。則主不可欺以天下之輕重。此重輕卽彼輕重。彼輕重亦謂輕重公法也。此言羣臣廢法而行私。重輕公法卽主可欺以天下之輕重矣。義與上反對。

有度篇　數至能人之門。

鬯案。能人之義自可解。而顧識誤云。能當作態。態人卽荀子之態臣。鬯竊謂荀子臣道篇之態臣卻當讀爲能臣。而不可讀此能人爲態人。態人究何義乎。荀子楊倞注云。變態佞媚之臣。夫變態佞媚之臣。乃不曰變臣、佞媚臣、而曰態臣。於義安乎。彼云。故齊之蘇秦、楚之州侯、秦之張儀。可謂態臣者也。則正所謂能臣者矣。州侯疑卽昭奚恤。見荀子校。且此本作能人。何煩破讀。要所謂能人之門者。猶揚權篇云。大臣之門唯恐多人。今案。三守篇六反篇皆言能人。

有度篇　法所以淩過遊外私也。

鬯案。遊字疑當在法字之上。上文云。不遊意於法之外。遊法者卽遊意於法之中也。遊法所以淩過外私也與下句嚴刑所以遂令懲下也。文正相偶。舊注云。其或淩過遊外卽皆私也。當非。

揚權篇　文選蜀都賦劉淵林注引。權作推。因而任之。

鬯案。任蓋當作仕。形近傳誤。仕與下文事字韻。

揚權篇　虛以靜後。

鬯案。句似無義。舊注云。常當虛靜以後人。則當本作虛靜以後。然後人而但曰後。尙覺可酌。主道篇云。故虛靜以待令。令名自命也。令事自定也。竊疑此後字實待字之誤。且疑彼文待令之令字。實涉下而衍。待者待臣下之自命自定。非待令也。則彼文原當作虛靜以待。此文正與彼同。又。待字與上下文並韻叶。

揚權篇　主上不知。虎將爲狗。主不蚤止。狗益無已。

鬯案。兩狗字當是假字。上文云。主失其神。虎隨其後。下文云。虎成其羣。以弑其母。是但以虎比臣下。不必涉狗。且虎將爲狗。則大變爲小矣。於義反背。狗益無已。狗字且至不通。舊注云。匿威藏用。外若狗然。殆必曲義。下文法刑狗信。虎化爲人。盧拾補出苟字。云。誤作狗。甚是。惟苟狗通用。左襄十五年傳堵苟。陸德明釋文云。苟本作狗。然則當讀狗爲苟。不當云誤作狗耳。竊謂此兩狗字亦並當讀爲苟。苟者、苟且也。顏師古匡謬正俗云。苟者、媮合之稱。所以行無廉隅不存德義謂之苟。且虎將爲狗者、言虎將爲苟且之行。卽是將爲偷合之事也。苟益無已者、言媮合更無已時也。惟其媮合。故虎成其羣。與下句義正密合。然則此兩狗字爲假字明矣。而焉可因虎是動物。遂目狗爲犬邪。抑媮合之義安知非狗字引伸之義。則苟且之苟安知不本當作狗。特苟字爲習用耳。安知此文之作狗。不轉爲正字。而語爲妙語乎。其語所指是實物。而其義爲虛。周易中亦往往有此妙語。未可爲拘文牽義者言。說文艸部云。苟、艸也。苟本爲艸名。則於苟且之義反遠。此當備參。

揚權篇　上下一日百戰。

鬯案。上戰下。下戰上。卽下文所謂下匿其私、用試其上。上操度量、以割其下。文義甚明。乃舊注云。

居下者常有羨欲之心。欲爭則不能。欲取則不得。二者交戰。一日有百。是偏言下戰上。非也。

八姦篇　凡此八者。人臣之所以道成姦。

鄙案。兪平議以篇首道字訓由。甚確。以此道字爲衍。似未確。此蓋衍以字。所道成姦。卽應篇首語。後人不省道字訓由。遂援下句例補以字。

八姦篇　其於觀樂玩好也。必令之有所出。

鄙案。出當謂出資財也。觀樂玩好。皆當出資財以購之。必令之有所出者、猶今言必責令具報銷冊。而不許其報效也。故下文云。不使擅進。下文不使擅退。羣臣虞其意。顧識誤引王渭曰。擅退二字當衍。七字爲一句。舊注解出字。謂知其所從來。似未切。下文云。利於民者必出於君。與此出字同。

十過篇　有楛高至於丈。

鄙案。有當作其。歐陽詢藝文類聚箭類引此。作其楛高十尺。可據。顧識誤以有楛二字爲衍。未是。

十過篇　二君以約遣張孟談。因朝知伯。

鄙案。以已通。此二君已約遣張孟談爲句。因朝知伯爲二君朝知伯。與戰國趙策張孟談因朝知伯異。顧識誤乃云。策脫去二君已約遣五字。遂誤屬張孟談於下句。當依此訂。則非也。彼下文言知過入見知伯曰。臣遇張孟談於轅門之外。又云。張孟談入見襄子曰。臣遇知過於轅門之外。苟非張孟談朝知伯。知過何以見孟談。孟談何以見知過乎。顧氏似未讀彼下文而漫言之。千里校書所以猶多訾議。要當各存其說。故聊記於此。

十過篇　削鋸修之迹。

鬯案。修字葢當在削字之上。削鋸連文。見淮南子本經訓云。公輸王爾無所錯其剞劂削鋸。則言削鋸修之迹。不辭甚矣。葢削之鋸之。工之粗者也。故有迹必修之。而其迹滅。故曰修削鋸之迹。舊注云。磨其斧迹。義固不謬。但斧迹當專指削。則尚遺鋸。鋸別一物。亦有迹也。磨卽修之義。謂刮磨之使滑易也。是舊注時或修字尚未倒。未可知。劉向說苑反質苑云。修其刃。亦謂修其刃之迹。

十過篇　而後爲由余請其。

鬯案。此言請其。下文言請期。猶戰國中山策云。與不期衆少。其於當戹。一用期。一用其。古書率多此文異義同之例。甚則如喩老篇。一用徐馮。一用塗馮。雖其人氏亦可異文。期其之通用尤不勝舉。顧識謂乾道本藏本期作其。譌。非譌也。

孤憤篇　以歲數而又不得見。

鬯案。數本訓計。說文攴部云。數、計也。以歲數者、猶言以歲計也。以歲計者。甚言其遠。葢若近。當以日計。如云三日不得見。是以日計也。差遠。以月計。如云三月不得見。是以月計也。今則且以歲計。而猶不得見。故曰以歲數而又不得見。舊注云。所經時歲已至於數。說數字之義未的。其云猶不得見君。以又字作猶解。是也。顧識云。又當作猶。

孤憤篇　而相室剖符。

鬯案。相室本多家臣之稱。故舊注云。相室、家臣也。然竊謂相室有二解。在韓非。惟說林上篇、其相室曰。何變之數也。此爲家臣。若亡徵篇云。相室輕而典謁重。內儲下說云。國君好內則太子危。好外則相室危。外儲左上說云。相室諫曰。中大夫晉重列也。八經篇云。相室約其廷臣。凡言相室。實卽相國。外儲相室呂氏春秋知度覽正作相國。是一明證。此言相室剖符。亦謂相國剖符。方與上下文言大臣重臣協。舊注家臣。實止可以注說林。而不可釋他處相室也。　或云。相室卽倚相國之勢而行事。舊注云。相室、家臣也。剖符、言得專授人官。與之剖符也。說未當爲誤。此猶戰國秦策云。穰侯使者操王之重。闓案。疑王本主字。決裂諸侯。剖符於天下。亦不言穰侯。而言穰侯使者。使者卽此謂相室矣。剖符之義廣。依此注爲授官。若如彼。則鮑彪注謂剖軍符。吳師道校注謂擅封爵。闓謂此因秦策適有剖符字與此合。而作此解。然義究曲。聊附備參。

孤憤篇　主變勢而得固寵者。十無二三。

闓案。主變勢。謂朝廷之勢變也。朝廷之勢變。則舊臣之罪見矣。故得固寵者十無二三也。上文注云。今謂秦也。則試卽以秦論之。孝公寵商鞅。孝公卒而惠王立。是主變勢也。而商鞅誅。惠王寵張儀。惠王卒而武王立。又主變勢也。而張儀走。武王寵甘茂。武王卒而昭王立。又主變勢也。而甘茂亡。昭王之初。太后用事。寵穰侯。逮范雎說昭王廢太后。亦主變勢也。而穰侯逐。則信乎少固寵者矣。舊此注云。變、謂行謠詆以移主意。十中但有二三。故曰十無二三也。義必不然。且亦費解。

說難篇　又非吾敢橫失而能盡之難也。

闓案。失當讀爲軼。史記韓非傳司馬索隱引失作佚。亦當讀佚爲軼。　又案。此上三句。若依後人文法。必皆當反言之。其云非吾知之有以說之之難也。必云非吾知之無以說之之難也。其云又非吾辯之能明吾意之難也。必云又非吾辯之不能明吾意之難也。其云又非吾敢横軼而能盡之難也。必云又非吾不敢横軼而能盡之難也。古文卻正言之。而意亦可曉。

說難篇　未必其身泄之也。

𨘢案。身當訓親。與下及字反。及者、特及之耳。非親也。

說難篇　與之論大人則以爲閒己矣。

𨘢案。大人卽大臣也。此書臣人通用不一。閒者、離閒之閒。大臣必君所親信者也。故與人主論大臣。則必以爲離閒。舊注非。

說難篇　則以爲多而交之。

𨘢案。交讀爲駮。駮與駁通。舊注非。

說難篇　厚者爲戮。薄者見疑。

𨘢案。此厚薄二字但從爲戮見疑上分别生說。猶之言輕重耳。若云重者爲戮。輕者見疑。則曉然矣。無與於關其思鄰人之父之其所厚其所薄也。舊注非。

姦劫弑臣篇　故姦莫不得而被刑者。衆民疾怨而衆過日聞。

𨘢案。故姦莫不得而被刑者當句。謂作姦者必被刑也。衆民疾怨而衆過日聞。義甚明曉。顧識誤以上衆字屬上讀。則不得不以下衆字爲衍。殆非也。

姦劫弒臣篇　無規矩之法。繩墨之端。雖王爾不能以成方圓。

㘣案。王爾蓋卽上文所云離婁。王爾者、離婁之姓名也。離婁其號也。離婁本空明之意。說文女部云。婁、空也。从毋中女。空之意也。朱駿聲通訓云。中女者、離中虛之象。又云。人曰離婁。窗牖曰麗廔。皆空明之意。俞蔭甫太史論語平議亦云。凡物空者無不明。故以人言則曰離婁。孟子離婁之明。是也。以屋言則曰麗廔。說文囧部曰。窗牖麗廔闓明。是也。爾亦有空明之意。說文㸚部云。爾、麗爾。猶靡麗也。从冂。从㸚。其孔㸚。（戴侗六書故引作㸚其孔也。）爾聲。此與爽同意。爽、明也。从㸚。从大。竊謂麗爾卽離爾也。離爾猶離婁也。云其孔㸚。孔之言空也。爽與爾同从㸚而訓明。則爾有空明之義可知矣。其云靡麗者、空明之引伸義也。（麗廔爲窗明。釋名釋宮室云。窗、聰也。於內窺外爲聰明也。人聰明則多精巧。精巧之至。入於靡麗。然則靡麗爲空明之義轉及之者。）然則離婁之名爾。不亦宜乎。無規矩之法繩墨之端。雖離婁不能以成方圓。卽孟子離婁篇云。離婁之明。公輸子之巧。不以規矩不能成方圓也。用人篇云。廢尺寸而差短長。王爾不能半中使。同此。

亡徵篇　而好以名問。

㘣案。問讀爲聞。

亡徵篇　知有謂可斷。

㘣案。謂詁說、詁言。恆詁也。知有謂可斷。猶言知有說可斷耳。顧識誤讀可字句。疑非。

亡徵篇　公壻公孫與民同門。

罊案。門、里門也。非家門。

飾邪篇　趙代先得意於燕。

罊案。代爲趙屬封。故趙代連言。顧識誤引王渭。謂當衍代字。似不必衍。

飾邪篇　夫上稱賢明。下稱暴亂。

罊案。此上下以人言。非以位言。上文言稱伊尹、管仲、比干、子胥。若云同一稱伊尹、管仲、比干、子胥也。上智稱之則爲賢明。下愚稱之卽爲暴亂。故下文云。不可以取類。

飾邪篇　下懷上。子事父。宜。

罊案。下懷上、子事父二項。幷以一宜字承之。亦文法所有。不必與上下文同一項著一宜字定例。盧拾補顧識誤並以下懷上下當添宜字。轉成多事。

解老篇　不以侮罷羞貪。

罊案。罷讀爲疲。

解老篇　使失路者而肯聽習問知。

罊案。此言聽習。下文言聽能。猶上文上言內。下言中。上言正。下言端。此類本無足疑。乃顧識誤引王渭說。習當作能。顧又謂下文二能字或本皆作習。拘泥過矣。

解老篇　根者、書之所謂柢也。

罊案。段玉裁說文木部注引此。根上有直字。兪蔭甫太史平議云。根上當有直字。然並無有直字之本。

不知段所據何本。抑意加之與。

解老篇　而民不以馬遠淫通物。

邕案。遠淫通物無義。顧識誤云。藏本同。今本淫通作通淫。誤。邕謂此必當作遠通淫物。上文云。凡馬之所以大用者。外供甲兵。而內給淫奢也。馬何以內給淫奢。正以其能馳騁運載。能致遠物耳。有道之君內禁淫奢。故民不以馬遠通淫物。作遠通淫物可解。作遠淫通物不可解。而顧乃直斥誤者。徒以其出今本耳。今本、趙用賢本也。

解老篇　不衣則不犯寒。

邕案。犯訓勝。爾雅釋詁云。犯、勝也。

解老篇　故欲利甚於憂。

邕案。於當作則。欲利甚則憂。卽上文云欲利之心不除其身之憂也。

解老篇　道理之者也。

邕案。顧識誤云。句有誤。邕聞諸從舅氏姚藝諳廣文云。者卽著之誤。道一字逗。邕謂著卽諧者聲。說文無著字。古或止用者字。則者字卻不可云誤。但當讀者爲著耳。惟以道爲理之著。似不然。竊恐道理二字尙當乙轉作理道。理一字逗。言理、道之著也。上文云。理者、成物之文也。道者、萬物之所以成也。故此伸明之著字。卽從文字來。此語蓋亦老子文而今佚。然則宋人說理。實始於老。不然卽始此韓非。

解老篇　陸行不遇兕虎入山。

鬯案。入山二字蓋本校話。卽陸行二字之異文。蓋韓非所據老子本作入山不遇兕虎。與入軍不備甲兵。入山入軍。語正一例。後人依今本老子改韓非入山爲陸行。而校家仍據韓非未改之本。著入山二字於句下。以表文異。乃誤入正文。讀者以入山二字屬下文。實不可通。顧識誤謂山當作世。亦未必然。

喻老篇　則以城與地爲罪。

鬯案。則字蓋本在上句以名號爲罪之上。道藏本上句原有則字。而此句亦有則字爲複衍。此乾道本無上則字。有此則字爲錯亂。則字著在上句可通。在此句不可通。顧識誤謂則讀爲卽。然卽字施於此句。仍不可通。故知此羨彼脫。當移此補彼。

喻老篇　紂爲肉圃。設炮烙。登糟丘。臨酒池。

鬯案。從舅氏姚廣文云。炮烙卽炮格。見荀子議兵篇。鬯案。今荀子亦作烙。此段玉裁說。見盧文弨鍾山札記所采。蓋段氏有荀子校本。今失傳。畢沅校呂氏春秋順民紀。亦主炮格說。然格烙並諧各聲。讀烙爲格。自無不可。兪氏平議以爲古書說炮格有二義。非也。蓋肉曰圃。糟曰丘。酒曰池。其大可知。而炮格之列乎其中者。其大亦可知。常則炮肉。怒則炮人。非有二地二具也。

說林上篇　王猶使之於公也。

鬯案。之字疑作行。上文僕與行事。兪平議云。事字衍。僕與行爲官名。其說是也。蓋行者行人之官。雖爲僕而猶使行行人之職。以甘茂之所長。上文云。公所長者使也。是也。

說林上篇　將復立於天子。

𨶒案。於字蓋衍。呂祖謙大事記。周愼靚王二年解題引此無於字。可證。戰國韓策作且復天子。脫立字。亦非。

說林上篇　紹績昧醉寐而亡其裘。

𨶒案。昧醉蓋謂衣醉耳。或疑涉寐字而衍。未知然否。

說林上篇　反其土也。

𨶒案。反當作及。此刋誤。

說林上篇　令人臣之處官者。

𨶒案。令當作今。亦刋誤。

說林下篇　相與之簡子廏觀馬。

𨶒案。句無義。之字當在簡子下。或竟作簡子與相之廏觀馬。則立文尤當。此相爲簡子之相。與上下文相字爲相馬義者不同。之、往也。謂簡子與其相往廏中觀馬耳。

說林下篇　宋之富賈。

𨶒案。貴當作賈。刋誤。

說林下篇　而理其毀瑕。

𨶒案。瑕當作璞。刋誤。

說林下篇　白圭謂宋令尹曰。

罾案。宋亦有令尹。豈效楚稱之與。戰國宋策作大尹。

說林下篇　我愛之信。

罾案。信卽上文所謂眞。我愛之信者、我愛是眞也。之、猶是也。是、卽鼎也。變眞言信者、以下文答曰臣亦愛臣之信。此文法也。俞平議以信爲衍。非。

說林下篇　繳不能絓也。

罾案。戰國齊策姚宏校引此。絓作絆。當備異文。

說林下篇　荆王之弟在秦。

罾案。說苑權謀苑云。楚公子午使於秦。秦囚之。其弟獻三百金於叔向。叔向謂平公曰。何不城壺丘云云。卽此事也。然則此言荆王之弟、卽公子午也。而彼所言其弟者。豈卽此下文中射之士與。

安危篇　使傴以天性剖背。

罾案。天性者、謂生而然也。傴者背曲。背曲係生而然者。故謂之天性。

守道篇　於伯夷不妄取。而不免於田成盜跖之耳可也。

罾案。耳卽取字之壞文。言於伯夷其人者不妄取。而不免於田成盜跖其人之取猶可也。蓋使伯夷多而田成盜跖少。則不妄取者多。而取者少。卽使伯夷與田成盜跖參半。則不妄取者與取者亦參半。故曰可也。以起下文今天下無一伯夷。而姦人不絕世之意。顧識出而不免句云。不字衍。耳當作身。殊無義。又云。與上句對。則連上文則危讀。尤必不然。難二篇云。亦有君不能士耳。呂氏春秋貴直論作亦有君不能取。此取耳二字相亂之證。

韓非子二

內儲說上七術篇　而江乞之說荆俗也。

㬎案。江乞卽江乙。顧識誤云。藏本乞作乙。是。㬎謂不過作江乙者多見耳。何以見乙必爲是。乞必爲非。戰國楚策或作江一。要乞、乙、一皆疊韻通用字。

內儲說上七術篇　一聽則愚智不分。

㬎案。不字恐因下句而衍。下言責下則人臣不參。以與此句對文。故亦加不字。而不知一言分。一言不參。古文未始不對也。人臣不參者、責下之效也。愚智不分。曾何足取。故舊注以一聽爲不善。以責下爲善。然上文云。主之所用也七術。四曰一聽責下。一聽與責下連文。安得以一爲不善、一爲善。且言主之所用。不言主之所戒。則必所善。非所不善明矣。下文鄭王聽鄭公子而魏王止索鄭。湣王一一聽吹竽而處士逃。是一聽者、謂聽於一也。亦卽一一聽也。葢惟一一聽。然後能聽於一。所患則在臣下先探己意爲言。故曰其患在申子之以趙紹韓沓爲嘗試也。公子氾應侯爲騎牆之說。以待決於君。是亦申子之流。實推廣之說也。舊注都非。是正所以分別愚智也。故曰一聽則愚智分。八經篇云。聽不一則後悖於前。後悖於前則愚智不分。彼言聽不一則愚智不分。則此言一聽則愚智分。尤足顯不之爲衍字矣。

內儲說上七術篇　臣之夢賤矣。

闓案。賤當讀爲踐。卽左僖十五年傳亦晉之妖夢是踐之踐字。難四篇作淺。淺、賤、踐並諧戔聲。通用。

內儲說上七術篇　猶之人。

闓案。之人、是人也。是人謂季孫。

內儲說上七術篇　夫不使賤議貴下必坐上。

闓案。此必字似可省。恐涉下文必字、又八說篇言下必坐上而衍也。八說篇云。明君之道。賤德義貴。下必坐上。彼德當讀爲得。義當讀爲議。以彼例此。此則賤下當補得字。然竊謂彼言明君之道。是正言之。此責衞之不使。則意主於不議不坐。似不在得字之有無。而在必字之不須存也。故疑此必字爲衍。彼賤得議貴。下必坐上。偶對爲文。此賤議貴。下坐上。亦偶對爲文。而承夫不使言。九字實當讀成一句。不使下坐上者。如左昭二十三年傳云。叔孫婼如晉。晉人執之。使與邾大夫坐。叔孫曰。列國之卿當小國之君。固周制也。邾、又夷也。寡君之命介子服回在。請使當之。不敢廢周制故也。杜預集解云。坐、訟曲直也。是也。然則周制不使下坐上。衞當倘行周制。故韓非之意不然。非之意。所謂明君之道賤得議貴下必坐上者也。舊注時此必字已衍。然卽使有必字。亦當以十字讀成一句。乃因一必字遂讀夫不使賤議貴斷句。下必坐上別爲句。云。下得罪。必坐於與上議也。其不然乎。

內儲說上七術篇　嗣君之壅乃始。

闓案。始讀爲殆。

內儲說上七術篇　使人行之所易。

䜣案。之字當衍。下文亦云行所易。

內儲說上七術篇　故今有於此。

䜣案。有下當脫人字。

內儲說上七術篇　此火之所以無救也。哀公曰。善。

䜣案。此但言火之所以無救之故。未言救之之法。則善字似非義。疑本作哀公曰然。涉下文哀公曰善而誤。善、然論古音同部。則亦可讀善爲然。特與下文義別。

內儲說上七術篇　趙令人因申子於韓請兵。將以攻魏。

䜣案。戰國韓策以爲魏圍邯鄲之役。則是請兵救趙以卻魏也。

內儲說上七術篇　外則有得趙之功。

䜣案。得讀爲德。舊注兩恩字卽解德字也。

內儲說上七術篇　陽山君相謂。

䜣案。謂蓋讀爲魏。委聲胃聲。古音同部。亦在假借之例。顧識誤云。謂當作韓。陽山當作山陽。戰國韓策有或謂山陽君曰。秦封君以山陽云云。可爲證。果如顧說。陽山卽山陽。則山陽君見策者不止韓。亦見楚策、趙策。在楚策言梁山陽君。是明梁也。梁卽魏也。趙用賢本作衛。以下篇使齊韓約而攻魏。趙本作攻衛。又。宋石魏將也、趙本作衛將準之。則趙本作衛者。在此本作魏。亦其例矣。且有度篇攻盡陶魏之地。飾邪篇作攻盡陶衛。衛魏古書本多相亂。衛不諧韋聲。如韋聲。與委聲亦同部矣。此以聲音求通。讀謂爲魏。不必破字作韓。要顧說亦不可非。兼存此可也。

内儲說上七術篇　因詐逐所愛者令走王。知之。

邑案。知之二字當涉上文而衍。否則有脫文。或知字誤。皆未可定。此當讀令走王爲句。謂令走之王所也。走之王所。必有言於王。既爲所愛者。必知密謀。今被逐而言其無亂謀。王必信之。

内儲說下六微篇　費無忌教郄宛而令尹誅。

邑案。令尹誅郄宛。則不當但云令尹誅。此誅字當在上文司馬喜殺爰騫而季辛下。彼脫誅字。而衍在此。此未知所脫何字。以下文考之云。令尹大怒舉兵而誅郄宛。遂殺之。則當怒字。未知是否。今案。玩既言誅。而又言遂殺之。則誅不作殺解。備疑。

内儲說下六微篇　敵之所務在淫察而就靡。

邑案。在訓察。爾雅釋詁云。在、察也。朱駿聲通訓頤部、謂假借在爲司。甚確。乃伺察之意。言敵人所務。伺察異國之所淫。而就其所靡也。淫下察字當涉下文衍。淫察無義。

内儲說下六微篇　衛人有夫妻禱者。

邑案。夫衍字也。下文云。其夫曰何少也。對曰益是。子將以買妾。明妻獨禱。夫不與禱。前文云。其說在衛人之妻夫禱祝也。夫字在妻下。贅文尤明。或云。彼文妻下當脫爲字。云。衛人之妻爲夫禱祝也。則此文當云。衛人有妻爲夫禱者。亦通。

內儲說下六微篇　魯三桓公偪。

鬯案。公偪蓋是偪公。文倒當乙。謂魯三桓之勢偪昭公也。趙用賢本無公字。則但曰魯三桓偪。其義不顯。顧識誤每斥趙本。而此卻謂公字不當有。竟不省其誤倒。何與。又顧以此句之上當有一曰二字。亦恐非。上文云。魯孟孫叔孫季孫相勠力劫昭公。遂奪其國而擅其制。乃先言其略。此句以下明其事實。猶前條言燕人其妻有私通於士云云。而彼上文亦先言其略云。燕人無惑。故浴狗矢。文法一例也。

內儲說下六微篇　魏王以爲犀首也。乃誅之。

鬯案。犀首未嘗誅。卽前文云陳需殺張壽而犀首走。亦不言誅也。然古音朱聲走聲同部。此當讀誅爲走。

內儲說下六微篇　楚王謂干象曰。

鬯案。史記甘茂傳干象作范蜎。司馬索隱引戰國策蜎作蝝。則此象字或象之誤。存參。

外儲說左上篇　且虞慶詘匠也而屋壞。

鬯案。也字涉上文多用也字而衍。

外儲說左上篇　取庸作者進美羹。

鬯案。取當讀爲趣。

外儲說左上篇　其謳不勝如癸美。何也。

鬯案。如於通。

外儲說左上篇　持白馬非馬也。服齊稷下之辯者。乘白馬而過關。則顧白馬之賦。

鬯案。此文字當有誤。而其意固可知。下文云。故籍之虛辭。則能勝一國。卽持白馬非馬也。服齊稷下之辯者也。考實按形。不能謾於一人。卽乘白馬而過關則顧白馬之賦也。戰國趙策云。夫刑名之家皆曰白馬非馬也已。如白馬實馬。乃使有白馬之爲也。意亦如此。

外儲說左上篇　屋太尊。

鬯案。此當謂欲屋之崇高異乎尋常之屋。故曰屋太尊。道藏本太作大。意更可見。下文云。匠人詘爲之而屋壞。則此時猶未爲屋也。故下文載一曰云。虞慶將爲屋。觀將字尤顯。盧拾云。屋太尊。嫌其太崇也。其說非。

外儲說左上篇　虞慶曰。不然。夫濡塗重而生椽橈。

鬯案。虞慶曰不然五字當依趙用賢本在下文更日久之上。而盧拾顧識並以趙本爲誤。非也。卽觀下一曰之文。彼虞慶曰三字。準此可見。又。呂氏春秋別類論云。高陽應將爲室。家匠對曰。未可也。木尙生。加塗其上。必將撓云云。卽此夫濡塗重而生椽橈云云也。則明匠人之說也。又云。高陽應曰。緣子之言。則室不敗也。木益枯則勁。塗益乾則輕云云。卽此虞慶曰不然更日久則塗乾而椽燥云云也。明虞慶不然之說接更日久也。乾道道藏兩本虞慶曰不然五字皆錯在此。實大無理。而盧顧反從之。不免爲古所惑。

外儲說左上篇　而以知術之人爲工匠也。

圝案。爲當訓使。國語晉語韋解云。爲、使也。

外儲說左上篇　俄又復得一問人曰。

圝案。問人二字刊倒。

外儲說左上篇　鄭縣人乙子妻之市買鼈。

圝案。此條不見於前文。而上條鄭縣人乙子使其妻爲袴。依前文當在此。則刪去此條。以上條實之。便是矣。然竊謂儲說者、本非所著定書。特儲備以待臨時用耳。猶後人之爲類書之比。所謂前文者、猶之簡明目錄。以便檢覽而已耳。則必有隨時隨手補入之條。而目錄亦隨增改。或遺未增。然則豈能無脫無錯。卽觀內外說前文率多不通處。亦以此也。而說中顚倒。并有重複。且苟細玩其意。更多取事事不類。亦以此矣。則此正恐韓非原文。而未可以後人校書之見爲之更正也。

外儲說左上篇　傳說王曰。

圝案。前文傳作傅。當是。傅者、師傅也。下篇齊桓公將立管仲爲仲父。亦卽此傅字。傅之言父也。作傳。係刋誤。

外儲說左上篇　信名信名則羣臣守職。

圝案。信名與下文信事信義爲比。不當疊。當衍二字。

外儲說左上篇　今返而御。

圝案。而、汝也。

外儲說左上篇　子欺之。是教子欺也。

𠤎案。上子稱其妻。上文令字趙本作今。讀連此。謬甚。

外儲說左下篇　與先王之患驪馬也。

𠤎案。先王依說當作宣子。

外儲說左下篇　審而是。

𠤎案。而讀爲如。

外儲說左下篇　博貴梟勝者必殺梟。

𠤎案。古博法甚多。此所言。如今俗小馬趕大馬。亦逼使大馬無路爲勝。是殺之也。

外儲說左下篇　遂不受。

𠤎案。此不受當謂西門豹不肯受璽治鄴。與上文文侯不受異。而舊注云不受豹所納之璽。以兩不受爲同義。似不然。

外儲說左下篇　夷吾不如弦商。

𠤎案。弦商卽弦章。而盧拾補以呂氏春秋勿躬覽作弦章爲誤。殆因說苑弦章爲景公時人。不當桓公時有弦章耳。而不知章商疊韻。若章爲誤。商亦誤矣。竊恐新序雜事序作弦甯。實誤。而盧反不以爲誤。

外儲說左下篇　子無二馬二車何也。何也。管子小匡篇此作賓須無。

鬯案。二之言貳也。說文貝部云。貳、副益也。然則二馬二輿者、謂副馬副輿也。下文云。晉國之法上大夫二輿二乘。上二讀爲貳。下二數目字。中大夫二輿一乘。下大夫專乘。獻伯拜上卿。當上大夫。副車二乘。乃下儕於下大夫專乘。故叔向問之。顧識誤謂上二字當作秣。因下文獻伯答不秣馬不二輿兩項。然上文已著馬不食禾。則此問不及秣馬一項。義亦可曉。且下文苗賁皇語。亦止論不二輿一項。

外儲說左下篇　獻伯之儉也可與。

鬯案。可當讀爲何。何卽諧可聲。故古通借。石鼓文且魚佳可。卽其魚唯何。其例也。與爲許與。如論語我與點也之與。固自可通。抑當讀與爲譽。譽卽諧與聲。古亦通借。書舜典伯與。古今人表作柏譽。其例也。獻伯之儉也何譽。言獻伯之儉不足譽。故下文云。又何賀。此用可。下文用何。文異義同。亦多此例。舊注云。言亂制當誅之。故可與也。語當有誤。

外儲說左下篇　非子之讎也。

鬯案。也讀爲邪。

外儲說右上篇　夫馬似鹿者而題之千金。

鬯案。題蓋讀爲提。提題並諧是聲。例得通用。提有擲義。戰國燕策云。以其所奉藥囊提軻。又云。乃引其匕首提秦王。皆是也。此謂馬之似鹿者。人且擲之以千金耳。　又案。下文云。然而有百金之馬。而無一金之鹿。據此。戰國時鹿竟不值錢。殆尚未識其可入藥亦爲人用也。

外儲說右上篇　左右有欒子者。曰陽胡潘。

邕案。陽胡潘。潘、欒名也。當斷胡字。

外儲說右上篇　夫馴烏斷其下頷。焉斷其下頷。

邕案。此烏字本當作焉。前文云。說在畜焉。可證。馴焉斷其下頷者。謂馴焉之法。必使斷其下頷也。焉斷其下頷。卽承上而言。惟顧於前文識誤云。說。焉作烏。則此文合當作夫馴烏斷其下頷。烏斷其下頷。前後焉烏不應。非改此兩烏字爲焉。則改前文焉爲烏。今此本傳寫上作烏。下作焉。幾不可讀矣。

外儲說右上篇　甘茂相秦惠王。

邕案。甘茂當相秦武王。非惠王。

外儲說右上篇　五始經之而不可更也。

邕案。五讀爲吾。

外儲說右下篇　效駕圃中。

邕案。效駕見小戴曲禮記。而解者惟兪平議得其說云。廣雅釋言曰。效、考也。效駕者、考驗其駕也。邕謂今俗凡物將用而試爲之。猶曰效。讀效音如告。

外儲說右下篇　伏溝中。

邕案。伏上道藏本趙本並有彘字。當依補。惟彘非水族。何能伏溝中。此溝字葢當讀爲構。淮南氾論訓高注云。構、架也。葢彘本有以架之。而伏於其中。下文云。彘突出於溝中。自必架壞而彘突出也。下載一曰云。彘逸出於竇中。不言溝而言竇。竊謂溝與竇雖兩物。而類皆苟且之爲。故古人以同類。或并連言之。卽論語憲問篇所謂溝瀆是也。曰自經於溝瀆。經者、縊也。溝瀆何以可縊。則彼溝瀆之當讀爲構竇。明矣。左莊九年傳生竇。史齊世家作笙瀆。淮南子覽冥訓鑿竇。卽說林篇之毀瀆。是竇瀆之通。業有可證。溝之讀爲構。猶瀆之讀爲竇也。今案。荀子正論篇云。今人或入其央瀆。竊其豬彘。彼瀆亦當讀爲竇。互見彼校。

外儲說右下篇　寡人亦且改法而心與之相循者。

邕案。者字當衍。據上文夫非令而擅禱。盧拾補出彼句。禱下有者字。云。脫。張本有。然則此者字脫於彼而羨於此也。

外儲說右下篇　郎中閻遏公孫衍。

邕案。此稱郎中。當非公孫衍。疑衍爲術字之誤。卽上文云孫述也。述術同。

外儲說右下篇　父子推車。

邕案。子當作下。

外儲說右下篇　前者止。後者趨。

邕案。此言輦也。據說文車部云。輦、輓車也。从車。从扶在車前引之。夫部云。扶、並行也。从二夫。輦字从此。然則古輦制二人並行在前。卽觀字形亦甚顯。而此有前者後者之稱。則戰國時之輦已變制。如今之肩輿矣。趨讀爲趣。

難一篇　臣聞之繁禮。

㓜案。繁禮。疑書名。

難一篇　左右請除之。

㓜案。此除字盧拾顧識並謂當作涂。以淮南子齊俗訓載此云。晉平公出言而不當。師曠舉琴而撞之。趺衽宮壁。左右欲塗之。平公曰。舍之。以此爲寡人失。是彼言塗之謂塗壁。高注云。欲塗師曠所敗壁也。塗卽涂也。但援以改此文除之爲涂之。則之字指壁言。似承上文稍隔。且上文言琴壞於壁。是壞者琴也。非壁也。卽作涂。亦當謂涂琴。不可謂涂壁。竊謂此除字但作除去解。亦可通。廣雅釋詁云。除、去也。考工玉人記除慝。鄭注云。誅惡逆也。除之者、之字卽指師曠。謂去師曠也。卽誅師曠也。下文云。以爲寡人戒。視淮南無此字。則語氣亦異。而淮南引韓子曰。羣臣失禮而弗誅。是縱過也。與此下文或論語異。卻正言平公之不誅師曠。

難二篇　伊尹自以爲宰于湯。百里奚自以爲虜于穆公。

㓜案。兩于字當作干。此本刋誤。俞平議以兩以字爲衍。非也。特因難一篇言道爲宰于湯。顧識誤云。于當作干。下句同。道爲虜于穆公。乾道本脫爲字。無兩以字耳。然俞釋此文云。自、由也。言由爲宰以干湯。由爲虜以干穆公。則句內仍出兩以字。竊謂兩以字在上在下。義實無別。伊尹自以爲宰干湯。卽是自爲宰以干湯也。百里奚自以爲虜干穆公。卽是自爲虜以干穆公也。不必拘泥於上篇而漫衍此文。

難二篇　無道賢而已矣。

㓜案。道疑當作遁。顧識誤云。藏本今本道作逆。誤。然作道實無義。逆與道字形不近。故疑此本道爲適之誤。

難二篇　非爲天下計也。

𨙻案。天上疑脱行字。

難三篇　二難也。愛孽不使危正適。

𨙻案。二難也三字葢當在正適之下。愛孽不使危正適。與上文貴妾不使二后并爲一條較類。

難三篇　無術使智□之侈。

𨙻案。顧識誤云。今本使智□之侈。作以享厚樂。誤。當云。無術以知富之侈。知作智者。同字也。𨙻謂今本誤否不可知。然於義爲明。姑舍勿論。顧以使爲以。智爲知。可依之。惟以空格爲富字。未免意補。竊謂以下文證之。空格乃地字也。

難三篇　其勢可害也。則不肖如耳。魏齊及韓魏。猶能害之。

𨙻案。不肖者、卽不如也。說文肉部云。不似其先。故曰不肖也。小爾雅廣訓云。不肖、不似也。不似、亦卽不如也。此言其勢可害。則雖不如如耳。魏齊及韓魏者。猶能害之。因避如耳之如字。故以肖字代如字。不曰不如如耳。而曰不肖如耳。亦作文之法。盧拾補依淩本重如字。則以不肖作賢不肖解。實不可通。如耳魏齊縱不及孟嘗芒卯。何至不肖。然固人也。不肖之尙無害。而韓魏何以亦爲不肖乎。

難四篇　孫子君於衞。而後不臣於魯。臣之君也。

𨙻案。後字疑在孫子下。

難勢篇　桀紂得乘四行者。

巴案。四字趙本作肆。與下文一字義似未協。故顧識謂誤。但依四字義。上文盡民力。一也。傷民性。二也。實尚脫二項。顧分上文高臺深池爲二。而似疑炮烙下有脫。必非。

難勢篇　王良御之而日取千里。

巴案。從鼻氏姚廣文云。取爲趣之省。釋名釋言語云。取、趣也。

難勢篇　兩未之議也。

巴案。未字盧拾補依張凌本作末。是也。兩末者、對上文中字而言。上文云。吾所以爲言勢者中也。中者上不及堯舜。而下亦不爲桀紂。然則舍中是爲兩末之議矣。

問辨篇　堅白無厚之詞章。

巴案。無厚、鄧析子篇名也。其言云。天不能屏勃厲之氣。全天折之人。使爲善之民必壽。此於民無厚也。凡民有穿窬爲盜者。有詐爲相迷者。此皆生於不足。起於貧窮。而君必執法誅之。此於民無厚也。堯舜位爲天子。而丹朱商均爲布衣。此於子無厚也。周公誅管蔡。此於弟無厚也。此言無厚之詞指此。而顧識云。無厚見莊子天下。案天下篇云。無厚不可積也。其大千里。其義與鄧析所謂無厚異。必非此所指。困學紀聞諸子卷云。堅白、公孫龍之言也。無厚、鄧析之言也。是也。顧氏縱或不見鄧析子。豈并困學紀聞亦忘檢乎。呂氏春秋君守覽云。堅白之察。無厚之辯。外矣。是戰國人於堅白無厚兩家恆並言。彼無厚亦指鄧析也。而顧亦失徵。

問田篇　令陽成義渠明將也。而措於毛伯。

鬯案。令當作今。此古必有事實。但不經見。而顧識云。毛當作屯。外儲說右云。屯二甲。義同。案外儲說右云。訾其里正與伍老。屯二甲。又云。今乃訾其里正與伍老。屯二甲。舊注云。屯、亦罰也。與此毛伯之毛何涉。顧乃援以破此毛爲屯。殊屬不解。

定法篇　而秦不益尺土之地。

鬯案。尺土之地。語不可通。以字形言之。土必是寸字之誤。而御覽敍封建覽引此作秦不益一尺之地。合當從之。又。下文乃城其陶邑之封。御覽引乃城作反成。亦似較勝。

定法篇　是不謂過也。

鬯案。不字疑本在上文雖知下。脫於彼而衍於此。趙本無此不字。而上文有弗字。

說疑篇　非謂其賞罰當也。

鬯案。也讀爲邪。下文非能生功止過者也。也字同。

說疑篇　荆芊尹申亥。

鬯案。據下文言十二人。此芊尹申亥似當分二人。楚本有申無宇、申亥父子爲芊尹。則以芊尹爲芊尹無宇。方合上下諸人足十二人之數。惟芊尹無宇當靈王爲令尹時僭王旌以田。有斷旌事。及靈王爲章華宮納亡人。有執閽人於王宮事。且其於靈王多所匡諫。不類下文所謂思小利而忘法義云云者。則以芊尹申亥爲專指無宇之子一人。理似較近。抑韓非於此篇所分類。各人本不甚同類。而此條尤甚。卽申亥雖不能如其父之臣節𥎊𥎊。當靈王失國。念王不殺其父。求王迎歸。王縊。以其二女殉葬。其事亦未可厚斥。且如吳之王孫頟亦列此類。果與陳之公孫甯儀行父、齊之豎刁易牙類乎。若是。則又何異乎無字。非殆漫筆書之。實未細檢其人品也。要之。準下文十二人之數。則當分此芋尹申亥爲二人。以芋尹申亥爲一人。則下文十二人當作十一人。顧識據十二人而謂上有脫文。所未敢信也。

說疑篇　姦臣聞此。

㔾案。此姦臣卽上文姦人。非上文姦臣。上文云。夫姦人之爵祿重而黨與彌衆。又有姦邪之意。則姦臣愈反而說之曰云云。是姦臣與姦人別。姦臣者、乃姦人之黨與也。則此明姦人非姦臣。因臣人通用。遂至於溷。則當讀此姦臣爲姦人得矣。不必改字也。今案。或上文人臣互易。

說疑篇　然敬侯享國數十年。

㔾案。史記趙敬侯十二年而卒。此言數十年。當備參。

詭使篇　難禁謂之齊。

㔾案。齊卽詩小宛篇齊聖之齊。有嚴整之義。廣雅釋言云。齊、整也。左昭十三年傳云。齊、嚴也。與難禁意可合。

詭使篇　而士卒之逃事狀匿。

㔾案。姚廣文云。狀當是伏。㔾謂不如讀狀爲藏。今案俞平議讀爲藏。而語甚支。廣文蓋因是破字。

詭使篇　而女妹有色。

䛐案。女妹、謂女與妹也。此謂其父其兄也。謂因其女其妹有色得寵。賞田宅於其父兄。故下文云。擇宅而受。擇田而食。

六反篇　赴險殉誠死節之民。

䛐案。姚廣文云。誠疑郎城字。葢城亡與亡意。死節之民。以下文推之。民下當有也字。

六反篇　整穀之民也。

䛐案。姚廣文云。穀當作慤。淮南子主術篇其民樸重端慤。注。慤、誠也。此言整慤。猶彼言端慤。䛐謂慤穀並諧㱿聲。通借字。周書謚法篇行見中外曰慤。史記高祖功臣表祁侯司馬索隱引謚法作行見中外曰穀。䛐前校小戴檀弓記齊穀王姬條。亦嘗徵及韓非此文。而索隱引謚法於彼。尤切證。尙遺。今借補於此。又。呂氏春秋當務紀。將穀其頭矣。高解云。穀音㱿。㱿不體。昔賢謂乃㱿之誤。

六反篇　爲政猶沐也。

䛐案。下文云。雖有棄髮必爲之。愛棄髮之費。而忘長髮之利。不知權者也。則所謂沐者。是櫛髮之稱。非以潘沐。古人言沐。本有不指沐浴者。如云一飯三吐哺。一沐三握髮。一沐與一飯對。必日日所有事。則亦櫛之之云而已。

六反篇　令之行於民也萬父。母積愛而令窮。

䛐案。父字當句。道藏及趙本父母下復有父母字。顧識謂其誤。是矣。而標積愛而令窮五字。不連母字。則以萬父母上屬。讀法未得。

六反篇　授之以鼎俎則罷健效矣。

圖案。此因鼎而連言俎。古書多此例。葢鼎重。惟健者能舉之。罷之言疲也。疲者不能舉也。若俎。不足以比力。故知爲因物連言之例。顧識謂俎字當衍。恐不然。

八說篇　鮑焦華角。

圖案。華角疑卽華矞。矞角字形略相似。特角誤爲矞。矞誤爲角。未當執言。華矞見外儲右上說云。齊東海上有居士曰狂矞華士昆弟二人者。旣曰昆弟。則狂矞亦華氏。其稱華矞宜也。

八說篇　死傷者軍之乘。

圖案。姚廣文云。乘疑垂字。外儲左上篇國之錘與邑之半對文。疑錘亦半也。舊注訓乘爲半。無徵。疑作注時未誤爲乘。舅氏此條意本俞平議校外儲國之錘云。錘疑古本止作垂。莊子逍遙遊篇其翼若垂天之雲。崔譔曰。垂、猶邊也。其大如天一面雲也。然則國之垂。猶云國之一面。與上文邑之半文義一律。國之垂。猶邑之半。垂亦半也。據俞議以校此乘字爲垂之誤。甚確。惟義或不明。故備采俞說。

八說篇　出其小害。

圖案。姚廣文云。出卽黜之借字。黜、去也。賀者去其折挫死傷之小害。計其拔都敗衆之大利也。則非出入字可知。

八說篇　非仁義也。

圖案。依下文。則此義字當作暴。否則下文諸暴字悉當作義。顧識誤於下文暴者心毅而易誅者也暴字。獨謂當作義。則下文暴人。仁暴不應矣。要暴則皆暴。義則皆義。心毅而易誅。是暴也。非義也。故不如破此義爲暴。使彼承之。

八說篇　不能具美食而勸餓人飯。

鬯案。美字恐誤。或當作養。或養字誤分爲美食二字。具養者、卽謂具養食。動字而静用之耳。勸餓人食何必美食。此謂不具食也。故知美字誤。

八經篇　則君神則下盡下盡下則臣上不因君。

鬯案。君神下當依趙本叠君神二字。君神則下盡下。當作君神則下盡上。盡下則臣上不因君。當作下盡上則臣不因君。如此方可讀。或疑因爲困字之誤。然鬯謂因君者如內儲上說載申子令趙紹韓沓嘗試君之動貎而後言。外儲右上說載薛公爲十玉珥。美其一。視美珥所在。勸王以爲夫人之類。皆所謂因君也。因字不必改爲困。

八經篇　主母不放。

鬯案。放、放肆也。舊注謂廢亂。非。

八經篇　臣有二因。

鬯案。臣上當有亂字。涉上句亂字而脫。下文云。此亂臣之所因也。可證。

八經篇　外國之置諸吏者結。誅親暱重帑。則外不籍矣。

鬯案。結讀爲詰。孫詒讓札迻已校正。惟孫言詰誅謂詰其罪而誅之。則尚失其讀。此當以外國之置諸吏者詰爲句。置諸二字固可解。然又疑當作請置。請誤爲諸。因倒在置下。未審然否。誅親暱重帑爲句。帑讀爲孥。顧識誤已校正。親暱重孥者、外國君之親暱重孥也。外國君之親暱重孥而置爲吾國之吏。則可疑。故誅之。如此則亂臣失外因矣。故曰外不籍矣。籍讀爲藉。盧拾顧識並已校正。藉卽因也。此言外不藉。下言內不因。承上二因而言。因之言茵也。藉之言席也。席亦茵也。故藉亦因也。變因言籍。古人文異義同之例。不足爲疑。

八經篇　父兄賢良播出曰遊禍。

먇案。播者、播棄之播。國語吳語今王播棄黎老。韋解云。播、放也。此謂放出有罪之父兄賢良耳。故爲遊禍也。又。播與逋一聲之轉。古亦有雙聲假借之例。則讀播爲逋亦可。

八經篇　卑適以觀直諂。

먇案。適、謂適子也。適子尊於庶子。而故卑之。其諂者必順。其直者必將抗言適子之不可卑矣。故曰以觀其直諂。一云。適讀爲敵。謂敵國也。敵國强而我故卑之。亦可以觀直諂。

八經篇　十人云疑。百人然乎。

먇案。然乎者、不然也。言苟爲十人所疑。則百人皆以爲可疑矣。申上多信不然之說。顧識謂句有誤。非。

八經篇　姦之食上也。

먇案。食讀爲飾。下文云。以類飾其私。此用食。下用飾。文異義同之例。

八經篇　臣不得兩諫。

🈀案。兩諫卽上文所謂使君自取一以避罪者也。如內儲上說載公子汜對講亦悔不講亦悔之類。是兩諫也。王曰。寡人決講矣。卽君自取一也。

八經篇　非誅俱行。

🈀案。姚廣文云。非卽誹之省文。案上文用誹。此用非。亦文異義同之例。

五蠹篇　人民少而財有餘。

🈀案。財讀爲材。

五蠹篇　非疏骨肉愛過也。

🈀案。疑當作非疏愛過骨肉也。

五蠹篇　先王勝其法。不聽其泣。

🈀案。不字葢當在勝字上。

五蠹篇　鑠金百溢盜跖不掇。

🈀案。畏其熱也。故下文云。必害手。舊注似未明。

五蠹篇　爲有政如此。

🈀案。爲有葢當作有爲。

顯學篇　區治不能以必劍。

圈案。必本以分別爲義。說文八部云。必、分極也。从八。八、別也。象分別相背之形。然則必斂者、謂分別斂耳。下文必馬必士同。必爲分別義。僅見於此三必字。而說文家鮮徵及韓非。

忠孝篇　堯爲人君而君其臣。舜爲人臣而臣其君。

圈案。君其臣。以其臣爲君也。臣其君。以其君爲臣也。所謂舜南面而立。堯帥諸侯北面而朝之。

人主篇　當使虎豹失其爪牙。

圈案。當使猶言向使、倘使。語辭之字。無正借也。說文無倘字。趙本當作而。而恐卽向字之誤。或尙字之誤。尙亦倘也。制分篇云。禁尙有連於己者。尙有、倘有也。

飭令篇　三寸之管無當。

圈案。商君書靳令篇三字作四。古三四皆積畫而誤也。當者如瓦當之當。謂底也。舊注云。雖受不多。然當無則不可滿也。無當似不應倒言。當無誤解否。

飭令篇　廷雖有辟言。

圈案。辟當依商君書作辯。

心度篇　法與時轉。則治與世世宜則有功。

圈案。與世下蓋脫宜字。讀當以法與時轉爲句。則治與世宜爲句。世宜則有功爲句。顧識出與世世宜四字。云藏本今本與世作治與。則讀則治爲句。然與下文則治相犯矣。

制分篇　不令得忘。

啚案。忘乃志字之誤。

制分篇　不用譽則毋適。

啚案。盧拾引張本。毋適作無過。蓋是。

呂氏春秋一

孟春紀　還乃賞公、卿、諸侯、大夫以朝。

㘦案。公字爲衍文。高誘訓解可證。畢沅校本已删去公字。蓋此與小戴月令記有公字兩文不同。則自合分別說之矣。但如高注云。三公至尊。坐而論道。不嫌不賞。故但言卿、諸侯、大夫。則以爲三公亦受賞。特不嫌不賞。故略而不言。意似未愿。竊謂既不及公。則三公實不受賞。三公所以不受賞者。正以侍天子行賞也。天子行賞必當有侍。故與上文言迎春、下文言躬耕、言執爵皆及三公者。其禮異。彼不須侍也。周書明堂篇云。天子之位。負斧扆。南面立。羣公、卿士侍于左右。彼下文云。三公之位。中階之前。三公當作上公。說見彼校。又。王會篇云。天子南面立。唐叔、荀叔、周公在左。大公望在右。旁天子而立於堂上。彼言朝諸侯。故卿士亦侍。行賞之禮。禮經不備。當惟三公侍耳。三公既侍賞。自不得受賞。此所以止言賞卿、諸侯、大夫。而不及公乎。仲春紀云。后妃率九嬪御。高解云。王者一后、三夫人、九嬪、二十七世婦。但后夫人率九嬪祀高禖耳。以彼例此。后妃準天子。三夫人準三公。彼三夫人侍后。而別之於九嬪以下。故曰率。則此文之不及公。意亦可會矣。乃畢本既删此公字。而俞蔭甫太史平議又謂呂氏原文實有公字。與月令同。則如季冬紀。天子乃與卿大夫飭國典。月令卿上亦有公字。而呂氏無之。足明戴呂之不必强同。苟各求其可通爲之說。安見不道得古人事實一二乎。

孟春紀　無用牝。

𢈔案。此當依月令記鄭注云。爲傷妊生之類。高解謂尙蠲潔。未是。

本生紀　招無不中。

𢈔案。此謂萬人中必有招者。故曰無不中。非謂萬人皆中招也。高解似未明。

本生紀　此三者。有道者之所愼也。

𢈔案。愼當讀爲順。尊師紀愼駕御。舊校云。愼一作順。是其例矣。古書順愼互用。不勝枚舉。此三者、正上文所謂吾生之爲我有者。明有道者之所順。非有道者之所愼。高解云。道尙無爲。不尙此三者。非句義也。下文云。有愼之而反害之者。不達乎性命之情也。不達乎性命之情。愼之何益。方及三者之不可徒順。尤當達乎性命之情。否則雖順此三者無益。亦不謂不尙此三者也。彼兩愼字及下文愼字。皆當讀爲順。故云是師者之愛子也。不免乎枕之以糠。是聾者之養嬰兒也。方雷而窺之於堂。有殊弗知愼者。夫子欲食而與之食。是順子也。而不知以糠也。嬰兒欲遊而與之遊。是順嬰兒也。而不知方雷也。孫詒讓札迻云。謂方雷時兒驚怖。而聾者不聞。抱兒窺堂。使之益怖也。高注說謬。是正所謂順之而反害之。雖順無益也。故曰有殊弗知順者。卽不達夫情之謂也。下文又多出順字。卽此愼字。前用借字。後用本字。古籍字異義同之例。往往如此。

本生紀　不免乎枕之以糠。

𢈔案。枕疑當讀爲肬。說文肉部云。肬、肉汁滓也。葢卽醓醢之醓字。醓本作䀋。說文肬在肉部。䀋見血部。其實膾當卽肬之重文。醢亦醢類。並肉醬之稱。設以糠爲之。瞽者固不能辨。故曰肬之以糠。靜字而動用之。若以爲薦首之枕。則枕亦靜字動用。但糠不可爲枕也。

情欲紀　意氣易動。

㥧案。依高解。意作志。

情欲紀　奚故。

㥧案。二字句。

情欲紀　萬物之酌大貴之生者衆矣。

㥧案。十一字作一句讀。大貴之生者、卽上文所謂生本也。萬物酌之者衆。故大貴之生常速盡。卽猶上言尊酌者衆則速盡也。高解未明。

當染紀　舜染於許由伯陽。

㥧案。許由或說卽唐虞之岳官。故左隱十一年傳云。許、大岳之胤也。他書所載堯讓天下於許由。許由不受。卽堯典咨四岳巽朕位之事。特道家說許由辭多傅會耳。卽高解云堯聘之不至。其說已不可信。堯聘之不至。舜聘之而至。誠何義哉。不然。又何以爲舜染乎。伯陽蓋卽書之伯夷。已著墨子所染篇校。高云。蓋老子也。本著疑辭。所染篇畢沅校云。云舜染。則非耼也。蓋老耼亦字伯陽。而此伯陽不可爲老耼。猶孤竹子亦曰伯夷。而此伯夷非彼伯夷也。

功名紀　雖工不能。

邕案。工、訓巧。廣雅釋詁云。工、巧也。雖工不能。言雖巧不能耳。又。此句下當以下文以去之之道致之也八字移入。與下文以致之之道去之也爲對文。其文云。缶醯、黄蜹聚之有酸。言蜹聚之者有酸也。俞平議謂有酸二字。本在蜹聚之上。非。既曰醯。則酸可知。不必言有酸。徒水則必不可。以貍致鼠。以冰致蠅。雖工不能。以去之之道致之也。以茹魚去蠅。蠅愈至。不可禁。以致之之道去之也。桀紂罰雖重。刑雖嚴。何益。如此方合於文法。

功名紀　見利之聚。無之去。

邕案。兩之字當訓則。言見利則聚。無則去也。古之字有作則字用者。莊子養生主篇云。人之貌有與也。謂人則貌有與也。餘見王引之經傳釋詞。

功名紀　雖信今民猶無走。

邕案。信讀爲伸。今當作令。言雖伸法令。民猶無走也。

盡數紀　精氣之集也。必有入也。

邕案。集入二字。疑當互易。故下文承言集。於文法爲合。集、入疊韻字。論假借原可互讀。

盡數紀　反修于招。

邕案。此于字當是尋常語辭。而高解云。于招、墻蓺也。舊墻誤搏。故梁履繩校謂于招葢連文。邕謂如連文。則于葢干字之誤。說文干部云。干、从反入。从一。又云。倒入一爲干。是干字正象矢射的形。或古射的本有干名也。

論人紀　豪士時之。

𢗗案。之本訓出。說文之部云。之、出也。此正用之字本義。言豪士時出也。又出部云。出、進也。解作豪士時進亦可。

論人紀　不可量也。

𢗗案。量字失韻。上文收字。畢校云。疑當作牧。葢當是。而畢於此但云。量字亦疑誤。則未得其字。𢗗疑爲畐字之誤。畐卽逼字也。

圜道紀　主也者。使非有者也。

𢗗案。有字卽承上文而言。上文云。號令不感則不得而使矣。有之而不使。不若無有。是所以使者不在有而在感。然感無形。非如有之有形。故謂感爲非有者。使非有者卽謂使感者。高解。湯使桀臣。武王使紂臣。皆非其有也。謬甚。

孟夏紀　命太尉。

𢗗案。朱子儀禮集傳注云。呂尉作封。是南宋本呂氏此文作命太封。不作命太尉。與小戴月令記、淮南子時則訓不同。太封之名甚古。管子五行篇云。黃帝得大封而辨西方。又云。大封辨於西方。故使爲司馬。此文太字當亦本作大。特大太字通。故朱子不及耳。大封者、本黃帝六相之一。云使爲司馬。轉是管子之言。黃帝時未必已有司馬之稱。要大封卽以人名爲官號耳。古官曰大封。三代之官曰司馬。秦官曰太尉。其職一也。此可以釋月令記鄭注周公作月令之疑。𢗗固向謂月令之書。自有天地四時日月以來卽已有之。特歷世又多改易增益耳。本不可謂是周公作。觀於此大封之文。若爲周公作。固必曰司馬。而不得援太尉之文謂是秦書也。今案。臧庸拜經日記亦有說。

孟夏紀 命司徒循行縣鄙。

圞案。月令記宋本循作巡。

孟夏紀 聚蓄百藥。

圞案。柳宗元時令論言。仲夏聚百藥。豈其所見本。此文在仲夏與。又。季夏納材葦。柳論在孟秋。

勸學紀 凡說者。兌之也。非說之也。

圞案。有言爲說。無言爲兌。必有以兌之。然後可以說之。兌之者卽下文務在於勝理、在於行義。是也。

尊師紀 順耳目不逆志。

圞案。此句當仍指弟子之於師言。承順師之耳目。不拂逆師之志也。下文云。退思慮。求所謂。著一退字。方是退出。則可見上所云。皆在師前之事。高解謂不自干逆力學之志。疑非。

誣徒紀 固無恆心。若晏陰。

圞案。晏陰二字亦見仲夏紀及小戴月令記、淮南子時則訓。皆云。以定晏陰之所成。月令記鄭注云。晏、安也。陰稱安。仲夏紀高解云。晏、安。陰、微陰。而時則訓注則云。晏陰、微陰也。彼晏下或脫去一安字。此解又云。晏陰、喻殘害也。竊以爲皆非義也。月令記孔穎達正義引王肅及蔡氏。皆云。晏爲以安定。陰陽之所成。義似差近。而云晏爲以安定。語不明。蓋仍以晏爲安義。則陽字爲添設矣。𨙸謂晏陰卽陰陽也。小爾雅廣言云。晏、明。陽也。是晏有陽義。晏與明並訓陽。則晏亦有明義。陰則有闇義。廣雅釋言云。陰、闇也。然則晏陰又卽明闇也。明闇亦卽陰陽也。總爲倏陰倏陽。倏明倏闇。謂之晏陰。故此以喩無恆。而彼言定可知。晏陰者、不定也。卽彼上文所謂陰陽爭也。此上文云取舍數變。下文云。喜怒無處。高解斷此。則似若晏陰連下讀。然亦非。言談日易。是亦不定之甚矣。晏陰之義卽此可明。又案。仲夏言以定晏陰之所成。而仲冬言以待陰陽之所定。並在陰陽爭之月。晏陰之卽陰陽。此尤明顯。又。韓非子外儲說亦出晏陰字。云。雨霽日出視之晏陰之閒。而棘刺之母猴乃可見也。雨霽日出。又非卽明闇之際乎。並當補證。今案。王引之經義述聞述月令晏陰。亦謂猶陰陽。又。列子湯問篇晏陰之閒。張注云。晏、晚暮也。孫詒讓札迻謂半陰半晴之閒。非謂晚暮。

誣徒紀　於師慍。

𨙸案。當作慍於師。觀高解云。慍、怒也。怒當作怨。不能別是非。故怨於師。則字倒易見。慍於師與下文懷於俗、羈神於世句法一律。

用衆紀　辯議不可不爲。

𨙸案。下不字衍。高解云。不可爲者、不可施也。則正文作不可爲明甚。此言辯議不可爲。故下云辯議而苟可爲。是教也。教、大議也。謂教則可爲。以其大議也。辯議、小議也。故不可爲也。今衍作不可不爲。則義不貫矣。下文又云。辯議而不可爲。是被褐而出。衣錦而入。彼不字亦衍。

仲夏紀　乃命百縣雩祭。

鬯案。小戴月令記無祭字。故畢校以爲衍。然雩祭連文亦可解。淮南子時則訓高注云。雩、旱祭也。此祭字當存之爲是。

侈樂紀　搖。蕩生。

鬯案。搖字讀逗。蕩生二字連讀。高解云。生、性。然則蕩生者、蕩性也。卽適音紀所謂太鉅則志蕩。志猶性也。性蕩故謂之蕩性矣。彼又云。以蕩聽鉅。卽謂以蕩性聽鉅音也。又云。則耳不容。不容則橫塞。橫塞則振動。振動卽此搖字之義矣。搖蕩生與上駭心氣、動耳目讀法一例。以搖蕩二字連讀者非。

適音紀　大不出鈞。

鬯案。高解云。三十斤爲鈞。其解非也。下文云。重不過石。小大輕重之衷也。若鈞爲三十斤。則亦輕重而無小大矣。且高云。百二十斤爲石。旣不出三十斤。何以又不過百二十斤。更牴牾莫解。大不出鈞。重不過石。二語本出國語周語。彼韋昭解云。鈞、所以鈞音之法也。以木長七尺。有弦繫之。以爲鈞法。其說雖嘗爲朱子所辨。朱子之意。以爲京房始作律準。不合古有其器。然韋說實本之緯書。文選思玄賦李善注引樂緯汁圖徵曰。立五均。均者、六律調五聲之均也。宋衷曰。均長八尺。施弦以調六律五聲。均卽鈞也。且周語又云。律所以立均出度也。是古誠有均之一物。所以分音之小大者也。要韋說縱不必盡得古制。必不離是矣。而高以三十斤解鈞。則必非也。又。史記鄒陽傳陶鈞司馬貞索隱引張宴云。鈞、範也。作器下所轉者名鈞。或云。旋宮以七聲爲均。均者、韻也。兩說並備參。

古樂紀　吹日舍少。

　　鬯案。吹疑命字之誤。日字作曰。畢校已改正。

古樂紀　瞽瞍乃拌五弦之瑟。作以爲十五弦之瑟。

鬯案。拌當讀爲伴。說文人部云。伴、大也。高解訓拌爲分。然分則弦數當減少。何以轉加多。此云。瞽瞍乃拌五弦之瑟。作以爲十五弦之瑟。下文云。乃拌瞽瞍之所爲瑟。益之八弦。以爲二十三弦之瑟。若曰分五弦之瑟爲十五弦之瑟。分十五弦之瑟爲二十三弦之瑟。豈可通乎。然則非分之也。大之也。故曰伴也。伴又有侶義。楚辭惜誦章王逸章句云。伴、侶也。伴字此義卻至今存。而大義轉隱。則謂以十弦侶五弦爲十五弦之瑟。以八弦侶十五弦爲二十三弦之瑟。故曰伴。不從本義。訓大義。亦通。

季夏紀　腐草爲螢。蚈。

鬯案。小戴月令記作腐草爲螢。淮南時則訓作腐草化爲蚈。此文乃螢蚈二字並出。觀高解云。蚈、馬蚿也。一曰螢火也。不云螢螢火也。月令記鄭注云。螢、飛蟲。螢火也。而云一曰。則以螢火仍釋蚈。故畢校以螢爲衍字。删之。惟螢蚈自是兩物。高引一曰。以螢火釋蚈。其說實溷。蚈者卽說文虫部所引明堂月令腐草爲蠲是也。螢、能飛者。蚈、不能飛者。玉燭寶典作腐草爲蛙。當屬異說。

季夏紀　是月甘雨三至。三旬二日。

鬯案。此明言甘雨三至。若如高解云。二日者、陰晦朔日也。月十日一雨。又二十日一雨。一月中得二日耳。故曰三旬二日。如此。是甘雨二至。非三至矣。蓋甘雨三至。自謂一月中甘雨三至耳。固不必拘定十日二十日。至晦日遇小盡而不得有三。其言三旬二日。當別爲義。不承甘雨說。乃正指月小盡也。蓋日者謂十干也。孟春紀高解云。日從甲至癸。是也。大戴易本命記云。日數十。然則不足於十。卽不足於日。號爲三旬。而實周二十干。是實周二日也。故曰三旬二日。小盡之謂也。季春、孟夏、孟秋、仲秋。皆言三旬。不言二日。則大盡月也。且承甘雨以說三旬二日。則如季冬不承甘雨亦言三旬二日。奈何。高彼解云。十日一旬也。二十日爲二旬。後一旬在新月。故曰三旬二日。則其意蓋亦指小盡而言。要古歷法疏。月之小盡大盡當有一定。呂紀所載已是脫落殘賸之文。故不能十二紀全著也。今案。以孟秋紀四旬六日作四十六日解。則此三旬二日作三十二日解。蓋古歷不置閏之法。故有三十二日之月。當亦可說。姑兩存。

音律紀　申之此令。

鬯案。猶月紀中諸言行之是令。高每云。行是之令也。然則申之此令。申此之令也。

音初紀　周公乃侯之于西翟。

鬯案。此周公當是周公之後世爲周公者。與上文周公異人。

明理紀　有若山之楫。

鬯案。高解云。楫、林木也。楫有林木之義。他無經見。從㚒氏姚藝譜廣文云。楫當作林解。本作林木也。自林誤爲楫。後人遂於解林木也上妄加楫字。上文云。有若水之波者。言其氣之流盪也。此云。有若山之林者。言其氣之充塞也。此說未知是否。

孟秋紀　則立秋。

巴案。上文長日至四旬六日七字疑當在此句之上。故彼高解云。夏至後日尙長。至四十六日立秋。晝夜等。故曰長日至四旬六日。玩解讀長日句。至字屬下讀。則脱則立秋三字。語不完矣。解文尾末亦當有則立秋三字。此正文解文。畢本已全删去。然竊謂此類寧過而存之。但當著説而已。孟夏紀獨出其性禮其事視六字。俞平議謂可藉以考見呂氏之舊。未可以爲衍。亦此意也。惟高讀長日爲句。因有日尙長晝夜等之説。疑不然。長日至者、卽承仲夏長日至而言也。畢校依月令記改作日長至。亦似不可。言自仲夏長日至後四十六日則立秋也。

禁塞紀　以説則承從多羣。日夜思之。

巴案。舊讀多字句。則義當爲以説則承從其説者多矣。然下文云。道畢説單而不行。則意不相應。且羣日夜思之五字。亦似失句法。蓋羣字當上屬讀。承從多羣。止謂其徒之衆耳。一人智慮必有未盡。故徒衆以謀其所以爲説也。且舊校云。從一作徒。義尤可見。而乃斷在多字下。何也。

禁塞紀　行説語衆以明其道。

巴案。行蓋衍字之壞。

禁塞紀　不可爲萬數。

巴案。爲、猶以也。説詳王引之釋詞。數、訓計。猶韓非子孤憤篇以歲數。謂以歲計也。校見彼。此不可爲萬數。言不可以萬計也。

仲秋紀　天子乃儺禦佐疾以通秋氣。

𢓡案。禦佐疾三字小戴月令記無。高解云。禦、止也。佐疾、謂療也。以療訓佐疾。義似未愜。療者、治疾也。治疾而禦之。可通乎。竊謂佐本卽左字。左卽陽氣左行之左。月令記云。天子乃難。難卽儺字。鄭注云。此難、難陽氣也。陽暑至此不衰。害亦將及人。所以及人者。陽氣左行。此月宿直昴、畢。昴畢亦得大陵積尸之氣。然則左疾者、陽疾也。陽疾者、卽暑疾也。故禦之以通秋氣。通秋氣。卽以畢暑氣也。

仲秋紀　雷乃始收聲。

𢓡案。小戴月令記無乃字。故畢校謂乃始二字當衍其一。然淮南子時則訓作雷乃始收。亦乃始並著。而卻無聲字。且記文雷始收聲。引見考工韗人記。賈公彥釋及徐堅初學記秋記亦並作雷乃始收。王引之禮記述聞從之。然則以乃始爲衍其一。不如以聲字爲衍。較合於古。

仲秋紀　蟄蟲俯戶。

𢓡案。俯當本作坿。說文土部云。坿、益也。故月令記作坏戶。鄭注云。坏、益也。蟄蟲益戶。謂稍小之也。淮南子時則訓作培戶。培亦有益義。小戴中庸記栽者培之。鄭注云。培、益也。孟秋紀坿牆垣。高解云。坿、猶培也。孟冬紀坿城郭。高亦云。坿、益也。彼兩坿字月令記並作坏。則在記文作坏者。在呂氏作坿。可例觀矣。似未嘗援季秋蟄蟲咸俯在穴爲說也。古無俯字。故季秋在時則訓作俛。實諧免聲。則不容謂俯卽坿之假借。而疑其字誤。然依俗俯字。卽爲假借。亦無不通。

論威紀　過勝之。

𢓡案。之下脫道字。

論威紀　先勝之於此。則必勝之於彼矣。

邕案。承上文而言。此、謂令也。彼、謂敵也。高解云。此近、謂廟堂。彼遠、謂原野。意亦如此。而語轉隱。

決勝紀　此以智得也。

邕案。智當作勇。

決勝紀　幸也者。

邕案。此句似有誤。論義當云。非幸也。

愛士紀　此兵之精者也。

邕案。至忠紀云。乃自伐之精者也。勿躬覽云。夫自爲人官。自蔽之精者也。高兩解並訓精爲甚。而此文獨遺解。然訓甚猶未見愜。不如應同覽解云。精、微妙也。

季秋紀　共養之不宜者。

邕案。小戴月令記鄭注云。供養之不宜。欲所貪耆。熊蹯之屬。非常食。孔正義云。供養不宜。謂非常之膳。求不可得者也。似較此高列兩解爲近理。高謂若屈到嗜芰。曾皙嗜羊棗。非禮之養。然芰與羊棗亦人所食。特以之祭爲非禮耳。不可謂非禮之養。又謂言所養無勳於國。其先人無賢。所宜養。畢校宜上補不字。則已可賅入上文收祿秩之不當者句義中也。故此解似合從鄭孔非常食之說。此外又有一說。不宜、亦即不當也。當賞論高解云。宜、猶當也。共養不僅指飲食言。凡宮室、車旗、冠服、鼎俎、籩豆。一切自上及下。莫不各有等級。苟有侵越。卽爲不當。其說似亦可備。今案。淮南子時則訓高注云。不宜、謂不孝也。似比援芰羊棗爲說爲直。

順民紀　色禁二。

㘰案。此謂一夫人而已。無妾御也。故上文云。目不視靡曼。高解謂二。青黃也。何義。

順民紀　服劍臂刃。

㘰案。服劍者、謂藏劍於衣服中也。臂刃者、謂藏刃於臂袖中也。故下文云。變容貌。易姓名。執箕帚而臣事之。以與吳王爭一旦之死。是越王欲爲刺客以刺吳王。則焉有顯出劍刃之理。高解云。服、帶。臂、手。失義矣。又。服伏古音同部。廣雅釋詁云。伏、藏也。則讀服爲伏亦可。特與忠廉紀所謂伏劍而死者。其義不同耳。

順民紀　殘吳二年而霸。此先順民心也。

㘰案。云殘吳二年而霸。則霸在殘吳二年之後。先順民心者、順民心在殘吳之前。其義甚明。而高解乃云。越王先順民心二年。故能滅吳立霸也。以二年屬順民心言。在滅吳之前。則豈謂滅吳卽立霸乎。史記越世家言。已平吳。乃以兵北渡淮。與齊晉諸侯會於徐州。致貢於周。周元王使人賜句踐胙命爲伯。句踐已去渡淮。南以淮上地與楚。歸吳所侵宋地於宋。與魯泗東方百里。當是時。越兵橫行於江淮東。諸侯畢賀。號稱霸王。此豈可謂與平吳同年事乎。故二年而霸。猶爲速矣。

順民紀　而今已死矣。

毖案。此謂越王已死。亦明甚。而高解云。言越王衰老不能復致力戰也。故曰而今已死矣。則謂越王實未死。其亦不然乎。

審己紀　齊侯弗信而反之爲非。

毖案。贅爲非二字。不成句法。高解云。以爲非岑鼎。故還也。是卽涉解文爲非二字而衍。解文實發正文弗信之義也。

審己紀　且柳下季可謂此能說矣。

毖案。此猶之。

精通紀　而身固公家之財也。

毖案。財當身字之誤。

節喪紀　以軍制立之。

毖案。立葢讀爲翊。翊諧立聲。故得假借。翊者、謂翊𤢖也。文選吳都賦趻譚㹸𤢖。李注云。相隨驅逐衆多貌。㹸卽翊字。

安死紀　不肯官人事。

毖案。官之言管。管爲管理義。自古有之。高解非。

異寶紀　必無受利地。楚越之閒有寢之丘者。此其地不利而名甚惡。

毖案。利地者、猶言福地也。此其地不利者、謂有其地將得禍也。故俗以惡名名之曰寢。說文㝱部云●

寑、臥病也。是惡名也。下文云。荆人畏鬼。越人信禨。則其地固荆越之人所不欲有者矣。高解利地云。人所貪利之地。解不利云。人不利之。語頗含渾。又云。惡、謂丘名也。此地名丘。畏惡之名。則竟以名丘爲惡。不以名寑爲惡。當以丘爲丘虛之義。豈未知寑爲臥病之義與。史記優孟傳張守節正義引此。作其爲地不利。而前有妒谷。後有戾丘。其名惡。似亦不知寑字之義。復以妒谷戾丘點綴之。丘名固無美。然名丘者多矣。必非孫叔敖語意也。

異用紀　子之公不有恙乎。

鬯案。下出父母。則公者大父也。其人大父尚存。故先問之。御覽杖覽引此。公作父。刪下文父字。似不得其解而漫改。

忠廉紀　無敢辭違殺身出生以徇之。

鬯案。違當訓避。國語晉語韋解云。違、避也。殺身出生。依俞平議作出身殺生。下文殺身出生以徇其君。當同。俞引誠廉篇出身棄生爲證。此二句倒文。若云出身殺生以徇之。無敢辭避。

忠廉紀　拔劒以刺王子慶忌。

鬯案。此劒當如戰國燕策所謂徐夫人匕首。以試人。血濡縷。人無不死者。不然。如下文所云。則王子慶忌不死也。

當務紀　一父而載取名焉。

鬯案。載、猶再也。如載歌、載拜之類。皆是再義。詩小戎篇載寑載輿。文選應詔詩李注引。作再寑再興。後漢書楊震傳李賢注云。載、重也。重亦再也。再取名者。卽上文信且孝也。

長見紀　武侯使人召之。吳起至於岸門。

㽞案。是時魏都安邑。吳起自西河應召至魏都。不須至岸門。蓋吳起不應武侯之召。卽去魏入楚也。故下文云。吳起果去魏入楚。去魏入楚當經韓。故至岸門。岸門、韓地也。

介立紀　其士卒衆庶皆多壯矣。

㽞案。壯卽壯健之壯。廣雅釋詁云。壯、健也。仲夏紀壯狡。高解云。多力之士。此義本甚明。而畢校引盧云。壯、傷也。殆非。

誠廉紀　不爲苟在。

㽞案。在、存也。俞平議疑仕字誤。非。

不侵紀　公孫宏敬諾。

㽞案。此公孫宏下齊策有曰字。然俞平議謂此本有曰字。傳寫奪之。非也。上文亦出公孫宏敬諾句。彼在策亦無曰字。

有始覽　大汾冥阨。

㽞案。高解云。大汾處未聞。冥阨在楚。畢校云。大汾、淮南作太汾。注云。在晉。此何以云未聞。冥阨、淮南作澠阨。彼注云。今宏農澠池是也。皆與此不同。㽞案。淮南注非也。故高於此易之。下文荆阮方城在楚。故冥阨亦在楚。蓋卽戰國韓策所謂澠隘之塞也。彼策云。觀鞅謂春申君曰。人皆以楚爲强。而君用之弱。其於秦也不然。先君者二十餘年未嘗見攻。秦欲踰兵於澠隘之塞。不使假道兩周倍韓以攻之。不可。據此。澠隘明在楚。則冥阸之在楚亦明甚。由是大汾亦可知。葢卽楚策所謂汾陘之塞也。彼云。蘇秦說楚威王曰。楚地北有汾陘之塞。是汾陘亦楚塞。則大汾亦楚塞矣。楚固有汾。左襄十八年傳。子庚帥師。治兵於汾。是也。高謂未詳。著書之愼。否則疏矣。餘詳鬯所注國策。

名類覽

鬯案。名乃召字之誤。畢校已著。而畢本改召類爲應同。故又云。與卷二十篇目複。舊校云。一名應同。今卽以應同題篇。則鬯以爲不必然也。有始七覽。末皆有解在某云云。葢如管子之有解篇、墨子經篇之有經說、韓非子內外儲說之先經後說之例。聽言覽說其義云。此四士者之議多故矣。不可不獨論。然則以多故故。不并著於本篇。而別爲篇以解之。則何爲其篇名之必異而不可同邪。此篇云。解在乎史墨來而輟襲衛。其說正在召類。然則此題召類者正篇也。彼亦題召類者解篇也。何害其複哉。且如去尤覽云。解在乎齊人之欲得金也及秦墨者之相妒也。彼說在去宥。宥、尤並諧又聲。去宥卽去尤也。亦實同名一。一正一解也。斯可以例矣。

去尤覽　且組則不然。

鬯案。且卽組借字。此當衍其一。

謹聽覽　故殷周以亡。比干以死。

鬯案。此周字當讀爲受。淮南子兵略訓高注云。周、內也。周訓內。明讀周爲受矣。殷周者、殷受也。卽紂也。受、紂、周古音皆同部。則卽讀周爲紂亦無不可。此言殷紂以亡。故云比干以死。若兼言周。則不當專言比干矣。後文云。今周室旣滅而天子已絕。於此文無涉。

謹聽覽　斷之於耳而已矣。

嵒案。耳當作爾。爾、耳古音不同部。而至今習用語辭率不甚別。或曰今音同音。在古或雙聲。雙聲假借。亦一例也。爾者、猶此也。卽上文若此之此。此。以法、以量、以數也。

務本覽　上用我則國必無患。用己者未必是也。

嵒案。高解云。有人於此。言用我者則國無患。而使用之未必然也。竊謂高於用己者尙未得其義。此言上用我則國必無患。是其人固未得用國也。然雖未得用國。而一人必有所當得之職事。故下文云。未得治國。治官可也。治官卽己所當得之職事矣。又云。若夫內事親外交友。必可得也。言必可得之職事也。是卽用己者也。又云。苟事親未孝。交友未篤。是卽所謂用己者未必是也。蓋用己者之用。非指用國。高仍指用國言。故其義失。

諭大覽　空中之無澤陂也。

嵒案。空中、穴中也。

本味覽　身因化爲空桑。

嵒案。爲與於古通用。戰國東周策姚宏本。夫之爲無道也。鮑彪本爲作於。韓策云。王與諸臣不事爲尊秦以定韓者。謂不事於尊秦以定韓也。亦詳王引之釋詞。身因化爲空桑者。身因化於空桑也。身字本象懷孕之形。篆作身。人、人也。巨、懷孕象也。乚、聲。卽申字也。乚當是古文申字。本義爲欠伸。欠伸則上下其兩手。乚卽象其形。後加兩手作𦥔。其象益顯。小篆作申。則象形晦。說文申部解爲自申束。从臼自持。適與本義相戾矣。化、本主化育義。化之言匕也。篆文作匕。从倒人。然則匕正象產子之形。子產倒出也。身因化於空桑者。謂所孕因產於空桑也。高解乃云。伊尹母化作空桑。世豈有此事乎。其不然明矣。列子天瑞篇云。伊尹生乎空桑。此爲確證。惟伊尹母既產伊尹於空桑。乃爲有侁氏女子采桑而得者。葢母已死矣。楚辭天問王逸章句言伊尹母因溺死。是也。母死而兒活。故爲其所得。至後人欲以空桑爲地名。然苟不知爲字之通於。謂伊尹母化作地。仍不可通。要空桑自是桑木之空心者。故天問云。水濱之木。得彼小子。空桑之義不必易也。

本味覽　故黃帝立四面。

啚案。管子五行篇云。黃帝得奢龍而辨於東方。得祝融而辨於南方。得大封而辨於西方。得后土而辨於北方。奢龍辨乎東方。故使爲土師。房玄齡注云。土師卽司空也。啚謂土疑作工。司空卽司工。祝融辨乎南方。故使爲司徒。大封辨於西方。故使爲司馬。后土辨乎北方。故使爲李。此當卽謂黃帝立四面也。

本味覽　臭惡猶美。皆有所以。

啚案。朱駿聲說文通訓謂尤字當卽猶之古文。則猶與尤爲同字矣。然尤、猶音不同部。而實雙聲。雙聲亦可假借。卽讀猶爲尤。自無不可。不必定謂其同字。尤者、美之甚也。此文臭惡爲一類。尤美爲一類。故曰皆有所以。高解以猶作語辭字。似非也。

本味覽　鹹而不減。

㥯案。減卽今俗所謂𥗑。古無𥗑字。故借減爲之。其本字當作鹼。見說文鹽部。或作鹻。僉聲。兼聲與咸聲通轉甚近。亦可假借。減、其味鹹而苦。是鹹之甚。故曰鹹而不減。

本味覽　旄象之約。

㥯案。約葢讀爲灼。說文火部云。灼、炙也。然則旄象之約。猶上文言獾獾之炙。高解兩說都非。

本味覽　有珠百碧。

㥯案。梁履繩校云。百碧疑當從下文作若碧。㥯謂當是白碧。謂其珠色兼白碧也。白、百例可假借。不必改字。

首時覽

㥯案。首當卽胥字之譌。舊校云。一作胥時。是也。胥、待也。胥時、待時也。

首時覽　王季歷困而死。

㥯案。竹書紀年文丁十一年。王殺季歷。云。執諸塞庫。季歷困而死。故曰文丁殺季歷。據彼則言殺者。非眞以刀斧殺之也。執諸塞庫。困而死。是卽殺之矣。與此言困而死。正相印證。此可見今本竹書不全僞矣。且文丁殺季歷。晉書束晳傳及劉知幾史通疑古篇、雜說篇。皆據竹書。有其文。丁或誤王。謬。高誘時竹書未出。故所解顚頊也。

首時覽　太公望東夷之士也。

曾案。高解云。太公望、河內人也。畢校云。史記太公望。東海上人也。此云河內。不知所本。案水經清水酈道元注引大公廟前碑。亦云河內汲人也。

義賞覽 故善敎者不以賞罰而敎成。

曾案。不字恐衍。

長攻覽 請以其弟姊妻之。

曾案。弟姊之稱奇。然如今俗言妹曰姊妹。冠蓋中平爵自稱弟曰兄弟。則弟姊之稱。儻亦當時習語乎。畢校據史記趙世家單稱姊。以弟字爲衍。似未必然。下文亦出弟姊。何以俱衍。古有姑姊、姑妹之稱。今亦無之。則未可以今無而疑古有矣。 又案。弟姊之稱。當謂姊中之最少者也。故戰國燕策史記張儀傳及趙世家俱單稱姊。此一說也。 然據六國表趙簡子有六十年。明年爲襄子元年。則簡子之卒老矣。襄子嗣立必甚壯矣。其姊必非嫁之年矣。何以簡子死後。襄子猶有弟姊妻代王。竊謂姊妹之年。史固不能甚悉。安知非妻代王者是襄子之妹。非襄子之姊邪。女弟而尊之。故謂之弟姊。亦一說也。

長攻覽 先具大金斗。

曾案。高解云。金斗、酒斗也。然以戰國燕策及史記趙世家張儀傳證之。是羹斗。非酒斗。

愼人覽 堀地財。取水利。

曾案。堀之言掘也。財之言材也。掘地材。蓋卽陶也。取水利。蓋卽釣也。

愼人覽 爲寒暑風雨之序矣。

𠧧案。爲、猶如也。與長見紀爲不能聽之爲同。彼已引見王引之釋詞。

遇合覽　年得至七十九十猶尙幸賢聖之後。

𠧧案。九十兩字當卽涉七十而衍。此當指楚靈王滅陳時。其時陳侯爲哀公。已立三十五年矣。若爲楚惠王滅陳時。則陳侯爲湣公。立亦二十三年矣。其壽至七十。皆容有之數。故曰年得至七十。必據實而言。非可臆指也。安得七十下復添九十字。讀卽以七十斷句。猶尙幸賢聖之後爲句。呂氏之意以爲陳侯之年得至七十者。尙賴賢聖之後耳。若非賢聖之後。且不得至七十也。高解於猶尙幸斷句。殊失文義。至尙亦猶也。猶尙連文。古人語辭固不避其複。

呂氏春秋二

愼大覽　桀迷惑於末嬉。好彼琬琰。

鬯案。高注云。琬當作婉。婉順阿意之人。或作琬琰。美玉也。畢校云。觀注意。則高所見本或有脫琰字者。鬯謂高所據本無琰字。是也。琰字本不當有。非脫也。末嬉卽琰也。何以言之。國語晉語云。妹喜有寵。於是乎與伊尹比而亡夏。而管子輕重甲篇云。女華者、桀之所愛也。湯事之千金。則女華非卽妹喜乎。竹書紀年云。珉山女于桀二人。據歐陽詢藝文類聚引作珉山。今本誤作山民。曰琬。曰琰。后愛二人。斲其名于苕華之玉。苕是琬。華是琰。則琰非卽女華乎。此明末嬉卽琰矣。且末嬉爲桀伐蒙山而得。琬琰爲桀伐岷山而得。岷蒙一聲之轉。蒙山卽岷山也。晉語則言有施氏。琬琰者、姊妹也。曰琬。曰琰。是琬姊而琰妹也。故琰爲末嬉也。末嬉卽妹喜也。蓋桀以其妹爲后。以其姊爲妃。故此云桀迷惑於末嬉。好彼琬。好彼琬者。若云好彼姊也。琰字不當有。顯甚。高所據本是。而所解則有可商。此說鬯童時在塾中得。經先生稱許。

愼大覽　祖伊尹世世享商。

鬯案。祖、蓋謂廟祀也。伊尹配祀殷廟。故詩長發序云。大禘也。而詩云。實維阿衡。實左右商王。毛傳云。阿衡、伊尹也。伊尹阿衡。一聲之轉。大禘而頌及伊尹。明伊尹配祀廟中矣。故曰祖伊尹世世享商。高解訓祖爲用。當未得其義。

權勳覽　故太上先勝。

鬯案。先疑當作无。形近而誤。勝者、私欲也。故太上无勝。高解云。先、猶上也。似未協。

下賢覽　故南勝荆於連隄。東勝齊於長城。

鬯案。梁玉繩校云。國策史記皆不見文侯勝荆齊之事。鬯考。勝荆之事未見。惟水經丹水酈注引竹書紀年。晉烈公三年。楚人伐我南鄙。至於上洛。此合魏文侯之世。今本竹書在周威烈王九年。然實應在十七年。朱右曾汲冢紀年存眞可據。是楚伐晉。非晉伐楚。但云南勝荆。固不必定我伐彼。即楚來伐而我勝之。亦未始不可說。云南鄙。云上洛。不言連隄。豈連隄即上洛與。究在可疑。若勝齊長城。則明見於竹書。水經汶水注引云。晉烈公十二年。王命韓景子、趙烈子及我師伐齊。入長城。正此所指。今本長城作長垣。周威烈王十八年。實當在安王二年。梁氏但檢策史。而未檢竹書。故言皆不見。太疏。　又案。下文云。虜齊侯。獻諸天子。長城之役。據竹書。實趙韓魏三家奉王命伐齊。其奉王命容當有之。至於虜齊侯以獻天子。實三家之助田氏於齊也。則其所謂王命。亦安知其不邀而得之與。三家好助田氏於齊。助田氏於齊。即所以自便於晉也。

報更覽　逢澤之會。

鬯案。此即戰國秦策所謂魏伐邯鄲。因退爲逢澤之遇者。彼又云。朝爲天子。爲當訓於。鮑本朝上補一字。謬甚。葢其時魏惠王帥諸侯朝於天子。故下文言魏王嘗爲御也。天子即上文昭文君矣。惟其事實在魏惠王二十九年。當秦孝公二十年。故史記秦紀言孝公二十年。秦使公子少官率師會諸侯逢澤。朝天子。則與上文言張儀秦惠王俱不合。當詳考。

報更覽　坐拜之謁。

㽦案。坐卽跪也。

順說覽　夏日則暑。

㽦案。暑本訓熱。說文暑部云。暑、熱也。此言夏日衣甲則熱耳。

貴因覽　取不能其主。有以惡告王。

㽦案。取讀爲趣。旨趣之趣也。能如不相能之能。有讀爲又。

察今覽　東夏之命。

㽦案。秦在西方。故稱中夏爲東夏。

先識覽　固無休息。

㽦案。高解云。無休息。夜淫不足。續以晝日。似未及固字之義。如卽以淫字釋固字。則得其意。未得其字。固當讀爲婟。說文女部云。婟、嫪也。玉篇女部云。婟、嫪也。戀也。爾雅釋鳥陸釋引聲類云。婟嫪、戀惜也。玄應過去佛分衛經音義引聲類云。嫪、惜也。謂戀不能去也。然則固無休息。謂婟嫪無休息耳。

先識覽　周乃分爲二。

詒案。韓非子內儲說云。公子朝、周太子也。弟公子根。甚有寵於君。君死。遂以東周叛。分爲兩國。說與史記不同。葢周威公之禍在寵愛少子。故上文屠黍不對。又曰。其尙終君之身乎。君下子字。依畢本删。意可槩見矣。

觀世覽　其妻望而拊心曰。

詒案。望、怨也。

知接覽　無由接而言見詤。

詒案。高解云。詤讀誣妄之誣。段玉裁校云。詤當作謊。說文。謊、夢言也。荒幠通用。故可讀誣。詒謂荒幠通用。而讀謊爲誣。說太迂曲。果如段改作謊。則解應云讀誣妄之妄。

知接覽　何以爲之莽莽也。

詒案。之、此也。下文孰之爲之同。

知接覽　智必不接。

詒案。不當作由。涉下文而誤。

知接覽　智無以接。

詒案。此亦當作智必由接。畢校引李本作由接。則由字未誤作以。而必字亦誤作無。

樂成覽　中山之不取也。

詒案。樂羊攻中山三年而後取。此言其三年之中欲取之而不得。故曰中山之不取也。承上文當此時而言。上文云。當此時也。論士殆之日幾矣。謂三年之中。論議之士危樂羊者。且日卽於近矣。中山不能遂取。若非賢主。則樂羊亡矣。故下文云。奚宜二篋哉。一寸而亡矣。高解中山之不取謂樂羊不敢取以爲己功。非也。

樂成覽　而猶若此。

㲋案。此者、此二篋也。

察微覽　孔子見之以細。觀化遠也。

㲋案。讀細字句自可通。此高解本不誤。而俞平議漫謂爲曲說。據淮南子齊俗訓訂此。作以細觀大。以近觀遠。通於化也。則孔子見之四字何解。彼作孔子之明。自可通。此作孔子見之。不可通也。

察微覽　吳楚以此大隆。

㲋案。隆疑讀爲鬨。共聲降聲。同部通借之字。高解謂隆當作格。則以爲誤字。恐不然。

察微覽　其得至乾侯而卒猶遠。

㲋案。高解云。不薨國內。乃至乾侯。故以爲遠也。是遠專指地言。然句卻不甚明了。竊謂遠不但指地。又兼含時言。葢昭公在外八年而卒於乾侯。若曰不然則卽死於國中矣。如此方曉。

去宥覽　有中謝佐制者。

㲋案。佐制、疑是人姓名。佐卽左也。高解云。佐王制法制也。葢非。

去宥覽　此有所宥也。

鬯案。高解云。宥、利也。又云。爲也。畢校云。注頗難通。疑宥與囿同。鬯謂皆非也。宥讀爲尤。此篇題去宥。卽前之去尤。說見前名類條。

正名覽　故君子之說也。足以言賢者之實。不肖者之充而已矣。

鬯案。充者、充賢也。不肖者、非賢也。非賢而亦充爲賢。君子能辨之耳。故曰故君子之說也。足以言賢者之實。不肖者之充而已矣。高解云。充亦實也。未得其義。下文云。是刑名異充。亦此充字。彼承所謂賢徒不肖也三句言。則充義甚明。今本徒譌從。王念孫志餘校正。又審分覽云。譽以高賢而充以卑下。亦同。

審分覽　不可以卒。

鬯案。卒讀爲率。

審分覽　無肯爲使。

鬯案。肯訓可。爾雅釋言云。肯、可也。無可使者。謂若一無所能。故下文云。淸靜爲公。高解云。若此人者王公不能屈。何肯爲人之使令者乎。失其義矣。且此承上文人主而言。卽王公也。若高義則指人臣。更不可通。

君守覽　知乃無知。

鬯案。此當作無知乃知。上文云。得道者必靜。靜者無知。故此云無知乃知。疊字生發。文例當爾。勿躬覽云。聖王之所不知也。所以知之也。彼高解引老子曰。不知乃知之。卽此句之證。且此後文云。不出者所以出之也。不爲者所以爲之也。然則無知者所以知之也。文云。君也者。以無當爲當。以無得爲得。然則君也者。以無知爲知也。故下曰。可以言君道也。今作知乃不知。不但與上句失文例。而下句可以言君道。直當云不可以言君道矣。

君守覽　天之用密。

鬯案。密疑當作寧。字形上半相近而誤。下文云。既靜而又寧。若此作密。則彼寧字無著矣。

君守覽　此之謂以陽召陽。以陰召陰。

鬯案。似當作以陽召陰。以陰召陽。

任數覽　目之見也。藉於昭。

鬯案。昭本訓日明。說文日部云。昭、日明也。葢若黑夜則目無所見。故曰藉於昭。高解云。非明目無所見。以昭屬目言。失藉字之義矣。

任數覽　故知非難也。孔子之所以知人難也。

鬯案。孔子之三字似當乙在故知非下。

勿躬覽　人主知能不能之可以君民也。

鬯案。能不能者、以不能爲能也。

愼勢覽　失之乎數。求之乎信。疑。

鬯案。疑之言礙也。

愼勢覽　水用舟。陸用車。塗用輴。沙用鳩。山用樏。

鬯案。車鳩一聲之轉。鳩郎車也。此文葢本禹乘四載之說。故見於他書者皆四項。而此獨五項。且如史記夏紀云。陸行乘車。水行乘船。夏紀兩見。一作舟。泥行乘橇。山行乘欙。河渠書云。陸行載車。水行載舟。泥行蹈橇。山行卽橋。漢書溝洫志云。陸行載車。水行乘舟。泥行乘毳。山行乘梮。説文木部云。水行乘舟。陸行乘車。山行乘欙。澤行乘輴。書益稷篇傳云。水乘舟。陸乘車。泥乘輴。山乘樏。皆言陸而不言沙。文子自然篇云。水用舟。沙用鳺。泥用輴。山用樏。淮南子脩務訓云。水之用舟。沙之用鳩。泥之用輴。山之用蔂。河渠書裴駰集解引尸子云。山行乘樏。又曰。行塗以輴。行險以樶。行沙以軌。皆言沙而不言陸。蓋沙行卽陸行。而車鳩又一聲之轉。豈古述四載之説。沙用鳩。乃卽陸用車之異文。而呂氏并數之乎。惟淮南齊俗訓云。譬若舟、車、楯、鳺、窮廬。既言車。又言鳺。彼自取六字成文耳。　又案。以裴解引尸子行沙以軌證之。則此鳩當讀爲軌。軌、鳩並諧九聲。例在通借。淮南覽冥訓高注以兩輪之間爲軌。則亦車而已。

愼勢覽　以宋攻楚。

鬯案。高解云。宋無德。楚亦無德。故曰以宋攻楚也。據此解。則正文實作以宋攻宋。解文亦當云。故曰以宋攻宋也。以宋攻宋。猶孟子言以燕伐燕。齊猶之燕也。故曰以燕伐燕。楚猶之宋也。故曰以宋攻宋。後人誤以爲宋無自攻之理。改爲以宋攻楚。而并改解文。不可通矣。

審應覽　取其實以責其名。

鬯案。此似當作取其名以責其實。實名二字互易。且上句云。以其言爲之名。此句在文例應先承名字。後出實字。不應兩名字皆在句末。知度覽云。責其實以驗其辭。蓋實當言責。名不可責也。彼下文云。

則無用之言不入於朝矣。亦卽此下文云。則説者不敢妄言矣。

審應覽　魏昭王問田詘曰。

鬯案。高解云。昭王、襄王之子也。畢校據史記改襄爲哀。大謬。高自據世本。有襄王。無哀王。必不可改。在竹書亦可證。惟高時未出耳。

審應覽　今藺離石入秦。

鬯案。高解云。二縣叛趙自入於秦也。然考戰國趙策云。秦攻趙藺離、石祁。拔。則非叛趙自入秦。此則恐高氏望入秦之文生義。然亦不礙並存。

審應覽　其在於民。而君弗知。其不如在上也。

鬯案。下其字指君言。聚粟在於民而君弗知。故君不如聚在上也。下文云。其在於上。而民弗知。其不如在民也。下其字指民言。聚在於上而民弗知。故民不如聚在民也。義本顯然。高解未是。

離謂覽　聽言而意不可知。其與憍言無擇。

鬯案。憍言者、卽史記扁鵲傳所謂舌撟然而不下。舌撟然而不下。則不知其所以言。故曰聽言而意不知。其與憍言無擇。憍之言撟也。俗本亦有徑改作撟者。

淫辭覽　明日孔穿朝。

鬯案。大夫亦有二朝。故見平原君亦稱朝。如論語冉子退朝之朝也。

淫辭覽　人有任臣不亡者。臣亡。莊伯決之。任者無罪。

邕案。任、猶今人言保也。保此臣於人曰不亡。而此臣竟亡。則是保者之罪矣。而莊伯以爲罪在亡臣。不在保者。故曰任者無罪。

淫辭覽　前乎與謣。

邕案。乎讀爲呼。

淫辭覽　此其於舉大木者善矣。

邕案。善似當作行。

不屈覽　惠王謂惠子曰。

邕案。此六字當是古注語。蓋謂惠王與惠子語止此。下文乃著書者之辭。恐人連讀。故加分別。古人辭質。但注惠王謂惠子曰。而溷入正文。

不屈覽　或者操大築乎城上。

邕案。大或木字之誤。蓋築具也。

不屈覽　此非不便之家氏也。

邕案。不便猶不賢。

應言覽　市丘之鼎。

邕案。戰國韓策有市丘君。彼因五國攻秦。兵罷。留成皋。魏順謂市丘君云云。成皋韓地。魏與韓鄰。故高解以此市丘爲魏邑。而吳師道策校注亦謂韓地。又。水經渭水酈注云。首水西流。逕秦步高宮東。世名市丘城。則又爲秦地。於策文似不可通。而此文市丘當備參考。至策鮑本改市丘爲沛丘。必非。

應言覽　則莫宜之此鼎矣。

𨙸案。之卽此也。二字當衍其一。

應言覽　令起賈爲孟卬求司徒於魏王。

𨙸案。畢校云。起賈、疑卽須賈。非也。須賈魏臣也。此令者、秦王令之。則起賈爲秦臣。秦自有起賈。戰國趙策云。齊欲攻宋。秦令起賈禁之。是也。

應言覽　尙有何責。魏雖彊。猶不能責無責。又況於弱魏王之令乎。

𨙸案。上文孟卬言令臣責。謂魏王令卬責秦也。高解誤。俞平議已訂。故此云尙有何責。魏雖彊。猶不能責無責。又況於弱魏王之令乎。是著書者駁其令臣責之語。但考戰國魏策言。地入數月而秦兵不下。魏王謂芒卯曰。地已入數月。而秦兵不下。何也。芒卯曰。臣有死罪。雖然。臣死則契折於秦。王無以責秦。王因赦其罪。臣爲王責約於秦。乃之秦。謂秦王云云。秦兵下。芒卯並將秦魏之兵。以東擊齊。啓地二十二縣。彼上文所敍。與此上文雖微有參差。然其爲一事甚顯。芒卯卽孟卬也。孟芒聲轉。卬卯形近。則孟卬言令臣責者。卽責秦兵下以東擊齊也。其責明有契約。不可謂責無責。秦因賓果下兵擊齊。則魏竟能責秦矣。又不可薄其弱也。著此者似未考及其事實。漫加呵刺。苟揚子見之。又當聳其金者矣。

應言覽　兩周全。其北存。魏舉陶削衞。

𨙸案。其當作燕。此文讀兩周全爲句。燕北存爲句。舉陶削衞屬魏言。卽韓非子有度篇言魏安釐王攻盡陶衛之地。今本衛作魏。顧廣圻識誤云。當作衛。又。飾邪篇云。魏數年東鄉攻盡陶衛。

應言覽　有之勢是。

鬯案。高解云。有之勢是。有是之勢。然有是之勢。而云有之勢是。語究不倫。季春諸紀輒言行之是令。高云。行之是令。行是之令也。以彼例此。恐本作有之是勢。

具備覽　故誠有誠。乃合於情。精有精。乃通於天。

鬯案。兩有字並當讀爲又。誠有誠者、誠而又誠也。精有精者、精而又精也。貴信覽云。信而又信。重襲於身。乃通於天。可證。上文書惡而有甚怒。彼有亦當讀又。

離俗覽　微獨舜湯。

鬯案。高解云。舜有卑父之謗。湯有放弒之事。語本擧難覽。淮南子氾論訓亦云。然此文義見下文。似不必援彼釋此。

高義覽　正法枉必死。

鬯案。此正字當卽上文王使爲政之政。

上德覽　愛惡不臧。

鬯案。臧之言藏也。愛惡無所藏匿。言皆正直也。古無藏字。止作臧。高解云。臧、匱也。匱疑匿之誤。下文云。其臧武通於周矣。亦謂藏武也。

上德覽　驪姬易之。

㗊案。說文易部云。易、蜥易。蝘蜓。守宮也。象形。故高解云。易、猶毒也。然則此易字獨用本義引伸。而說文家鮮徵及此。

用民覽　句踐試其民於寢宮。

㗊案。宮當讀爲館。

用民覽　古昔多由布衣定一世者矣。

㗊案。此世爲世界之世。明甚。適威覽云。舜布衣而有天下。一世猶天下也。而高解云。終一人之身爲世。意當因古昔布衣有天下者惟舜。未見其多有。然似不必泥。

適威覽　猶求其馬。

㗊案。求蓋讀爲絿。說文糸部云。絿、急也。是謂急其馬。

爲欲覽　務耕疾庸椇。

㗊案。高解云。椇古耕字。然既出耕字。又出椇字。必非義。竊謂此文本作務椇疾庸。故解云。椇古耕字。今依解改椇爲耕。又因解衍入椇字。遂不可通。庸讀爲傭。

舉難覽　擇者欲其博也。

㗊案。博字無義。疑慱字之誤。慱字雖不見說文。已見詩素冠篇及爾雅釋訓。則古有其字。慱之言專也。然依說文。專亦非本字。其本字作嫥。女部云。嫥、壹也。則謂嫥誤爲博。亦無不可。然竊謂从女从心之字。古多同字。說見㗊說文女部威字校。慱實即嫥之重文。心旁十旁。隸書形相涉。較似。

長利覽　協而耰。

　　㘰案。協當讀爲搚。說文手部云。搚、摺也。廣雅釋詁云。擸、折也。擸卽搚字。此著其耰狀。耰必身折也。下文云。遂不顧。搚與不顧義相切。高解謂協和悅也。非義。

長利覽　道其不濟也。

　　㘰案。道卽戎夷欲定一世之道。高解云。死之、道其不濟也。葢死之二字讀頓。不連道字讀。要當云死則其道不濟也。

知分覽　荆有次非者。

　　㘰案。次非當祇是人名。林頤山以他書引此文多作佽飛。以爲官名。據漢書百官表。武帝更名左弋爲佽飛。謂此次非卽秦左弋。楚改秦左弋爲次非。殆屬附會。武帝更名豈必放古。

知分覽　子嘗見兩蛟繞船能兩活者乎。

　　㘰案。兩活當謂人與蛟兩活也。於義固可解。而俞平議以爲兩活無義。疑兩爲而字之誤。又在能字之上。㘰案。淮南子道應訓作嘗有如此而得活者乎。俞議卽本於彼。而此處未徵。

召類覽　邊境四益。

　　㘰案。高解云。四境不侵削則爲益。不侵削而便爲益。殆不可說。此當謂四境荒地多墾闢耳。

達鬱覽　寡人與仲父爲樂將幾之。

　　㘰案。將幾之者、言將能有幾回如此樂也。承上文年老爲感逝之言。畢校疑幾之爲幾何。未是。俞平議訓幾爲既。更失義。

行論覽　得帝之道者爲三公。

㮣案。帝當作地。下句可見。

行論覽　於是殛之於羽山。副之以吳刀。

㮣案。副卽疈字。高解言先殛後死。後人泥其意。遂不能得副字之義。其實常義耳。呂氏固謂鮌殛卽死也。

行論覽　莊王方削袂。

㮣案。削袂當是卷袂耳。袂卷則有削弱之意。今俗謂卷袂作秋宵反音。葢卽削字之音轉。或謂其本字當作㩼。說文手部云。㩼、人臂皃。袂卷則臂見。其說亦可備。葢手有所事。則卷其袂。所以便事。論語鄉黨篇何晏集解引孔曰。短右袂。便作事。俞平議解彼亦謂卷之使短。莊王方削袂者、謂莊王方卷袂。卽猶言莊王方有所事也。故下文云。投袂而起。左宣十四年傳投袂而起。杜預集解云。投、振也。葢正使卷上之袂拂下也。孔廣森經學巵言乃訓削爲裁。轉譏杜訓投字之誤。殆未諦審。裁袂自有工人。莊王何故親自裁袂乎。

驕恣覽　箴諫不可不熟。

㮣案。重己紀云。此論不可不熟。高解云。熟、猶知也。愼行論云。行不可不熟。解云。熟、猶思也。施之於此。似並未切。或謂此熟。葢猶記也。然則三文句法相同。而三熟字各異義乎。竊謂熟不過反復之義。知、思、記三義當皆賅之。蓋熟者反復知之、思之、記之之謂也。觀表覽云。凡論人心。觀事傳。不可不熟。同此。

開春論　共伯和修其行。好賢仁。而海內皆以來爲稽矣。周厲之難。天子曠絕。而天下皆來謂矣。

毘案。但云周厲之難天子曠絕。卽云而天下皆來謂矣。義殊不接。竊疑而海內皆以來爲稽矣九字衍文。共伯和修其行。好賢仁。周厲之難。天子曠絕。而天下皆來謂矣。本一事也。高解以共伯和爲夏時諸侯。畢校云。竹書紀年。厲王十二年奔彘。十三年共伯和攝行天子事。至二十六年宣王立。共伯和遂歸國。誘時竹書未出。故說此多訛。然則而海內皆以來爲稽矣九字。竹書未出時衍入。在誘之前。否則或別有語。此九字爲誤文。要不當以矣字絕句。分作兩項。

審爲論　審所以爲而輕重得矣。

毘案。審所下似奪爲所二字。審所爲所以爲。承上文言也。

審爲論　心居乎魏闕之下。

毘案。高解云。魏闕、心下巨闕也。一說。魏闕、象魏也。懸教象之法。浹日而收之。魏魏高大。故曰魏闕。高列兩說。又伸言魏闕爲魏魏高大。魏魏之言巍巍也。淮南子俶眞訓高注正作巍巍。則不啻三說矣。竊謂公子牟旣是魏公子。高云。子牟、魏公子也。魏伐得中山。公以邑子牟。案。當作魏伐得中山。以邑公子牟。則魏闕之魏卽是魏國之魏。似不必別生他解。

愛類論　其當世之急。

邕案。無義論高解云。當、應也。國語晉語韋解云。當、猶任也。

愛類論　公取之代乎。其不與。

邕案。不之言否也。與、語辭也。高解云。言公取石以代子頭乎。其不與邪。誤讀不字。增設邪字矣。然竊疑注文與字或衍。高正讀不爲否。以邪字代與字。亦未可知。蓋如誤讀不字。直當云其不取矣。作不與。仍不可通。

貴卒論　羣臣亂王。

邕案。此祇謂羣臣作亂射王耳。高解云。羣臣謂王爲亂而射王尸。非。

無義論　人莫與同朝。子孫不可以交友。

邕案。人旣莫與續經同朝。故續經子孫欲求交友。而人亦莫肯交友之。言其不但賤己。並恥及子孫。高解未誤。而語嫌略。

無義論　公孫竭與陰君之事。而反告之樗里相國。

邕案。陰君蓋卽季君。史記穰侯傳云。昭王卽位。誅季君之亂。六國表又作桑君。傳裴解引表。亦作季君。正樗里子爲相時。

疑似論　褒姒之所用死。

邕案。據此。褒姒亦以身殉國難。自來論褒姒者。皆斥其亡國之罪。莫知其死國之節。此與墨子親士篇言西施之沈其美。同一軼事。然後人能據墨子表西施之死。而未有據呂氏表褒姒之死者。夫不責幽王而責褒姒。與不責夫差而責西施。豈非皆過論矣夫。

壹行論　威利無敵而以行不知者亡。

𢘅案。此亡字取與上句王字爲韻。非亡滅也。下文小弱云。則無以存。眞亡滅矣。義有深淺。故下文云。王者行之廢。强大行之危。小弱行之滅。王者行之廢。反對上文行可知者王言。蓋行不可知則廢矣。小弱行之滅。卽指下小弱無以存言。然則强大行之危。指此句言。是亡者、謂危也。非亡滅也。又。兪平議謂此不知亦當作不可知。以此篇多言可知不可知、可知者、謂信義也。不可知者、謂不信不義也。

壹行論　陵上巨木人以爲期。易知故也。

𢘅案。此謂行路之人欲往某處。望陵上巨木而行。則可期其所至。故曰人以爲期。易知故也。高解云。期會其下。蔭休之也。故曰易知故也。與上文行者見大樹必寢其下意複。當非其義。文子符言篇、淮南子詮言訓並云。若邱山嵬然不動。行者以爲期也。亦謂期其所至。

求人論　夫子爲天子而天下已定矣。

𢘅案。此已字似衍。莊子逍遙遊篇云。夫子立而天下治。

求人論　人事不謀。

𢘅案。謀蓋讀爲悔。說文心部云。悔讀若侮。凡說文讀若之字。皆通用之字。然則人事不悔者、人事不侮也。要卽讀謀爲侮。亦無不可。

貴直論　有人自南方來鮒入而鯢居。

瞖案。此隱指淖齒也。淖齒從楚來。故曰有人自南方來。高解云。鮒、小魚。鯢、大魚。魚之賊也。啖食小魚。其言鮒小鯢大。是也。莊子外物篇。守鯢鮒。則鯢鮒皆小魚。然如左宣十二年傳鯨鯢。鯢與鯨並。則爲大魚之稱矣。言啖食小魚。非句義。此喻淖齒入齊時。其官小。今居齊爲相。其官大也。故曰鮒入而鯢居。湣王以淖齒爲相。卒見弒於淖齒。狐援固先知之者矣。

知化論　不苦其已也。

瞖案。意謂不藥。病自已耳。

知化論　子胥兩祛高蹶而出於廷。

瞖案。蹶行則股膝向上。兩祛自高。不須手舉。高解云。兩手舉衣而行。非也。葢蹶者、猶今俗稱擲蹓。人憤怒則擲蹓。小戴曲禮記云。足毋蹶。是蹶失足容也。

過理論　刑鬼侯之女而取其瓌。

瞖案。瓌葢讀爲懷。懷者、當爲懷孕也。鬼侯之女已懷孕。此妲己所以尤忌而譖之。高解云。聽妲己之譖。殺鬼侯之女以爲脯。而取其所服之環也。以環代瓌。則解瓌字當非。紂何惜乎一環而取之。且下文云。截涉者之脛而視其髓。殺梅伯而遺文王其醢。並殘忍之事。取一環何足以比之。然則下文所謂剖孕婦而觀其化者。即此鬼侯之女矣。而帝王世紀謂紂剖比干妻以視其胎。其說不知何本。要殘暴之主、羅戹者何必止一孕婦乎。故不必定下文剖孕婦爲與此一事。亦不必不剖比干之妻。特因借懷爲壞。而畢本且依解改作環。則大失其義。

過理論　帶益三副矣。

㽞案。帶有鉤。則必有圈。當以扣鉤。所謂副者、疑卽指圈當也。帶必稱人之腰圍。圈當所置有定位。若腰圍大。則益一圈當於外。更大。則更益。帶益三副者、謂益三圈當也。高解云。副或作倍。帶益三倍。苟活者肥。令腹大耳。恐雖肥。決無肥至三倍者。非情實也。

原亂論　訌亂三。

㽞案。訌當制字之誤。三者卽下文所以遠之、所以皃之、王志餘云。皃當爲完。完、全也。所以守之三項。皆制亂之法也。高解固非。畢校疑討字之訛。指殺里克、呂、郤爲三。亦非也。

贊能論　賢者善人以人。

㽞案。高解云。賢者以人。以人之德也。則善人二字當衍。

博志論　冬與夏不能兩刑。

㽞案。刑葢當讀爲耕。耕諧井聲。依說文。分刑荆爲異字。則此字當本作荆。荆亦諧井聲。故可通借。然卽作刑。刑諧幷省聲。幷聲井聲。古音亦同部。則讀刑爲耕。自無不可。要刑、荆義亦相類。實不容細別。說文一入井部。一入刀部。安見非王筠釋例所謂異部重文例乎。夏耕而冬不耕。故曰冬與夏不能兩耕。且下文云。草與稼不能兩成。卽承耕字而言。又云。新穀熟而陳穀虧。又承稼字而言。三句義一串也。

博志論　果實繁者木必庳。

鬯案。周禮大司徒職鄭注云。庳、猶短也。似移訓此庳字。視高解訓小爲切。畢校引戰國秦策木實繁者披其枝。非此義。

似順論　尹鐸爲晉陽下。

鬯案。下當作令。

別類論　高陽應。

鬯案。韓非子外儲說作虞慶。顧廣圻識誤謂卽虞卿。然恐非也。聊備於此。

有度論　客有問季子曰。

鬯案。高解云。季子、戸季子。堯時諸侯也。鬯疑此季子爲戰國諸子家。荀子成相篇所謂愼墨季惠之季子也。莊子亦出季子。向疑其卽季梁。說見彼則陽篇校。

分職論　先王用非其有。如己有之。通乎君道者也。

鬯案。有卽下文智、能、爲等。統謂人臣之所有。用人臣所有以爲己有。是通乎君道者。義本至顯。高解以有爲有天下。引桀紂湯武爲說。葢由誤會下文世皆曰取天下者武王也。故武王取非其有。如己有之。通乎君道也。不知彼言取非其有。卽用非其有。仍是以五人之有爲己有。高解武王之佐五人云。周公旦、召公奭、太公望、畢公高、蘇公忿生也。案數十亂者不及蘇忿生。五人中轉及蘇忿生。不知高氏有本否。非謂有天下。又云。先王固用非其有而己有之。湯武一日而盡有夏商之民。盡有夏商之地。盡有夏商之財。此推言用非其有之效。又何得誤會。

處方論　故異所以安。同也。同所以危。異也。

𨶑案。此明以安危對言。則其義相反。異所以安。是異而同也。如五味異而和。五聲異而調。是也。同所以危。是同而異也。如同貪財則必爭。同事權則必忌。是也。高解言同異更相成。非是。此意主於異。不主於同。

處方論　章子令人視水可絕者。

𨶑案。廣雅釋詁云。絕、渡也。

處方論　各避舍。

𨶑案。各者、謂其僕與其右皆避舍也。罪其僕者。爲其不盡職也。罪其右者。爲其越職也。

士容論　南面稱寡而不以侈大。

𨶑案。侈大卽侈泰。

士容論　唐尙敵年爲吏。

𨶑案。敵訓當。爾雅釋詁云。敵、當也。此葢猶後世以年論資格。唐尙以年論資格。當爲吏。故曰唐尙當年爲吏。

上農論　農不出御。

𨶑案。出御當是爲贅壻於他野人家。

上農論　野禁有五。

𢊁案。此句疑文錯在此。當本在上文然後制野禁之下。然後制野禁。野禁有五。文法正密接。蓋上文苟非同姓。農不出御。女不外嫁。以安農也。卽是五禁之一。下文云。地未辟易。不操麻。不出糞。是五禁之二。齒年未長。不敢爲園囿。是五禁之三。量力不足。不敢渠地而耕。是五禁之四。農不敢行賈。行賈連讀。高以賈字屬下句。非。說見俞平議。不敢爲異事。爲害於時也。是五禁之五。其數合當。此句必不應在此。

任地論　地可使肥。又可使棘。

𢊁案。高解云。地耕熟則肥。肥卽得穀多。不則瘠。瘠則得穀少。故曰可使也。此殆失旨。如其說。止欲使肥耳。則但當云地可使肥。不必云又可使棘。上文云棘者欲肥。肥者欲棘。是棘亦在所欲。下文云。樹肥無使扶疏。肥而扶疏則多粃。是肥轉在所禁。蓋肥棘須得其平。肥亦有限制。棘則當使之肥。而過肥又當使之棘也。故曰地可使肥。又可使棘也。

任地論　不知其稼之疏而不適也。

𢊁案。適、謂適秝也。說文秝部云。秝、稀疏適也。段玉裁注本、錢坫斠詮本並於適下補秝字。王筠句讀本補歷字。適歷卽適秝也。要單言適。卽猶累言適秝。以此文證說文。在彼不補亦可。朱駿聲通訓云。適秝者、疊韻連語。均勻之皃。然則疏而不適。謂稀疏而不均勻耳。高解云。不中適也。意雖無背。而未通古言古義。

審時論　斬木不時不折必穗稼就而不穫。

𢒉案。高解云。折、猶堅也。折訓堅。惟見於此。考折聲之字。惟悊爲敬謹之意。或於堅義尙相近。然則高豈讀折爲悊與。竊疑折必二字。本一悊字。而誤析爲二。又誤心爲必。高訓猶堅。正釋悊字。非釋折字。且下文云。必遇天菑。則此文必字實不當有。若非悊字誤爲折必。則必字亦定涉下而衍。

審時論　秮米而不香。

𢒉案。秮米當乙作米秮。下文小米鉗而不香。句法可例。惟秮字古字書所無。見字彙補。亦僅據此文。竊謂其字諧台聲。卽下文不噮而香如此者不飴之飴字。此言先時之米飴而不香。彼言得時之黍香而不飴。文可意會。畢校以彼高解噮字讀如餲厭之餲。當在不飴下。蓋謂高讀飴爲餲。非讀噮爲餲。於古音雖皆非同部。然義當近之。

審時論　正五穀而已矣。

𢒉案。上文言得時之禾。得時之黍。得時之稻。得時之麻。得時之菽。得時之麥。然禾爲通名。故廣雅釋草云。粢、黍、稻。其采謂之禾。然則五穀者黍、稻、麻、菽、麥也。此上三篇皆當承后稷言。而此語又出黃帝。縱不必深究。要言五穀。此爲古義也。

列子

天瑞篇　將嫁於衛。

邕案。嫁之言家也。將嫁於衛者。將家於衛也。故下文弟子曰。先生往無反期。惟其家於衛。不但客於衛。故往無反期也。張湛注云。自家而出謂之嫁。語本方言黨曉篇。未得此嫁字之義。黄帝篇云。列子之齊。中道而反。若但謂自家而出。卽何不云列子嫁齊乎。要彼自不可云嫁也。

天瑞篇　不生者疑獨。

邕案。疑當讀爲凝。黄帝篇乃疑於神。一本作凝。莊子達生篇亦作凝。凝獨者、專一之謂也。下文云。不化者往復。疑獨與往復爲偶。則疑獨二字必平列。張注云。疑其冥一而無始終也。盧重玄注云。疑者不敢決言。並以疑獨爲疑其獨。殆不其然。下文同。

天瑞篇　故曰渾淪。

邕案。渾淪卽混沌。張注以淪爲語之助。非。要當云累言渾淪。卽猶單言渾。如此可通。

天瑞篇　只使墜。

邕案。只使猶卽使。卽只一聲之轉。

天瑞篇　是天地之委形也。

鬯案。委當主委棄之義。廣雅釋詁云。委、棄也。此答上文吾身非吾有。孰有之哉義。乃不曰是天地有之也。而曰是天地之棄形也。明天地亦棄而不有。故下文云。天地强陽氣也。又胡可得而有邪。不云汝胡可得而有。而云又胡可得而有。正兼言天地亦不有之之義。張注云。是一氣之偏積者也。以積代委字。本莊子知北遊篇司馬彪注。今見彼陸德明釋文所引。下文則從郭象注委結之說。結積一也。似不若委棄之義勝。下委和、委順、委蛻。亦謂棄和、棄順、棄蛻也。

天瑞篇　故行不知所往。處不知所持。食不知所以。

鬯案。所往者、所以往也。所持者、所以持也。而云食不知所以。義殊不完。莊子知北遊篇作故行不知所往。處不知所持。食不知所味。以字作味。若改同彼。則此以亦當作味。所味者、所以味也。然竊疑列子原有三以字。作故行不知所以往。處不知所以持。食不知所以味。義實明顯。莊子去三以字。古人語辭省例。讀者意固可知。後人以莊校列。去三以字。而末句誤黠味字。存以字。亦鹵莽甚矣。乃轉得因此可推見列子之原本也。

天瑞篇　未及時。以贓獲罪。

鬯案。未及時猶未幾時。

黃帝篇　舍官寢。

鬯案。官之言館也。此言官寢。與下文言居大庭之館。其實字異而義同。特館寢與大庭之館又正相反耳。故一舍而一居。館寢卽宮寢也。特不必改爲宮字。如盧文弨羣書拾補之疑。呂氏春秋用民覽云句踐試其民於寢官。寢官亦卽寢館也。

黄帝篇　遊於華胥氏之國。

䛐案。華胥葢是古語。其音轉則爲夥頤。史記陳涉世家云。夥頤。涉之爲王。夥頤者、偉大之辭。故司馬貞索隱云。驚而偉之。故稱夥頤也。然則華胥亦偉大之辭。華胥氏之國。極形容其國之偉大耳。故張注云。不必便有此國也。

黄帝篇　列子師老商氏。友伯高子。進二子之道。乘風而歸。

䛐案。列子師老商氏句。友伯高子句。其讀顯甚。而張注云。莊子云列子御風而行。泠然善。旬五日而後反。葢神人。禦寇稱之也。此注未伸一語。甚無謂。所引莊子見逍遥遊篇。豈張氏以莊子所言御風而行爲列子所稱神人然邪。則豈誤讀此文友伯高子進爲句邪。然列子書中以盡爲進。見於劉向書錄。張氏固明知之。上篇注云。進當爲盡。卽下文内外進矣。注亦以盡代進。又似不應獨於此進字不悟。而以伯高子進爲人名。於進字斷也。則何必云葢神人禦寇稱之乎。莊子明言列子御風而行。是御風而行者卽是列子。不指列子所稱之二子。此文言列子盡二子之道。乘風而歸。則乘風而歸者。亦明卽列子。非指二子。雖列子之乘風而歸。得道於二子。而文不可誤解也。誤解則下文云云。且皆隔閡矣。下文注云。若人謂伯高。省一子字原無害。然豈以伯高子進爲累文不便。故省言邪。若是。則信乎其誤讀矣。

莊子言旬有五日而反。而此下文言學九年。所謂寓言。不必致譏。

黄帝篇　汝之片體。將氣所不受。汝之一節。將地所不載。

鬯案。此當云。汝之片體。將氣何所不受。汝之一節。將地何所不載。故下文云。履虛乘風。其可幾乎。省兩何字。反語若正語。亦古文法。或云兩將字當訓欲。廣雅釋詁云。將、欲也。言卽片體一節。欲氣不受。地不載。尚不可得。況履虛乘風。其可幾乎。說似較迂。亦可附備。張注盧注並以不作不能解。非。

黄帝篇　焉得爲正焉。

鬯案。莊子達生篇作物焉得而止焉。據下文物奚自入焉。故物莫之能傷也。則此句上亦當有物字。爲、而皆可通。正亦依彼作止爲是。物焉得爲止焉以上一段。答上文潛行不窒之問也。（窒原作空。從殷釋所引一本。）物奚自入焉以上一段。答上文蹈火不熱之問也。故物莫之能傷也以上一段。答上文行乎萬物之上而不慄之問也。

黄帝篇　列禦寇爲伯昬瞀人射。

鬯案。伯昬瞀人已見上篇。亦見後文及仲尼篇。諸無異。獨此處四見。盧重玄本瞀字皆作无。當備考。又疑伯昬瞀人卽上文伯高子。上文老商氏卽壺丘子林。壺商二字古文相類。未知是否。聊著於此。

黄帝篇　鏑矢復沓。

鬯案。此卽仲尼篇所謂善射者能令後鏃中前括。發發相及。矢矢相屬。前矢造準而無絕落。後矢之括猶銜弦。視之若一焉者。

黄帝篇　方矢復寓。

鬯案。此謂矢相併也。說文方部云。方、併船也。故方有併義。儀禮鄉射禮鄭注云。方、併也。寓當讀爲偶。或爲耦。偶耦皆有併合之義。方矢復偶與上句鏑矢復沓。又別一法。葢先發一矢中的後。矢矢皆中前矢之括。所謂鏑矢復沓也。先發一矢中的後。矢矢亦皆中的。而與前矢相比。若併合一字者。所謂方矢復偶也。

黄帝篇　足二分垂在外。

圛案。古人之數多略不過三。此言二分者。當謂三分之二垂在外也。則所著止三分之一矣。

黄帝篇　潛於牖北聽之。

圛案。俞蔭甫太史平議云。牖北疑當作北牖。所謂向也。詩七月篇毛傳曰。向、北出牖也。是也。二子在室中。商丘開於北牖下聽之。正合事理。圛謂室之北牖固當有之。前儒執室無北牖之說。原不必辨。惟此牖北二字。不必乙作北牖。北牖何礙單稱牖。於北牖外聽之。正是北牖之北。故曰牖北。

黄帝篇　吾與若玩其文也久矣。

圛案。與當訓以。以與一聲之轉。古人用與字多作以字解。不勝舉證。王引之釋詞已略援數條可案。此謂吾以若玩其文也久矣。故下云。而未達其實。而固且道與。若字而字。皆卽汝也。是專責顏回之語。非謂吾與汝也。後文列子告壺丘子。壺子曰。吾與汝無其文。未既其實。而固得道與。亦是專責列子之語。吾與汝者。吾以汝也。兩文一律。

黄帝篇　以瓦摳者巧。以鉤摳者憚。以黄金摳者惛。

圛案。張注云。互有所投者摳。盧拾補摳上補曰字。引郭象曰。所要愈重。則其心愈矜也。似所指如今人鬬葉子竹牌之類。故曰互有所投。然則以瓦摳者。特借瓦以爲勝負之數。猶今人言無輸贏者也。以鉤摳者。有物輸贏者也。以黃金摳者。輸贏之大者也。故以瓦摳者巧。以鉤摳者憚。以黃金摳者惛。下文所謂巧一也。而有所矜。則重外也。凡重外者拙內。拙今作拱。殷釋云。本作拙。其義明矣。而殷釋云。摳、探也。以手藏物探而取之。亦曰藏彄。引風土記三秦記以證藏彄之說。殆非乎。手藏物探而取之。則何擇於瓦鉤黃金。而一巧一憚一惛也。抑其意亦以瓦、鉤、黃金爲輸贏物乎。郭語見莊子達生篇注。莊子作以瓦注者巧。以鉤注者憚。以黃金注者殙。又。呂氏春秋去尤覽引莊子。作以瓦投者翔。以鉤投者戰。以黃金投者殆。又。淮南子說林訓云。以瓦鉒者全。以金鉒者跋。以玉鉒者發。注、投、鉒皆諧主聲。主聲與區聲同部。投鉒二字不見於說文。則注字爲古。然則以摳爲注之假借。當無不可。注者卽孤注一擲之注也。而或說曰。此當從投字。投之言投也。殳聲與主聲區聲亦皆同部。在假借之例。以瓦投、鉤投、黃金投者。非謂以瓦、鉤、黃金爲輸贏物也。乃竟謂以瓦、以鉤、以金。且或以玉以投擲也。其法如今小兒以瓦片掠水上之類。蓋卽宋世寒食抛堶之戲。故呂氏言以瓦者翔。淮南言以瓦者全。玩翔字全字之義可知矣。盧重玄注意亦如此。說亦姑附。

黃帝篇　而後載言其上。

𢘽案。古言載。多有再義。蓋必先有一物。然後以一物載之。故載有再義也。呂氏春秋當務紀一父而載取名焉。亦謂再取名。說見彼校。而後載言其上者。而後再言其上也。張注云。然後可載此言於身上也。其說義似迂。

黃帝篇　襄子怪而留之。

𢘫案。留但是留止之義。謂不殺之也。似不必如殷釋謂宿留而視之。殷當因下文徐之一字生義。然轉迂。

黃帝篇　嘗試與來。

𢘫案。嘗亦試也。故下文三言嘗又與來。嘗又與來者。試又與來也。然則單言嘗。即是試。累言嘗試。亦止是試而已。

黃帝篇　奚方而反。

𢘫案。此方字當訓爲。廣雅釋詁云。方、爲也。奚方而反。即問何爲而反也。張殷於此並無注釋。莊子列禦寇篇陸釋引李云。方、道也。則失之矣。廣雅爲字一釋。賴有列莊此文可證。而王念孫疏證亦竟徵引不及。豈爲李訓道所惑邪。

黃帝篇　楊朱南之沛。

𢘫案。自來言楊朱者。皆不言其何國人。楊朱篇張注亦但言戰國時人而已。𢘫謂是梁國人也。故下文云。老眗西遊於秦。邀於郊。至梁。明楊朱是梁人。云楊朱南之沛。則其家在沛之北。又。楊朱篇載楊朱見梁王。言治天下如運諸掌。梁王曰。先生有一妻一妾而不能治。三畝之園而不能芸。惟其爲梁人。故梁王熟知其爲人也。不然。何以有此言。

黃帝篇　大白若辱。

㽦案。大白猶大顯。

黄帝篇　舍者迎將家。

㽦案。俞平議云。者字衍文。盧重玄本無者字。是也。舍與舍者不同。下云舍者、皆謂同居逆旅者。此云舍、則謂逆旅主人也。主逆旅者卽謂之舍。猶典市者卽謂之市。主農者卽謂之田。㽦謂此舍者與下文舍者卻有異。但據盧本以者字爲衍。竊疑其未必然。莊子寓言篇亦有者字。可明此者字之非衍。且主逆旅者爲舍。援小戴王制月令兩記鄭注比例。然彼究曰市、曰田。而不言舍。亦僅可爲借證而已。以舍爲逆旅主人。則下文公必當是主人之父矣。顧有父在。何以定子爲主人。下文云。公執席。妻執巾櫛。公既是父。又何以與妻並言。故㽦竊謂下文之公。正是逆旅主人。莊子陸釋引李注所謂主人公是也。下文舍者避席。舍者與之爭席。舍者固是同居逆旅之人。而此文舍者則殆逆旅中之臣僕。所謂舍人是也。戰國齊策云。楚有祠者。賜其舍人卮酒。楚策云。張儀之楚。貧。舍人怒而歸。史記田世家云。使賓客舍人出入後宮者不禁。平原君傳云。賓客門下舍人稍稍引去者過半。舍人之稱見於前籍。不一而足。蓋非周禮舍人之官。皆臣僕之通稱耳。故別之於賓客門下。而次在其後也。逆旅之舍人。則亦稱館人。孟子盡心篇之滕。館於上宮。有館人求屨弗得之事。上宮亦是尋常逆旅。非滕君以館孟子者。故有業屨之人。館人求屨。正逆旅中之臣僕求屨也。卽此舍者也。則此者字之必不可删明矣。蓋逆旅臣僕先迎楊朱進其家。而主人乃親執席。主人之妻親執巾櫛。故曰舍者迎將。家公執席。妻執巾櫛也。莊子家上本有其字。然陸釋有兩讀。一引李云。家公、主人公也。是以家公二字連讀。一讀舍者迎將其家爲句。此張注斷家字下。云。客舍家也。同彼後一讀。則似當依彼家上補其字。語氣較完。若據此無其字。盍依彼李讀則舍者迎將爲句。但謂舍者迎進耳。將者、進也。詩無將大車篇鄭箋云。將、扶進也。家公之稱固有李注。不煩再説。

黄帝篇　逆旅小子對曰。

㮚案。上文云。逆旅人有妾二人。然則此逆旅小子者、卽逆旅人也。非逆旅人之子也。豈以年少而謂之小子邪。而韓非子説林篇作逆旅之父。逆旅之父者、亦卽逆旅人也。非逆旅人之父也。又豈以年老而謂之父邪。要之皆指主人。曰小子、曰父。所傳異耳。若解作逆旅人之子、逆旅人之父。子固不得以父妾之美惡而貴賤之。父亦不當以子妾之美惡而貴賤之。文義皆不可通矣。

黄帝篇　有不常勝之道。

㮚案。依下文。不常當作常不。

黄帝篇　此其賢於勇有力也。四累之上也。

㮚案。張注云。處卿、大夫、士、民之上。故言四累也。其説本呂氏春秋順説覽高誘解。然高於淮南道應訓注云。此上凡四事。皆累于世。而男女莫不歡然爲上也。此解得矣。上文云。使人雖有勇。刺之不入。雖有力。擊之弗中。是一累於勇力之上矣。又云。使人雖有勇。弗敢刺。雖有力。弗敢擊。是二累矣。又云。使人本無其志也。是三累矣。又云。使天下丈夫女子莫不驩然皆欲愛利之。是四累矣。故曰此其賢於勇有力也。四累之上也。義殊淺顯。今案盧重玄注已如此。高旣得於淮南。而解呂覽乃爲卿大夫士民之說。何也。或疑今淮南高注實與許叔重注兩家相雜。道應訓是許注。非高注。儻果然與。抑呂覽四累句無也字。高實以四累之上誤連下大王獨無意邪句讀。故彼解又言君處四分之上。故曰四累之上。喻尊高也。然則列子有也字與淮南同。張乃不據淮南注而據呂覽注。斯爲疏矣。

周穆王篇　遂賓于西王母。

𠧪案。穆天子傳亦謂天子賓于西王母。曰賓、則是穆王爲賓。而西王母爲主也。山海西山經郭璞注引竹書紀年云。穆王五十七年。西王母來見。賓于昭宮。穆天子傳郭注亦引紀年。作穆王十七年。無五字。亦曰賓。則是西王母爲賓。而穆王爲主也。西王母至今豔稱於世。語多漂渺。卽列子此文。本屬寓言。要其事未必無因。後之論者以爲西王母是西方一諸侯國。𠧪竊謂觀與穆王迭爲賓主。此非諸侯國也。明稱王。葢亦天子也。漢書律歷志云。壽王言。化益爲天子。代禹。驪山女亦爲天子。在殷周閒。雖史謂不合經術。亦豈必無因。西王母者、其卽驪山女與。驪山女爲天子在殷周閒。則至穆王時固不可謂卽殷周閒之驪山女。而驪山女之後代爲天子。宜自若矣。俞蔭甫太史極表章驪山女。所著書中輒復考據甚備。後且爲演作傳奇一卷。然於爲天子一語卒無左證。以西王母當之。其庶幾乎。然則太史疑論語泰伯篇有婦人焉爲驪山女者。非也。彼固不得爲周有也。

周穆王篇　且恂士師之言可也。

𠧪案。恂讀爲徇。說文無徇字。故古借恂爲之。

周穆王篇　閾室毒之。

𢘿案。毒當訓爲憎。廣雅釋言云。毒、憎也。後漢書袁紹傳云。令人憤毒。亦謂令人憤憎。湯問篇仙聖毒之。同此。

周穆王篇　此非汝所及乎。

𢘿案。此以乎字爲也字。

周穆王篇　因告其子之證。

𢘿案。謂病爲證。見此。仲尼篇亦云。然先言子所病之證。

周穆王篇　迷之郵者。

𢘿案。郵讀爲尤。甚也。楊朱云。矜淸之郵。矜貞之郵。

仲尼篇　笑而不答。

𢘿案。笑而不答者、卽黃帝篇所謂夫子能之而能不爲者也。上文言能廢心。亦卽彼所謂刳心去智。

仲尼篇　西方之人有聖者焉。

𢘿案。此當卽黃帝篇所謂華胥氏之國在弇州之西者。亦卽周穆王篇所謂西極之國有化人者。故稱西方之聖人。列子之言。非眞孔子之語。

仲尼篇　從之處者日數而不及。

𢘿案。此當謂窮日數其人數。而數不盡也。極形容從者之多。張注謂來者相尋。雖日日料簡猶不及盡也。似尙非義。

仲尼篇　以爲子列子與南郭子有敵。不疑有自楚來者。

㡯案。張注云。敵、讎。斷在不疑下。盧注云。來疑有讎怨。則以有敵不疑連讀。㡯竊謂不然。此當有敵斷句。疑讀爲擬。說文手部云。擬、度也。不擬者、不度也。不度者、卽今語辭通用不圖也。言不圖有自楚來者。不疑二字當屬下爲句。

仲尼篇　口將爽者。

㡯案。爽謂失味。

仲尼篇　庖廚之物。

㡯案。上文云。長幼羣聚而爲牢藉。承汝之徒言之。指伯豐子之徒也。則此言庖廚之物。若曰此庖廚之物也。故下文云。奚異犬豕之類乎。句上省此字。下省也字。葢古文好簡。意亦可白。

仲尼篇　無能相使者。

㡯案。能字恐涉下文無能衍。上句而無相位者。不著能字。可見。俞平議云。位當作涖。古字通。

仲尼篇　臣之師有商丘子者。

㡯案。商丘子或卽黄帝篇商丘開。

仲尼篇　有物不盡。

㡯案。此卽今化學家所言燭燒至盡。收歸其一切所發權之。而其輕重與曩燭不異也。故下文云。盡物者常有。

仲尼篇　非孤犢也。

𢘉案。此也字當讀邪。

湯問篇　夷堅聞而志之。

𢘉案。然則上所云云。亦頗見於莊子。葢皆本於古夷堅志。非莊列相襲也。又疑夷堅或卽齊諧。

湯問篇　其名曰焦螟。

𢘉案。今用西洋顯微鏡所見微蟲者。卽此。列子寓言。而豈知竟有其物。

湯問篇　其長子生則鮮而食之。

𢘉案。墨子節葬篇。鮮作解。而魯問篇亦作鮮。張華博物異俗志亦作解。論文義。似解字易曉。

湯問篇　其大父死。負其大母而棄之。

𢘉案。此大父大母、卽父母也。不指其祖父母。墨子節葬篇同。

湯問篇　朽其肉而棄之。然後埋其骨。

𢘉案。殷釋云。朽本作冎。竊謂當作冎。冎卽今剮字。剮實亦當作剐。承書冎字形。嫌下空。故輒作咼。論其假借。要無不通。論其本字。說文冎部云。冎、剔人肉置其骨也。口部云。咼、口戾不正也。二字義絕相遠。故卽是咼字。亦當讀咼爲冎。剔人肉置其骨。與此義吻合。豈許君卽本列子義釋冎字乎。若然。則許所見列子正作冎字矣。此當備一說。今作朽。亦自通。說文歺部。朽杇同字。故墨子節葬篇作杇。太平廣記蠻夷記引博物志作剢。今博物異俗志亦作杇。

湯問篇　瓠巴鼓琴而鳥舞魚躍。

㐨案。下云。鄭師文聞之。棄家從師襄遊。則瓠巴卽師襄也。張注云。瓠巴、古善鼓琴人也。師襄、亦古之善琴人也。分瓠巴師襄爲二人。則此出瓠巴鼓琴而鳥舞魚躍語。殊無謂矣。

湯問篇　過雍門。

㐨案。戰國齊策、淮南子覽冥訓高誘兩注並云。雍門、齊西門名也。

湯問篇　過逆旅。逆旅人辱之。韓娥因曼聲哀哭。

㐨案。過逆旅者、韓娥過逆旅也。逆旅人辱之者、逆旅人辱韓娥也。故韓娥因曼聲哀哭。然則此文與上文左右以其人弗去句不相接。若接連讀之。則一似左右過逆旅。逆旅人辱左右。則韓娥之哭不可通矣。依左傳文法。過逆旅上當著一初字。便曉。否則上文既去而餘音繞梁欐三日不絕、左右以其人弗去十九字移在下文乃厚賂發之句下。亦可通。三日不絕與彼三日不食。義亦相準也。又案。左右以其人弗去者。謂左右以爲其人未去也。以、以爲也。力命篇云。自以智之深也。自以巧之微也。自以爲才之得也。自以行無戾也。自以時之適也。五句一律。惟中句著爲字。餘四句皆但言自以。卽自以爲也。明列子中以有作以爲解者。語辭省字法。

湯問篇　不至弇山。

㐨案。不字疑衍。穆天子傳云。天子遂驅。升于弇山。乃紀丌跡于弇山之石。則曾至弇山矣。

湯問篇　弟子東門賈、禽猾釐。

圕案。上文言班輸、墨翟。則禽猾釐爲墨翟弟子。東門賈必是班輸弟子矣。班輸弟子之名惟見於此。力命篇有魏人東門吳。亦見戰國秦策。此東門賈亦豈魏人與。

湯問篇　以目承牽挺。

圕案。挺荅讀爲筳。說文竹部云。筳、繀絲筦也。

湯問篇　乃以燕角之弧。朔蓬之簳射之。貫蝨之心。而懸不絕。

圕案。燕角之弧。朔蓬之簳。當形其小。故可以貫蝨之心。張注謂彊弓勁矢。未見其然。

湯問篇　彼其厭我哉。

圕案。此厭勝之厭也。

力命篇　請謁不相及。

圕案。及當反字之誤。謂但有我請謁於子。而子不反請謁於我。猶今人言不答拜也。若作及。則無義矣。

力命篇　子產執而戮之。

圕案。此戮字但當爲辱義。廣雅釋詁云。戮、辱也。言執而辱之。故下文又言俄而誅之。不然。複矣。

力命篇　名譽。父子也。

圕案。從舅氏姚藝諳廣文云。名譽與上下文不合。當作毀譽。

力命篇　故迷生於俏俏之際。

𨑳案。八字作一句讀。

力命篇　貧窮自時也。

𨑳案。貧窮似當作貧富。與上句死生義對。葢涉下文貧窮字而誤。張注云。若其非時。則勤儉者必富。而奢惰者必貧。則其本當原作貧富矣。

楊朱篇　孟氏問曰。人而已矣。奚以名爲。

𨑳案。孟氏問當作問孟氏。人而已矣。奚以名爲。正楊朱之言。非孟氏之言。葢孟氏爲人。必好名而貪富者。觀下文義可見。故楊朱以是問之。倒問字在孟氏下。則人而已矣。奚以名爲。爲孟氏問辭矣。誠孟氏問辭。楊子當引爲同道。而下文之義胥不可通。

楊朱篇　凡爲名者必廉。

𨑳案。句上當有曰字。楊朱語。

楊朱篇　若實名貧。

𨑳案。若、若此也。若此但言若。古文省字法。王引之釋詞有若如此也、若猶此也兩釋。亦可參。

楊朱篇　故不爲刑所及。

𨑳案。此與上故不爲名所勸爲對文。是分承上文乃復爲刑賞之所禁勸而言。不爲刑所及者、即不爲刑所禁也。不爲刑所禁者。正謂刑雖及我。而我不以爲患。張注不爲名所勸云。爲善不近名者。注此云。爲惡不近刑者。分爲善爲惡。既非其旨。不爲名所勸爲不近名。固可說。不爲刑所及爲不近刑。義適相反矣。或曰。然則從楊子之道。將爲盜爲賊。皆無不可乎。曰。下文不云桀乎。曰熙熙然以至於死。不云紂乎。曰熙熙然以至於誅。盜賊又何如桀紂乎。雖然。楊子自有本領。其曰古之損一毫利天下不與也。悉天下奉一身不取也。又曰。任智而不恃力。故智之所貴。存我爲貴。力之所賤。侵物爲賤。又曰。雖全生身不可有其身。雖不去物不可有其物。有其物。有其身。是橫私天下之身。橫私天下之物。又曰。不逆命。何羡壽。不矜貴。何羡名。不要勢。何羡位。不貪富。何羡貨。此楊朱之本領也。他凡楊朱篇所述。葢亦如仲尼篇之言仲尼。仲尼篇之言仲尼。得曰仲尼之眞乎。則楊朱篇之言楊子。足以知矣。

楊朱篇　展季非亡情。矜貞之郵以放寡宗。

㗊案。據此。展季葢終身不娶無子者。故曰矜貞之郵以放寡宗。展季卽柳下惠。與孟子所言其人品類正相反。且惠妻能誄其夫。弟喜。或曰其子。則惠非無妻無子者。此當存異聞。今案。孟子又言。柳下惠不以三公易其介。此可見柳下之和實本於介。與貞字之義卻近。

楊朱篇　清貞之誤善之若此。

㗊案。下之字當如者字之義。之本與諸通。故之與者亦通。要皆一聲之轉。謂清貞之誤善如伯夷展季者若此。故曰善者若此。則不善者更可知矣。

楊朱篇　爲欲盡一生之觀。

㗊案。盧重玄本觀作歡。此當讀觀爲歡。

楊朱篇　弗獲而後已。

邕案。弗、語辭。弗獲、獲也。猶無甯、甯也。

楊朱篇　伯成子高不以一毫利物。舍國而隱耕。

邕案。淮南子氾論訓云。伯成子高辭爲諸侯而耕。天下高之。高注云。伯成子高蓋堯時人也。

楊朱篇　弟妹之所不親。

邕案。妹、敤手也。漢書古今人表。敤手、舜妹。是也。據此。則敤手亦黨象而不親舜。而列女有虞二妃傳云。瞽瞍與象謀殺舜。舜之女弟繫憐之。漢書敤手顏師古注云。俗書本作擊字者誤。案。擊卽誤合敤手二字。繫當更由擊字轉誤。說文攴部稱敤首。首手字通。則作敤手二字名者不誤。與二嫂諧。則其說相反。

楊朱篇　但伏羲已來三十餘萬歲。

邕案。伏羲至戰國有此歲數。惟見於此。

楊朱篇　何生之樂哉。

邕案。何猶何如也。此猶上文若猶若此。並語辭省字法。

說符篇　彊食靡角。

邕案。當卽謂彊食弱肉耳。故下文云。勝者爲制。是禽獸也。而靡角字似不可解。竊疑角卽肉字。形近而誤。靡當是靡敝之靡。與弱義可合。靡肉卽弱肉也。

說符篇　其妻望之。

邕案。望、怨也。

說符篇　子勿重言。

㔻案。猶言子勿復言。

說符篇　孔子聞之曰。趙氏其昌乎。夫憂者所以爲昌也。

㔻案。下文出孔子字。則此孔子之語當止趙氏其昌乎一句。夫憂者以下皆著書者之辭。

說符篇　齊楚吳越皆嘗勝矣。然卒取亡焉。

㔻案。此著書者之辭。若爲孔子之言。則孔子之時齊楚吳越皆盛。何以云亡。但謂著書者卽列子。列子之時吳越雖亡。齊變田氏。而國固仍號爲齊。楚則依然。故楚亦未取亡。此文亦見呂氏春秋愼大覽、淮南子道應訓。淮南漢人。可舍不論。當呂氏之時。齊楚雖弱。然亦未亡也。㔻竊謂說符一篇非列子書。觀其與前諸篇立論不類。顯然可見。則出後人附益無疑。此文乃卽本之呂氏。而呂氏言齊楚亡者。實指齊閔王之奔莒。楚襄王之奔陳。不必指其國滅。古人言亡與滅。固有分別者也。而在列子時亦未有其事。故知著此說符篇者。其人必又在呂氏之後。

說符篇　宋有蘭子者。

㔻案。殷釋云。臣瓚云。無符傳出入爲闌、應劭曰。闌、妄也。此所謂蘭子者、以技妄游者也。疑蘭與闌同。如殷說所據臣瓚應劭釋汲黯傳闌出財物之闌。今並見史記漢書裴解。顏注所引。實卽漢書成帝紀闌入尙方掖門之闌。則在說文本字當作䦨。門部云。䦨、妄入宮掖也。讀若闌。是也。竊疑此蘭子之蘭當讀爲讕。說文言部云。讕、詆讕也。類篇云。詆讕、誣言也。漢書谷永傳顏注云。滿讕、謂欺罔也。似不必從妄入宮掖之鬬推及藺子之義。雖音義相類。較爲近捷。

說符篇　技無庸適值寡人有歡心。故賜金帛。

㚒案。適值二字。疑傳寫誤倒。當乙轉。值者、猶今言價值也。技無庸值者、猶云其技本不值一文耳。適寡人有歡心故賜金帛。於義爲曉。今作值寡人有歡心。值卽適義。亦可解。而技無庸適。卽不可解。適無價值義也。兩字古音異部。又未可互讀。故疑其倒誤。

說符篇　王亟封我矣。

㚒案。此事亦見呂氏春秋異寶紀。彼亟字作數。俞平議謂張注訓亟爲急。非也。亟者數也。而尙失徵呂氏爲證。

說符篇　楚越之閒有寢丘者。此地不利而名甚惡。

㚒案。說文㾕部云。寢、臥病也。故以名寢爲惡。呂氏春秋異寶紀高解以名丘爲惡。非也。已詳彼校。事亦見淮南子人閒訓。

說符篇　牛缺者、上地之大儒也。

㚒案。呂氏春秋必已覽高注以牛缺爲秦人。蓋以上地爲秦地也。然上地實在秦魏之閒。故戰國魏策云。芒卯謂魏王曰。王所患者上地也。秦之所欲於魏者。長羊、王屋、洛林之地也。王獻之秦。則上地無憂患。其時爲魏昭王時。上地尙未肯并獻秦。則以牛缺爲魏人。似亦無不可。楚策云。據宜陽韓之上地不通。又。上地爲韓地。亦當備參。

說符篇　進仁義之道而歸。

䢼案。進卽盡。列子書中盡字例用進字。進盡古音本同部相假。不可謂誤字也。進仁義之道。卽猶黃帝篇云。進二子之道。見前。進並盡也。今案楊朱篇吾二人進之矣。進亦盡。

說符篇　不捷。

䢼案。小爾雅廣詁云。捷、成也。

說符篇　非天本爲蚊蚋生人。虎狼生肉者哉。

䢼案。盧拾補云。非疑豈。改非爲豈。自爲通順。然恐古書不爾。此猶韓非子說難篇云。非吾知之有以說之之難也。又非吾辯之能明吾意之難也。又非吾敢橫失而能盡之難也。皆當反言而故正言之義。亦可明。說見彼。又如黃帝篇將氣所不受。將地所不載。說見前。亦可參觀。

列楊

黃帝篇云。楊朱南之沛。殷敬順釋文云。莊子云。楊子居。子居或楊朱之字。𢒼案。今莊子寓言篇作陽子居。陽楊同聲通用。子居合音即朱字。惟彼陸德明釋文云。陽子居姓陽。名戎。字子居。則似不謂即楊朱。豈失檢列子邪。老聃西遊於秦。邀於郊。至梁而遇老子。殷釋云。楊子不與老子同時。此皆寓言也。老子中道仰天而歎曰。始以汝爲可教。今不可教也。楊朱不答。至舍。進涫、漱、巾、櫛。莊子涫作盥。脫履戶外。莊子履作屨。膝行而前曰。向者夫子仰天而歎曰。始以汝爲可教。今不可教。弟子欲請。夫子辭行不閒。莊子作向者弟子欲請夫子。夫子行不閒。是以不敢。今夫子閒矣。請問其過。莊子過作故。老子曰。而睢睢而盱盱。而誰與居。大白若辱。盛德若不足。楊朱蹵然變容曰。敬聞命矣。其往也舍者迎將。此舍者當是逆旅中僮僕。與下文舍者爲同居逆旅之人異。說見𢒼前所校列子。家公執席。莊子家上有其字。陸釋有兩讀云。家公。主人公也。一讀舍者迎將其家爲句。張湛注亦於家字斷。妻執巾櫛。舍者避席。煬者避竈。其反也。舍者與之爭席矣。

楊朱過宋。東之於逆旅。逆旅人有妾二人。其一人美。其一人惡。惡者貴而美者賤。楊子問其故。逆旅小子對曰。韓非子說林上篇。作逆旅之父答曰。葢傳聞異辭。要爲父。爲小子。皆即上文逆旅人主人也。非指其父其子。見前校。其美者自美。吾不知其美也。其惡者自惡。吾不知其惡也。楊子曰。弟子記之。行賢而去自賢之行。韓非子行作心。安往而不愛哉。韓非子作焉往而不美。

仲尼篇云。季梁之死。楊朱望其門而歌。隨梧之死。楊朱撫其尸而哭。隸人之生。隸人之死。衆人且歌。衆人且哭。

力命篇云。楊朱之友曰季梁。季梁得疾。七日大漸。其子環而泣之。請醫。季梁謂楊朱曰。吾子不肖如此之甚。汝奚不爲我歌以曉之。楊朱歌曰。天其弗識。人胡能覺。匪祐自天。弗孼由人。我乎汝乎。其弗知乎。醫乎巫乎。其知之乎。其子弗曉。終謁三醫。一曰矯氏。二曰俞氏。三曰盧氏。診其所疾。矯氏謂季梁曰。汝寒溫不節。虛實失度。病由飢飽色欲。精慮煩散。非天非鬼。雖漸。可攻也。季梁曰。衆醫也。亟屏之。俞氏曰。女始則胎氣不足。乳湩有餘。病非一朝一夕之故。其所由來漸矣。弗可已也。季梁曰。良醫也。且食之。盧氏曰。汝疾不由天。亦不由人。亦不由鬼。稟生受形。既有制之者矣。亦有知之者矣。藥石其如汝何。季梁曰。神醫也。重貺遣之。俄而季梁之疾自瘳。生非貴之所能存。身非愛之所能厚。生亦非賤之所能夭。身亦非輕之所能薄。故貴之或不生。賤之或不死。愛之亦不厚。輕之亦不薄。此似反也。非反也。此自生自死。自厚自薄。或貴之而生。或賤之而死。或愛之而厚。或輕之而薄。此似順也。非順也。此亦自生自死。自厚自薄。鬻熊語文王曰。自長非所增。自短非所損。算之所無若何。老耼語關尹曰。天之所惡。孰知其故。言迎天意揣利害。不如其已。

楊布問曰。張注云。楊朱弟也。鬯案。見說符篇。有人於此。年、兄弟也。言、兄弟也。俞蔭甫太史平議云。言字無義。當從釋文作訾。管子君臣上篇。吏嗇夫盡有訾程事律。卽此訾字之義。官秩貴賤必視訾程爲準。訾兄弟也。正與下文貴賤父子相應。殷敬順不達訾字之義。而以爲當作貲財字。則下當言貧富。不當言貴賤矣。鬯案。以爲訾。卽說符篇財貨無訾之訾。但卽言字。作言論解。如本篇北宮子謂西門子。並言也。而人子庸之言字。義亦平易。俞謂言字無義。不免於過。至殷謂貲財字。誠不必辨也。才、兄弟也。貌、兄弟也。而壽夭、父子也。貴賤、父子也。名譽、父子也。或云名譽。當作毁譽。愛憎、父子也。吾惑之。楊子曰。古之人有言。吾嘗識之。將以告若。不知所以然而然。命也。今昏昏昧昧。紛紛若若。隨所爲。隨所不爲。日去日來。孰能知其故。皆命也。夫信命者亡壽夭。信理者亡是非。信心者亡逆順。信性者亡安危。則謂之都亡所信。都亡所不信。眞矣慤矣。奚去奚就。奚哀奚樂。奚爲奚不爲。黄帝之書云。至人居若死。動若械。亦不知所以居。亦不知所以不居。亦不知所以動。亦不知所以不動。亦不以衆人之觀易其情貌。亦不謂衆人之不觀不易其情貌。獨往獨來。獨出獨入。孰能礙之。

楊朱篇云。楊朱游於魯。張注云。楊朱戰國時人。後於墨子。㽦案。張不知楊子爲何國人。故但云戰國時人。然楊子爲梁人甚顯。故本篇載見梁王。梁王有先生妻妾不能治。三畝不能芸之語。又。黄帝篇言邀老聃至梁。皆可證其爲梁人。此言游於魯。亦以魯與梁接。猶孟子鄒人而游梁。皆跨國而已。楊子後於墨子。而自來皆稱楊墨。不稱墨楊。猶莊子後於列子。稱莊列不稱列莊。舍於孟氏。孟氏問曰。當作問孟氏曰。說見前校。人而已矣。奚以名爲。曰。以名者爲富。既富矣。奚不已焉。曰。爲貴。既貴矣。奚不已焉。曰。爲死。既死矣。奚爲焉。曰。爲子孫。名奚益於子孫。曰。名乃苦其身。燋其心。乘其名者。澤及宗族。利兼鄉黨。況子孫乎。凡爲名者必廉。凡上當有曰字。廉斯貧。爲名者必讓。讓斯賤。曰。管仲之相齊也。君淫亦淫。君奢亦奢。志合言從。道行國霸。死之後。管氏而已。田氏之相齊也。君盈則己降。君斂則己施。民皆歸之。因有齊國。子孫享之。至今不絕。若實名貧。史記禮書張守節正義云。若、如此也。僞名富。俞平議云。此下當有實名賤。僞名貴二句。㽦案。俞欲與上文相應。然古文法不必如是密。曰。實無名。名無實。名者僞而已矣。昔者堯舜僞以天下讓許由、善卷。而不失天下。享祚百年。伯夷叔齊實以孤竹君讓。而終亡其國。餓死於首陽之山。實僞之辯。如此其省也。

楊朱曰。百年之壽大齊。得百年者。千無一焉。設有一者。孩抱以逮昏老。幾居其半矣。夜眠之所弭。晝覺之所遺。又幾居其半矣。痛疾、盧文弨拾補云。意林作疾病。哀苦、亡失、憂懼。又幾居其半矣。量十數年之中逌然而自得。亡介焉之慮者。亦亡一時之中爾。則人之生也。奚爲哉。奚樂哉。爲美厚爾。爲聲色爾。而美厚復不可常猒足。聲色不可常翫聞。乃復爲刑賞之所禁勸。名法之所進退。遑遑爾競一時之虛譽。規死後之餘榮。偊偊爾愼耳目之觀聽。惜身意之是非。徒失當年之至樂。不能自肆於一時。重囚纍梏。何以異哉。太古之人知生之暫來。知死之暫往。故從心而動。不違自然。所好當身之娛。非所去也。故不爲名所勸。從性而游。不逆萬物所好。死後之名。非所取也。故不爲刑所及。名譽先後。年命多少。非所量也。

楊朱曰。萬物所異者。生也。所同者。死也。生則有賢愚貴賤。是所異也。死則有臭腐消滅。是所同也。雖然。賢愚貴賤非所能也。臭腐消滅。亦非所能也。故生非所生。死非所死。賢非所賢。愚非所愚。貴非所貴。賤非所賤。然而萬物齊生齊死。齊賢齊愚。齊貴齊賤。十年亦死。百年亦死。仁聖亦死。凶愚亦死。生則堯舜。死則腐骨。生則桀紂。死則腐骨。腐骨一矣。孰知其異。且趣當生。奚遑死後。

楊朱曰。伯夷非亡欲。矜清之郵。郵讀爲尤。以放餓死。放、至也。展季非亡情。矜貞之郵。以放寡宗。清貞之誤善之若此。

楊朱曰。原憲窶於魯。子貢殖於衛。原憲之窶損生。子貢之殖累身。然則窶亦不可。殖亦不可。其可焉在。曰。可在樂生。可在逸身。故善樂生者不窶。善逸身者不殖。

楊朱曰。古語有之。生相憐。死相捐。此語至矣。相憐之道。非唯情也。勤能使逸。飢能使飽。寒能使溫。窮能使達也。相捐之道。非不相哀也。不含珠玉。不服文錦。不陳犧牲。不設明器也。以下有晏平仲問養生諸章。以不出楊子字。故略。

孟孫陽問楊子曰。有人於此。貴生愛身以蘄不死。可乎。曰。理無不死。以蘄久生可乎。曰。理無久生。生非貴之所能存。身非愛之所能厚。且久生奚爲。五情好惡。古猶今也。四體安危。古猶今也。世事苦樂。古猶今也。變易治亂。古猶今也。既聞之矣。既見之矣。既更之矣。百年猶厭其多。況久生之苦也乎。孟孫陽曰。若然。速亡愈於久生。則踐鋒刃。入湯火。得所志矣。楊子曰。不然。既生則廢而任之。究其所欲。以俟於死。將死則廢而任之。究其所之。以放於盡。無不廢。無不任。何遽遲速於其閒乎。

楊朱曰。伯成子高不以一毫利物。舍國而隱耕。大禹不以一身自利。一體偏枯。古之人損一毫利天下不與也。悉天下奉一身不取也。人人不損一毫。人人不利天下。天下治矣。

禽子問楊朱曰。去子體之一毛以濟一世。汝爲之乎。楊子曰。世固非一毛之所濟。禽子曰。假濟。爲之乎。楊子弗應。禽子出。語孟孫陽。孟孫陽曰。子不達夫子之心。吾請言之。有侵若肌膚獲萬金者。若爲之乎。曰。爲之。孟孫陽曰。有斷若一節得一國。子爲之乎。禽子默然有閒。孟孫陽曰。一毛微於肌膚。肌膚微於一節。省矣。然則積一毛以成肌膚。積肌膚以成一節。一毛固一體萬分中之一物。柰何輕之乎。禽子曰。吾不能所以荅子。然則以子之言問老聃、關尹。則子言當矣。以吾言問大禹、墨翟。則吾言當矣。孟孫陽因顧與其徒說他事。

楊朱曰。天下之美。歸之舜禹周孔。天下之惡。歸之桀紂。然而舜耕於河陽。陶於雷澤。四體不得蹔安。口腹不得美厚。父母之所不愛。弟妹之所不親。行年三十。不告而娶。及受堯之禪。年已長。智已衰。商鈞不才。禪位於禹。戚戚然以至於死。此天人之窮毒者也。鮌治水土。績用不就。殛諸羽山。禹纂業事讎。惟荒土功。子產不字。過門不入。身體偏枯。手足胼胝。及受舜禪。卑宮室。美紱冕。戚戚然以至於死。此天人之憂苦者也。武王既終。成王幼弱。周公攝天子之政。邵公不悅。四國流言。居東三年。誅兄放弟。僅免其身。戚戚然以至於死。此天人之危懼者也。孔子明帝王之道。應時君之聘。伐樹於宋。削迹於衛。窮於商周。商字可疑。圍於陳蔡。受屈於季氏。見辱於陽虎。戚戚然以至於死。此天民之遑遽者也。凡彼四聖者。生無一日之歡。死有萬世之名。名者固非實之所取也。雖稱之弗知。雖賞之不知。與株塊無以異矣。桀藉累世之資。居南面之尊。智足以拒羣下。威足以震海內。恣耳目之所娛。窮意慮之所爲。熙熙然以至於死。此天民之逸蕩者也。紂亦藉累世之資。居南面之尊。威無不行。志無不從。肆情於傾宮。縱欲於長夜。不以禮義自苦。熙熙然以至於誅。此天民之放縱者也。彼二凶也。生有從欲之歡。死被愚暴之名。實者固非名之所與也。雖毁之不知。雖稱之弗知。俞平議云。稱之宜云罰之。此與株塊奚以異矣。彼四聖雖美之所歸。苦以至終。同歸於死矣。彼二凶雖惡之所歸。樂以至終。亦同歸於死矣。

楊朱見梁王。言治天下如運諸掌。梁王曰。先生有一妻一妾而不能治。三畝之園而不能芸。而言治天下如運諸掌。何也。對曰。君見其牧羊者乎。百羊而羣。使五尺童子荷箠而隨之。欲東而東。欲西而西。如此。則楊子苟得志用世。亦一法家。不能不荷箠也。使堯牽一羊。舜荷箠而隨之。則不能前矣。且臣聞之。吞舟之魚。不游枝流。鴻鵠高飛。不集汚池。何則。其極遠也。黃鍾大呂。不可從煩奏之舞。何則。其音疏也。將治大者不治細。成大功者不成小。此之謂矣。

楊朱曰。太古之事滅矣。孰誌之哉。三皇之事。若存若亡。五帝之事。若覺若夢。三王之事。或隱或顯。億不識一。當身之事。或聞或見。萬不識一。目前之事。或存或廢。千不識一。太古至于今日。年數固不可勝紀。但伏羲已來三十餘萬歲。賢愚好醜。成敗是非。無不消滅。但遲速之閒耳。矜一時之毀譽。以焦苦其神形。要死後數百年中餘名。豈足潤枯骨。何生之樂哉。何猶言何如。或潤下補骨字。以枯骨屬下讀。恐非。

楊朱曰。人肖天地之類。懷五常之性。有生之最靈者人也。人者、爪牙不足以供守衛。肌膚不足以自捍禦。趨走不足以逃利害。無毛羽以禦寒暑。必將資物以爲養性。任智而不恃力。故智之所貴。存我爲貴。力之所賤。侵物爲賤。然身非我有也。既生。不得不全之。物非我有也。既有。不得不去之。俞平議云。不去之當作而去之。身固生之主。物亦養之主。雖全生身不可有其身。雖不去物不可有其物。有其物。有其身。是橫私天下之身。橫私天下之物。其唯聖人乎。公天下之身。公天下之物。其唯至人矣。此之謂至至者也。

楊朱曰。生民之不得休息爲四事。一爲壽。二爲名。三爲位。四爲貨。有此四者。畏鬼。畏人。畏威。畏刑。此謂之遁人也。可殺可活。制命在外。不逆命。何羨壽。不矜貴。何羨名。不要勢。何羨位。不貪富。

何羨貨。此之謂順民也。天下無對。制命在內。故語有之曰。人不婚宦。情欲失半。人不衣食。君臣道息。以下周諺曰一段。今略。

楊朱曰。豐屋、美服、厚味、姣色。有此四者。何求於外。有此而求外者。無猒之性。無猒之性。陰陽之蠹也。忠不足以安君。適足以危身。義不足以利物。適足以害生。安上不由於忠。而忠名滅焉。利物不由於義。而義名絕焉。君臣皆安。物我兼利。古之道也。鬻子曰。去名者無憂。老子曰。名者實之賓。而悠悠者趨名不已。名固不可去。名固不可賓邪。今有名則尊榮。亡名則卑辱。尊榮則逸樂。卑辱則憂苦。憂苦犯性者也。逸樂順性者也。斯實之所係矣。名胡可去。名胡可賓。但惡夫守名而累實。守名而累實。將恤危亡之不救。豈徒逸樂憂苦之閒哉。

說符篇云。楊朱曰。利出者實及。怨往者害來。發於此而應於外者唯請。張注云。請當作情。是故賢者愼所出。

楊子之鄰人亡羊。既率其黨。又請楊子之豎追之。楊子曰。嘻。亡一羊。何追者之衆。鄰人曰。多歧路。既反。問獲羊乎。曰。亡之矣。曰。奚亡之。曰。歧路之中又有歧焉。吾不知所之。所以反也。楊子戚然變容。不言者移時。不笑者竟日。門人怪之。請曰。羊賤畜。又非夫子之有。而損言笑者何哉。楊子不答。門人不獲所命。弟子孟孫陽出。以告心都子。心都子他日與孟孫陽偕入而問曰。昔有昆弟三人游齊魯之閒。同師而學。進仁義之道而歸。進當作盡。列子書中盡字多作進。其父曰。仁義之道若何。伯曰。仁義使我愛身而後名。仲曰。仁義使我殺身以成名。叔曰。仁義使我身名並全。彼三術相反。而同出於儒。孰是孰非邪。楊子曰。人有濱河而居者。習於水。勇於泅。操舟鬻渡。利供百口。裹糧就學者成徒。而溺死者幾半。本學泅。不學溺。而利害如此。若以爲孰是孰非。心都子嘿然而出。孟孫陽讓之曰。何吾子問之迂。夫子答之僻。吾惑愈甚。心都子曰。大道以多歧亡羊。學者以多方喪生。學非本不同。非本不一。而末異若是。唯歸同反一。爲亡得喪。子長先生之門。習先生之道。而不達先生之況也。哀哉。

楊朱之弟曰布。衣素衣而出。天雨。解素衣。衣緇衣而反。其狗不知。迎而吠之。楊布怒而扑之。韓非子說林下篇扑作擊。下同。楊朱曰。子無扑矣。子亦猶是也。嚮者使汝狗白而往。黑而來。豈能無怪哉。

楊朱曰。行善不以爲名。而名從之。名不與利期。而利歸之。利不與爭期。而爭及之。故君子必愼爲善。

莊子應帝王篇云。陽子居見老聃曰。陸釋云。李云。居、名也。子、男子通稱。邑案。此引李注與寓言篇釋以子居爲字。又差。據寓言篇。陽子居卽列子之楊朱。則此陽子居亦楊子也。有人於此。嚮疾彊梁。物徹疏明。學道不勸。如是者。可比明王乎。老聃曰。是於聖人也。胥易技係。勞形怵心者也。且也。虎豹之文來田。猨狚之便、執斄之狗來藉。如是者可比明王乎。陽子居蹵然曰。敢問明王之治。老聃曰。明王之治。功蓋天下。而似不自己。化貸萬物。而民弗恃。有莫舉名。使物自喜。立乎不測。而遊於無有者也。

說苑權謀篇云。楊子曰。事之可以之貧可以之富者。其傷行者也。事之可以之生可以之死者。其傷勇者也。僕子曰。楊子知而不知命。故其知多疑。語曰知命者不惑。晏嬰是也。諸書引楊子多已見列子。獨上條及此條列子所無。故附錄之。晏嬰墨祖。是僕子蓋以墨闢楊。

淮南子說林訓云。楊子見逵路而哭之。爲其可以南。可以北。

孫子

計篇　法者曲制、官道、主用也。

鬯案。曲疑典字之誤。國語周語瞽獻曲。宋公序本曲作典。是其例也。曹操略解以曲爲部曲。蓋不然。

計篇　用而示之不用。

鬯案。兩用字當讀爲勇。勇諧甬聲。甬卽諧用聲。故勇可借用爲之。埶篇怯生於勇。吉天保會注引杜牧注云。凡諸注皆據吉引。後不出。欲僞爲怯形。以伺敵人。先須至勇。然後能爲僞怯也。卽勇而示之不勇也。

作戰篇　其用戰也勝久則鈍兵挫鋭。

鬯案。勝久無義。疑也勝二字當倒轉。其用戰勝也。義與下文暴師爲對。暴師、則不謀戰勝而徒暴也。用如謀義。要之。兵貴速不貴久。謀戰勝與暴師。久則皆爲害。故下文云。兵聞拙速。未睹巧之久也。夫兵久而國利者。未之有也。太平御覽務速覽引孫子曰。久則鈍兵挫鋭。正不連引勝字。

作戰篇　故兵聞拙速。未睹巧之久也。

鬯案。兵貴速不貴久。貴巧不貴拙。而曹解云。雖拙有以速勝。何延錫注且引魏思恭對徐敬業語。兵貴拙速。然則拙亦有取乎。要魏語卽誤據曹義。非孫子之意也。孫子之意。不過欲極言久之無巧。而非敢言速之無拙。蓋久必拙。速必巧。然因過速而取敗者亦有之矣。是拙速也。而卒無因過久而巧者。兩者相較。究貴速不貴久。而豈有貴拙之意乎。故曰兵聞拙速。未睹巧之久也。

作戰篇　貴賣則百姓財竭。

鬯案。百姓二字疑涉上文而衍。貴賣則財竭者。謂軍中財竭。非謂百姓財竭也。故下文云。財竭則急於丘役。蓋軍中財竭。始必急徵百姓之財矣。此處先著不得百姓二字。又案。曹解云。軍行已出界。王晳謂將出界。曹意若未出界而貴賣。正百姓之利。何云財竭。王意若已出界。則可因糧於敵。何事買貴。此並不知百姓二字之衍。拘泥之說也。近於師者貴賣。何論已出界與未出界。皆勢所必然。用閒篇張預注云。兵貴掠敵者。謂深踐敵境。則當備其乏。故須掠以繼食。非專館穀於敵也。此可以曉王氏。蓋因糧於敵。非可全恃也。

謀攻篇　其次伐交。

鬯案。謂兵交而不合戰。所謂使敵望風而逃者也。故曹解云。交、將合也。將合。明未合矣。後人或解作散其鄰交者。非。散其鄰交。已在上文伐謀中。

謀攻篇　倍則分之。

鬯案。分蓋讀爲紛。謂吾兵既倍於敵。則吾可以兵紛擾之。使彼應接不暇。

謀攻篇　少則能逃之。

鬯案。逃、必無之理。且逃、又何所謂能。此逃當讀爲挑。挑、逃並諧兆聲。例在通借。挑、謂挑戰也。挑戰非正戰。特出師少許以挑之。說文手部云。挑、撓也。蓋不能敗之。但能撓之耳。曹解云。高壁堅壘。

勿與戰也。無論不知逃之讀挑。而卽逃字之義。豈有當乎。

謀攻篇　不若。則能避之。

𢍰案。不若卽少也。旣言少。又言不若。則複矣。葢此句卽承上少則能挑之言。不與上並列。句法似平實貫。若、順也。不若者、不順也。言如挑之而不順。則避之。卽下文所謂小敵之堅。大敵之擒。故旣不能强。則能弱避。亦見其能也。避與逃異。故能避可說。能逃不可說。

形篇　不可勝者守也。可勝者攻也。守則不足。攻則有餘。

𢍰案。御覽攻圍覽引此。作不可勝則守。可勝則攻。守則不足。攻則有餘。其上二句與此不同。彼引爲勝。竊謂此文四句。上二句與下二句句法實當互易。云不可勝則守。可勝則攻。守者不足也。攻者有餘也。文義甚明。然則御覽所引猶半得而半失之矣。其拒守覽所引上二句又與今本同。然引不及下二句。

埶篇　三軍之衆可使必受敵。

𢍰案。必讀爲畢。王晳注已得之。但謂字誤。非也。畢、必古音本同部。古書通用甚多。而𢍰并疑必畢同字。必从弋。卽畢弋之弋)(象二鳥形。說文以爲从八。入八部。特就形言。其實非八字也。然則必卽畢弋之畢。說已見前爾雅釋器校。此畢爲盡義。依說文。則又當作斁。攴部云。斁、盡也。畢必實並是借字。

埶篇　鷙鳥之疾至於毀折者。節也。

圈案。疾當依御覽機略覽引作擊。此涉上文疾字而誤。孫星衍校已及之。但所謂鷙鳥之擊者。謂鷙鳥與鷙鳥相擊。小戴儒行記所謂鷙蟲攫搏。楚辭離騷言鷙鳥不羣。說文鳥部言。鷙、擊殺鳥。是也。據說文。似鷙亦鳥名。而自來皆止有猛鳥解。如鷹鸇之屬。則若兩鷹若兩鸇相擊。必至毀折其一而後已。故曰鷙鳥之擊至於毀折者。節也。若如杜牧注。以毀折爲毀折物。是毀折下須添字成義矣。且鷙鳥若擊他物。與上文激水之疾至於漂石者勢也復何分別。則仍言勢可矣。何必言節。節者、正謂必至於毀折而後已也。諸家注說節字。誤從下文短字生義。至不可解。

埶篇　其節短。

圈案。短字依說文矢部云。从矢。豆聲。則古讀短字。當不作都管反音。既諧豆聲。卽可讀短爲佢、或豎。說文人部云。佢、立也。臤部云。豎、豎立也。然則其節短者。謂其節立也。朱駿聲說文通訓豎下作堅立也。云。各本作豎立也。誤。則其義益白。謂其節堅立也。諸家皆訓短爲近。殊無意義。惟依今讀都管反之音。則不得與豆聲字相通。卽謂短爲佢形近之誤。亦無不可。

虛實篇　退而不可追者。速而不可及也。

圈案。此二句自與上文進而不可禦者衝其虛也對言。葢可進則進。至於退。明知其不可進矣。謀攻篇所謂不若則能避之者也。杜牧注謂既攻其虛。敵必敗。敗喪之後。安能追我。我故得以疾退。以四句作貫義。非也。

虛實篇　乖其所之也。

圈案。所之者、謂敵將攻我所必救也。上文云。故我欲戰。敵雖高壘深溝。不得不與我戰者。攻其所必救也。此言我不欲戰。則我且高壘深溝以守矣。敵亦不且攻我之所必救乎。知其攻我所必救之處。而先有以乖誤之。使不敢往。故曰乖其所之也。諸家於所之二字。直不曾解得。

虛實篇　作之而知動靜之理。

圈案。作當讀爲詐。小戴月令記作爲。鄭康成注引今月令出詐僞。周書皇門篇汝無作。亦謂汝毋詐也。說見彼校。詐之而知動靜之理。計篇所謂兵者詭道。軍爭篇所謂兵以詐立也。李筌改此作字爲候。以證其望氣之說。不通假借之例也。

軍爭篇　軍爭爲利。軍爭爲危。

圈案。同一軍爭。而有利有危。軍爭字不當有異。一本作衆爭爲危。鄭友賢遺說曲解之。非也。謀攻篇云。不盡知用兵之害者。則不能盡知用兵之利也。兩用兵亦不異字。此軍爭猶彼用兵也。然則知軍爭之爲危。然後知軍爭之利也。

軍爭篇　故夜戰多火鼓。晝戰多旌旗。所以變民之耳目也。

圈案。夜戰多火。必當然之事。多鼓何爲。金鼓以一民耳。晝夜不必有殊。蓋此文實止當言變民之目。不當言變民之耳。因上文兼言金鼓旌旗者。所以一民之耳目也。故此文亦不可不兼言耳目。既兼言耳目。乃不得不於火下添一鼓字。使耳義亦不脫空。蓋文勢應爾。所謂文然而實不然者。古書中亦時有之。淮南子兵略訓云。晝則多旌。夜則多火。晦冥多鼓。以多鼓屬晦冥言。則較有理。

九變篇　君命有所不受。

鬯案。孫星衍校云。通典上有將在軍三字。蜀諸葛武侯曰。將在軍。君命有所不受。此當是意增成文。杜佑沿襲其語。所以致誤也。鬯謂此三字當有。將在軍君命有所不受。合下文故將通於九變之利者知用兵矣云云爲義。不與上文爲列。有此三字於文爲顯。失此三字。而但曰君命有所不受。則與上文塗有所不由、軍有所不擊、城有所不攻、地有所不爭句法一類。而九變之目因之眯眼。夫九變者、卽上文圮地無舍、衢地合交、絕地無留、圍地則謀、死地則戰。合之塗有所不由四句。其數得九。彰彰可明。而說九變者。至有如賈林謂變之則九。數之則十。鄭友賢謂九而言五。闕而失次。又如王晳謂九者數之極。則更何以例九地之九。種種謬談。豈不由失此將在軍三字致乎。何延錫所說最析。惜其亦不知原有此三字。賴杜典存此三字。而孫又以杜爲誤者。葢正因各注家本多失此三字。何由證其有也。然鬯竊謂。曹解云。變其正得其所用九也。李筌注云。謂上九事也。於九變之文。毫不致疑。則安知其本不各有此三字。與上文本不類雜。故無煩疑乎。至將在軍之義本明了。不須解釋。必欲於各家注中求此三字。固不得也。筌亦唐人。則唐本固有未脫者。況有杜典之足據乎。諸葛武侯之語。又安見不卽本於孫子原文。何以必見其意增成文也。且此句亦見於史記孫子傳。而司馬穰苴傳已先言將在軍君令有所不受。則在孫子方且更有所沿襲矣。　又案。軍爭篇所以變民之耳目也。通典引變作便。於義爲勝。便、變古音雖別部。而通轉甚近。小戴禮運記謂之變。鄭注云。變當爲辯。聲之誤也。是鄭讀彼變爲辯。辯便同部。二字通用尤多。變可讀辯。卽變可讀便矣。說文攴部云。變、更也。人部說便字云。人有不便。更之。是變便二字。義本相承不遠。九變者、實九便也。故曰圮地無舍。以無舍爲便也。舍則不便。衢地合交。以合交爲便也。非衢地則不便。絕地無留。以無留爲便也。留則不便。圍地則謀。正謀其便不便也。死地則戰。以戰爲便也。塗有所不由。軍有所不擊。城有所不攻。地有所不爭。以不由、不擊、不攻、不爭爲便也。九變之目。未見有變化之義。故讀變爲便。亦爲勝。且孫子書中自軍爭篇變民之耳目一條外。又如云。以分合爲變者也。葢亦謂以分合爲便也。無要正正之旗。勿擊堂堂之陳。此治變者也。葢亦謂治便也。又如九地篇云。九地之變。屈伸之利。亦謂九地之便也。又如火攻篇云。凡火攻。必因五火之變而應之。凡軍。必知有五火之變。以數守之。亦謂五火之便也。且使變作變化解。九地之變。地何以能變乎。火雖能變。然云。凡火攻。必因五火之變而應之。因字卽彼上文行火必有因之因。然則火猶未行也。又何以因火變而應之。不讀變爲便。豈惟義迻。抑且晦塞。然則孫子書中自埶篇四變字之外。實皆當讀爲便。備著於此。識者鑑之。

九變篇　治兵不知九變之術。雖知五利。不能得人之用矣。

㔁案。曹解云。謂下五事也。張預注云。曹公言下五事爲五利者。謂九變之下五事也。如其說。則當數死地則戰、塗有所不由、軍有所不擊、城有所不攻、地有所不爭五事。葢死地則戰。句法雖與上文比。而義與上文有閒。故曹公截之。不當去死地則戰。而以君命有所不受足之也。然㔁竊以爲未然。曹公又云。九變一云五變。夫九變者、卽承上文九變而言。惡有忽作五變之理。殆非九變之一云五變。恐是五利之一云九利也。九利者、卽承上文九變之利也。上文云。將通於九變之利者。知用兵矣。將不通於九變之利者。雖知地形。不能得地之利矣。此更推進一層。言九變尙有術在。雖知九變之利。而不知其術。則人不得而用。故曰治兵不知九變之術。雖知九利。不能得人之用矣。曹解或本作五利一云九利。而爲後人改誤。固未可知也。葢其所據本作五利。故先解之云謂下五事也。而意自未安。故復足此句以備參。後人不省。以爲旣以下五事解五利。何云五利一云九利。此所由改作九變一云五變。而不知其大乖謬也。又後卽據曹說之誤改正文九變爲五變。賈林本及御覽將帥覽所據是也。九變之術者、卽下文所謂智者之慮必雜於利害也。

九變篇　必死。可殺也。必生。可虜也。忿速。可侮也。廉潔。可辱也。愛民。可煩也。凡此五者。將之過也。

㽞案。此其過。過在於必。忿速、廉潔、愛民已各成二字語。配必死必生。亦卽可承必死必生而省言必。實亦當云必忿速。必廉潔。必愛民。葢此五者皆將之善者。非謂將不當如是也。必死者、勇將也。必生者、智將也。忿速者、嚴將也。廉潔者、名將也。愛民者、仁將也。而必之。卽有授敵以可殺、可虜、可侮、可辱、可煩之道。故爲過。諸注家說皆尙求之太淺。

行軍篇　視生處高。

㽞案。此生字自來皆訓陽。然據下文云。凡軍貴陽而賤陰。養生而處實。生與陽分別言之。彼王晳注云。養生謂水草糧糒之屬。然則此視生。但當謂視有生路耳。且下文言處平陸有前死後生之語。前死後生者、亦謂前死路後生路耳。豈可解作前陰後陽乎。此視生之生卽彼後生之生。而解彼者亦都未歷。

行軍篇　戰隆無登。

圕案。此戰字葢讀爲單。戰卽諧單聲。例可假借。小戴閒傳記鄭注云。單、獨也。單隆者、獨高之山也。太公所謂處山之高爲敵所棲者。鄭友賢遺說所辨。正可以解此文。彼云。或問凡軍好高而惡下。太公曰。凡三軍處山之高。則爲敵所棲。豈好高之義乎。曰。武之高。非太公之高也。公所論。天下之絕險也。高山盤石。其上亭亭。無有草木。四面受敵。可上而不可下。可死而不可久。此固有棲之之害也。武之所論。假勢便之利也。圕謂武之高非太公之高。而太公之高乃卽武之戰隆。此必不可處軍。故曰戰隆無登。與上文處高下文好高之義。固不相背。但必讀戰爲單。解爲獨高之山。其義方明。自來注家不通假借之例。以戰敵解之。則當以說軍爭篇高陵勿向之義。不知彼言用兵之法。此言處軍之道也。

行軍篇　視生處高。

圕案。此處高。但作處上流解。

行軍篇　而右背高。

圕案。背高卽軍爭篇所謂背邱。彼云。背邱勿逆。是兵法。敵背邱。我不可以逆之。則我背邱、敵亦不敢以逆我也。故處平陸之軍者取右背高。

行軍篇　黃帝之所以勝四帝也。

圕案。曹解云。黃帝始立。四方諸侯無不稱帝。此奇聞也。然四帝既莫能考。解作四方諸侯無不稱帝。亦無徵實。黃帝所勝之帝。特一炎帝耳。圕終疑此四字涉上文四軍之四字而誤。四帝實當作炎帝。又案。曹解四方諸侯無不稱帝。王晳注云。一本無作亦。然則作四方諸侯亦不稱帝。與正文反背矣。孫校云。御覽作亦稱帝。然則作四方諸侯無亦稱帝。更無意義。今檢御覽軍行覽引作四方諸侯亦稱帝。與張預注同。王孫兩家意亦謂無不二字作亦一字。而一則省不標無。一則不標無不。則不去無存。校勘之例疏。故附識於此。

行軍篇　衆草多障者、疑也。

㽞案。疑者、疑兵也。謂設疑兵以虛示其兵之衆多。

行軍篇　獸駭者、覆也。

㽞案。覆卽伏也。左宣十二年傳。帥七覆于敖前。杜預集解云。覆爲伏兵七處。明覆兵卽伏兵。然則與上句鳥起者伏也實是一義。特欲詳列相敵之事。故因鳥起獸駭而分別言之。一曰伏。一曰覆。文異而義同。諸注惟梅堯臣爲略得意云。獸驚而奔。旁有覆。他家皆以爲覆軍之覆。非也。

行軍篇　奔走而陳兵車者、期也。

㽞案。期葢讀爲欺。欺、期並諧其聲。例得假借。奔走而陳兵車。視上文所謂輕車先出居其側者陳也。其象絕異。彼則整暇。此則紛亂。是彼眞欲戰。此非眞欲戰也。直欺我耳。其殆將歸乎。

行軍篇　兵怒而相迎。久而不合。又不相去。必謹察之。

㽞案。曹解云。備奇伏也。竊謂非也。兵怒而相迎。久而不合。又不相去。是當有所俟於遠方之兵來合然後戰也。故必謹察之。

行軍篇　足以併力料敵取人而已。

罳案。取人之義。惟賈林說爲得。取敵人也。故下文云。夫惟無慮而易敵者。必擒於人。取人與必擒於人。義正反對。諸家說取人涉及廝養者。皆非也。無慮而易敵。亦卽上文武進之義。用意甚密。又。下文云。是謂必取。亦同此取字。

行軍篇　令素行者、與衆相得也。

罳案。孫校據通典御覽改令素行者作令素信著者。竊謂著字實涉者字而衍。周禮大司馬職賈公彥釋引孫子云。素信者與衆相得。無著字。可證。然論義固一也。惟如此。則上文素行卻與此義有別。上文云。令素行以敎其民。則民服。令不素行以敎其民。則民不服。蓋當如論語、其身正、不令而行、其身不正、雖令不從之意。故曰令素行、令不素行。素行不素行者。謂將之處己也。非謂令之素行不素行也。諸家皆切於令言。則是此句令素信之義。非素行之義。蓋令素信者是又一義。非承上素行言也。

地形篇　有挂者。

罳案。挂者、謂懸地也。戴侗六書故引唐本說文云。挂、縣也。楚辭招魂篇王逸章句云。挂、懸也。此謂其地空懸無屬。故下文云可以往、難以返。曰挂。蓋易爲敵兵截歸路者也。此義甚顯。挂之訓懸。亦屬恆訓。而杜佑通典乃以爲牽挂。杜牧注且云。動有挂礙。梅堯臣注云。網羅之地。往必挂綴。不太謬乎。

地形篇　支形者敵雖利我。

𢍰案。利我者、謂敵以利與我也。上文云。我出而不利。彼出而不利。曰支。此云敵雖利我。則敵出矣。敵出卽敵不利。敵不利卽我利矣。是以利與我也。故曰利我。

地形篇　大吏怒而不服。遇敵懟而自戰。將不知其能。曰崩。

𢍰案。怒而不服。遇敵懟而自戰。此大吏實有能也。將當知其能。必善用之。卽不至於崩矣。崩在將之不知也。不知則將與大吏兩不相屈。不崩何爲。

地形篇　而利合於主。

𢍰案。合讀爲亼。亼之言集也。利合於主。猶言利集於主。

九地篇　敢問敵衆整而將來。待之若何。

𢍰案。梅堯臣注云。言敵人甚衆。將又嚴整。我何以待之邪。似梅本將字在整字上。今作將來。則但當作且將來解。非將軍之將。

九地篇　死。焉不得士人盡力。

𢍰案。鄭友賢遺說云。或問死焉不得士人盡力。諸家釋爲兩句者。何也。曰。三軍之士不畏死之難者。安得不人人用力乎。斷爲二句者。非武之本意也。此說固是。此八字本一句。死字當逗。卽承上文死字而言。焉不得士人盡力。卽猶言焉得士人不盡力。其義至明。而分作兩句讀者。實以得字亦叶韻也。古讀法有因韻而讀。讀然而義不然者。如詩正月篇彼求我則。如不我得。若依義讀之。彼求我當爲句。則如不我得爲句。然如此。則則字韻失。故讀彼求我則爲句。如不我得爲句。卽猶之此以死焉不得爲句。士人盡力爲句矣。所謂讀然而義不然也。然諸家於此雖讀分兩句。烏知此例。故所注都非。鄭謂非武之本意。論武之意固如鄭說。而不字不著於盡力上。特著於得字上。取四字成文。古人言以四字爲成文。非特詩句。故凡三字名者。必增一之字。如五子之歌。康王之誥。皆是。則武未始不以爲其讀當爾也。

九地篇　深入則拘。

鬯案。拘疑讀爲竘。說文立部云。竘、健也。此猶上文甚陷則不懼之義。惟其陷之甚。故轉不懼。惟其入之深。故轉健也。又。廣雅釋詁云。竘、巧也。窮則生巧。亦備一義。

九地篇　不得已則鬭。

鬯案。已者猶止遏之也。此與上文三句皆承兵士而言。謂兵士之氣。將雖欲止遏之而不得也。雖欲止遏之而不得。則悉力以鬭矣。故曰不得已則鬭。而非謂初不欲鬭。至於敵逼勢不得已而後鬭也。要至此所謂疾戰則存。不疾戰則亡者。萬無不鬭之理。特欲作兵士之氣。故始令之禦。後令之鬭。下文謂兵之情。圍則禦。不得已則鬭。是也。注家尚未得其旨。且下文云。故善用兵者攜手。若使一人不得已也。亦謂雖欲止遏之而不得。彼不得已。卽應此不得已。以彼證此。其義憭然。

九地篇　故善用兵譬如率然。

鬯案。率然卽常山之虵名也。梅堯臣張預並以義言之。非也。

九地篇　是故方馬埋輪。未足恃也。

鬯案。方當訓並。淮南子氾論訓高誘注云。方、並也。蓋說文方部云。方、併船也。象兩舟總頭形。故訓並之義。實與方字本義最近。古書方訓並處多不勝舉。方馬者、並馬也。埋當讀爲釐。釐、說文諧𠩺聲。入里部。𠩺聲與里聲古音同部。無不可借。且釐亦未始不可諧里聲也。故詩臣工篇鄭箋云。釐、理也。以聲訓也。釐亦有並義。方言陳楚篇云。陳楚之閒。凡人嘼乳而雙產謂之釐孳。廣雅釋詁云。釐、孿也。皆並之義也。釐輪者、並輪也。並馬並輪者、謂齊一其車馬也。齊一其車馬未足恃也。惟齊一其勇爲足恃。故下文云。齊勇若一。政之道也。政或讀爲征。下文政舉之日。蓋同。齊勇若一。卽對此方馬埋輪而言。曹解以方馬爲縛馬。埋輪爲示不動。似太可哂。夫旣縛其馬。又不動其輪。自然未足恃。又何必言之。方馬釐輪。見陳法之嚴整。正足恃者。故猶以爲未足恃也。所以起下文也。

九地篇　輕地吾將使之屬。

鬯案。以上下文例之。之字似依杜典作其爲是。屬蓋讀爲促。足聲與蜀聲同部例借。說文人部云。促、迫也。輕地使其促者、卽上文輕地無止之義也。杜謂輕地當促行。已得之。而又謂令相屬續。以備不虞。不明假借之例。則言之支矣。或謂屬讀爲𧾩。說文走部云。𧾩、行皃。亦可備。

九地篇　爭地吾將趨其後。

鬯案。趨亦讀爲促。或爲趣。此在古書通用習見之。蓋急迫之之義也。後本訓遲。說文彳部云。後、遲也。从夂。夂者、後也。夂部云。夂、行遲曳夂夂。其者、指軍士也。趨其後者、促其軍士之行之遲後也。蓋爭地者必爭之地。上文所謂我得則利、彼得亦利者爲爭地。又曰。爭地則無攻。蓋向使彼先得之。則我不可攻。故貴進據之速。則其行之遲後。安得不急迫之乎。此條諸家說甚多。皆不發其後之指軍士之行遲。故多未愿。惟梅堯臣注似較合。而趨之讀爲促。又若有所不知。

九地篇　交地吾將謹其守。

畧案。杜典謹其守作固其結。而下文衢地吾將固其結。固其結作謹其市。此其互誤。不問可明。而杜且誤說之。則其自誤。亦非傳寫之過也。惟守字作市。揆之交地之義。卻爲切合。上文云。我可以往、彼可以來者爲交地。我可以往。彼可以來。豈非市乎。又曰。交地則無絕。無絕者、又豈非無絕其往來乎。無絕其往來。是市也。非守也。諸家泥於此守字。又以杜典引吳王問孫武。有吾將絕敵之語。故說彼無絕。亦失孫子本書之意。不知吳王有推問十三篇外意者。不可執也。如圮地則行。而吳王曰。行久卒勞。敵在吾前云云。此尤顯見推問之意。市者、賣也。相賣者、相欺也。則安得不謹。故曰交地吾將謹其市。疑此守字爲市字誤文。

九地篇　圮地吾將進其塗。

畧案。進讀爲盡。劉向列子書錄云。或字誤。以盡爲進。然盡進古音假借。未當云誤。今列子書中進字多卽盡字可案。進其塗者、盡其塗也。謂必過盡此圮地也。卽上文云圮地則行。九變篇云圮地無舍。是也。此注家說義尙未謬。但未知進卽盡耳。或謂字本作𨗨。說文辵部云。𨗨、自進極也。卽盡字義。因形近。誤𨗨爲進。但𨗨盡同聲字。𨗨進仍同部字。亦不可云誤。

九地篇　圍地吾將塞其闕。

畧案。圍地者、謂地之圍。非謂被兵圍也。被兵圍則是死地。非圍地矣。故上文云。所由入者隘。所從歸者迂。彼寡可以擊吾之衆者。爲圍地。又云。背固前隘者、圍地也。是明指地言。且彼可以寡擊我之衆。若兵圍我。豈能以寡圍衆乎。蓋其地實亦險阻而少出路耳。塞其闕者、乃并其所有之出路而塞之。以示久居其地。如閉門守城之狀。待敵懈而後出擊之。所謂圍地則謀也。杜牧注引兵法圍師必闕云云。引齊神武被圍南陵山事。以及諸家説屬兵圍者。皆非圍地之説也。

九地篇　故兵之情。圍則禦。

愬案。此圍、謂兵圍也。故曰兵之情。非圍地之圍。杜牧云。言兵在圍地。因誤解上文圍地。并牽以説此。非也。

九地篇　過則從。

愬案。過者、謂破圍而出也。既破圍而出。則逞此鋭氣以從敵。下文所謂衆陷於害。然後能爲勝敗也。或云。從當讀爲縱。杜典引太公曰。縱卒亂行者。欲以爲變也。

九地篇　故爲兵之事在於順詳敵之意。

愬案。順當讀爲慎。眞聲與川聲。古音通轉甚近。小戴禮器記陸德明釋文云。順本作慎。中庸記釋云。慎本作順。慎順二字互用。古籍不勝枚舉。順詳敵之意者、謂謹慎詳察敵之意也。自來不知順爲慎字。而轉以詳爲佯字。則當云佯順敵之意。不可倒言順佯矣。

九地篇　敵人開闔。必亟入之。

愬案。此開闔二字似非對義。闔本門扇之稱。説文門部云。闔、門扇也。此當是已入敵境。指敵軍之門。

葢示以弱。使敵軍自開門。則亟入其軍中。故下文云。是故始如處女。敵人開戶。此敵人開闔。卽彼敵人開戶也。入之者、非攻之也。葢使人入。或將自入。故又云。後如脫兔。敵不及拒。言其能入能出於敵耳。使敵無如我何也。

九地篇　微與之期。

𨻰案。微、無也。言無與敵人期戰也。故下文始云。踐墨隨敵以決戰事。無與期戰者。此時猶未決。欲先知其情也。

火攻篇　五曰火隊。

𨻰案。火隊無義。或作火墜。然墜卽隊字之後出。非有二字也。竊疑此隊字爲檥字之假借。隊諧㒸聲。㒸諧豕聲。檥諧義聲。義諧𧰼聲。𧰼亦諧豕聲。是二字推本。並豕聲字。實同聲通假之恆例。故當讀隊爲檥。說文木部云。檥、江中大船名。方言陳楚篇云。東南丹陽會稽之閒謂艖爲檥。字又作艤。廣雅釋水云。艤、舟也。又通欚。越絕吳地傳云。欚溪城者、闔廬所置船宮也。欚檥一聲之轉。後人或并讀同音。然則船之稱檥。原是吳越人語。孫子說吳王。宜效其言。火檥者、謂火敵之船也。且上文言火人、火積、火輜、火庫。若在陸。則四者之外更無所火。此必火其在水者矣。

火攻篇　夫戰勝攻取而不修其功者凶。命曰費留。

𨻰案。修本訓飾。說文彡部云。修、飾也。此修字於本義爲合。飾戰勝攻取之功者。如戰國中山策所謂死者厚葬。傷者厚養。勞者相饗。飲食餔餽以靡其財者。皆是。費留之稱。卽不能靡其財者也。

火攻篇　明主慮之。

䜣案。慮當讀爲勴。勴諧慮聲。故得假借。說文力部云。勴、助也。助之者、助大將飾功之費也。

火攻篇　非利不動。非得不用。非危不戰。

䜣案。此三句當指士卒言。謂非有所利。則不爲我動也。非有所得。則不爲我用也。非有所危。則不爲我戰也。非利不動、非得不用二句。謂卽申明上文修功之義。亦無不可。非危不戰一句又因二句而推及之。自來注家皆以此三句指起兵言。當因下文合於利而動句承主將而言。與此非利不動句若正相合。而不知義各有當也。且彼文動字他書引作用。則與非利不動句亦不甚肖。而亦不可謂卽此非得不用之用字也。

用閒篇　百姓之費。公家之奉。

䜣案。此戰國齊策所云。士聞戰。則輸私財而富軍。市輸飲食而待死士。令折轅而炊之。殺牛而觴士。中人禱祝。君翳釀。通都小縣置社有市之邑。莫不止事而奉王。卽百姓之費。公家之奉也。

用閒篇　因閒者、因其鄉人而閒之。

䜣案。鄉人者、謂敵將之鄉人也。敵將之鄉人必與敵將親密。故用以爲閒。可以知敵之情。若泛謂敵國之鄉人。則彼且不能知將之所爲。何足爲用。街談巷議。誤事甚矣。注者皆未得其義。

用閒篇　內閒者、因其官人而用之。

䜣案。官當讀爲倌。說文人部云。倌、小臣也。倌人者。謂敵將親近小臣也。故曰內閒。

用閒篇　反閒者、因其敵閒而用之。

鬯案。因其來閒我。而我卽用以閒彼。反閒之義如此。故下文云。必索敵人之閒來閒我者。因而利之。導而舍之。故反閒可得而用也。其說尤明。而他書所言反閒。則大都爲閒之通稱。且多作離閒解。不以探知敵情爲義。葢實閒之後作用也。非五閒之義也。五閒之閒。實閒字本義。說文門部云。从門中見月。會意。故爾雅釋言云。閒、俔也。廣雅釋詁云。閒、覗也。是其義也。

用閒篇　死閒者。爲誑事於外。令吾閒知之。而傳於敵。生閒者。反報也。

鬯案。傳字當從李筌本作待。通典御覽所引並作待。尤可證。作傳者轉寫之誤。或爲不知者所改也。惟其待於敵。故謂之死閒。非眞使此閒者死也。爲誑事於外者。服敵之服。言敵之言。役敵之役。任敵之任。其表見於外者如此。故曰爲誑事於外也。而其內則專欲閒知敵情。故曰令吾閒知之。吾卽閒者自吾也。此閒者常待於敵而不反。是爲死閒。死閒者、對生閒而言之也。生閒者、卽死閒之人也。死閒既閒知敵情。則使生閒反報其主。故曰生閒者反報也。自來各家說五閒。鮮一得當。

用閒篇　閒事未發而先聞者。閒與所告者皆死。

鬯案。發當卽指上文生閒反報之報。閒事未發而先聞者、謂生閒未以所閒之事報主將。而主將先有人告而聞之。及閒者來報。與先聞者同。知閒者之輕泄。而告者之竊探。故閒者與所告者皆死。若閒者已報。特其事猶未行。而有先來告者。當閒者死而告者賞。何爲皆死。皆死、則任閒者之外泄。無有告主將者矣。此非法也。諸家之說。似主後義。儻誤以發字作行字解。而不省卽上文之報字義也。

用閒篇　導而舍之。故反閒可得而用也。

愚案。反閒者、卽敵之死閒也。故導而舍之。導而舍之者、在彼卽所謂待於敵也。死閒者、以誑事爲務者也。誑事說見上。能使其不誑於我。而轉誑其主。卽可得而用。

用閒篇　昔殷之興也。伊摯在夏。

愚案。曹解云。伊摯、伊尹也。史記殷紀司馬貞索隱云。孫子兵書伊尹名摯。卽指此。國語晉語云。妹喜有寵。於是乎與伊尹比而亡夏。御覽桀妃覽引竹書紀年云。末喜氏以與伊尹交。遂以閒夏。呂氏春秋愼大覽云。湯欲令伊尹往視曠夏。恐其不信。湯由親自射伊尹。伊尹奔夏。三年反報于亳曰。桀迷惑於末嬉。好彼琬琰。不恤其衆。衆志不堪。上下相疾。民心積怨。皆曰上天弗恤。夏命其卒。湯謂伊尹曰。若告我曠夏盡如詩。湯與伊尹盟以示滅夏。伊尹又復往視曠夏。聽於末嬉。末嬉言曰。今昔天子夢西方有日。東方有日。兩日相與鬬。西方日勝。東方日不勝。伊尹以告湯。商涸旱。湯猶發師以信伊尹之盟。此殷之興伊摯在夏爲閒之證。又。管子輕重甲篇云。女華者、桀之所愛也。湯事之以千金。曲逆者、桀之所善也。湯事之以千金。若無伊摯。此二千金何以致之。

用閒篇　周之興也。呂牙在殷。

愚案。國語晉語云。妲己有寵。於是乎與膠鬲比而亡殷。此言呂牙。傳聞之異。

商君書

𢘋案。書字後人所加。本名商君。漢書藝文志。法家。商君二十九篇。可證也。古書每以人名書。而後人稱之。或增書字。故隋書經籍志以下諸著錄家題商君書矣。其稱商子。自新唐書藝文志始。更出在後。而要之。商君猶之商子也。特子書多以子名。一若子可名書。而君不可名書者。惑矣。越絕之題越絕書。書字亦後人所加。此其例也。絕卽爾雅釋器革中絕之絕。亦卽章編三絕之絕。蓋編者聯之。而絕者分之。三絕、謂分作三編耳。越絕題名甚古。既稱絕。又加書字。實贅文也。説已見前爾雅校。

更法篇　孝公平畫。

𢘋案。畫當作晝。畫晝二字形近易譌。猶論語公治長篇晝寢。畫寢。孟子公孫丑篇宿於晝。宿於畫。爲學人聚訟。戰國趙策云。趙武靈王平晝閒居。彼下文云云。與此篇文字大同。則此亦作平晝明矣。平晝者、猶言平日也。平晝下或亦有閒居二字而脫去。則不可知。作者眉批。俟檢別本。以誠案于氏此書以爲有應檢別本者。故加批語于上。而仍未曾檢也。今悉照錄之。

更法篇　拘世以議寡人。

𢘋案。拘世無義。戰國趙策云。雖敺世以笑我。卽此拘世以議寡人也。則此拘當讀爲敺。區聲句聲。古音同部。故得通借。小戴樂記區萌卽句萌其例也。敺世者、謂盡敺世上之人。極言之耳。史記趙世家作驅世。驅毆同字。

墾令篇　聲服無通於百縣。

㘣案。服蓋訓法。呂氏春秋樂成覽高誘注云。服、法服也。俞蔭甫太史尙書平議。以盤庚篇先王有服之服爲有制義。引鄭石制字子服爲證。制亦法也。俞議云。呂氏春秋樂成篇曰。田有封洫。都鄙有服。高注曰。服、法服也。然都鄙有法服。義不可通。疑高氏原注曰。服、法也。蓋服爲制。故亦爲法。淺人不知其義。妄加服字耳。㘣案。高訓服爲法服。猶云制、法制也。則、法則也。正以爲服有法義。故下文云。君子小人各有制。非以服爲衣服字。俞似以法服解作如孝經非法服不敢服之法服。故謂義不可通。聲服者、猶謂聲法也。聲法者、儻猶所謂樂則乎。小戴曲禮記孔義引含文嘉及公羊說言九賜。並有樂則之目。王制記云。天子賜諸侯樂則。以柷將之。賜伯子男樂則。以鼗將之。彼亦樂則當連讀。見俞太史禮記平議。爾雅釋詁云。則、法也。然則樂則與聲服意義同矣。說文辵部云。通、達也。此通之訓達。如禮家諸言自天子達於庶人之達。聲服無通於百縣。謂聲服不達於百縣也。縣當指縣大夫。蓋自縣大夫以下不得用聲樂耳。古郡屬於縣。周書作雒篇所謂方千里。分爲百縣。縣有四郡。是也。至於戰國。縣屬於郡。史記秦紀所謂魏納上郡十五縣。是也。然則商君之法。惟自郡以上有聲服。乃得用樂云。呂祖謙大事記。周顯王四十一年云。方孝公商鞅時。并小鄉爲大縣。縣一令。尙未有郡及守稱。及魏納上郡之後十餘年。秦紀始書漢中郡。或者山東諸侯先變古制。而秦效之。說存參。下文賓送之禮無通於百縣。義蓋亦若是。

墾令篇　無得取庸。

㘣案。庸當讀爲傭。說文人部云。傭、均值也。解者謂賣力受值曰傭。隨其力均其值。故曰均值。是賣力受値之庸當作傭。今人傭人傭夫之稱。正用傭字。而書傳每作庸。無得取庸者。禁傭也。故下文云。大夫家長不建繕。愛子不惰食。惰民不窳。蓋凡有所建繕。謂或興建、或繕葺。必資乎傭。有傭。故愛子至於惰食。惰民至於窳也。禁傭。則凡事皆須自爲之。而爲傭者亦無可謀食矣。故云而庸民無所於食。庸民卽猶言傭人傭夫也。

墾令篇　農不能喜酣奭。

鬯案。農當作民。下文可證。彼云。民不能善酣奭。則農不慢。明民字不可作農。作者眉批。善字疑局本刊誤。當檢別本。

墾令篇　巧諛惡心之民無變也。

鬯案。變當如詐義。

墾令篇　則誅愚亂農農民。

鬯案。下農字當作之。古人疊字作二點。而草書之字作三點。傳寫者因誤仞爲疊農字耳。則誅愚亂農之民七字似一句讀爲順。而下文云。農靜誅愚。則草必墾矣。則誅愚蓋讀斷。或讀於亂農斷句。必非。俞陰甫太史平議云。誅通作朱。莊子庚桑楚篇。人謂我朱愚。卽此文誅愚。大元童次范望注曰。侏侏、無所知也。義與愚近。作誅、作朱。並侏之叚字。

墾令篇　博聞辨慧游居之事。

鬯案。居依說文重文作踞。亦與倨通。游居者、游踞也。大戴曾子立事記云。巷遊而鄉居者乎。說見前彼校。下文居游同。

墾令篇　盜輸糧者不私。

鬯案。此盜字涉下文而衍。下文云。盜糧者無所售。乃承上文又使軍市無得私輸糧者。則姦謀無所於伏也。又云。送糧者不私。卽承此輸糧者不私也。明此輸上不得有盜字。

墾令篇　過而廢者不能匿其舉。

鬯案。此文無義。據嚴萬里校引秦四麟本。作匿其過舉。當從之。下文云。過舉不匿。則舉上有過字。明甚。惟下句既有過字。則上句不當有過字。蓋過字脫於下。卽衍於上耳。當本作而廢者不能匿其過舉。過舉卽其廢之實迹也。

農戰篇　要靡事商賈。爲技藝。

鬯案。要靡蓋語辭。此文下又兩見。一同。一止云事商賈。爲技藝。無要靡二字。惟其爲語辭。故可省也。

農戰篇　是故進則曲主。

鬯案。曲主猶阿主。下文云。希主好惡。使官制物以適主心。卽所謂曲主也。

去彊篇　戰事兵用曰彊。

鬯案。事兵與下文亂兵對。則事當訓治。戰國秦策高誘注云。事、治也。治、事疊韻字。事之訓治。蓋以聲訓。然則卽讀事爲治。可矣。弱民篇亦云。故戰事兵用曰彊。同此。彼下文又出治民字。治兵猶治民也。戰治兵用曰彊。戰亂兵息而國削。商君之意。不過一主於戰。治兵宜戰。亂兵亦宜戰。用曰彊。息則削矣。息而削。用亦彊矣。兩句一正一反。其意同。

去彊篇　國不至必貧。

樾案。國字衍。或屬上句讀。非。

去彊篇　國好生金於竟內。則金粟兩死。倉府兩虛。國好生粟於竟內。則金粟兩生。倉府兩實。

樾案。此謂國好生金於竟內。則竟內之民皆將務采金而不務種粟。是粟死矣。又必以金易粟。則金亦死矣。故曰金粟兩死。倉府兩虛。國好生粟於竟內。則竟內之民皆將不務采金而務種粟。是粟生矣。又可以粟易金。則金亦生矣。故曰金粟兩生。倉府兩實。商君之意。不過欲國好生粟。不好生金。故其說如是。若論其理。實金生必粟死。粟死必金生。如上文所言。決無兩死兩生之道也。此所謂強辭奪理也。

去彊篇　兵。起而勝敵。按國而國富者王。

樾案。上國字衍。兵一字爲領句。起者、興兵也。按者、按兵也。並承上文而言。按下不得有國字。

說民篇　國好力。日以難攻。國好言。日以易攻。

樾案。兩日字別本作曰者是。去彊篇亦謂國好力。曰以難攻。國好言。曰以易攻。俞蔭甫太史平議云。兩日字乃曰字之誤。引此文作曰之本以訂彼。或謂此本既作日。與去彊篇合。則安知日字之非誤。而曰字轉誤邪。曰。不然。靳令篇云。國好力。此謂以難攻。國好言。此謂以易攻。據彼兩此謂字。則作兩曰。不作兩日。明矣。

說民篇　國治斷家王。

　　𪾢案。國治當作治國。下文云。治國者貴下斷。可證。倒作國治。無義。

算地篇　畝五百。足以待一役。此地不任也。

　　𪾢案。此不字疑必字之誤。一役、謂卒一人也。一人之食。計五百畝足以待之。故曰畝五百足以待一役。此地必任也。言地必勝其任。作不任。則義背矣。又案下文云。方土百里。出戰卒萬人者。數小也。開方百里得萬里。故出卒萬人。然則五百畝待一人之食。亦卽一里待一人之食也。商君之法。方里五百畝。與孟子方里九百畝異。特五百畝不能成方。葢約計之數耳。如孟子滕文公篇言。夏后氏五十而貢。殷人七十而助。五十七十皆不能成方。

算地篇　其上世之士。

　　𪾢案。上世之士。謂其行誼高出世人之上者也。

算地篇　名利之所湊。則民道之。

　　𪾢案。道訓由、訓從並恆訓也。小戴禮器記、中庸記鄭注並云。道、猶由也。禮器注又云。道、猶從也。此道字之義甚顯。卽本書中道字如此義者不一而足。嚴萬里校獨於此道字疑誤。殊不可解。

算地篇　生有不令之臣。

　　𪾢案。生字葢主字之誤。作者眉批。檢別本。

算地篇　民之生。度而取長。稱而取重。

鬯案。生讀爲性。民之生。度而取長。稱而取重云云。猶上文民之性。饑而求食。勞而求佚云云。明生卽性也。上文非生之常也。俞蔭甫太史平議亦讀生爲性。作者眉批。亦檢。

開塞篇　愛私則險。

鬯案。險字似非義。嚴萬里連下文民衆校。引范欽本作陰陽民險衆。云誤。竊謂范本誠誤矣。而一陰字實不誤。此險正合作陰。陰險字形相近。故誤陰爲險。愛私則陰。其義可解。所謂陰私也。下文別險同。作者眉批。此審存。

開塞篇　而賢者以相出爲道。

鬯案。出葢讀爲詘。詘諧出聲。故得假借。詘者猶所謂相形見詘之詘也。葢不賢者與賢者相形。則不賢者詘矣。賢者與尤賢者相形。則賢者又詘矣。故云賢者以相出爲道。猶云賢者以相詘爲道也。相詘之久。而此欲詘彼。彼亦欲詘此。則亂生矣。故下文云。久而相出爲道。則有亂。又下文云。賢者以道相出也。出並讀詘。

開塞篇　今日願啓之以效。

鬯案。日疑當作臣。

開塞篇　而廢其所惡此。

鬯案。此當作也。

開塞篇　恩則出度。

圏案。出字與下文生字爲對。出亦生也。呂氏春秋大樂紀高注云。出、生也。又。勸學紀注云。生猶出。是二字同義。故此云。思則出度。下文云。淫則生佚。出度卽生度也。謂思則生法度。而不至於蕩佚耳。嚴萬里校疑出字誤。非。孫詒讓札迻云。出度、疑當作生度。則仍以出爲誤字也。亦未是。

壹言篇　故明君知齊二者其國彊。不知齊二者其國削。

圏案。齊之言劑也。謂調劑於搏力殺力二者。則其國彊。不知調劑二者。則其國削也。說文刀部云。劑、齊也。是齊劑義本相通。古調劑之劑葢止作齊。劑从刀。當以質劑約劑爲本義。質劑見周禮小宰職。約劑見大師職。

錯法篇　而功相萬者。

圏案。謂其功萬倍於爵祿也。

錯法篇　先便請謁而後功力。

圏案。便、便嬖。

戰法篇　敵衆勿爲客。

圏案。勿爲客。則宜爲主。攻人爲客。應敵爲主。

戰法篇　若兵敵彊弱。

圏案。謂彊弱相等也。

立本篇　一曰輔法而法。

𨷠案。而法下脫一字。疑是行字。

立本篇　此三者恃一因。其兵可禽也。

𨷠案。讀至因字句。或於一字句。因字屬下。當非。

兵守篇　患無不盡死而邑。

𨷠案。邑疑當作巳。巳、止也。言其患不至於盡死不止。故曰患無不盡死而巳。

兵守篇　此三者。

𨷠案。據上文。則三當作二。

兵守篇　非患不足。

𨷠案。患下有脫文。以意求之。當增兵之二字。

兵守篇　及耕格阱。

𨷠案。耕字疑涉阱字形近而衍。

兵守篇　給從從之。不洽則㵪之。

𨷠案。洽亦卽給。俞蔭甫太史平議已言之云。給、洽古通用。爾雅釋天。大歲在未曰協洽。童子逢盛碑作協給。是也。𨷠案。給洽並諧合聲。本在通假之例。而草書水旁糸旁又正相類。或傳寫誤給爲洽。亦未可知。俞謂給與不給。以力之有餘不足言。或兼時之緩急。地之遠近。其說亦頗得。惟欲以從而二字爲語辭。故謂上從字下有闕文。下從字當在不洽之下。未免更張。而所謂闕文亦止於從下補一而字。而下一字不能意補。則其說殆非也。從本訓隨。說文从部云。從、隨行也。詩既醉篇鄭箋、小戴檀弓緇衣諸記鄭注。皆云。從、隨也。此承上文發梁撤屋而言。蓋謂所發之梁。所撤之屋。其材苟可以取。則取以歸。不可取。則熯之。無以資敵。故曰給從從之。不給而熯之。即給隨隨之。不給而熯之。實猶云可取取之。不可則燒之耳。而之訓則。詳王引之經傳釋詞及俞莊子齊物論校。然尚不勝舉證。此則不煩改易。於義自通。不給下不言從者。蒙省。亦習例也。

靳令篇　以五里斷者王。以十里斷者彊。

邑案。此文未審誤否。去彊篇云。十里斷者國弱。九里斷者國彊。嚴萬里校云。九當作五。又。說民篇云。治國者貴下斷。故以十里斷者弱。以五里斷者彊。並以彊弱對言。此言以五里斷者王。以十里斷者彊。與彼獨乖。故疑其有誤。然五里十里。其義究不甚曉。據說民篇言貴下斷。則或指里宰。而五里之宰與十里之宰。何至有彊弱之反對。則又似此文轉得之。上文言曲斷。當亦即下斷之意。然則曲者、鄉曲之曲也。

靳令篇　使民以粟出官爵。

邑案。出本訓進。說文出部云。出、進也。謂使民以粟進官爵也。然則後世納粟拜爵之例。實本商君之法。

靳令篇　重刑少賞。上愛民。民死賞。重賞輕刑。上不愛民。民不死賞。

邑案。兩死賞俞蔭甫太史平議據去彊篇訂作死上。是也。上、賞論古音同部。本亦在假借之例。然竊疑此原文實作死尙。死尙即死上也。後人昧其借尙為上。以死尙為無義。因改作賞。雖於假借之例未背。然借賞爲上不恆見。不若借尙爲上之恆見也。

修權篇　不以法論知能賢不肖者惟堯。

咼案。此商君能知堯。可謂特識。葢堯之爲堯。若共鯀之列於朝而不去。若元愷之伏於野而不聞。豈非不以法論知能賢不肖者乎。故孔子之贊堯也曰。唯天爲大。唯堯則之。天生麟鳳。亦生梟獍。惟堯可以比擬。商君之意。猶孔子意也。

徠民篇　見此其所以弱不奪三晉民者。愛爵而重復也。

咼案。見猶知也。周易略例陸釋云。見本作知。然知見二字。不在疊韻通借之例。葢二字義近通用。呂氏春秋自知論高注云。知猶見也。知可訓見。則見亦可訓知矣。參見管子霸言篇校。弱字衍。下文云。三晉之所以弱者。此亦有所以字。故涉彼而衍也。復字之義見下文云。今使復之三世。無知軍事。秦四竟之內。陵、阪、丘、隰。不起十年征者於律也。葢卽除其賦役之說。漢書高帝紀顏注云。復者、除其賦役也。無知軍事、除其役也。不起征、除其賦也。

徠民篇　故三世戰勝。

咼案。據上文言。今三晉不勝秦四世矣。則此三字當作四。古四作亖。所謂三四積畫而誤也。下文云。且古有堯舜。當時而見稱。中世有湯武。在位而民服。此三王者。萬世之所稱也。案。言堯舜湯武。明是四王。何云三王。則彼三字亦當作四。畫策篇四更。俞蔭甫太史平議云。四字乃三字之誤。此四之誤作三。猶彼三之誤作四矣。

徠民篇　諸侯將無異民。

㘣案。異民、謂異國之民也。諸侯之民苟有遷。皆歸秦。不歸異國。故諸侯無異國之民。

徠民篇　周軍之勝。華軍之勝。

㘣案。周軍之勝。疑卽伊闕之戰。戰國西周策云。秦攻魏將犀武軍於伊闕。進兵而攻周。又。魏策云。秦敗東周。與魏戰於伊闕。殺犀武。史記韓世家云。釐王三年。使公孫喜率周魏攻秦。秦敗我二十四萬。虜喜伊闕。是伊闕之戰。周實與韓魏連合。故稱周軍之勝也。華軍之勝。卽秦策言天下有比志而軍華下。大王以詐破之者。說秦王語。策以爲張儀。吳師道校注云。張儀當作韓非。案。韓非子初見秦篇與策同。但非至秦。在始皇時。而篇中語皆說昭王。故以爲張儀則太前。以爲韓非又太後。仍當存疑。又。魏策云。秦敗魏於華。走芒卯而圍大梁。史記秦紀云。昭襄王十三年。客卿胡傷攻魏。擊芒卯華陽。破之。斬首十五萬。是也。然則華軍之勝。在秦昭十三年。周軍之勝。在韓釐三年。當秦昭十四年。實周王赧二十一二十二兩年。商君之死久矣。商君死在秦孝公二十四年。實周顯王三十一年。且下文又云。且周軍之勝。華軍之勝。長平之勝。又兼及長平。則更在後。據秦紀載。秦攻趙。趙發兵擊秦相距。秦使武安君白起擊」。大破趙於長平。四十餘萬盡殺之。在昭襄四十七年。周王赧五十五年也。據此說之。知此篇實爲後人附益之書。非商君原書。且如上文言。今三晉不勝秦四世矣。自魏襄以來。野戰不勝。守城必拔。小大之戰。三晉之所亡於秦者。不可勝數也。魏襄之立。依竹書紀年在秦惠文王更六年。實周愼靚王二年。明年紀元。卽依史記在惠文初三年。實周顯王三十四年。商君亦死。其云四世者。必指惠文以後。決非孝公之前。孝公之前。三晉尚强。又何至如所云云也。又。上文以愛爵重復爲不然。愛爵重復。非卽商君之法乎。何爲其不然。其所稱王吏愛爵重復之說。非卽商君之說乎。何爲其不然。是附益商君之書。而實違其宗旨者矣。蓋自商君死後。遺法行之數十年。已漸悟其非。故有此說。要其說視商君爲不刻也。

徠民篇　其徒請賙。不與。曰。吾將以求封也。

樾案。與、訓許與之與。不與者、不許也。上文云。願有萬金。云願有。是當時固未有也。然則其徒請賙焉者。請俟他日有萬金之後賙之。非卽請賙於當日也。而竟不許。曰。吾將以求封。故下文云。此愛於無也。

徠民篇　故不如以先與之有也。

樾案。有、謂其徒也。其徒怒而去之宋。下文云。豈異東郭敞之愛非其有以亡其徒乎。則此句義實當云。故不如以先去其有也。不曰先去其有。而曰先與之有。措辭之譎。作者眉批。此當審。

徠民篇　不人得一升。

樾案。不人卽人不。倒文也。下文不人得一錢。同。

畫策篇　黃帝之世。不麛不卵。

樾案。黃帝之世四字疑衍。下文言神農之世。又言神農既沒。以彊勝弱。以衆暴寡。故黃帝作爲君臣上下之義。則此處不應先出黃帝。且黃帝既作爲君臣上下之義云云。則不麛不卵云云。尤非黃帝之世明矣。衍此四字。則仍承言上文昊英之世也。

畫策篇　則民如飛鳥禽獸。

圏案。禽本指獸。不指鳥。觀字从内可見。故説文内部云。禽、走獸總名。是也。説已見前爾雅釋鳥校。小戴曲禮記云。鸚鵡能言。不離飛鳥。猩猩能言。不離禽獸。飛鳥與禽獸對言。適可爲此文之證。嚴萬里校謂禽字誤。非也。

畫策篇　不得無返。

圏案。不疑必字。聲之誤也。必得無返者。不欲其歸。欲其死於敵也。下文云。失法離令。若死我死。言設不死於敵。而死於失法離令。則我亦死之。葢欲其能死。又惡其死不得當。若死我死者。若、汝也。激辭也。此必字誤爲不。則不特本句無義。而下文義亦不豁。

畫策篇　非法不用也。

圏案。非字俞蔭甫太史平議謂當作其。義固得通。然觀下文云。國皆有法。而無使法必行之法。國皆有禁。而無使姦邪盜賊必得之法。且云必得。而尙有姦邪盜賊者。刑輕也。則其説固視用法爲尤進一層矣。但言用法誠不足以盡其義。故云非法不用也。葢不僅用法。直當用非法也。非字不必改。改非爲其。意轉涉淺矣。

畫策篇　則削國之所以取爵祿者多塗。亡國之欲。賤爵輕祿。

圏案。此當讀塗字句。嚴萬里校斷在亡字下。非也。其云秦本塗下有人字。亦不然。多塗者、謂取爵祿之塗多也。賞刑篇云。博聞、辯慧、信廉、禮樂、修行、羣黨、任譽、清濁。不可以富貴。又曰。富貴之門。

要存戰而已矣。足爲此文之證。葢商君之法惟戰可以取爵祿。故其塗止一而不多。多塗者卽博聞、辯慧云云也。彼言不可以富貴。而此言所以取爵祿。是削國之道矣。塗下不得有人字。竊謂秦本人字。葢當在亡國之之下。言亡國之人賤爵輕祿。不作而食。不戰而榮。無爵而尊。無祿而富。無官而長。此之謂姦民。葢指當時楊子一流人物也。

境內篇　其有爵者乞無爵者。以爲庶子。級乞一人。

鬯案。乞者、當是乞之於公家也。無爵者爲有爵者服役。故有爵者乞諸公家。而公家與之。爵一級。則役一人。二級。則役二人。三級。則役三人。多一級。卽多一人。故云級乞一人。惟謂之庶子者。特名稱耳。若曰僕夫云爾。與漢書百官表太子太傅少傅屬官之庶子及凡他書言庶子指官名者。不同。

境內篇　其無役事也。其庶子役其大夫。月六日。

鬯案。上役、謂公役也。下役、謂私役也。公役不能計日。無公役。則一月之中限私役六日。故曰其無役事也。其庶子役其大夫。月六日。其言大夫。亦名稱耳。若曰主人云爾。

境內篇　爵自一級已下。至小夫。命曰校、徒、操、出公。

鬯案。出字據俞蔭甫太史平議謂當作士。葢是也。但公字無義。俞於出字讀句。則以公字屬下文爵自二級已上讀。然此文言爵自一級之下。但言爵。不言公爵。則公字必不得下屬。竊謂士公二字倘誤倒。當作公士。下文云。故爵公士也。卽其證。漢書百官表云。爵一級曰公士。故云爵自一級已下。至小夫。命曰校、徒、操、公士。公士正爵一級之名目。操也、徒也、校也、小夫也又在公士之下。則雖爵之而未入級者也。後世所謂未入流品者是矣。

弱民篇　商物。

𢀖案。商下當脫一字。上文云。農闢地。下文云。官法民。並三字句。則此亦當三字句。文方一律。上文云。農、商、官三者國之常食官也。據俞蔭甫太史平議以食字爲衍。然則此蓋卽脫食字。脫於此而衍於彼矣。食當讀爲飾。飾諧食聲。故得通借。爾雅釋詁云。食、僞也。訓食爲僞。必讀食爲飾。朱駿聲說文通訓言之。周禮玉府職云。王齊則共食玉。食玉者、飾玉也。鄭注謂玉是陽精之純者。食之禦水氣。又引司農說云。王齊當食玉屑。謬甚。玉屑豈可食乎。俞太史羣經平議云。食玉乃神仙迂怪之說。非周公制禮所有也。食當讀爲飾。下文云。商有淫利。有美好傷器。故云。商飾物。美好傷器者、乃過於飾矣。商飾物。則未至於傷也。故與農闢地。官法民。爲比偶句法。句義一律。

弱民篇　法枉治亂。

𢀖案。亂當作衆。涉下文亂字而誤。下文云。治衆國亂。卽承此治衆而言。作者眉批。檢別本。

弱民篇　用必加於功。賞必盡其勞。

𢀖案。用賞二字蓋互誤。

弱民篇　游處之壬。

𢀖案。壬當作士。作者眉批。檢別本。

君臣篇　五官分而無常。

罂案。據下文官修則有常事。此無常下。亦當有事字。作者眉批。檢別本。

君臣篇　法制不明而求民之行令也。

罂案。此行字當作從。下文云。民不從令。卽承此而言。可證。若行令。是主君言矣。上文云。處君位而令不行。君尊則令行。是也。民可言從令。不可言行令。

君臣篇　凡民之所疾戰。不避死者。

罂案。不上疑脫而字。言凡民之所疾者戰也。然而不避死者。以求爵祿也。

禁使篇　難其道。

罂案。難葢當作離。上句云。別其勢。離猶別也。離難形亂。又涉下文難字而誤。

禁使篇　或先王貴勢。

罂案。或涉下文而誤，當作故。

愼法篇　而散領其國者。

罂案。領之言令也。散領葢猶發令之意。

定分篇　法令以當時立之者。

罂案。當時猶言今日也。故下文言明旦。

定分篇　各主法令之民。敢忘行主法令之所謂之名。

罂案。行主法令者必是吏。則此民字當吏字之誤。故云敢忘行主法令之所謂之名。若民則非行主法令者也。下文屢言主法令之吏。可證。

定分篇　非以兔也。

圈案。以當作人己之己。

內經素問一

上古天眞論　迺問於天師曰。

鬯案。天師當是黃帝時官名。歧伯爲天師之官。故稱天師。古謂官爲師。如左昭十七年傳所稱雲師、火師、水師、龍師、鳥師皆是。彼云。黃帝氏以雲紀。故爲雲師而雲名。天師或卽雲師之別稱與。且如彼傳言。少皞紀於鳥。爲鳥師而鳥名。而有五鳩、五雉、九扈之官。則不必定出鳥字。然則以雲紀者。何必定出雲字邪。天雲一也。著至教論以後。黃帝又與雷公語。而見於他籍者。黃帝之臣又有風后、雷公。風后亦殆官名。姓風名后之說。不必得實。雷風雲亦一也。天師猶雷公風后矣。靈樞壽夭剛柔篇、憂恚無言篇、通天篇並載黃帝問於少師。少師葢天師之副。然則天師者、太師也。少師之爲官名尤顯。則天師之爲官益驗。六節藏象論云。歧伯曰。此上帝所秘。先師傳之。先師者、葢先歧伯爲天師者也。移精變氣論云。先師之所傳也。上古使僦貸季。理色脈而通神明。故六節論王注云。先師、歧伯祖之。師僦貸季。又引八素經序云。天師對黃帝曰。我於僦貸季理色脈已三世矣。彼天師亦歧伯。僦貸季葢先歧伯爲天師也。　靈樞百病始生篇云。黃帝曰。余固不能數。故問先師。願卒問其道。此先師卽稱歧伯。或是天師之誤。

上古天眞論　醉以入房。

鬯案。醉以疑本作以醉。以醉入房。與上文以酒爲漿。以妄爲常。下文以欲竭其精。以耗散其眞。五以字皆冠句首。文法一律。倒作醉以。則失例矣。腹中論及靈樞邪氣藏府病形篇。並有若醉入房語。則醉入房三字連文。正有可證。　下文林億等新校正。林億、孫奇、高保衡等奉敕校正內經。書中校語皆標新校正云。而三部九候論中獨有標臣億等者。案。此書既奉敕校正。自合標臣億等爲是。且校語首皆著一詳字。臣億等詳云云。文義極順。今諸標新校正者。當悉係重刻本改易。三部論中則改易未盡者耳。顧觀光彼校謂臣億等三字當作新校正云四字。未察也。　引甲乙經。秏作好。今甲乙經動作失度篇亦作秏。當屬後人據素問改。凡今本甲乙經輒不同林校所引。而轉與素問合者。當悉據林校校訂。胡澍內經素問校義云。以秏散其眞。與以欲竭其精句義不對。則皇甫本作好。是也。好讀嗜好之好。好亦欲也。凡經傳言嗜好卽嗜欲。言好惡卽欲惡。孟子告子篇所欲有甚於生者。中論夭壽篇作所好。荀子不苟篇欲利而不爲所非。韓詩外傳作好。俞蔭甫太史讀書餘錄亦謂作好者是。鬯案。好秏一聲之轉。王冰本作秏。蓋亦當讀秏爲好。而次注云。王氏注素問移易篇第。故稱次注。輕用曰秏。則失之矣。酒也、妄也、醉也、欲也、好也五字皆讀逗。文法亦一律。

生氣通天論　因於暑汗煩則喘喝。

鬯案。汗字蓋衍。下文云。汗出而散。則因於暑者正取於汗。何得云汗煩則喘喝乎。蓋卽涉彼而衍也。且汗煩二字本無義。如王注云。病因於暑。則當汗泄。不爲發表。邪熱內攻。中外俱熱。故煩躁喘數。大呵而出其聲。則又讀汗一字句。與下文義且病複矣。抑無此文法也。煩則喘喝。與下句靜則多言句各四字。文本整齊。讀汗一字句。不如徑删汗字直捷。吳崐注本掇上文因於寒三字。又掇下文體若燔炭汗出而散八字。都十一字。并爲一條。在此文上。更張太甚。

生氣通天論　精絶辟積於夏。使人煎厥。

邕案。精絶下疑脱而字。精絶而辟積於夏。使人煎厥。與下文云。氣絶而血菀於上。高世栻讀上句形字斷。與此上句張字斷亦一例。使人薄厥。同一句法。脱而字則不成句矣。

生氣通天論　潰潰乎若壞都。

邕案。都字葢本作陼。陼都二字篆文从𨸏从邑各異。而隸書同作⻏。但分別在左右耳。移陼左旁在右。卽成都字。然二字並諧者聲。論假借之例。亦無不通。說文𨸏部云。陼、如渚者。陼邱、水中高者也。字通作渚。詩江有汜篇毛傳云。渚、小洲也。葢渚者水中高地之名。壞之則水溢。故下文云。汩汩乎不可止。王注不詮發都字之義。然注文已作都。則其本似已誤。而如高世栻內經素問直解云。若國都之敗壞也。望文生義。坐小學之疏。

生氣通天論　乃生大僂。

邕案。僂卽下文陷脈爲瘻之瘻字。瘻正字。僂借字也。此用僂字。下文用瘻字。文異義同之例。古書多有之。王注不知僂之卽瘻。而云形容僂俯。則生字何義。玩一生字。卽知僂之卽瘻矣。此言大瘻。下文止言瘻。不言大。則陷脈者乃生小瘻也。於義初不複。

生氣通天論　俞氣化薄傳爲善畏。

邕案。傳字疑卽涉薄字形近而衍。爲善畏與下文爲驚駭偶語。著一傳字。義不可解。觀王注云。言若寒中於背俞之氣。變化入深而薄於藏府者。則善爲恐畏。及發爲驚駭也。絶不及傳字之義。可見王本無傳字。是傳爲衍文之證。

生氣通天論　則脈流薄。疾并乃狂。

邑案。此似當讀薄字句。流薄者、言脈象也。蓋謂脈見流蕩虛薄之象。生疾不一。并合之乃成狂疾也。王注云。薄疾、謂極虛而急數也。讀疾字句。殆非。且急數不當言流。流義與急數之義不協。而并乃狂句不指所并者何事。亦殊不明。王訓并爲盛實。謂陽并於四支則狂。則亦不應但曰并乃狂。至張嘯山先生校疑其有脫誤字矣。此據奚方壺所錄。未刊入舒藝室續筆。要得其讀法未必脫也。腹中論云。須其氣并。疾并與氣并字法可例。彼王注正云。并、謂并合也。

金匱眞言論　故藏於精者春不病溫。

邑案。藏上當脫冬字。王注云。此正謂冬不按蹻。則精氣伏藏。蓋王本此冬字尚未脫也。下文云。夏暑汗不出者。秋成風瘧。此冬字與彼夏字爲對。脫去則句法亦失類矣。生氣通天論及陰陽應象大論並有冬傷於寒春必溫病語。意雖相反。文實相似。則有冬字可證。

金匱眞言論　合夜至雞鳴。

邑案。合夜二字無義。合疑台字之形誤。台實始字之聲借。始夜卽上文黃昏也。上文言天之陽。故言黃昏。此言天之陰。故變黃昏言始夜。始夜至雞鳴。其語易曉。借台爲始。遂誤台爲合。自來注家亦迄無能解合夜之義者。

陰陽應象大論　在變動爲憂。

㽞案。此憂字葢當讀爲嚘。心之變動爲嚘。與下文言肺之志爲憂者不同。憂既爲肺之志。自不應復爲心之變動也。五志爲怒、喜、思、憂、恐。五變動爲握、憂、噦、欬、慄。一憂字既列志科。又列變動科。雜亂甚矣。林校正引楊上善云。心之憂在心變動。肺之憂在肺之志。是則肺主於秋。憂爲正也。心主於夏。變而生憂也。此說實曲。如其說。則肝之變動。何以言握而不言思。亦豈不得曰脾主中央。思爲正。肝主於春。變而生思邪。而脾之變動當言恐。不當言噦。肺之變動當言怒。不當言欬。腎之變動當言喜。不當言慄矣。至王注謂憂可以成務。尤爲望文生義。玉篇口部引老子曰。終日號而不嚘。嚘、氣逆也。今老子五十五章作嗄。陸釋亦云。嗄、氣逆也。莊子庚桑楚篇云。兒子終日嗥而嗌不嗄。陸釋云。嗄或又作嚘。徐音憂。是嚘嗄古通用。恐嗄卽嚘之別體。嚘訓氣逆。則與脾之變動爲噦。肺之變動爲欬。義正相類。肝之變動爲握。或云當讀如喔喔之喔。則義亦近。是知此憂字必嚘字之借。與志科之憂文同而實異也。

陰陽應象大論　故同出而名異耳。

㽞案。出當訓生。呂氏春秋大樂紀高注云。出、生也。淮南子墬形訓注亦云。出猶生也。同出者、同生也。同生者、若云並生於世也。上文云。知之則强。不知則老。是並生於世。而有强老之異名。故曰同出而異名耳。王注云。同、謂同於好欲。未得其義。且止解同字。未解出字。若卽以好欲爲出字之義。益無理矣。解精微論云。生則俱生。林校正引太素作出則俱亡。則二字或并可通。爾雅釋親女子同出。國語晉語韋解作女子同生。彼同生之義與此有別。說見彼。而同出之爲同生。適可借證已。

陰陽應象大論　故邪風之至。疾如風雨。

𡆧案。旣言邪風。又言疾如風。必不可通。據上下文諸言氣不言風。且上文云。風氣通於肝。則風亦氣之一。言風不如言氣之賅矣。此邪風當作邪氣。葢卽涉疾如風之風字而誤。氣爲風。故邪氣之至。疾如風雨。句始有義。下文云。故天之邪氣感。則害人五藏。彼邪氣正承此邪氣而言。則此之當作邪氣。不當作邪風。明矣。

陰陽別論　病爲偏枯痿易。

𡆧案。易當讀爲瘍。說文疒部云。瘍、脈瘍也。廣雅釋詁云。瘍、病也。又云。癡也。易與痿是二病。王注云。易、謂變易常用。而痿弱無力也。則似誤二病爲一。要其言變易常用。與癡義亦可合也。漢書王子侯表云。樂平侯訢病狂易。亦以易爲之。

陰陽別論　陰陽結。斜多陰少陽。曰石水。

𡆧案。斜葢當讀爲除。除斜並諧余聲。例得假借。除者、除去之義。廣雅釋詁云。除、去也。據說文𨸏部云。除、殿陛也。則除去非除本義。其本字實爲捈。捈諧舍聲。余諧舍省聲。然則卽讀斜爲捈。亦例無不通矣。說文手部云。捈、釋也。捈釋之義、卽除去之義也。斜多陰少陽者、謂除去多陰少陽也。葢陰陽結。或陰陽均等。或多陽少陰。皆曰石水。惟多陰少陽則不在其科。故曰陰陽結。斜多陰少陽。曰石水。謂除去多陰少陽。凡陰陽結者曰石水也。王注簡略。張嘯山先生舒藝室續筆謂斜乃糾之誤。竊疑未然。以斜爲糾之誤。則必以結糾連讀。觀下文二陽結。三陽結。一陰一陽結。皆以結字讀頓。結下更不著字。則此必當讀陰陽結頓。結下不得有糾字明矣。且既言陰陽結糾。又言多陰少陽。則何不直曰多陰少陽結糾。而乃冗疊如是乎。張志聰内經素問集註云。結斜者、偏結於陰陽之閒。亦望文爲義。五藏生成篇云。小谿三百五十四名。少十二俞。此言除多陰少陽。猶彼言少十二俞。句意略有參證。

靈蘭祕典論　以傳保焉。

鬯案。保讀爲寶。易繫傳聖人之大寶。陸釋引孟喜本。寶作保。史記周紀展九鼎保玉。裴解引徐廣曰。保一作寶。寶保通用。古書屢見。傳保卽傳寶。此本宜學者共知。而如高世栻直解云。以傳後世而保守弗失。夫寶者、保也。保守弗失之義。與寶義無背。而動靜有閒。曰傳寶、自直捷。曰傳保守弗失、卽迂回。所以考古者不可不明假借也。脈要精微論云。是故持脈之道。虛靜爲保。保亦當讀寶。彼王注云。保定盈虛而不失。則亦昧矣。甲乙經、脈經正作持脈有道。虛靜爲寶。寶命全形論之寶字。轉合讀保。

六節藏象論　凡十一藏取決於膽也。

鬯案。一字葢衍。上文言心、肺、腎、肝、脾、胃、大腸、小腸、三焦、膀胱。凡十藏。無十一藏。并膽數之。始足十一。然云凡十一藏取決於膽。是承上而言。必不并膽數。王注云。上從心藏。下至於膽爲十一。此曲說十一也。十一藏去膽止有十。則一字之爲衍甚明。此儻因靈蘭祕典論言十二藏。故其衍作十一藏者。正不并膽數也。不知彼尚有膻中一藏。此上文不及膻中也。玉機眞藏論云。胃者、五藏之本也。胃在五藏外。故爲本。膽在十藏外。故取決。可比例矣。

五藏生成篇　心之合脈也。其榮色也。

𢘿案。色爲赤色。王注當不誤。而林校正駁之云。王以赤色爲面榮美。未通。大抵發見於面之色。皆心之榮也。豈專爲赤哉。竊謂林說轉未當。此觀於下文而可知。下文言五藏所生之外榮云。生於心。如以縞裹朱。朱非正赤色乎。又云。生於肺。如以縞裹紅。生於肝。如以縞裹紺。生於脾。如以縞裹栝樓實。生於腎。如以縞裹紫。是赤色之外。凡發見之色。生於肺、肝、脾、腎。而不生於心也。且如紅、淺赤也。紺、青赤也。王注云。薄青色。未是。栝樓實、黄赤也。紫、黑赤也。則卽不生於心之色。亦復不離於赤。焉有明明言心其榮色。以赤色爲未通乎。蓋心生血。血色赤。此實淺可知者。王謂火炎上而色赤。舍血言火。卻似舍近言遠。要亦不必滋議者矣。

五藏生成篇　故色見青如草茲者死。

𢘿案。茲之言荐也。草茲者、草荐也。草荐者、草席也。荐茲一聲之轉。論雙聲假借之例。本無不可通。說文草部云。茲、艸木多益。荐、薦席也。是荐爲正字。茲爲借字。然𢘿竊又有一說焉。茲从艸。絲省聲。蓋聲當兼義。以絲編艸。是草席之義也。恐茲字本義正是草席。而艸木多益乃是轉義。故古人多謂席爲茲。周禮圉師職春除蓐。鄭注云。蓐、馬茲也。爾雅釋器云。蓐謂之茲。郭注云。茲者、蓐席也。史記周紀云。衛康叔封布茲。裴集解引徐廣曰。茲者、藉席之名。荀子正論篇楊注云。或曰。龍茲卽今之龍鬚席。凡此、實皆用本字也。蓋茲與荐二字同義。或并同字。自爲荐字專席義。而茲乃以轉義爲本義。遂莫解从絲省之說。則但謂之聲矣。草既成席。青色必乾槁。故色如之者死。草茲之卽草席。素問家固有知者。特未發明茲字之說耳。至王注謂如草初生之青色。其說最謬。果如其說。是生色。非死色矣。

五藏生成篇　徇蒙招尤。

𢛳案。徇吳峴注本改爲眴。俞蔭甫太史餘錄亦云。徇者、眴之借字。蒙者、矇之借字。眴矇並爲目疾。說當得之。而招尤二字。俞雖譏王注迂曲。仍謂未詳其說。𢛳竊謂招尤卽招搖也。搖尤一聲之轉。此類連語字。本主聲不主義。招尤、招搖。一也。漢書禮樂志顏注云。招搖、申動之貌。文選甘泉賦李注云。招搖、猶彷徨也。然則王注謂。招謂掉也。搖掉不定也。義實未失。特專解招字。致尤字不可解。而云尤、甚也。宜俞氏斥爲迂矣。至顧觀光校謂目不明則易於招尤。張嘯山先生校亦謂視不審則多誤。故云招尤。並以尤作過字義。實較王義爲更迂。此與韓愈感二鳥賦祇以招尤而速累者。自不可同也。說文目部云。旬、目搖也。或體作眴。刺瘧篇云。目眴眴然。然則招搖卽申眴矇之義。猶下文腹滿䐜脹。䐜脹卽申腹滿之義也。

五藏生成篇　五藏相音。可以意識。

𢛳案。音字疑本作咅。咅、音隸書止爭一筆。故誤咅爲音。咅實倍字之借也。倍之言背也。五藏相咅。實謂五藏相背也。上文云。五藏之象。可以類推。謂其常象也。至於五藏相背。亦可以意識之。故又云五藏相音。可以意識。四句似平而實貫。與上言脈下言五色分別一項者不同。故複言五藏也。咅誤爲音。則義不可通。王注釋爲五音互相勝負。則當云五藏互音。不當云相音矣。或以相作形相解。益謬。脈要精微論云。五藏者、中之守也。得守者生。失守者死。五藏相背。卽失守之謂。玉機眞藏論云。病之且死。必先傳行。至其所不勝。病乃死。此言氣之逆行也。故死。五藏相背。亦卽逆行之謂也。

五藏生成篇　名曰肺痹。寒熱得之。

𣪘案。寒熱二字似當在得之之下。方與上下文例合。上文云。名曰心痹。下文云。名曰肝痹。名曰腎痹。痹下俱不更著字。則此名曰肺痹下。不合著寒熱二字。方爲類也。又上文云。得之外疾。下文云得之寒溼。則此云得之寒熱。亦爲類也。二字倒轉。爲失例矣。

五藏別論　六府者。傳化物而不藏。

𣪘案。云化物而不藏。則六府卽上文傳化之府。上文言傳化之府云。胃、大腸、小腸、三焦、膀胱。則止五府。又云。魄門亦爲五藏使。水穀不得久藏。則魄門亦實傳化之府之一。合之成六府。然則此六府爲胃、大腸、小腸、三焦、膀胱、魄門。與金匱眞言論以膽、胃、大腸、小腸、膀胱、三焦爲六府者異。膽亦見上文。乃奇恆之府。奇恆、猶言變常也。玉版論要篇云。奇恆者、言奇病也。彼言病。故云奇病。其實奇恆止是變常之義。若奇恆之府曰奇病之府。不可通也。或云。古醫書有名奇恆者。亦在彼奇恆可解。在此奇恆不可解。非傳化之府。故舍膽而取魄門爲六。自來素問家俱略未說。故爲拈出之。下文兩言六府。當同。　藏府之說。今醫工一從金匱眞言論。而在古初無定論。故靈蘭祕典論云。願聞十二藏之相使。貴賤何如。又。六節藏象論云。凡十一藏。取決於膽也。是合藏府而通謂之藏矣。又。診要經終論言十二月。人氣分兩月配一藏。故五藏之外又有頭。則頭亦爲一藏矣。又。六節藏象論及三部九候論並言九野爲九藏。故神藏五。形藏四。王注云。所謂形藏四者。一頭角。二耳目。三口齒。四胷中。則頭角、耳目、口齒、胷中。亦爲藏矣。又。脈要精微論云。夫五藏者、身之强也。而彼下文云。頭者、精明之府。背者、胷中之府。腰者、腎之府。膝者、筋之府。骨者、髓之府。則是五府也。而云五藏。五藏而又爲頭、背、腰、膝、骨矣。上文云。黃帝問曰。余聞方士或以腦髓爲藏。或以腸胃爲藏。或以爲府。則當時藏府之説有爭辯矣。

異法方宜論　其治宜砭石。

鬯案。砭與鍼別。故言砭石。不言砭鍼。此東方。言其治宜砭石。下文南方。言其治宜微鍼。鍼與砭分別如此。而王注云。砭石、謂以石爲鍼也。則溷砭於鍼矣。又云。山海經。高氏之山有石如玉。可以爲鍼。則砭石也。考今山海東山經。作高氏之山。其上多玉。其下多箴石。與王引小殊。彼郭璞注云。可以爲砥鍼治癰腫者。王義實本於此。然如王所引。固止言箴。顧觀光校云。箴卽鍼字。左傳鍼莊子。風俗通作箴莊子。不言砭。如今本亦止言箴石。不言砭石。烏覩箴石之卽砭石乎。要高氏山之箴石。不妨亦如砭之可以治癰腫。而治癰腫之砭石則石而非鍼也。葢但當是刃石。而不當謂鍼石。故靈樞九鍼十二原篇列九鍼之目。一曰鑱鍼。二曰員鍼。三曰鍉鍼。四曰鋒鍼。五曰鈹鍼。六曰員利鍼。七曰毫鍼。八曰長鍼。九曰大鍼。其說亦見九鍼論。何曾見有砭鍼在內。又申言九鍼。其於鈹鍼云。末如劍鋒。以取大膿。取大膿者、卽所謂治癰腫也。然則治癰腫之鍼。乃鈹鍼。非砭石。砭石與鈹鍼皆治癰腫。而砭石不可名爲鍼。卽猶鈹鍼不可名爲石也。故病能論云。有病癰者。或石治之。或鍼灸治之。又云。癰氣之息者。宜以鍼開除去之。夫氣盛血聚者。宜石而寫之。則鍼與石之異物。亦旣彰明曉著矣。靈樞玉版篇云。黃帝曰。其已有膿血而後遭乎。不導之以小鍼治乎。岐伯曰。其已成膿血者。其唯砭石鈹鋒之所取也。鈹鋒者、卽鈹鍼也。砭石與鈹鋒並稱。明砭石與鈹鍼同類。旣言砭石。又言鈹鋒。明砭石與鈹鍼異物。以砭石爲鍼者。恐卽由誤讀此文。以砭石鈹鋒爲一物。則砭石卽鈹鍼。鈹鍼爲鍼。砭石亦自爲鍼矣。則試問諸言鍼石者。如金匱眞言論云。皆視其所在而施鍼石也。移精變氣論云。鍼石治其外。血氣形志篇云。治之以鍼石。通評虛實論云。閉塞者。用藥而少鍼石也。鍼石之見於素問不一而足。若砭石卽鈹鍼。既言鍼。又舉九鍼之一以相配並稱。誠何意義與。鍼石並稱。恐所謂鍼轉可專指鈹鍼。而不可以鈹鍼屬石。且鈹鍼大小有制。九鍼十二原篇及九鍼論並言鈹鍼廣二分半。長四寸。九鍼論且申之云。此大小長短法也。則明一定而不可易者矣。而砭石有大有小。故寶命全形論云。制砭石小大。其必不能一定廣二分半長四寸。則砭石之不可當鈹鍼。不愈明乎。彼林校引全元起云。砭石者。是古外治之法。有三名。一鍼石。二砭石。三鑱石。古未能鑄鐵。故用石爲鍼。黃帝造九鍼以代鑱石。此亦足見黃帝造鍼以代砭。砭石必不得當九鍼之一也。其言一鍼石。二砭石。三鑱石。鍼石者、固石之爲鍼者也。卽謂是高氏山之箴石。亦聽之可也。鑱石者、卽鑱鍼之所取法也。故鑱鍼列九鍼之冠。黃帝造九鍼以代砭。去鍼石鑱石。而獨存砭石。則砭石之非鍼。又可明矣。其言古未能鑄鐵。故用石爲鍼。則有鑄鐵之後。鍼必不復用石而用鐵。砭石之非鍼又可明矣。又案。王於下文微鍼注云。微、細小也。細小之鍼。調脈衰盛也。其意若謂南方治宜細小之鍼。而東方治宜砭石者、卽粗大之鍼。此蓋亦有說。微鍼固卽小鍼之名。如玉版篇帝問以小鍼治。而伯對鈹鍼之所取。則鈹鍼爲大鍼。說文金部云。鈹、大鍼。是也。此小鍼爲細小之鍼可證也。而彼上文又云。黃帝曰。余以小鍼爲細物也。夫子乃言上合之于天。下合之于地。中合之于人。余以爲過鍼之意矣。歧伯曰。大于鍼者。惟五兵者焉。夫帝問小鍼。伯不曰大於小鍼者某鍼。而云大於鍼者惟五兵。則彼小鍼實兼九鍼之總名矣。蓋九鍼有小大。就鍼別之。若論其物。固莫非小物也。故九鍼得總名爲小鍼。南方之治宜微鍼。正是總名九鍼爲微鍼。而非指九鍼中之細小之鍼也。何以知之。以彼下句卽承之曰。故九鍼者亦從南方來。不曰微鍼。而曰九鍼。豈非微鍼卽九鍼乎。微鍼卽九鍼。則砭石之非鍼。又可明矣。儻砭石在九鍼之外。而亦爲鍼。則何不并九鍼數之爲十鍼。素問無十鍼之目。故砭石卒不得冒鍼之名。故曰但當是石之有刃者也。不具鍼形。故無鍼名也。近人有謂今刮沙法爲古砭遺法者。今刮沙法用錢。或用磁椀。古則用石耳。其說頗能別砭於鍼。然無證據。且古病名無沙。安得有刮沙法。聊附於此。

異法方宜論　其民陵居而多風。

鬯案。此其民當本作其地。下文始云其民不衣而褐薦。則此不當出其民字。蓋卽涉彼而誤也。下文言北方。其地高。陵居。風寒冰冽。此西方之陵居而多風。猶北方之陵居風寒也。彼明言其地。則此亦當作其地。明矣。下文又云。其民華食而脂肥。吳崐本無彼其民字。吳雖多改易。然其所改。注中皆明出之。此不出。則其所據本原無二字也。蓋此其民涉下而誤。彼其民又涉上而衍。

湯液醪醴論　形施於外。

鬯案。施當爲改易之義。詩皇矣篇鄭箋云。施、猶易也。集韻紙韻云。施、改易也。荀子儒效篇楊注。讀施爲移。釋爲移易。移易亦卽改易也。施與易亦通用。詩何人斯篇我心易也。陸釋引韓詩易作施。史記韓世家施三川。戰國韓策施作易。是也。形施於外者、謂形改易於外也。上文云形不可與衣相保。則信乎其形改易矣。下文云。以復其形。既改易其形。故復還其形。復與施。義正鍼對。林校正謂施字疑誤。非也。而如王注云。浮腫施張於身形之外。以施爲施張。則必增浮腫以成其義。乃眞誤矣。高世栻直解本改施爲弛。猶可通。要弛亦改易之義。爾雅釋詁云。弛、易也。字亦通馳。水經河水酈道元注引竹書紀年云。及鄭馳地。謂以地相易也。皆改易之義也。

玉版論要篇　色夭面脫不治。

𢒼案。色夭者、色白也。靈樞五禁篇云。色夭然白。是其明證。蓋色白必兼潤澤之氣。無潤澤之氣而白。謂之色夭。玉機眞藏論云。色夭不澤。是其明證。王注止云夭惡。玉機論注云。夭、謂不明而惡。意似得之。而不言何色。說轉不曉。

診要經終論　中心者環死。

𢒼案。環下似本有正字。故王注云。正、謂周十二辰也。今脫正字。則注語無著矣。王訓正爲周十二辰者。以刺禁論云。刺中心。一日死。四時刺從逆論云。刺五藏中心。一日死。故以爲環正死者。卽一日死。一日則十二辰也。蓋譬如今日正午辰刺者。則環至明日午辰正而死。今夜正子辰刺者。環至明夜子辰正而死。此正爲周十二辰之說也。要古未以一日定十二辰。故正曰環正耳。自正字脫去。後人或謂經氣環身一周而死。人一日夜營衛之氣五十度周於身。以百刻計之。約二刻一周。則不顧與刺禁、刺從逆兩論所云一日死者不合乎。

診要經終論　刺胸腹者。必以布憿著之。乃從單布上刺。

𢒼案。憿當讀爲繳。廣雅釋詁云。繁、纒也。繁卽繳字。說文亦作繁。漢書司馬相如傳顏注云。繳繞、猶纒繞也。然則繳著之者。謂以布纒著於胸腹也。作懒者、借字。林校正引別本作黴。又作撳。俱借字也。張志聰集註訓懒爲定。謬。案。王注云。形定則不誤中於五藏也。說以布懒著之乃從單布上刺之義。非以定字詁懒字。儌爲懒幸之義。從無定字之訓。素問家鮮通訓詁。率類是。

脈要精微論　五色精微象見矣。

圞案。此精微二字側而不平。與他文言精微者獨異。微葢衰微之義。精微者、精衰也。五色精微象見者。五色精衰象見也。王注云。赭色、鹽色、藍色、黃土色、地蒼色見者。精微之敗象。夫精微之敗象。豈得但謂之精微象。是誤以精微二字平列。而增設敗字以成義。贅矣。衰微卽衰敗也。下文云。以長爲短。以白爲黑。如是則精衰矣。彼明出精衰。精衰與精微正相應照。亦上下異文同義之例也。篇名題脈要精微。義本如此。脈要精微者、猶其題脈要經終也。經終謂十二經脈之終。精微二字義側。猶經終二字義側矣。下文云。言而微。亦謂言而衰也。

脈要精微論　言而微終日乃復言者。

圞案。日字當衍。言而微終乃復言。終者、一言一語之終。非終日也。終日乃復言。決無之事。王注云。若言音微細。聲斷不續。亦不及終日之義。是王本或尙未衍矣。觀注下云。甚奪其氣。乃如是也。玩一甚字。則其本已衍。亦未可知。然下文止言此奪氣也。甚字王氏所增。則素問之無日字可決。顧觀光校據王懷祖說。謂終日猶良久。究爲牽强。

平人氣象論　盛喘數絕者。則病在中結而橫有積矣。

鬯案。則病在中結而橫有積矣十字。當一句讀。中結二字連文。而王注於中字絕斷。則結而橫有積矣句。實不成文法。或分作二字兩句。亦不然。然細驗王於中字下。止出絕謂暫斷絕也六字。其云中謂腹中也。轉出在結而橫有積矣絕不至曰死之下。則此處王注似傳寫失眞。顧觀光校以中謂腹中也五字爲當在絕謂暫斷絕也之下。則仍以中字斷句。竊疑未得。葢絕謂暫斷絕也六字。或當斷於盛喘數絕者下。所以解數絕之絕字也。不然。則當在絕不至曰死之下。葢斷一節而始加注。所注絕字。仍是數絕之絕字。非絕不至之絕字。葢後人正恐與絕不至之絕字相亂。故移寫在上。而不省中字之不可斷也。且今絕不至曰死下。尚有注文皆左乳下脈動狀也八字在中謂腹中也上。與正文殊不應。是豈六字既移寫在上。而又漫入此八字以補空邪。然則王氏原以則病在中結而橫有積矣十字連讀作一句。未可知矣。且下文云。腹中有橫積痛。王解此中爲腹中。正據彼而言。則其十字讀作一句。葢可證。若下文謂寸口脈沈而堅者曰病在中。寸口脈浮而盛者曰病在外。猶其云脈盛滑堅者曰病在外。脈小實而堅者病在內。中與內相對爲文。猶外與內相對爲文。自不可以彼中字絕句例此也。又云。病在中脈虛。病在外脈濇者。皆難治。亦中與外對。又如玉機眞藏論言太過病在外。不及病在中。凡五見。皆對文。不得例此。

平人氣象論　累累如連珠。

鬯案。連珠葢本作珠連。連字與下文如循琅玕玕字爲韻。詩伐檀篇云。置之河之干兮。河水清且漣猗。漣與玕叶。猶漣與干叶也。楚辭招魂云。高堂邃宇。檻層軒些。網戶朱綴。刻方連些。連與玕叶。猶連與軒叶也。乙作連珠。則失韻矣。王注云。似珠形之中手。但言珠而不言連珠。則未見王本之必作連珠矣。

平人氣象論　病肝脈來。盈實而滑。如循長竿。

䀠案。竿字與滑字失韻。且上文云。平肝脈來。耎弱招招。如揭長竿末梢。則此言病肝脈來。盈實而滑。正與彼脈耎弱相反。何得又以長竿爲喻。長竿若是竹竿。中空而不盈實。亦不滑也。王注上文言長耎。此文言長而不耎。殆故爲之說。以字形擬之。竿字當是笄字之壞文。笄與滑。則平入相叶。笄或以玉。或以象牙。正與脈盈實而滑之義合。古人用笄有二種。一爲固髮之笄。一爲固冠之笄。固髮之笄短。固冠之笄長。長笄者。其指固冠之笄與。

玉機眞藏論　其見人者。至其所不勝之時則死。

䀠案。凡言時。有二說。一爲春夏秋冬之時。上文所謂四時之序者是也。一爲周一日夜之時。上文所謂一日一夜五分之。王注云。朝主甲乙。晝主丙丁。四季土主戊己。晡主庚辛。夜主壬癸。是也。若以後世十二辰言之。朝、寅卯也。晝、巳午也。四季土、辰未戌丑也。晡、申酉也。夜、亥子也。靈樞有順氣一日分爲四時篇。則云。朝則爲春。日中爲夏。日入爲秋。夜半爲冬。彼四分之。是朝、寅卯辰也。日中、巳午未也。日入、申酉戌也。夜半、亥子丑也。不別分四季土。以四季土亦當一分。實不若四分之允。抑五分之說。或當如張志聰集註云。昧旦主甲乙。晝主丙丁。日昃主戊己。暮主庚辛。夜主壬癸。則眞五分矣。但與四分之說。又別爲兩說而不可合也。上文云。眞藏見。目不見人。立死。立死者、卽時死也。此言其見人者至其所不勝之時則死者。苟非不勝之時。猶不死也。則時爲周一日夜之時。其義本無可疑。獨王注云。不勝之時。謂於庚辛之月。不言時而言月。其語頗異。凡言時。止有以上二說。從無謂月爲時者。日庚辛之月。則疑王本實作不勝之月。不作不勝之時。而月乃日字之誤也。何以言之。上文云。眞藏見。十月之內死。彼十月當作十日。諸家多已訂正。葢彼上下文皆言眞藏見。乃予之期日。且曰。大骨枯槀。大肉陷下。胷中氣滿。喘息不便。內痛引肩項。一月死。眞藏見。乃予之期日。然則一月死者。眞藏猶未見也。此可知眞藏見。且無及一月。安及十月。十月之當作十日。至不可易。而彼王注云。期後三百日內。是已從誤本作解矣。以彼例此。知此亦誤作月。故亦從誤本作解。謂不勝之月謂於庚辛之月也。葢王本日誤爲月。而後人又改月爲時。改月爲時者。正明知眞藏見。死必不久。不能及月也。今以作日言之。則亦可通。上文言目不見人立死者。卽日死也。此言其見人至所不勝之日則死者。苟非不勝之日。猶不死也。王言庚辛之月。本之平人氣象論肝見庚辛死之語。彼正言庚辛日。非謂庚辛月。以干支紀月。亦起後世。庚辛之日。十日之內必有一遇。然則至所不勝之日死。亦謂不出十日耳。因王注而漫疑及此。書之。俟醫工參驗可也。今案。王注月字卻可疑。然正文時字不當改日。上文言一日一夜五分之。此所以占死生之早暮也。賴有此條一時字應之。不然。上諸條皆言日。若并此條亦言日。則前文爲無著矣。

玉機眞藏論　其形肉不脫。眞藏雖不見。猶死也。

𢀵案。上不字疑因下不字而衍。其形肉脫。故云眞藏雖不見。猶死也。若作形肉不脫。則句中亦當著雖字。云形肉雖不脫。眞藏雖不見。二句爲偶文。然恐非也。或云。不字當作已。三部九候論云。形肉已脫。九候雖調。猶死。九候雖調。卽眞藏雖不見。此文正可例。形肉已脫。卽形肉脫。有已字。無已字。其義一也。玉版論要篇云。色夭面脫不治。則脫者不治。不脫當不至死矣。上文其脈絕不來。若人一息五六至。

或疑不字亦衍。案。吳崐注引一說云。脈絕不來。忽然一息五六至。必死也。則彼文有不字。亦可解。猶不必衍。

藏氣法時論　肝病者平旦慧。

鬯案。慧卽當訓愈。方言陳楚篇云。南楚病愈者或謂之慧、廣雅釋詁云。慧、瘉也。瘉卽愈也。說文疒部云。瘉、病瘳也。是也。說文無愈字。或謂卽愉字之別體。則愈爲瘉之借字耳。肝病者平旦慧者。肝病者平旦愈也。卽上文病在肝愈於夏。肝病者愈在丙丁之愈也。下文云。下晡甚、夜半靜甚者。卽上文甚於秋之甚。又卽加於庚辛之加也。靜者、卽上文持於冬持於壬癸之持也。慧與愈。甚與加。靜與持。皆異字而同義也。王注解慧爲爽慧。猶方言郭璞注解慧爲意精明。推原其意。或未始無理。顧在方言既云病愈謂之慧。則推原其意作解可也。此文止言肝病者平旦慧。則何如訓慧爲愈之直捷乎。王念孫廣雅疏證已引此以證彼。而素問家鮮能援方言廣雅以釋此者。故特爲明之。下文心病者日中慧。脾病者日昳慧。肺病者下晡慧。腎病者夜半慧。並放此。

宣明五氣篇　胃爲氣逆、爲噦、爲恐。大腸小腸爲泄。下焦溢爲水。膀胱不利爲癃、不約爲遺溺。膽爲怒。

鬯案。此三十三字非素問原文。疑是古素問家注語而雜入正文者。古書多注語。特古人或不必稱注耳。上文云。五氣所病。心爲噫。肺爲欬。肝爲語。脾爲呑。腎爲欠。爲嚏。故下文結之云。是爲五病。注家於心、肺、肝、脾、腎之外。又廣及胃、大腸、小腸、下焦、膀胱、膽。以補正文之所不及。古注恆有此例。今雜入正文。則下文是爲五病句不可通矣。且此篇通篇止言五藏。不及六府。則此文之非素問原文。固灼然易見。素問中有古注語。卽前後亦多見之。姑略爲拈出。以證其說。如陰陽離合論云。命曰陰處。名曰陰中之陰。夫既言命曰。不應復言名曰。下文則出地者命曰陰中之陽。俞蔭甫太史餘錄云。則當爲財。財出地者。言始出地也。有命曰。無名曰。卽其例。以下文命曰例此。則此亦當言命曰。不當言名曰。下文名曰亦疊見。命曰亦見。皆言名不言命。言命不言名。葢命曰陰處四字爲素問原文。名曰陰中之陰六字乃注語。卽以名曰釋命曰也。而陰處二字艱奧。故傍下文陰中之陽之意。而卽以陰中之陰釋陰處之義也。以六字雜入正文。則文複而不可解矣。又如移精變氣論。標本已得。邪氣乃服。林校正引全元起本又云。得其標本。邪氣乃散矣。此九字卽標本已得八字之注語。故王本無之。而全本亦雜入正文。則亦不可解矣。又如平人氣象論云。左乳下。其動應衣。脈宗氣也。又云。乳之下。其動應衣。宗氣泄也。乳之下十一字亦卽左乳下十一字之注語。素問言脈宗氣。而注者謂是宗氣泄。故林校引全本及甲乙經無乳之下十一字。則王本亦雜入者矣。又如玉機眞藏論云。病之且死。必先傳行。至其所不勝。病乃死。此言氣之逆行也。故死。此言九字亦卽病之且死十六字之注語。又云。故曰別於陽者知病從來。別於陰者知死生之期。言知至其所困而死。言知八字亦卽故曰十九字之注語。又如刺瘧篇云。令人先寒洒淅。洒淅寒甚。洒淅寒甚四字之爲注語。尤明甚。又如腹中論云。不可服高粱、芳草、石藥。石藥發瘨。芳草發狂。下八字之爲注語。亦明甚。葢黃帝問語不應先自解說也。凡茲諸條。隨筆所舉。細核全書。其類尚多。奇病論。然後調之。林校正云。此四字全注文。誤書於此。今當刪去之。又。王注云。是陽氣太盛於外。陰氣不足。故有餘也。林校正云。此十五字。舊作文寫。乃是全注。後人誤書於此。今作注書。則全注且有誤爲正文者。素問無。古注則已有。則豈能無雜入哉。

內經素問二

寶命全形論　木敷者其葉發。

鬯案。敷與陳義本相通。漢書宣帝紀顏注引應劭云。敷、陳也。韋玄成傳注云。陳、敷也。敷爲陳布之陳。亦爲久舊之陳。凡一字之有分別義。悉由一義之通轉而得。訓詁之法。頗無泥滯。然則木敷者其葉發。卽林校引太素云。木陳者其葉落也。木陳、謂木久舊也。漢書文帝紀顏注云。陳、久舊也。是也。則木敷亦若是義矣。發當讀爲廢。論語微子篇陸釋引鄭本。廢作發。莊子列禦寇篇陸釋引司馬本。發作廢。文選江文通雜體詩李注云。凡草木枝葉彫傷謂之廢。此其義也。故其葉發者、其葉廢也。其葉廢。卽其葉落矣。王注云。敷、布也。言木氣散布。外榮於所部者。其病當發於肺葉之中。此說甚戾。木旣敷榮。何爲病發。靈樞五變篇云。夫木之蚤花先生葉者。遇春霜烈風。則花落而葉萎。是謂蚤花先生葉。今止一敷字。亦不足以盡此義。且素問止言其葉發。不言其葉發病。安得增設而爲是說也。林校正謂太素三字與此經不同。而注意大異。不知字雖不同。而意實無別也。林言三字不同。陳與敷也。落與發也。其一乃指上文嘶敗之敗字。王本原作嗄。說見俞蔭甫太史餘錄。今浙局本於下文血氣爭黑之黑字作異。當屬刊誤。不得爲林指三字之一也。

寶命全形論　心爲之亂惑。反甚其病。不可更代。

鬯案。反甚其病四字當讀作一句。葢心旣爲之亂惑。則所以治其病者。必多不合。故不惟不能除其病。

上文云。余欲鍼除其疾病。反使其病加甚而不可更代。義本明顯。王注於此簡略。其讀法不可知。而後人率誤讀心爲之亂惑反甚爲句。高世栻并讀心字屬上句。益謬。其病不可更代爲句。原其意。似欲斡旋黄帝之治病必無反使其病加甚之理。殊不知下文云。百姓聞之以爲殘賊。若但病不可更代。何至以爲殘賊乎。以爲殘賊。正爲反甚其病故也。且正惟反甚其病。故欲爲之更代。而又不可。苟第心爲之亂惑反甚。亦何至爲更代之説乎。更代者、謂欲以己身更代病者之身也。王注於更代義亦略。而後人率解爲更易時月。益謬矣。鬯於此更有所感。夫以黄帝之用心如彼。上句云。余念其痛。而治病猶如此。今之醫工輒自謂己所治病若無一不全者。是其術竟過於黄帝乎。靈樞邪氣藏府病形篇云。上工十全九。中工十全七。下工十全六。然則十全九已爲上工矣。周禮醫師職云。十全爲上。十失一次之。十失二次之。十失三次之。十失四爲下。蓋十全殊難得也。

寶命全形論　土得木而達。

鬯案。此達字蓋當主本義爲説。説文辵部云。達、行不相遇也。行不相遇爲達字本義。則達之本義竟是不通之謂。凡作通達義者。卻以反義爲訓。書傳用達字多用反義。惟此達字爲得本義耳。土得木者。木克土也。土受木克而曰達。非行不相遇之意乎。王注乃於此達字亦訓通。疏矣。上文云。木得金而伐。火得水而滅。下文云。金得火而缺。水得土而絶。達字與伐、滅、缺、絶等字同一韻。義亦一類。苟爲通達之義。不且大相剌謬乎。張志聰集註云。木得金則伐。火得水則滅。金得火則缺。水得土則絶。此所勝之氣而爲賊害也。土得木而達。此得所勝之氣而爲制化也。高世栻直解云。金能制木。故木得金而伐。水能制火。故火得水而滅。木能制土。始焉木王。既則木之子火亦王。火王生土。故土得木而達。火能制金。故金得火而缺。土能制水。故水得土而絶。皆不明達字之義。而曲説支離矣。行不相遇。與伐、滅、缺、絕正一律也。朱駿聲說文通訓謂。惟書顧命。用克達殷集大命。似當訓絕。禮內則左右達爲夾室。所以相隔。吳語寡人其達王于甬句東。與不相遇義近。𨛦意竊不敢漫和。說文家竟未有援及此文以證彼者。而素問家亦無引說文本義以釋此達字。甚矣讀書之難於貫澈也。

寶命全形論　從見其飛。不知其誰。

𨛦案。從字葢徒字形近之誤。徒見其飛。故曰不知其誰也。不知與徒見。意義鍼合。徒誤爲從。便失旨矣。王注云。如從空中見飛鳥之往來。以如從解從。謬甚。

八正神明論　則人血淖液而衛氣浮。

𨛦案。淖葢當作淳。淳淖形近而誤。淳卽陰陽別論淳則剛柔不和之淳字。釋音云。淳同潮。是也。彼王注云。血淳者。陽常勝。血淳二字卽可證。此云衛氣浮。下文云故血易寫。氣易行。是卽陽勝之謂矣。王於此無注。而其字作淖。張志聰集註云。淖、和也。殆誤矣。離合眞邪論、經絡論及靈樞藏府病形篇、決氣篇、行鍼篇並出淖澤字。疑彼淖字皆淳字之誤。抑液或當讀汐。液諧夜聲。夜卽从夕。亦省聲。而夕聲亦同部可諧。說文無汐字。故借液爲之。淖液者、卽潮汐也。如五藏生成篇言四支八谿之朝夕也。彼朝夕卽潮汐。前人已言之。此借液爲汐。猶彼借夕爲汐矣。移精變氣論虛邪朝夕或亦當讀潮汐。

八正神明論　入則傷五藏。工候救之。弗能傷也。

𨛦案。此古文倒裝法。若云工候救之。弗能傷也。入則傷五藏。工候救之。承上文兩虛相感其氣至骨而言。葢其氣至骨之時。工猶可以候救。救者、卽救使勿入傷五藏也。入則傷五藏。至於傷五藏。工亦弗能救矣。故下文云。天忌不可不知也。入則傷五藏句。倒在工候之上。則意義似艱奥。於是或疑弗能傷之傷字。如左成十年傳公夢疾爲二豎子。曰。彼良醫也。懼傷我之傷。謂醫傷病。非謂病傷人。則傷字如治字之義。究不若依古文倒裝法爲允。否則直錯誤耳。

離合眞邪論　不知三部者。陰陽不别。天地不分。

喦案。此十三字錯簡也。當在下文以定三部之下。故曰刺不知三部之上。其文云。地以候地。天以候天。人以候人。調之中府。以定三部。不知三部者。陰陽不别。天地不分。故曰刺不知三部九候病脈之處云云。不知三部者、卽承以定三部而言。故曰刺三部、卽承此不知三部者而言。其文甚明。此十三字錯在前。則語意隔絶不可通矣。張志聰集註、高世栻直解乃以地以候地、天以候天、人以候人三句爲亦承此不知三部者言。實謬甚。夫地以候地。天以候天。是明明分天地矣。旣以不分天地者爲不知三部。何又以分者爲不知三部乎。且三部九候論云。下部之天以候肝。地以候腎。人以候脾胃之氣。中部天以候肺。地以候胷中之氣。人以候心。上部天以候頭角之氣。地以候口齒之氣。人以候耳目之氣。所謂地以候地。天以候天。人以候人者。卽此是也。安得謂不知三部者乎。抑必以地以候地三句爲承不知三部者言。而調之中府以定三部二句仍與地以候地三句不可接合。故不以此十三字爲錯簡在前。直須合下三句都二十五字爲錯簡矣。

通評虚實論　脈虚者。不象陰也。

喦案。陰下疑脫陽字。陽與上文常字恇字爲韻。脫陽字。則失韻矣。且脈不能有陰無陽。脈虚而第謂不象陰。亦太偏舉矣。王注謂不象太陰之候。氣口者。脈之要會。手太陰之動。張嘯山先生校已譏其望文。先生疑不象陰有誤。鬯則以爲有脫而非誤。素問有陰陽應象論篇。然則不象陰陽者。謂陰陽失其所應象耳。

太陰陽明論　則身熱不時臥。上爲喘呼。

鬯案。此時字疑誤。或當作得。得與時形近。故誤得爲時。不得臥。始爲病。若不時臥。今之養病者有之。非所謂病也。且既云身熱。又上爲喘呼。則其病正合不得臥。豈尚能不時臥乎。王無注。後人或解不時臥爲不能以時臥。其義則近矣。然不能以時臥。不當但云不時臥。凡言不時。如氣交變大論云。則不時有埃昏大雨之復。則不時有和風生發之應。則不時有飄落振拉之氣。至眞要大論云。便溲不時。皆不以時而有之之義。非不能以時有之義。繆刺論云。其不時聞者。不可刺也。王注云。不時聞者絡氣已絕。故不可刺。吳崐注云。絕無所聞者爲實。不時聞者爲虛。虛而刺之。是重虛也。故在禁。案兩說相反。吳解不時之義爲合。至如上古天眞論云。不時御神。則實不解之誤。見林校正引別本。蓋不解、猶彼上文言不知也。誤作不時。無義。故知此時字實得字之誤也。熱論云。故身熱不得臥也。刺熱篇云。熱爭則不得安臥。逆調論云。有不得臥不能行而喘者。有不得臥。臥而喘者。皆足以證此矣。其不得臥三字。在他篇猶屢見。

刺熱篇　榮未交。

鬯案。榮未交似當從林校正。據甲乙經、太素作榮未夭爲是。上文云。太陽之脈。色榮顴骨。熱病也。榮卽承色榮言。是榮卽色矣。榮未夭卽色未夭也。玉機眞藏論云。色夭不澤。謂之難已。然則色夭者難已。色夭者不至難已也。故下文云。曰今且得汗。待時而已。夭誤爲交。實無義。抑在古音。夭交同部。或讀交爲夭。亦無不可。而王注言。色雖明盛。但陰陽之氣不交錯。則據評熱病論陰陽交爲説。然彼明言陰陽。此止言榮。似未可據彼説此也。至謂交者次如下句。案下句云。與厥陰脈爭見者。死不過三日。是言爭。不言交。交與爭。義相似而實相反也。後人立説更未得確。故不如從作夭之義可解。林校又云。下文榮未交亦作夭。是甲乙、太素兩處皆夭字。可據也。

評熱病論　穀生於精。

鬯案。此於字但作語辭。與上句於字不同。上句云。人所以汗出者。皆生於穀。謂穀生汗也。此言穀生於精。非謂精生穀也。故王注云。言穀氣化爲精。精氣勝乃爲汗。然則止是穀生精耳。穀生精。而云穀生於精。則於字非語辭而何。此猶靈蘭祕典論云。恍惚之數生於毫氂。毫氂之數起於度量。亦止是恍惚之數生毫氂。毫氂之數起度量耳。是素問中固有用此於字一法。顧觀光校。彼兩於字亦以爲止是語辭。引穀梁文六年傳。閏月者、附月之餘日也。積分而成於月者也。爲證。而於此無校。故特爲一補。

又案。細玩王注言穀氣化爲精。似以爲字代於字。王引之經傳釋詞卻有於猶爲也一釋。顧氏所引穀梁文六年傳一條。亦引在內。然則穀生於精者。謂穀生爲精。恍惚之數生於毫氂、毫氂之數起於度量者。謂恍惚之數生爲毫氂、毫氂之數起爲度量。亦未始非一解。然如逆調論云。腎者、水也。而生於骨。彼雖解作生爲骨。亦可通。而甲乙經陰受病發痹篇作腎者水也。而主骨。無於字。則於但作語辭明矣。又如戰國燕策云。夫制於燕者。蘇子也。彼於字卻不可解作爲。鮑彪注云。言其制燕。則又明是語辭矣。

就王釋所引各條。穀梁傳之外並作爲字解者。其實卽作語辭解。亦皆無害也。

評熱病論　使人强上冥視。

㽞案。强上無義。上疑工字之誤。工葢項字之借。項諧工聲。故借工爲項。强工者、强項也。王注云。故使人頭項强而視不明也。卽其證矣。後人就誤本上字生說者俱非。

逆調論　人身非常溫也。非常熱也。

㽞案。常本裳字。說文巾部云。常、下帬也。或體作裳。是常裳一字。書傳多以常爲恆常義。而下帬之義乃習用裳。鮮作常。致王注於此誤謂異於常候。故曰非常。而不知下文云。人身非衣寒也。以彼衣寒例此常溫常熱。則其卽裳溫裳熱明矣。裳、猶衣也。詩斯干篇鄭箋云。裳、晝日衣也。小戴曲禮記孔義云。衣、謂裳也。是裳衣本可通稱。裳溫裳熱。猶衣溫衣熱也。此言裳。下文言衣。變文耳。

逆調論　人有四支熱。逢風寒如炙如火者。何也。

㽞案。寒字當衍。下文云。逢風而如炙如火者。無寒字。可證。且云。四支者、陽也。兩陽相得。惟止言風。故四支陽。風亦陽。是爲兩陽。若寒。則雜陰矣。瘧論云。夫寒者、陰氣也。風者、陽氣也。是也。或依下文。謂寒字卽而字之誤。亦未可知。

瘧論　因遇夏氣凄滄之水寒。

㽞案。此水字爲小字之誤。無疑。不特林校正引甲乙經、太素作小寒迫之。可證。迫之二字或不必依補。而水寒之作小寒。則如氣交變大論王注云。凄滄、薄寒也。薄寒卽小寒。以薄寒釋凄滄。正本此凄滄之小寒立説。又。五常政大論注云。淒滄、大涼也。大涼亦卽小寒之義。蓋在寒猶爲小。在涼已爲大矣。然則王本於此亦作小寒而不作水寒。可據訂正。

刺瘧論　一刺則知。

鬯案。知當訓愈。方言陳楚篇云。知、愈也。南楚病愈者或謂之知。知通語也。或謂之慧。然則謂愈爲知。猶藏氣法時論謂愈爲慧。說見前。皆南楚之言也。上文云。一刺則衰。謂瘧衰也。下文云。三刺則已。謂瘧已也。則愈者、謂瘧愈也。愈在衰已之閒。則愈於瘧衰。而瘧猶未能已之謂也。故知與已有別。知之於已。亦猶藏氣論慧之於靜。彼慧之於靜。卽彼上文愈之於起。起之言已也。王於此無注。不免疏略。而如張志聰集註云。一刺則病衰。二刺則知。三刺則病已。上古以小便利腹中和爲知。以小便利腹中和爲知。未詳何本。但卽其註衰曰病衰。已曰病已。而知不曰病知。蓋其義實不便於知上亦加病字。則不如訓知爲愈。卽不妨曰病知。病知卽病愈也。要三句並指瘧言。病字不可唐突沒卻。腹中論云。一劑知。二劑已。知字放此。腹中論上文云。名曰鼓脹。治之以雞矢醴。王注云。古本草。雞矢並不治鼓脹。惟大利小便。張集註或卽因此附會。腹中論吳崐注云。知、效之半也。已、效之全也。意殊得之。語出杜撰。

舉痛論　善言人者必有厭於己。

鬯案。厭當訓合。說文厂部云。厭、一曰合也。國語周語韋解亦云。厭、合也。玄應大方等大集經音義引蒼頡篇云。伏合人心曰厭。然則善言人者必有厭於己。猶上文善言古者必有合於今。厭與合同一義也。王注云。靜慮於己。亦與彼同。似訓厭爲同。同亦合也。而詁語不著。故後人多訓爲足。此不如訓合之善矣。又。厭字與上文驗字叶韻。驗、厭與合字轉韻亦可叶。是爲叶韻在句中之例。

腹中論　先唾血。

㓝案。此先字當因上文先字而衍。

風論　或爲風也。

㓝案。或字當涉上文諸或爲字而誤。葢本作同。故下文云。其病各異。其名不同。同誤爲或。則句不成義。

風論　然致有風氣也。

㓝案。有字吳崐本作自字。吳本諸所改易注中皆出僭易字。此不注。則其所據本原作自字也。當從之。上文云。無常方。故作轉語云。然致自風氣也。言雖無常方。然其致病則仍由風氣耳。自誤爲有。則義不可解。林校正引全元起本及甲乙經。致字作故攻。奚方壺校云。林校攻字衍。案。今甲乙經陽受病發風篇無攻字。則攻字爲衍。信。但作然故有風氣也。仍不可解。竊疑全本及甲乙經亦作然故自風氣也。故自風氣與致自風氣。惟故致義略別。要大旨一也。

痹論　經絡時疏故不通。

㓝案。通卽讀爲痛。痛、通並諧甬聲。故得假借。甲乙經陰受病發痹篇作痛。正字也。此作通。假字也。不省通爲假字。則既言疏。又言不通。義反背矣。而或遂以通爲誤字。則不然。故不煩改通爲痛。素問假字於此最顯。注家多不明其例。葢醫工能習六書甚少也。

痹論　凡痹之類。逢寒則蟲。

鬯案。蟲當讀爲痋。痋諧蟲省聲。故可通借。說文疒部云。痋、動病也。字又作疼。卽上文云。其留連筋骨者疼久。釋名釋疾病云。疼痹、痹氣疼疼然煩也。依吳志忠校本。然則逢寒則痋。正疼疼然煩。所謂疼痹矣。段玉裁疒部注以釋疾病之疼疼。卽詩雲漢篇之蟲蟲。則又蟲痋通借之一證。抑玄應成實論音義引說文。動病作動痛。上文云。寒氣勝者爲痛痹。又云。痛者寒氣多也。有寒故痛也。然則逢寒則痋。解作逢寒則痛。亦一義矣。要因痛。故疼疼然煩。兩義初不背也。動痛本合兩義爲一。王注云。蟲、謂皮中如蟲行。望文生義。不足爲訓。甲乙經陰受病發痹篇作逢寒則急。當屬後人所改。下句云。逢熱則縱。蟲與縱爲韻。改作急。則失韻矣。

痿論　樞折挈。

鬯案。挈上疑脫不字。故王注云。膝腕樞紐如折去而不相提挈。是王本明作不挈。若止言挈。何云不相提挈乎。且樞折挈三字本不成義。甲乙經熱在五藏發痿篇。挈作瘈。

痿論　宗筋弛縱。

鬯案。宗當訓衆。廣雅釋詁云。宗、衆也。周書程典商王用宗讒。孔晁解亦云。宗、衆也。宗筋猶宗讒矣。宗讒爲衆讒。則宗筋爲衆筋。故下文云。陰陽總宗筋之會。又。厥論云。前陰者宗筋之所聚。曰會。曰聚。則宗之訓衆明矣。厥論宗字。甲乙經陰衰發熱厥篇正作衆。尤爲明據。

厥論

鬯案。厥本有二。有腳氣之厥。有氣逆上之厥。王注云。厥、謂氣逆上也。世謬傳爲腳氣。廣飾方論焉。要兩說皆可存。廣飾方今不傳。不知其論云何。第就篇中言之。其云熱厥之爲熱也。必起於足下。寒厥之爲寒也。必從五指而上於膝。非明明指腳氣乎。其云厥或令人腹滿。或令人暴不知人。或至半日。遠至一日乃知人者。非明明指氣逆上乎。故卽素問他篇諸言厥。亦當分別觀之。五藏生成篇云。凝於足者爲厥。是腳氣之厥也。調經論云。厥則暴死。氣復反則生。是氣逆上之厥也。然則此厥論之厥。一字實賅二義。世傳腳氣。原爲偏說。而不可爲謬。王氏謬之。而專主氣逆上之說。亦爲偏也。

病能論　故人不能懸其病也。

鬯案。懸蓋讀爲䁝字。或作矊。故說文目部訓䁝爲盧童子。而方言釥嫽篇云。驢瞳之子謂之矊。驢瞳子卽盧童子。明矊卽䁝字。楚辭招魂云。靡顏膩理。遺視矊些。文選江賦李注云。矊眇、遠視貌。然則人不能䁝其病。當謂其病止自知。而人不能見之之意。上文言臥而有所不安。臥而有所不安。信惟自知而人不能見其病也。王注云。故人不能懸其病處於空中也。臆說無當。

病能論　不然病主安在。

鬯案。然蓋讀爲⿰亻然。說文人部云。⿰亻然、意⿰月麗也。意⿰月麗疑是以意揣度之謂。不⿰亻然病主安在。不敢以意揣度。故爲問也。王誤以不然二字屬上讀。注云。不然、言不沈也。則必非矣。然、從無沈字之訓。如謂因上文沈字。故承之曰不然。語尤無理。後人强解。更無足道。甲乙經作不知病主安在。意義固甚明矣。正以意義甚明。何至誤知爲然。故彼知字當爲淺人所改。

脈解篇　正月太陽寅。寅、太陽也。

𢘑案。上太陽二字。疑卽涉下衍。正月寅。寅、太陽也。太陽正中釋寅義。今有兩太陽。則複疊無理矣。

脈解篇　陽未得自次也。

𢘑案。次當讀爲恣。恣諧次聲。例得假借。說文心部云。恣、縱也。陽未得自恣者。陽未得自縱也。王注云。次、謂立王之次。望文臆說。

脈解篇　則爲瘖俳。

𢘑案。此俳字顧觀光校及張志聰集註並讀痱。義固可通。然竊疑王本此俳字實作跳。故注云。俳、廢也。又云。舌瘖足廢。曰足廢。明釋從足之跳字矣。不然。何不如後之說者曰四支廢邪。是知王本實作跳。其注文亦本出跳。不煩改讀爲痱。

刺志論　邪在胃及與肺也。

𢘑案。及與二字同義。葢古人自有複語耳。故調經論云。燔鍼刼刺其下及與急者。亦以及與連文。吳崐本刪去與字。未必當也。

經絡論　皆亦應其經脈之色也。

𢘑案。亦字疑衍。

氣穴論　肋肘不得伸。

𢘑案。肋字當涉上文筋字誤衍。上下文各四字句。不應此獨多一字。

調經論　而此成形。

𢜩案。此成二字蓋倒。此者、此五藏也。成此形。成五藏之形也。與下文身形別。身形下五藏二字涉下而衍。高世栻直解已訂刪。

調經論　神不足則悲。

𢜩案。此悲字必以作憂爲是。王注云。悲一作憂。誤也。則以不誤爲誤矣。然固明有作憂之一本也。林校正引甲乙經及太素并全元起注本。亦並作憂。上文云。神有餘則笑不休。憂與休叶韻。若作悲。則失韻矣。蓋憂字古作𢙐。𢙐與悲亦形相似而誤也。

調經論　內鍼。其脈中久留而視。

𢜩案。內鍼二字當句。其脈中對下文脈大而言。脈不大。故曰中。漢書律歷志顏注所謂中不大不小也。其脈中而不大。則不可卽出鍼。故云久留而視。其脈大而過中。鍼又不可留。故下文云脈大疾出其鍼也。王無注。近世讀者輒不察脈中與脈大對文。而以內鍼其脈中作五字句。則合云內鍼於脈中。不當云其矣。又案。此云久留而視。上文云。出鍼視之。視者究何視。竊謂視病人之目也。卽鍼解所云。欲瞻病人目。制其神。令氣易行。是也。若爲視其鍼。則兩視字並閒文矣。

調經論　不足則四支不用。

𢜩案。用讀爲勇。

四時刺逆從論　不足病生熱痹。

㦤案。依王注。則生字爲衍。吳崐注本無生字。

四時刺逆從論　滑則病狐疝風。

㦤案。下文諸言某風疝。則此疝風二字蓋倒。

四時刺逆從論　夏刺經脈。血氣乃竭。令人解㑊。

㦤案。解㑊卽解惰之義。此言夏刺經脈。血氣乃竭。令人解㑊。猶診要經終論言夏刺春分。病不愈。令人解憜。憜卽惰字之借。是其明證。而彼林校正引此文。亦作令人解墮。則一若林所據本此文原作解墮。不作解㑊者。則竊又不然。此文原作㑊。不作墮。彼引當順彼文因作墮。墮。憜。同字也。新會李氏刻宋本診要論。亦作墮。或傳寫誤耳。何以明之。此王注云。解㑊、謂寒不寒。熱不熱。壯不壯。弱不弱。卽本刺瘧篇云。少陽之瘧。令人身體解㑊。寒不甚。熱不甚。則明此本作解㑊矣。特彼旣言身體解㑊。又言寒不甚。熱不甚。則是分指兩事言之。非以寒不甚熱不甚申解㑊之義。王於彼文誤解。并又誤解此文。則正賴此文有診要論之一證矣。要此解㑊自作解㑊。不作解憜。而解㑊卽解惰之義。無以易也。刺要論云。胻酸。體解㑊然不去。非卽解惰之義顯據乎。然彼王注亦同此誤解也。刺瘧篇止云。寒不甚。熱不甚。王注又增壯不壯。弱不弱。則實因刺要論之解㑊而妄造之也。故彼注云。解㑊謂强不强。弱不弱。熱不熱。寒不寒。蓋止熱不熱寒不寒。不足以釋彼之解㑊。此又足徵解㑊之義本不爾也。至近工以暑日發沙病爲解㑊。誤始江瓘名醫類案。今重訂本已改彼解㑊作沙。雖失江書之舊。然所改固未可非也。書中文祔載杭世駿與魏玉横論解㑊書一篇。甚詳諦。

五運行大論　然所合數之可得者也。

圖案。然與是本同義。小戴曲禮記鄭注云。然、猶是也。此然字承上句人中之陰陽言。若云是所合數之可得者也。與他處然字作轉語者不同。六元正紀大論云。然調其氣。彼承上文達之、發之、奪之、泄之、折之而言。亦當謂是調其氣也。可以比證。王注用然字亦有同是字者。五常政大論注云。物既有之。人亦如然。如然卽如是也。然之卽是。本屬恆語。惟此兩經一注之然字爲世罕用者耳。

五運行大論　風勝則地動。

圖案。此言地動因風力之勝使然。既非地震。亦非今西人地動之說。蓋海中颶風暴至。卽今所謂風潮者。吾鄉歲或遇此戹。方極盛時。地固爲之撼動。人頗覺之。特不細察。則專歸之風力吹人而已。所謂風勝則地動。指此動也。若地震則由電力。不由風力。至於今西人謂地動是自然之動。易豫卦彖傳所云天地以順動者也。更非風力之謂矣。上文云。帝曰。地之爲下否乎。岐伯曰。地爲人之下。太虛之中者也。帝曰。馮乎。岐伯曰。大氣舉之也。是素問固早持今世地球之說者。或云。疑古宣夜說。地球在大氣中。既無馮藉。風力所勝。豈能無動。故其言地動者必指是矣。

氣交變大論　反、脅痛。

圖案。反、亦病名也。卽至眞要大論所謂諸轉反戾。是也。彼王注云。反戾、筋轉也。蓋筋轉謂之反戾。亦單曰反。反、脅痛者。反戾與脅痛。卽筋轉與脅痛二病也。注家多誤作一病解。則反脅二字不可通。王注又倒作脅反。脅反二字亦仍不可通。下文云。病反、譫妄。謂病筋轉與譫妄也。又云。反、下甚。謂筋轉與下甚也。又云。病反、暴痛。謂病筋轉與暴痛也。又云。病反、腹滿。謂病筋轉與腹滿也。不知反之爲病名而連下讀之。諸文悉不可通矣。

氣交變大論　其主蒼早。

㘗案。早當讀爲皁。周禮大司徒職其植物宜早物。陸釋云。早音皁。本或作皁。是其證矣。彼鄭注引司農云。早物、柞栗之屬。今世閒謂柞實爲早斗。早斗卽皁斗也。依說文作草斗。艸部云。草、草斗。櫟實也。草卽皁之正字。自草字爲草木之義所專。故草斗之草作爲皁。蒼早者蒼色之皁。正卽大司徒職之早物也。王注乃云蒼色之物。又早凋落。其說必謬。早凋落豈得不言凋落。而但曰早。但曰早。何以知其爲早凋落乎。或說據廣雅釋器云。皁、黑也。又云。緇謂之皁。緇亦黑也。說文徐鉉校云。櫟實可以染帛爲黑色。則因其染黑故引申之義卽爲黑。此皁與蒼連文。宜從黑義。蒼皁卽蒼黑。似尙可備一通。然以下文其主黅穀證之。亦殆不然也。黅穀者、黅色之穀。黅色之穀與蒼色之皁可儷。以蒼皁作蒼黑義。句法背例矣。且曰其主蒼黑。而不指其物。則其所主蒼黑者。果何物也。

氣交變大論　民病寒疾。於下甚則腹滿浮腫。

㘗案。此蓋當讀民病寒疾爲句。於下甚則腹滿浮腫爲句。自來讀民病寒疾於下爲句。似未然也。民病寒疾。句義甚明。民病寒疾於下。於下二字實不成義。甚則云云。雖上文多有此例。然下甚二字連文。上文亦凡兩見。云息鳴。下甚。云腸鳴。反。下甚。

五常政大論　其病搖動注怒。

㘗案。注字無義。疑狂字形近之誤。

五常政大論　其德柔潤重淖。

𨾴案。淖。疑瀑字形近之誤。史記天官書云。其色大圜黄瀑。裴駰集解云。音澤。故六元正紀大論此文兩見。俱作其化柔潤重澤。是其明證。葢瀑實卽澤之殊文。故說文、玉篇、集韻諸字書。並有澤無瀑。至洪武正韻始出瀑字。然其字已見天官書。又見麻書。云秭規先瀑。則不可謂非古有也。麻書借瀑爲嗥。而彼文在大戴誥志記作瑞雉。無釋。故司馬貞索隱解爲子鳺鳥。春氣發動則先出野澤而鳴。特著野澤二字。似小司馬意亦欲以彼瀑爲澤也。

五常政大論　火行子槁。

𨾴案。子字無義。王無注。吳崐注云。槁、土乾也。然子屬水。不屬土。且上文已言土迺暑。亦不必複舉。若竟作水解。下文又云流水不冰。亦複。且義反也。或改子爲于。火行于槁。亦不可通。且素問宋本于字多作於。則不應誤爲子字矣。嘗偶舉以問潘甥和鼎。字味鹽。諸生。荅云。此必干字之誤。干讀爲旱。旱槁卽成義。或讀爲乾。乾槁亦成義也。竊謂此說同一改字。頗較改于爲勝。小戴月令記云。大火爲旱。卽火行旱槁之義矣。莊子田子方篇陸釋云。干本作乾。歐陽詢藝文類聚旱類。引洪範五行傳云。旱之爲言乾。萬物傷而乾不得水也。則讀干爲乾。卽讀干爲旱矣。又。或曰。子乃芓字之借。說文艸部云。芓、麻母也。字亦作莩。爾雅釋草云。莩。麻母。謂麻母枯槁。故曰芓槁。此雖不改字。然義轉不逮。姑兩存之。

五常政大論　介蟲不成。

㥁案。此介蟲蓋本作鱗蟲。上文既言介蟲靜。則不當復言介蟲不成。此介之爲誤字固甚明矣。且介蟲不成上文屬厥陰司天。此則陽明司天。亦未合複疊也。以上文推之曰介蟲不成。曰毛蟲不成。曰羽蟲不成。曰倮蟲不成。所未言者。鱗蟲不成耳。則此介蟲爲鱗蟲之誤可知。又況凡言不成者。其在泉皆不舉。如厥陰司天。介蟲不成。在泉言毛蟲、倮蟲、羽蟲。而不舉介蟲。少陰司天。毛蟲不成。在泉言羽蟲、介蟲。而不舉毛蟲。太陰司天。羽蟲不成。在泉言倮蟲、鱗蟲。而不舉羽蟲。少陽司天。倮蟲不成。在泉言羽蟲、介蟲、毛蟲。而不舉倮蟲。則此下文在泉言介蟲、毛蟲、羽蟲。而不舉鱗蟲。於鱗蟲不成。亦爲合例。若作介蟲不成。又失例矣。

六元正紀大論　民迺厲。

㥁案。厲。蓋讀爲賴。古賴厲多通。史記豫讓傳司馬貞索隱云。厲賴聲相近。漢書地理志顔注云。厲讀曰賴。是也。賴之言嬾也。說文女部云。嬾、懈也。怠也。上文云。氣迺大溫。草迺早榮。是春氣方交。故人意多嬾。此驗之於身而可知。故曰民迺嬾。若依厲字義說。則如高世栻直解云。厲、亢厲也。殆不確矣。孟子告子篇云。富歲子弟多賴。亦謂子弟多嬾也。

六元正紀大論　田牧土駒。

㥁案。田土本以生五穀。今因洪水漫衍。致不能生五穀。而變爲獸畜之所聚居。故曰田牧土駒也。孟子滕文公篇述堯時洪水云。禽獸繁殖。五穀不登。二句正可舉證此田牧土駒之義。而王注云。大水去已。似當作巳去。石土危然。若羣駒散牧於田野。凡言土者。沙石同。其說迂曲。必不可信。

六元正紀大論　少陰所至爲高明。燄爲曛。

鬯案。燄爲二字似當乙。

六元正紀大論　有故。無殞亦無殞也。

鬯案。有故二字當句。故有變義。荀子王霸篇楊注云。故、事變也。穀梁傳每故字與正字爲對文。正者、不變也。故者、不正也。則故卽變矣。兪蔭甫太史平議以彼傳文諸言故也。皆可訓變。是也。有故者、有變也。無殞亦無殞也六字。文不成義。必有謬誤。竊疑下無字本作有。蓋治婦人重身。上文云。毒之何如。案。易師卦陸釋引馬注云。毒、治也。莊子人閒世篇郭注陸釋亦並云。毒、治也。然則毒之何如者。猶上下文言治之奈何耳。有不死亦有死。故曰無殞亦有殞也。無殞亦有殞。正申明有變之義也。王注言。故、謂有大堅癥瘕痛甚不堪。又謂上無殞。言母必全。亦無殞。言子亦不死。俱强解難信。

至眞要大論　痛留頂。

鬯案。留字於義可疑。或當囟字之形誤。痛囟頂。猶下文言頭項、囟頂、腦戶中痛也。

至眞要大論　欬不止。而白。血出者死。

鬯案。而字疑隸書面字之壞文。欬不止爲句。面白爲句。血出者死爲句。舊以白血連讀。則血未見有白者矣。王注云。白血、謂欬出淺紅色血。亦明知血無白色。故以淺紅色假借之。然淺紅究亦當言紅白。未當單云白也。欬論云。久欬不已。使人多面浮腫。蓋卽此病面浮腫。則面必白而無血色矣。

著至教論　四時陰陽合之別星辰與日月光。

䦶案。別字疑當在四時上。合之二字屬星辰讀。

著至教論　疑於二皇。

䦶案。疑當讀爲擬。林校正引全元起本及太素。正作擬。可證。擬於二皇。承上文上通神農著至教而言。則二皇必更在神農之上。葢庖犧、女媧也。司馬貞補史記三皇本紀。以庖犧、女媧、神農爲三皇。是庖犧、女媧正在神農之上。去神農而言。宜不曰三皇。而曰二皇。擬者、正謂以神農足三皇之數也。王注乃云。公欲其經法明著。公、雷公。通於神農。使後世見之。疑是二皇並行之法。則以二皇爲神農、黃帝。其說迂甚。葢誤解疑字。又以爲古帝王之通醫者惟有神農、黃帝耳。而不知言著至教。正不必泥醫言也。庖犧、女媧何必無至教。況又安知其不通醫哉。後人或指庖犧、神農爲此二皇。更無義。

示從容論　別異比類。猶未能以十全。

䦶案。別異二字今本作則無。似與上文黃帝問辭若能覽觀雜學及於比類。爲義合。顧觀光校云。比類、亦古書名。王注云。言臣所請誦脈經兩篇衆多。別異比類。例猶未能以義而會見十全。注文別異二字似亦作則無爲順。言無比類猶未能。況及比類乎。故下文云。又安足以明之。以十全三字葢涉上文而衍。十全指治之功效言。故上文云。可以十全。若此言猶未能以義而會見十全。則指學問而非指功效。與上文十全之義歧出矣。兩十全必不容異義也。且諸言十全者。如徵四失論云。皆言十全。方盛衰論云。診可十全。解精微論云。未必能十全。靈樞邪氣藏府論形篇云。上工十全九。中工十全七。下工十全六。亦莫不指工效也。故疑此以十全三字涉上衍。

示從容論　公何年之長而問之少。

㘰案。問葢當作聞。涉下文問字而誤。

疏五過論　迎浮雲莫知其際。

㘰案。際字當依六微旨大論作極。極與上文測字、下文式字、則字、副字、德字爲韻。若作際。則失韻矣。王注云。際不守常。殊無義。或本是極不守常。正未可知。林校云。詳此文與六微旨大論文重。又。六微旨大論校云。詳此文與疏五過論文重。兩校皆言文重。不言字異。則林所見本當尙未誤極爲際也。朱駿聲說文通訓云。素問疏五過論叶測、極、式、則、副、德。則朱似尙曾見未誤之本。

疏五過論　爲萬民副。

㘰案。副當讀爲福。福副同聲通借。史記龜筴傳褚先生曰。邦福重寶。裴解引徐廣曰。福音副。是福讀爲副也。此言爲萬民副。實卽爲萬民福。是副讀爲福也。林校引楊上善云。副、助也。則已不明假借之例。後人或訓功。或訓全。更杜撰可嗤。下文云。診必副矣。副亦讀福。兩字正相呼應。

徵四失論　更名自功。

㘰案。更名者、當是竊取前人之法而更其名目。與上文謬言爲道。意義有別。吳崐注謂變易其說。非也。素問明言更名。不言更說。且變易其說。卽謬言爲道。於義亦爲重複矣。功字當依林校正引太素作巧。巧、功於義皆可解。而巧與上文道字、下文咎字爲韻。功則失韻矣。已見顧觀光校。竊取前人之法而更其名目。是以前人之巧爲己巧。故曰自巧也。

方盛衰論　是以春夏歸陽爲生。

㽦案。春夏歸陽。疑當作陽歸春夏。故下句云。歸秋冬爲死。正與歸春夏爲生語偶。葢以是以陽三字領句。陽歸春夏爲生。陽歸秋冬爲死也。下文云。反之則歸秋冬爲生。反之者、反陽爲陰也。此句一倒誤。而下文亦不可通矣。

方盛衰論　亡言妄期。

㽦案。亡亦當讀妄。亡言卽妄言也。吳崐本正作妄言妄期。然一用借字。一用正字。古書亦自有此例。不必從作妄。而注家或因作亡。曲爲亡言生義。則謬矣。徵四失論云。妄言作名。卽此亡言。管子山至數篇所謂不通於輕重謂之妄言。此其義也。

解精微論　憂知於色。

㽦案。知當訓見。呂氏春秋自知論云。知於顏色。高誘注云。知、猶見也。管子心術篇云。見於形容。知於顏色。知與見互文耳。然則憂知於色者。謂憂見於色也。左僖二十八年傳云。晉侯聞之而後喜可知也。是憂色與喜色皆可云知。彼杜預解云。喜見於顏色。明亦詁知爲見。

水經注 用戴震校本

河水篇　六、山名也。

𤲅案。此四字當是下文六谷水自南句下之小注。謂六乃山名。非水有六道也。蓋既名六谷水。恐人疑水有六道。故特注之。原本此四字在亂流東出之下。誤。戴本移在南流入湟水之下。亦未是。校云。今考上六水。謂承流谷水、達扶谿水、期頓、雞谷二水、吐那孤、長門兩川。出六山之谿谷。皆舉山以名其水。故總釋之。亦注內之小注。案。如戴說。則六下當補者字。於義方明。然水以山名者。何可勝數。何獨於此六者釋之。且六者又何以盡見其爲山名乎。惟以爲注內之小注。則確不可易。

河水篇　水發縣東北百里。山流注高平川。

𤲅案。山疑西字之誤。屬下句讀。百里非山名。上文石門水出縣西百二十里。下文肥水出高平縣西北二百里。皆可證。山流不成義。則當爲西流。發縣東北而西流。亦其理也。然則苦水在高平川之東。汪士鐸水經注圖在高平川西。誤。汪圖爲讀水經注者必備之書。然疏舛殊甚。道里方向。皆所不計。稍涉轇轕。即任意爲之。𤲅嘗訂正十數條。後訂不勝訂。擬改圖之。適同邑顧綠天茂才有志乎此。遂聽之。不復作。顧圖倘成。則此圖直可弁髦棄之矣。

河水篇　北俗名之曰故槃迴城。

𤲅案。城字恐誤。或作河。上文云。北俗謂之太羅城。是武州縣城既謂之太羅城矣。不應又謂之故槃迴城也。故疑城爲河字之誤。

河水篇　河水又左。得湳水口。

㐫案。左當作右。河水於此南流。其西爲右。其東爲左。下文云。湳水又東流入于河。是湳水在河之西。在右不在左也。

河水篇　水西出首積谿。東注諸次水。又東入于河。

㐫案。諸次水下當疊諸次水三字。屬下句讀。全書通例如此。他本或多脫去。戴本較完備。然脫者猶夥。此條之外。若下文土軍水出道左高山西南流之龍泉水。又北。屈逕其城東。龍泉水下當疊龍泉水三字。濟水篇。東北流注于黃水。又東北逕故市縣故城南。黃水下當疊黃水二字。濡水篇。合而入于元水。又南與溫水合。元水下當疊元水二字。趙一清水經注釋本有盧水二字。蓋因俗本上句元下衍一盧字。據朱謀㙔箋說。元下脫一水字耳。然與下文西流注于元水不合也。洛水篇。其水東北流。入白桐澗。又北逕袁公塢東。白桐澗下當疊白桐澗三字。或澗水二字。沮水篇。東南流。注宜君水。又東南流逕祋祤縣故城西。宜君水下當疊宜君水三字。渭水篇。又東北注新興川。又東北逕新興縣北。新興川下當疊新興川三字。南入綿諸水。又東南歷綿諸道故城北。綿諸水下當疊綿諸水三字。漾水篇。又東南入洛谿水。又東南逕上祿縣故城西。洛谿水下當疊洛谿水三字。沔水篇。西南流注于白水。又西逕其城南。白水下當疊白水二字。淯水篇。而東南注于淯水。又東南與棘水合。淯水下當疊淯水二字。羌水篇。又西南注羌水。又東南逕武街城西南。羌水下當疊羌水二字。江水篇。東注僕水。又東至來唯縣。入勞水。僕水下當疊僕水二字。西流注于舉水。又西南逕梁司豫二州東。舉水下當疊舉水二字。湘水篇。冷水又北流。注于都谿水。又西北入于營水。都谿水下當疊都谿水三字。或谿水二字。下文營水又東北流。近刻本營字作谿。蓋此谿字卽此句中字。而倒在後也。又東流注于湘水。又東北逕祁陽縣南。湘水下當疊湘水二字。溱水篇。林水自源西注于瀧水。又與雲水合。瀧水下當疊瀧水二字。以上皆傳寫者脫之。略一檢及。不盡於此。

河水篇　門水又東北歷邑川。二水注之。

𢍰案。二當以近刻本作燭字爲是。戴校謂爲訛。非也。作二自訛耳。彼改燭爲二者。不過因下文又有燭水注之之語。燭水注燭水。似不可通。不知下文又云。是水亂流。東注緒姑之水。二水悉得通稱矣。此二水謂燭水與緒姑之水。彼改燭爲二者。或亦因此而誤。是此燭水本名緒姑之水。因燭水注之。故亦通稱爲燭水。其義甚顯。趙本亦改燭爲二。刋誤云。二水卽下左水右水也。案。下文云。左水出于陽華之陰。東北流。逕盛墻亭西。東北流。與右水合。右水出陽華之陽。東北流。逕盛墻亭東。東北流。與左水合。然則左水右水者。乃水有二源也。其注于門水時。固合爲一水矣。安得云二水注之邪。漢書地理志宏農郡宏農縣衙嶺下谷。爥水所出。北入河。則亦并緒姑之水而通謂之爥水。爥卽燭字也。灅水篇。上平。戴校云。從近刻。又。方可五六十步。校亦云。從近刻。則可見原本未必盡是。近刻未必盡非。泗水篇云。黃溝又東逕平樂縣故城南。又東。右合泡水。卽豐水之上源也。而下文又云。右合泡水。下又云。自下灃、泡。並得通稱矣。灃豐同。立文與此文正相類。

河水篇　是水亦斷屯氏故瀆。水之又東北。屯氏別河出焉。

邑案。水之二字當衍。

河水篇　河水又逕茬平城東。疑縣徙也。

邑案。疑縣徙也四字。當是注中小注。黄省曾本此四字在下文蓋茬時音相近耳句下。黄本茬作茌。益知爲注中注也。他本脱此四字。非。

河水篇　城内有層臺秀上。

邑案。此下當有脱字。上文東門側有層臺。秀出雲表。近刻本脱雲表二字。與此句所脱正同。然則此亦當作秀出雲表。今出字又誤爲上字耳。

汾水篇　出谷西北流。逕祁縣故城南。自縣連延。西接鄔澤。

邑案。據此。則鄔澤有二。此鄔澤非上文汾水于縣左廸爲鄔澤之鄔澤也。彼鄔澤在侯甲水。既合嬰侯水之後。下文所謂鄔陂是也。此鄔澤在侯甲水未合嬰侯水之前。是别一鄔澤也。然竊恐此鄔字實祁字之誤。澤在祁縣。故謂之祁澤。下云。是爲祁藪也。卽爾雅所謂昭餘祁矣。卽可證。

濟水篇　又北。歷水枝津。

邑案。又北者、又東北也。謂濼水又東北流也。歷水枝津。卽上文分出之右水也。下文云。又北注濼水。則濼水必東北流。故歷水枝津可以北注。若濼水但北流。則歷水枝津在濼水之東。二水同是北流。無由相及矣。書中言東西南北。或頗繁省。卽如上文言右水北出。而下文云。東北逕東城西。亦似前後失照。然下文又云。北出郭。又北注濼水。則但謂北出固無妨礙。若此句之去一東字。不幾於脈絡不明乎。此段注文本多脫誤。此句近刻作自水枝津合水。既不可通。趙本删自水二字及上文會字。則爲濼水之枝津矣。亦不合。固當以戴本爲最勝。然正恐尙有脫字。若云又東北與歷水枝津合。則語斯完善矣。顧雖脫。可以意會。或此句卽連下讀之。亦自可通。不必妄補。惟此又北爲又東北。則所當明其說也。

巨馬水篇　東南流。逕聖人城南。南流注紫石水。

▣案。近刻本城下有東字。疑東字當在南字之下。屬下句。衍一南字。葢檐車水既東南流逕聖人城之南。又東流注于紫石水。上文紫石谿水又逕聖人城東。又東南右會檐車水。云右會。則檐車水在紫石水之西南矣。故一逕聖人城東。一逕聖人城南。紫石水既東南流。若檐車水南流。則不相注也。

㶟水篇　其水北流。逕一故亭東。

▣案。亭疑當作城。下文城北有石人。故世謂之石人城。卽承此故城而言。非指上文之代城也。上下文皆有逕一故城之文。可以旁證。

濡水篇　有濡水南流。逕孤竹城西。右合元水。

▣案。右當作左。濡水於此南流。則其東爲左。其西爲右。下文元水又西南逕孤竹城北。西入濡水。是元水在濡水之東。不得言右也。此引魏土地記之文。或記文本誤。而酈氏不及辨耳。又案。土地記既作右合。下文又引地理志曰。元水東入濡。酈氏解之云。蓋自東而注也。此則曲說矣。云東入濡。則元水乃在濡水之西。與土地記右合之文正合。然則豈別有元水在濡水之西。而酈氏誤以盧水所入之水爲元水。亦未可知也。

伊水篇　又屈逕其亭東。東北流者也。

㲋案。疑衍一東字。上文云。伊水又東北逕東亭城南。是伊水既東北流。又屈逕其亭東。則北流而不兼東矣。不然。無所謂屈也。黄本作東流者也。無北字。亦謬。東流則不能逕東亭之東矣。

沮水篇　沮循鄭渠東。逕當道城南。

㲋案。沮下當有水字。

渭水篇　明告亭長。

㲋案。明者、明日也。稱明日但曰明。水經注中有此例。汳水篇云。明則祭而察焉。亦稱明日爲明也。

渭水篇　白渠又東。枝渠出焉。東南逕高陵縣故城北。

㲋案。枝渠出焉東南六字。當涉上文而衍。上文枝瀆東南入渭。此枝渠下文不見有入處。卽可知其衍矣。上文敍渭水又東得白渠枝口。亦止一見。

渭水篇　堅以石爲池。

㲋案。堅以二字倒。

漾水篇　漢水又東南。于槃頭郡南。

㲋案。于當作逕。上文逕神蛇戍西。近刻本亦訛逕作於。可借證。

洧水篇　平地東注。又屈而南流。逕升城東。

㢠案。又屈上當有黃水二字。東注者、七里溝水注於黃水也。又屈而南者、上文言黃水又東南。是由東南屈而正南也。脫黃水二字。則下文又南歷燭城西。又南流。注于洧水。不且溷爲七里溝乎。則黃水有始無終矣。

洧水篇　洧水又東。鄢陵陂水注之。水出鄢陵南。陂東西南流。注于洧水也。

㢠案。今讀陂東句。然既云鄢陵陂水。又云。出鄢陵南陂東。似非文義。疑當讀水出鄢陵南句。陂東西下有脫文。葢言陂之東西若干里。南北若干里耳。書中凡言陂處。多具此文。

獲水篇　爲零水、瀼水、淸水也。

㢠案。爲當依近刻本作謂。此八字乃注中之小注。趙本於全書中多指爲注中之注。而此八字反爲正文。非也。水經注中有注。自是可信。戴氏校出數條。皆確不可易。然不過閒有一二而已。趙氏竟以書中太半爲注中之注。則不免駭人。誠如提要所云。揆之事理似乎不近矣。且注中凡敍一水。必重舉水名。良以中閒閒隔耳。今以閒隔者悉爲注中之注。則上句已云某水。下句復云某水。文義不嫌複叠乎。又。汾水篇云。按司馬彪後漢郡國志常山南行唐縣有石臼谷十九字。戴校云。注內之小注。而趙本自漢高帝十一年起至羊腸卽此倉也止。凡一百八十一字。悉爲注中之注。則此十九字仍溷於其閒矣。乃其釋亦云。十九字注中注。我不知此語作何解。既以一百八十一字通爲注中注。又以十九字爲注中注。豈又是注中注之注乎。則恐未必有此例也。若仍不過注中之注。何必釋出此語。又。汶水篇。晉灼曰。漢注作報山。釋引全氏曰。八字注中注。而其本固自世謂之龍山也起至後謁棄市國除止。凡一百十七字。皆爲注中之注。則中閒引全氏說亦不可通。彼其創例不善。於此葢亦窮矣。

睢水篇　睢盛則北流入于陂。陂溢則西北注于睢。

邑案。西北當作西南。睢盛既北入陂。陂溢則不得西北注睢也。上文云。陂水西南流。逕相城東而南流注于睢。卽可證。

汶水篇　故崇自號尤徠三老矣。

邑案。三疑當作山。上文云尤徠之山也。

泗水篇　泗水又南。漷水注之。

邑案。此下有脫。疑上文漷水出東海合鄉縣起至經言瑕丘東誤耳止。凡五百五十三字。當在此漷水注之之下。因上經言又西過瑕丘縣東。屈從縣東南流。漷水從東來注之。故後人移此五百五十三字在彼經之下。不知酈氏云。漷水又西至湖陸縣。入于泗。故京相璠曰。薛縣漷水首受蕃縣。西注山陽湖陸。是也。經言瑕丘東。誤耳。正以明漷水入泗在湖陸而不在瑕丘。駁正經文之謬也。柰何不察而漫移在前邪。猶幸賸此二語。可以考見。趙釋引全氏曰。前已言漷水自湖陸入泗矣。此又忽出漷水逕上邳南注泗之文。不幾複與。倘所謂西漷水近是。邑案。上文云。南梁水自枝渠西南。逕魯國蕃縣故城東。俗以南鄰于漷。亦謂之西漷水。是西漷水卽南梁水也。安得指此乎。云南鄰于漷。則漷水在南梁水之南矣。尤可證注文之當在此也。　全氏云。此又忽出漷水逕上邳南注泗之文。此句尤謬。下文云。又逕薛之上邳城西而南注者也。案。又上。依例當有泗水二字。此指泗水而言。非指漷水也。上文言漷水又西逕仲虺城北。晉太康地記曰。奚仲遷于邳。仲虺居之。以爲湯左相。應劭曰。邳在薛。徐廣史記音義曰。楚元王子郢客。以呂后二年封上邳侯也。有下。故此爲上矣。是漷水西流。而上邳在漷水之南。泗水南流。則上邳在泗水之東。云逕薛之上邳城西而南注。是明指泗水。非指漷水也。此注字止作流字解。安得云漷水逕上邳南注泗邪。下文又云。泗水歷縣逕葛嶧山。句東卽奚仲所遷邳嶧者也。彼是下邳。故下句卽接云。泗水又東南逕下邳縣故城西。

泗水篇　武原水又南合武水。謂之泇水。

鬯案。泇蓋治字之誤。沂水篇云。沂水又南逕臨沂縣故城東。有治水注之。水出泰山南武陽縣之冠石山。地理志曰。冠石山。治水所出。應劭地理風俗記曰。武水出焉。蓋水異名也。是武水又名治水。卽此泇水矣。泇字爲治字之誤。明甚。治水源流文見於彼。故略於此。惟彼文言治水入沂。此言武原水合之入泗。蓋分其流以入泗耳。漢書地理志泰山郡南武陽下及應劭說。皆但云治水入泗。則統指武原水而言之矣。或謂入沂。仍入泗。或統指沂水言。要當非是。

沂水篇　沂水東南流。左合桑預水。

鬯案。左當作右。沂水東南流。則其東爲左。其西爲右。下文云。東注于沂水。則桑預水在沂水之西矣。是沂水右合之。非左合也。否則下文之東注當改爲西注矣。

沔水篇　可小小使名爲水虎者也。

鬯案。可小小使近刻本作可以小使。以字蓋不誤。小當爲水字之誤。可以水使者、謂可使行於水面之上。故名爲水虎。蓋兒戲也。上文云。小兒不知。欲取弄戲。便殺人。正因疑其是水虎。故欲弄戲之。

淮水篇　又東。兩小水流注之。

邕案。據注文以淩水當小水。是止一小水。無兩小水也。疑經文兩字爲南字之誤。

肥水篇　右會施水枝津水。首受施水于合肥縣城東。西流逕成德縣注于肥水也。

邕案。西流實當是西北流。施水篇云。施水又東分爲二水。枝水北出焉。下注陽淵。枝水卽此枝津也。彼云北出。此云西流。或是互文見義耳。肥水北流。施水分肥水東南流。肥水又北而會施水枝津。則枝津必西北流乃可注合。但西流則無此理也。施水篇言下注陽淵。陽淵卽肥水矣。

肥水篇　水分爲二。

邕案。水上當有肥字。上文敍閣澗水至夾橫塘西注。是閣澗水已注於肥水矣。於此言水分爲二。則是肥水。而非閣澗水也。脫肥字則義不明。且下文云。閣漿水注之。案。閣漿水卽下文黎漿水。水首受芍陂。芍陂在肥水之西。故閣漿水得注於肥水。若以此水分爲二爲閣澗水。則閣澗水在肥水之東。閣漿水何能注之邪。近刻爲下多一澗字。此必後人誤認爲閣澗水而改肥爲澗。又倒在下。然可見此爲五字句矣。

江水篇　荆門在南。上合下開。闇徹山南。有門像虎。牙在北。

邕案。山上當有虎字。讀至像虎句。謂虎山南有門像虎也。牙在北三字句。謂荆門虎山皆在南。牙山則在北也。故稱荆門虎牙之閒。虎山像虎。牙山類牙。故下文云。並以物像受名。是虎與牙二山。非一山也。下文又云。此二山、楚之西塞也。近刻本二作三。實不誤、謂荆門山也、虎山也、牙山也。誤以虎牙連讀。因改三爲二矣。至又稱郭景純江賦虎牙桀豎以屹崒。荆門闕竦而盤薄。以荆門與虎牙爲儷。似虎牙爲一山。詞家之語。非考訂之說也。

夷水篇　夷水又東北。有水注之。其源百里與丹水出西南望州山。

鬯案。此文有誤。據下文丹水又北注于夷水。是注夷水者卽是丹水。非丹水之外又有水也。然則有水注之。卽當作丹水注之。而百里與丹水五字殆爲衍文。

沅水篇　沅水又東逕辰陽縣南。

鬯案。沅水此處實東北流。故下文云。東合辰水。若但東流。則當云北合。而不可云東合矣。下文又云。水又逕沅陵縣西。水上脫沅字。惟帶北流。故可逕沅陵縣西也。

湘水篇　承水從東南來注之。

鬯案。據注文。東當作西。

贛水篇　湖漢及贛並通稱也。

鬯案。此八字疑在上文東至廬陵入湖漢水也句下。葢湖漢水在贛水之東。既西入贛水。廬水在贛水之西。疑不能入湖漢水。故申此一句。謂贛水亦通稱湖漢水也。漢書地理志豫章郡鄱陽縣鄱水、餘汗縣餘水、艾縣脩水、卽下文循水。南城縣盱水、建成縣蜀水、卽下文濁水。宜春縣南水、卽上文牽水。南埜縣彭水皆入湖漢。新淦縣淦水應劭注亦入湖漢。是湖漢卽贛通稱之證矣。今此句錯在於此。則爲贅文。

淮南子

原道訓　故能天運地滯輪轉而無廢。

邕案。莊逵吉校云。古滯廛聲相轉。故周禮質人珍異之有滯者。注。故書、滯或作廛。廛之言纏。故纏有止訓。其引質人。誤。當作廛人。彼鄭康成注故書滯或爲廛。實尙可疑。說見邕前校周禮卷。茲不贅及。而滯與廛固一聲相轉。亦不可誣也。則滯無不可讀爲纏。竊謂如莊氏言。卻合今人地行之說。地行軌道。圖之正成纏繞之形。不必復訓纏爲止。且訓止之義。滯字自明。從纏字轉出止義。反不能明。纏自繞義。非止義。說文糸部云。纏、繞也。是也。既讀滯爲纏。卽當從纏字生義。曰地纏。非地行而何。且云輪轉而無廢。輪轉二字統承天地言。若地止。何以云輪轉乎。讀滯爲纏。自協淮南文義。則地行之說。儻漢人已悟及乎。

原道訓　纖微而不可勸。

邕案。勸字無義。疑勒字形近之誤。小戴祭統記勒大命。施于烝彝鼎。前人謂勸者勒之誤字。此其例矣。月令記物勒工名。鄭注云。勒、刻也。廣雅釋詁云。刻、分也。字亦作泐。考工記鄭注引司農云。泐、謂石解散也。蓋勒有分散之義。不可勒者、謂不可分散也。纖微而不可勒。猶中庸記云。語小天下莫能破焉。破亦分散之義。

原道訓　扶搖抮抱羊角而上。

鬯案。注云。扶、攀也。搖、動也。抮抱、引戾也。扶搖直如。羊角轉如。曲縈行而上也云云。此注既分釋扶搖爲攀動。攀動未見有直義。而云扶搖直如。扶搖直如。羊角轉如。讀並於如字斷。是明二義。疑扶攀也、搖動也二句是許叔重注。抮抱以下爲高誘注。義出兩家。故不同也。又。據高注。則正文抮抱二字當在扶搖之上。正以許注在前。校者因之誤乙耳。

原道訓　射者扜烏號之弓。彎棊衛之箭。

鬯案。注云。扜、張也。彎、引也。棊、美箭所出地名也。衛、利也。烏號、桑柘。其材堅勁云云。此注先釋棊衛。後釋烏號。與正文倒。或扜張也至衛利也十七字亦許注。烏號以下爲高注。

原道訓　昔者夏鯀作三仞之城。諸侯背之。

鬯案。惡其有自保之意也。高注謂以其勞役。故諸侯背之。非。

原道訓　木處榛巢。水居窟穴。禽獸有芃。

鬯案。木處者、鳥類也。水居者、魚類也。然則禽獸當統言獸。不言鳥獸。若及鳥。與木處之義複矣。猶小戴曲禮記猩猩能言不離禽獸之禽獸也。故曰禽獸有芃。王念孫雜志引劉績本。芃作艽。云音仇。獸蓐也。王謂劉本是引廣韻。艽、獸蓐也。又引脩務篇野彘有艽莦。明專指獸而不兼及鳥也。

原道訓　故聖人不以人滑天。

鬯案。高注云。天、身也。以身訓天。如上文所謂牛岐蹏而戴角。馬被髦而全足者。天也。然則人身之五官四體。亦是天也。故曰。天、身也。此不以聲訓也。莊校云。天竺卽身毒。故天有身義。恐失高意。凡莊校多迂。

原道訓　口不設言。手不指麾。

邕案。高注云。口不設不信之言也。手不指麾。不妄有所規儗也。邕謂此二句甚明。但謂不言不指耳。無不信不妄之義。高說轉迂。

原道訓　而後者易爲攻也。

邕案。攻讀爲功。

原道訓　通而不變。

邕案。文子道原篇通作一。義似較勝。

俶眞訓　萑蔰炫煌。

邕案。道藏本萑字誤作藿。王雜志因云。藿當爲蓶。劉績不知藿爲蓶之誤。而改藿爲萑。斯爲謬矣。諸本及莊本同。邕竊謂旣諸本及莊本皆同。劉作萑。何以決萑字爲謬。蓶字爲是。萑諧隹聲。蓶諧唯聲。唯亦諧隹聲。蓶萑一也。且萑字旣劉莊諸本同。而曾無一本作蓶者。亦不見於諸注家諸類書所引。并不見於文子之書。（文子多與淮南同。而此文無之。）而僅見於後漢馬融傳之廣成頌。頌何必出於淮南乎。要之。頌之蓶扈。固卽此之萑蔰。而彼自作蓶字。此自作萑字。其義不二。其字不必同也。且道藏本誤作藿。以形論之。亦必萑誤爲藿。非蓶誤爲藿。蓶字雖有一口。而在左旁。不至譌成吅也。藿之必知其誤者。

以不可通於高注讀曰唯一語耳。若萑、何不可讀曰唯乎。而必定從蓶。固矣。王氏通古音。而書中此類泥滯亦竟不少。又謂蔰亦當依後漢書作扈。以説文、玉篇、廣韻、集韻、類篇皆無蔰字。此猶或可説。然子籍中字亦正未可執字書定之者。況欲輒改高注蔰讀曰扈爲扈讀曰戶乎。

俶眞訓　一範人之形而可喜。

㦤案。範人者、非人也。故下文云。若人者。彼人字方眞指人。明範人非人矣。高注云。範、猶遇也。遭喜之。以此範爲犯之假字。主高注前一説。以後一説爲泥。㦤竊謂後一説實近之。但語似不甚明曉。也。一説。範、法也。言物一法效人形而猶喜也。俞蔭甫太史平議據莊子大宗師篇作特犯人之形而猶範人之形而可喜者。葢如國語越語言王命工以良金寫范蠡之狀。而朝禮之者也。莊子作犯。實正當讀犯爲範。故彼文又云。今大冶鑄金。金踊躍曰。我且必爲鏌鋣。大冶必以爲不祥之金。今一犯人之形。而曰人耳、人耳。夫造化者必以爲不祥之人。今一以天地爲大鑪。以造化爲大冶。惡乎往而不可哉。觀彼文上下以鑄金鑪冶取喻。卽犯字之義可知矣。特範人之形。指範人。非人也。此之範人又是取喻。依説文。字當作笵。竹部云。笵、法也。

俶眞訓　立太平者處大堂。

㦤案。從舅氏姚藝諳廣文云。堂、非堂室之堂。釋名。堂、高顯貌也。上文員方淸明及此平字。均非實義。高注以明堂解。失旨。

俶眞訓　玆雖遇其母。而無能復化已。

圖案。遇當作過。

俶眞訓　夫秋豪之末淪於無閒。而復歸於大矣。

圖案。高注云。秋豪微妙。故能入于無閒。閒、孔。言道無形。以豪末比道猶復爲大也。此注似未得其義。此止言秋豪之末。未以道無形比也。以道無形比。尙在下文若夫無秋豪之微以下發義。不得此先及之。淪於無閒者、謂閒孔之中止容一秋豪之末而已。故曰無閒也。然則秋豪之末已盈一孔。而更無空處。不亦大乎。故曰復歸於大也。今案。此說亦非。無閒者、無孔也。蓋但有孔。則秋豪之末無有不能入。至於無孔。雖秋豪之末亦不能入矣。故曰淪於無閒。是見豪末之大。

俶眞訓　故不免於虛。

圖案。高注云。故曰不免于虛疾。則正文虛下亦當有疾字。疾蓋與上文世、泄音近相叶也。文子精神篇作故不免於累。累亦與世、泄叶也。

俶眞訓　以求鑿枘於世而錯擇名利。

圖案。注云。錯、施也。擇、取也。求、索也。言施其巧僞。索榮顯之名利也。先釋錯擇。後釋求。與正文倒。疑錯施也擇取也六字是許注。

俶眞訓　擢德攓性。

圖案。文子上禮篇攓作攑。同字。下文擢拔吾性。攓取吾情。此書亦作攓。云。擢德、自見也。攓性、絕生也。此古義。

俶眞訓　肌膚之於寒燠。

鬯案。燠下例當有也字。文子十守篇作肌膚之于寒溫也。可證。

俶眞訓　美哉不能濫也。

鬯案。美葢讀爲媚。眉聲美聲古音同部。小爾雅廣詁云。媚、美也。是二字義亦相通。媚可訓美。則美亦可訓媚矣。

俶眞訓　是猶兩絆騏驥。

鬯案。兩當讀爲緉。左宣十二年傳御下兩馬。陸德明釋文云。兩、徐云或作掚。掚葢卽緉字。說文有緉無掚。糸部云。緉、絞也。是兩絆者、絞絆也。高注云。兩者、雙也。誤矣。周禮太宰職九兩。疑彼兩亦讀緉。說已見彼校。

天文訓　賁星墜而勃海決。

鬯案。賁讀爲奔。小戴表記引詩鶉之賁賁。今詩作奔奔。孟子盡心篇虎賁。陸釋云。丁音奔。先儒言如猛虎之奔。素問繆刺論王冰注云。賁、謂氣奔也。是二字音義俱通。賁星者、奔星也。爾雅釋天云。奔星爲彴約。郭璞注云。流星。文選上林賦李善注亦云。奔星、流星也。是也。高注云。賁星、客星也。又作孛星。疑非。

天文訓　燥故炭輕。溼故炭重。

鬯案。此卽今人言炭氣之炭。始見於此。

天文訓　加十五日指乙。則淸明風至。

邑案。風至二字當衍。上文言八風。故曰淸明風至。此言二十四時。不必著風至二字。今案。以下文白露下著降字例之。此風至二字亦可有。

天文訓　大風濟。

邑案。莊子齊物論言。厲風濟則衆竅爲虛。同此濟字。疑濟當訓渡。說已詳彼校。時則訓云。春風不濟。亦同。自來皆訓止。未是。今案。時則訓。三月春風不濟。既是三月。則濟作止義已可解。又。覽冥訓云。於是風濟而波罷。尤見是止義矣。經目之書。輒至忘卻。此病在我爲最多。用志於此。不敢護前。

天文訓　挺羣禁。

邑案。時則訓挺重囚。高注云。挺、緩也。此當同義。又案。此文上下高皆說之。獨不及此句。而於時則始出緩訓。疑高本無此句。今案。時則訓又言。脩羣禁在孟冬。蓋挺義與脩義反對。而彼下文言申羣禁。又。彼篇亦有挺羣禁之文。

天文訓　冬雷其鄉。

邑案。其鄉二字涉上文衍。

天文訓　蟄蟲首定而處。

邑案。姚藝諳廣文云。定疑穴字之誤。上文云。蟄蟲首穴。

墬形訓　太汾澠阸。

闓案。此並楚塞也。說見呂氏春秋有始覽校。高注謂太汾在晉。澠阸、今宏農澠池。非也。且使澠阸爲澠池。與下文殽阪複矣。

墬形訓　掘昆侖以下。地中有增城九重。

闓案。據此。古人亦有掘地事。卽今西地學家所謂地下有城郭宮室萬物各類者。葢上古淪沒者也。增當讀爲層。

墬形訓　八殯之外而有八紘。亦方千里。

闓案。此亦方千里四字疑涉上文而衍。上文云。九州之大。純方千里。是九州統方千里也。故又云。九州之外乃有八殯。亦方千里。是八殯各方千里也。然則統方三千里矣。此云八殯之外而有八紘。是八紘又在統方三千里之外。則安得亦方千里乎。據下文八紘之外乃有八極。下不言方里。故疑此亦方千里四字涉上而衍。若必言其數。則八紘當各方三千里也。

墬形訓　木氣多傴。

闓案。木氣卽林氣也。上文既言林氣多癃。此又言木氣多傴。義殊複疊。疑木乃水字之誤。王雜志據太平御覽諸引及酉陽雜俎廣知篇。以上文障氣爲水氣之誤。闓竊謂此如作水氣多傴。則上文障氣多喑不誤。若上文作水氣多喑。則此合作障氣多傴。要水障二字互誤。有之。若王氏以障字爲後人妄改。是直謂憑空改出一障字。後人雖妄。未至此也。木與水形近。故知木字爲必誤耳。

墬形訓　凡人民禽獸萬物貞蟲。

𢘫案。貞、大戴易本命記、家語執轡篇並作昆。高注云。貞蟲、諸細要之屬也。細要之屬而謂之貞蟲。實無義。

墬形訓　時、泗、沂。

𢘫案。高注云。時、泗、沂。皆水名。考水經當篇有泗水、沂水。無時水。時水見瓠子河淄水兩篇中。酈道元注云。時卽耏水也。音而。京相璠曰。今臨淄唯有澅水。卽地理志如水。耏如聲相似。然則如時又一聲之轉。而亦稱時水。

墬形訓　丹水出高褚。

𢘫案。王雜志引劉績說。高褚爲高都之譌。云。此作高褚。豈都字古通作諸。因誤爲褚與。𢘫謂都、諸、褚皆諧者聲。通在借例。何必都字可通諸。獨不可通褚。而謂之誤。王氏精於音學。於此猶不能無拘。惜矣。戰國秦策五都、史記蘇代傳作五渚。亦其比也。

時則訓　正月官司空。

𢘫案。上文旣出孟春之月。至此又出正月以下十二月。皆同一例。此時則一篇采取各書而成之迹。

時則訓　田獵畢弋。罝罘羅罔。

𢘫案。高注云。畢、掩罔也。又云。畢羅、鳥罟也。旣釋畢字。則畢羅之畢。葢因下引詩畢之羅之而衍也。呂氏春秋季春紀高解云。羅、鳥網也。無畢字。可證。

時則訓　四鄰入保。

鬯案。小戴月令記、呂氏春秋孟夏紀。鄰並作鄙。此下文季夏、季冬亦並言四鄙入保。疑鄰字非。

時則訓　飾鐘磬。

鬯案。姚藝語廣文云。飾當作飭。禮月令飭鐘、磬、柷、敔。鄭注云。飭者、治其器物習其事之言。案。呂氏春秋仲夏紀亦同。月令作飭。飭飾字通。讀飾爲飭。不必改字。

時則訓　以定晏陰之所成。

鬯案。高注云。晏陰、微陰也。非也。呂氏春秋誣徒紀云。取舍數變。固無恆心。若晏陰。則晏陰之義可會。說已具彼校。上文云。陰陽爭明。晏陰卽陰陽。惟其爭。故定之也。　又案。此句。小戴月令記、呂氏仲夏紀皆有。高呂紀解云。晏、安。陰、微陰。則此注晏下恐脫一安字。然義仍非也。

時則訓　律中百鐘。

鬯案。高注云。百鐘、林鐘也。是月陽盛陰起。生養萬物。故曰百鐘。案。林鐘稱百鐘。惟見於此。周禮大司樂職歌函鐘鄭注云。函鐘一名林鐘。則林鐘又稱函鐘。竊疑此百字爲函字之誤。高本已誤爲百。故附會說之。

時則訓　乃命漁人伐蛟取鼉。登龜取黿。

鬯案。漁人似當作滂人。作漁人者、後人因小戴月令記、呂氏季夏紀漁師而改之也。下文云。令滂人入材葦。據月令作命澤人納材葦。呂紀作乃命虞人入材葦。淮南卻亦當同月令作澤人。呂紀乃命虞人入材葦。高解云。虞人、掌山澤之官。又。乃命虞人入山行木。解云。虞人、掌山林之官。兩虞人皆發解。疑前之虞人。亦本同月令作澤人。今本正文及注皆誤。故淮南允當同月令。不當同誤本之呂紀。不當作涝人。葢卽此文之字而誤出於下。月令鄭注云。今月令漁師作榜人。此其證矣。榜、涝同聲通用。今月令作榜。淮南作涝。一也。文選子虛賦榜人歌。聲流喝。郭璞注張揖曰。榜、船也。引月令曰。命榜人。榜人、船長也。張所引月令。卽鄭所謂今月令。榜人爲船長。卽是漁師矣。固與伐蛟取鼉登龜取黿各事義合。而與入材葦則不合。高注云。漁人、掌漁官。疑亦本作涝人掌漁官。而下文注云涝人掌池澤官。則明是澤人之解也。

時則訓　順彼四方。

悒案。高注云。順、循也。小戴月令記鄭注云。順、猶服也。竊謂皆未是也。呂氏孟秋紀作巡彼遠方。順卽當讀爲巡。巡順並諧川聲。假借之通例也。

時則訓　天子乃厲服廣飾。

悒案。姚藝諳廣文云。廣當作厲。禮月令天子乃厲飾。無厲服二字。然不作廣飾。案。呂氏季秋紀正作天子乃厲服厲飭。飾通。然俞平議又據此廣字以訂彼厲字之誤。葢因高此注言廣其所佩之飾。廣字似是也。悒妄謂厲服厲飾下厲字。卽涉上厲字而衍。厲服廣飾旣衍。而又誤其字。天子乃厲服飾。義自見。今案。姚說當是厲服厲飾。句法猶青色衣青采、赤色衣赤采之類。

時則訓　以供皇天上帝社稷之芻享。

悒案。芻字涉下文芻豢而衍。小戴月令記、呂氏季冬紀並無芻字。

時則訓　毋釋罪。

鬯案。莊校引太平御覽作毌釋刑罪。所引見御覽地覽。多一刑字。其冬覽引此。亦無刑字。此當無者是。

覽冥訓　位賤尙葈。

鬯案。尙葢㡀字形近之誤。㡀卽敝也。說文㡀部云。㡀、敗衣也。又云。敝、一曰敗衣。明二字同。葈卽枲字。謂枲著也。論語子罕篇衣敝緼袍。何集解引孔曰。緼、枲著。陸釋文引鄭注。緼、枲也。是鄭卽謂枲著爲枲。盧文弨校釋文本。據藝文類聚。改鄭注枲也作絮也。絮枲一聲之轉。然謂枲著爲枲之古義滅矣。今吾鄉音卻謂衣木綿著者曰枲。不作絮音。以絲綿著者則謂之胎。其實胎枲並諧台聲。以胎例枲。知枲著之曰枲。不由絮音轉也。盧氏之改枲爲絮。實大不可。㡀葈者、敝枲著也。卽所謂敝緼也。故下文云。權輕飛羽。㡀葈、物之至賤者也。飛羽、物之至輕者也。謂瞽師庶女。位賤如敝枲。權輕如飛羽也。以飛羽偶㡀葈。其義尤明。高注不知尙字之誤。以尙葈爲官名。夫官雖小。焉可以喻賤。又何以與飛羽對乎。

覽冥訓　陽侯之波。

鬯案。高注云。陽侯、陵陽國侯也。氾論訓注陵陽作陽陵。然文選南都賦李注引此注無陵字。竊謂無陵字者是。

覽冥訓　手徵忽怳。不能覽其光。

鬯案。覽讀爲擥。說文手部云。擥、撮持也。故高注云。言手雖覽得微物。不能得其光。注中覽亦擥字。

或體作擥、攬。

覽冥訓　故峣山崩而薄洛之水涸。

巸案。薄洛之水或卽戰國趙策武靈王所謂吾國東有河薄洛之水者。則在齊趙之閒。策亦高所注。顧不援以證此。而列在馮翊與涇水兩說爲解。儻以峣山爲在雍州。取相近與。然玩文意。卽隔東西遙相感應。亦似無害。要可備存。

覽冥訓　非乃得之也。

巸案。也讀邪。

覽冥訓　與之爭於江海之中。若乃至於玄雲之素朝。

巸案。若乃二字當在與之之上。

覽冥訓　日入落棠。

巸案。日字疑暮之壞文。否則夕字之誤。

覽冥訓　仁君處位而不安。

巸案。此承上夏桀之時言。則此仁君當指夏諸侯之仁者。或卽指湯。桀囚湯於夏臺。則湯信有處位不安之事矣。高注謂不爲民所安。非也。

覽冥訓　美人挐首墨面而不容。曼聲吞炭內閉而不歌。

巸案。此毀容毀音。爲避亂之計也。然則雖當夏桀之世。而美人頗尙節操。

覽冥訓　七國異族。

𨙸案。高注云。七國。齊、楚、燕、趙、韓、魏、秦也。齊姓田。楚姓芈。燕姓姚。趙姓趙。韓姓韓。魏姓魏。秦姓嬴。故異族也。其云燕姓姚。與史記燕世家與周同姓姓姬氏之說不合。豈高別有所本。抑刊誤與。當俟檢核。至齊在戰國以田爲氏。趙、韓、魏春秋時已各以氏著以爲姓。固不必誅論也。

精神訓　弗疾去則志氣日秏。

𨙸案。謂當疾去其嗜欲好憎也。

精神訓　賤之而弗憎。貴之而弗喜。

𨙸案。此二句當卽承上而進言之。上文云。欲生而不事。憎死而不辭。此則并言不憎不欲。喜卽欲也。故曰賤之而弗憎。貴之而弗喜。謂賤死而不憎死。貴生而不喜生也。兩之字仍指死生。高注云。人有惡賤己者。己不憎也。人有尊己者。己不喜也。以兩之字指己。而賤之貴之在人。殆非義。文子十守篇連上文二句皆有可字。云。欲生不可事也。憎死不可辭也。賤之不可憎也。貴之不可喜也。如以高義說彼。更不可通。明高義之不然也。

精神訓　隨其天資而安之不極。

𨙸案。極字之義與隨字相反對。廣雅釋詁云。極、已也。此訓爲近。葢隨者、不已之也。然則隨其天資而安之不極。卽上文不彊求已不彊求止之謂矣。高注訓極爲急。殆未的。文子十守篇作因其資而甯之。弗敢極也。著一敢字。猶上條著四可字。語似較淺。而義更明。

精神訓　吾死也有一棺之土。

鬯案。一棺之土無義。疑棺本是自字。自誤加宀爲官。官即从自。但不爲聲。故不得假借。後人以官字無義。妄從死字生義。復加木旁爲棺。殊不省土在棺之外。豈可云一棺之土乎。自即堆字。一自之土者、即一堆之土也。

精神訓　鄭之神巫。

鬯案。此本莊子應帝王篇云。鄭有神巫曰季咸。故云鄭之神巫。而列子黄帝篇云。有神巫自齊來處於鄭。命曰季咸。則是本齊人。非鄭人。

精神訓　子求。

鬯案。顧廣圻校。據莊子大宗師篇陸釋載崔譔引淮南作子永。謂求疑當作永。俞平議又以彼篇子來爲即此子求。云。子求當作子來。字之誤也。鬯謂此當依本文。

精神訓　一體也。

鬯案。體當作實。上文可例。作體者涉上句一體而誤。

精神訓　蹠蹻而諦。

鬯案。諦疑即啼字。从口、从言。義本甚近。故如詅之與吟。詠之與咏。謨之與慕。譜之與唶。皆同字也。此與諦審之諦同形。而實異字。後人嫌其相溷。故易以口作啼。依說文作嗁。口部云。嗁、號也。則讀諦爲嗁。固無不可。然竊謂此并非假借也。荀子禮論篇哭泣諦號。楊倞注引管子曰。豕人立而諦。今大匡篇作啼。必經後人改。春秋繁露執贄篇羊殺之不諦。皆用諦字。

精神訓　夫倏夜之甯。非直一噲之樂也。

鬯案。一噲猶今人言一寤。言因病苦故得倏夜之甯。不但是尋常一寤之樂。高注謂不得比長夜之樂。非也。

精神訓　然顏淵夭死。

鬯案。高注云。顏淵十八而卒。此高氏當別有本。後漢書郎顗傳則謂顏淵十八天下歸仁。不言其卒年也。

本經訓　流黃出而朱草生。

鬯案。石流黃見張華博物志。則是石也。高注云。流黃、玉也。美其名耳。然竊謂此之流黃。當是醴泉別名。並不當以玉石訓。

本經訓　句爪居牙。

鬯案。姚藝諳廣文云。居當爲倨之省文。爾雅釋畜云。駮如馬。倨牙。食虎豹。郭注引山海經云。有獸名駮。如白馬。黑尾倨牙。邢疏云。其牙倨曲而食虎豹也。鬯謂說文以居爲卽踞字。見尸部。而人部又出倨字。其實居踞未必同字。而倨踞當同字。倨踞並諧居聲。假借固無不通。字亦作鋸。亦諧居聲。神異經云。窮奇鋸牙鉤爪。然則鋸之爲居。卽猶鉤之爲句。

本經訓　殘高增下。積土爲山。

鬯案。積土爲山。則何以殘高增下。竊疑高下二字當互易。惟殘下增高。故曰積土爲山。

本經訓　無所發貺。

鬯案。貺疑祝字之誤。後漢書賈逵傳李賢注云。祝、詛也。書無逸篇云。否則厥口詛祝。正與此無所發祝義相反對。高注云。無以發其恩賜也。以恩賜訓貺。則其本已誤。然如漢縣祝其。見漢石刻。作況其。蓋金石有形近假借一例。儻以例此。則貺亦可爲祝之借字矣。

主術訓　事猶自然。

鬯案。文子自然篇猶作由。

主術訓　夫權輕重不差蟁首。

鬯案。高注云。蟁首、猶微細也。竊疑正文注文兩首字並當作盲。形近而誤。蟁之言萌也。盲之言芒也。

主術訓　兵莫憯於志。

鬯案。高注云。以智意精誠伐人爲利。竊謂注文智字當作志。正文志下當依注補意字。兵莫憯於志意。與下文寇莫大於陰陽爲偶文。高注志意精誠。猶其下文言陰陽虛實。以精誠足志意之義。以虛實足陰陽之義也。且繆稱訓云。兵莫憯於意志。彼言意志。此言志意。一矣。又案。注云。小、細。憯、猶利也。云云。小字尙在下文而先釋之。疑小細二字許注。非高注。

主術訓　椎移大犧。

㠯案。墨子明鬼篇云。昔夏王有勇力之人推哆大戲。主別兕虎。指畫殺人。推椎。哆移。戲犧。皆通用字。又。所染篇推哆。呂氏春秋當染紀作岐踵戎。則椎移又一號岐踵戎。椎移或又作雅侈。雅誤字。侈亦通字。下文云。湯革車三百乘。因之鳴條。禽之焦門。湯未嘗禽桀。則困者困桀也。禽者卽禽椎移大犧也。呂氏簡選紀云。殷湯以戊子戰於郕。遂禽移大犧。是也。畢沅校本移上補推字。而彼高解云。桀多力。能推大犧。畢校推下補移字。因以爲號。則高意此椎移大犧承上桀之力言。卽指桀。不謂桀臣。葢非是。

主術訓　橋直植立而不動。

㠯案。姚廣文云。直涉植字而衍。高注以植爲柱。並無直字。

主術訓　夫人之所以莫㧓玉石而㧓瓜瓠者。何也。莊本人下有主字。謬甚。

㠯案。王雜志云。㧓皆當爲𢫬。廣雅。𢫬、裂也。𢫬、之言劈也。瓜瓠可劈而玉石不可劈。茅一桂不得其解。乃謂讀爲抓痒之抓。其失甚矣。㠯謂此同一改字。而茅義實較勝。葢瓜瓠抓之可去其皮。玉石抓之則無可去。故人莫抓玉石而抓瓜瓠也。下文云。無得於玉石弗犯也。高注云。玉石堅。抓不耐入。故不抓也。今正文注文皆誤抓爲㧓。無義。而改㧓爲𢫬。訓爲裂爲劈。玉石豈不可劈裂哉。何云不得於玉石弗犯也。王易茅說。殆眞其失甚乎。

主術訓　國雖若存。古之人曰亡矣。

㠯案。古葢占字形誤。占當讀爲覘。覘之人者、覘國之人也。言國雖若存。覘國之人已早以其國爲亡矣。占誤爲古。義不可通。

主術訓　隨鄉曲之俗卑下衆人之耳目。

鬯案。舊讀俗字句。則卑下屬衆人讀。謂衆人中之尤卑下者耳。然語究支離。姚廣文云。俗字衍。則讀隨鄉曲之卑下爲句。

主術訓　湯有司直之人。

鬯案。呂氏春秋自知論作湯有司過之士。直作過。似勝。

主術訓　已飯而祭竈、行。不用巫祝。

鬯案。王雜志標此文已飯而祭竈句絕。則行字屬不用巫祝讀。然行不用巫祝。義不明。似不若竈行連讀。時則訓。其祀井。高注云。井或爲行。案。作行。與小戴月令記、呂氏春秋孟冬紀合。此行字卽彼行字也。荀子正論篇云。代睪而食。雍而徹乎五祀。卽此上文鼚鼓而食。奏雍而徹。而彼接言五祀。明此不得專言祭竈矣。竈也、行也並五祀之一。云祭竈、行。舉二以晐三也。

主術訓　吳起張儀智不若孔墨。而爭萬乘之君。此其所以車裂支解也。

鬯案。張儀不聞車裂支解。若改作蘇秦。則合矣。　又案。謬稱訓云。商鞅立法而支解。吳起刻削而車裂。此張儀恐本作商鞅。

主術訓　小有教而大有存也。

鬯案。上文所持甚小。其存甚大。王雜志謂其存甚大。本作所任甚大。任誤爲在。後人因改爲存。然以此文例彼。則彼存字亦不定是誤。儻以王彼校例此。則此存字亦當作任矣。

繆稱訓　今謂狐狸。

鬯案。謂狐狸者、謂狐爲狸。謂狸爲狐也。下文而謂狐狸。同此。措辭渾簡。以有下文承之云。是故謂不肖者賢。謂賢者不肖。則其義可明也。

繆稱訓　可以形勢接。而不可以昭誋。

鬯案。下文可以消澤。而不可以昭誋。高注云。昭、道。誋、誡也。不可以敎導戒人。此注乃不著在此。而著在下。疑此文本不作昭誋。文子精誠篇作可以形接。不可以照期。此或本同文子。亦作照期也。　又案。照期當是正字。昭誋蓋是借字。昭誋卽當讀爲照期。照卽諧昭聲。照、昭義亦相通。期、誋古音亦同部可通。說文月部云。期、會也。照期者、猶照會也。齊俗訓云。日月之所照誋。明誋字不當訓誡矣。鹽鐵相刺論云。天設三光以照記。記亦借字也。

繆稱訓　取庸而强飯之。

鬯案。庸當訓償。小爾雅廣言云。庸、償也。取庸而强飯之者。謂雖飯之而欲取償其飯值也。庸之言傭。說文人部云。傭、均值也。卽償義。

繆稱訓　鷹翔川魚鼈沈。

鬯案。注云。禹以德服三苗。猶鷹翔川上。魚鼈恐。皆潛。此注謬甚。且上文既言三苗畔禹。禹風以禮樂而服之。則何必復言禹以德服三苗。下文注云。鷹懷欲害之心。與禹正相反。何得言禹以德服三苗。猶鷹翔川上乎。疑禹以德服三苗猶七字。後人妄加。否則此注及下飛鳥揚注云鳥見鷹而揚去并二十二字與上下文注當爲兩家之說。葢下注既總言鳥魚知其情實必遠之。亦不煩析言魚鼈恐皆潛。鳥見鷹而揚去矣。特孰高孰許。無以别之。論義則上下文注是而此非也。陸心源淮南子高許二注攷。以此篇皆爲許注。則仍不可通。陸以繆稱、齊俗、道應、詮言、兵略、人閒、泰族、要略八篇爲許注。

繆稱訓　故人之憂喜非爲蹗。蹗焉往生也。

䛒案。此當讀故人之憂喜非爲蹗句。蹗焉往生也爲句。與上文言故人之甘甘非正爲蹠也、而蹠焉往句法同。此言蹗。猶彼言蹠。或謂蹠蹗二字形頗相似。當有一誤。明蹗蹗不連讀。又案。彼高注卻出蹠蹠字。可疑。

繆稱訓　不身遁。

䛒案。王雜志云。身當爲自字之誤。䛒謂身義卽是自義。不必改字。特不當如高注於身外增自義耳。

繆稱訓　子予柰何兮乘我何。

䛒案。子者、歎辭也。詩綢繆篇。子兮子兮。毛傳云。子兮者、嗟茲也。是也。故如戰國楚策云。嗟乎子乎。尚書洛誥大傳云。嗟子乎。累言曰嗟子。單言但曰子。一也。予亦子字之誤。以子子二字連讀。卽如詩子兮子兮。義亦甚慝。但以上子字斷作一句爲歎辭。下子字指其所哭之人。亦無不可。後人不得其解。因改子爲予。轉不通矣。乘葢棄字之誤。

繆稱訓　晉文得之乎閨內。

䛒案。戰國魏策云。晉文公得南之威。三日不聽朝。遂推南之威而遠之。所謂得之乎閨內也。

齊俗訓　鐵不可以爲舟。

邑案。今世竟有鐵甲之舟。然其舟底仍不用鐵。則不可之義仍在。

齊俗訓　吾服汝也忘。

邑案。忘承上文忘本之忘而言。故下文云。孔子知其本也。下三忘字同。或欲讀此忘爲妄。疑未然。

齊俗訓　而誹譽萌於朝。

邑案。萌字似非義。疑朋字之誤。誹譽朋於朝者。言誹者譽者黨聚於朝也。文子上仁篇作非譽萃于朝。

齊俗訓　義者宜也。禮者體也。

邑案。此更明其聲訓以起下文也。上文云。義者、循理而行宜也。禮者、體情制文者也。義訓中兼備聲訓。而聲訓猶不明。故復伸之云。義者宜也。禮者體也。下文因有知義不知宜。知禮不知體之說。此二句實不可少。王雜志謂上二句卽是訓義爲宜。訓禮爲體。不須更云。疑後人取中庸禮器之文記於旁。而寫者誤入正文。其說非也。

齊俗訓　有虞氏之祀。

邑案。祀葢礼字形近而誤。礼卽禮字古文。因是知上下文諸禮字淮南原本當皆作礼。此字若不誤爲祀。後人亦必改從禮矣。

齊俗訓　其合道一體也。

邑案。姚廣文云。一體倒。上下文可例。

齊俗訓　晉平公出言而不當。

邕案。韓非子難一篇云。晉平公與羣臣飲。飲酣。乃喟然歎曰。莫樂爲人君。惟其言而莫之違。所謂出言不當也。

齊俗訓　故賓有見人於宓子者。

邕案。戰國趙策作客有見人於服子者。然疑彼文客人二字。此文賓人二字。皆宜互易。此文即襲彼文也。

齊俗訓　因所有而並用之。

邕案。並字之義自勝。王雜志據羣書治要引並字作遂。云。遂、卽也。言因所有而卽用之。則義轉不逮。王顧謂作遂於義爲長。竊恐不然。況文子下德篇亦是並字乎。

齊俗訓　周公放兄誅弟。

邕案。上文云。放蔡叔。誅管叔。高注以管叔爲周公兄。又。氾論訓注云。管叔、周公兄也。蔡叔、周公弟也。與孟子合。則此應言周公放弟誅兄。

道應訓　今趙氏之德行無所積。今一朝兩城下。

邕案。王雜志云。今一朝兩城下。本作一朝而兩城下。此後人嫌其與上文相複而改之也。不知此是復舉上文之詞。當與前同。不當與前異。若云今一朝兩城下。則與上句今字相複矣。羣書治要引此。正作一朝而兩城下。列子呂氏春秋並同。邕謂此復舉上文之辭。固無嫌於語同。亦何嫌於文變。必謂當同不當異。何其拘泥。且此文法顯然。何以必欲改與上文不同。而轉與上句今字犯複。後人之不通不至此也。蓋此本淮南原文。古人行文固多疊用今字而不嫌其複者。戰國齊策。今秦之伐天下。以下複四今字。趙策。今事有可急者。以下亦複四今字。魏策。今臣直欲棄臣前之所得矣。以下複三今字。皆可案也。又如史記高祖紀云。今父老雖爲沛令守。諸侯並起。今屠沛。沛今共誅。亦複三今字。又云。今誠得長者往。毋侵暴。宜可下。今項羽慓悍。今不可遣。亦複三今字。是則漢人喜效戰國文法。複今字不爲厭。此止複兩今字。尤不當怪。治要所節淮南子。本不盡可訂今本。至列子天瑞篇、呂氏愼大覽與淮南固宜各存本文可也。

道應訓　爲吾臣與翟人奚以異。

毖案。莊子讓王篇作爲吾臣與爲狄人臣奚以異。多爲字、臣字。語較足。呂氏春秋審爲論作爲吾臣與狄人臣奚以異。無爲字。而亦有臣字。

道應訓　若滅若失。若亡其一。

毖案。列子說符篇作若滅若沒。若亡若失。

道應訓　爭者人之所本也。

毖案。本疑當作否。形近之誤。下文始人之所本。始讀爲治。言治人之所否也。

道應訓　若何以辱羣大夫曰。

毖案。羣大夫下似當疊羣大夫三字。或下文羣大夫三字在此。

道應訓。三年而天下二垂歸之。

巴案。姚廣文云。垂乃分字之誤。垂古文作𠂹。與草書分形相似。要略云。文王地不過百里。天下二垂歸之。御覽垂作分。足證。案。此垂字別本固有作分者。然作垂似亦無害。

道應訓　懼哉王人乎。

巴案。王人義與君人同。

道應訓　甲兵未及鋭弊也。

巴案。鋭當讀爲挩。說文手部云。挩、解挩也。後人通用脱字。脱挩義本不遠。特脱主肉言。故說文肉部云。脱、消肉臞也。引伸亦卽凡解挩之義。挩弊二字平列。與上文發泄、下文乏絶罷病一律。若鋭、則與弊適相反。且句亦不成義矣。

道應訓　朝菌不知晦朔。

巴案。高注云。朝菌、朝生暮死之蟲也。生水上。狀似蠶蛾。一名孶母。此文及注文菌字本皆作秀。說已見王雜志。秀字亦作蜏。廣雅釋蟲云。朝蜏、孶母也。葢孶母之名。謂其孶乳浸多。卽今人謂水面上之蜏蛆是矣。然則其狀不似蠶蛾。卻似蠶子。疑注文蛾字當作子。而御覽茲母覽引此亦作蛾。葢已據誤本也。御覽引此注。標許愼注。至朝菌實糞上蟲。并非水上蟲。說見大戴夏小正記校。

道應訓　丘嘗問之以治言曰。

巴案。呂氏春秋具備覽作丘嘗與之言曰。家語屈節篇亦作吾嘗與之言曰。疑此言曰上。亦當有與之二字。

道應訓　築長城。

鬯案。姚廣文云。高誘序。淮南以父諱長。故其所著諸長字皆曰脩。人閒訓將築脩城。又云。欲知築脩城以備亡。不知築脩城之所以亡也。此長字葢諱之未盡者。案說山訓。亘雖可而長不足。據御覽引。彼長作脩。是知今本淮南有經後人寫亂者。

道應訓　蹇重舉白而進之。

鬯案。高注云。舉白、進酒也。不云進爵而云進酒。是以酒訓白。當卽小戴內則記酒淸白之白。鄭注云。白、事酒。昔酒也。賈釋云。以二酒俱白。故以一白標之。然則舉白而進。亦謂舉事酒若昔酒而進。高義當然也。與通解白爲罰爵之名者不同。

氾論訓　古者有鍪而綣領。

鬯案。文子上禮篇作古者被髮而無卷領。此綣領上葢亦當有無字。而高注本已脫。

氾論訓　擄籍。

鬯案。文子上義篇作握篇籍。此籍上葢亦當有篇字。與下文守舊敎各三字句爲對。

氾論訓　國之所以存者道德也。家之所以亡者理塞也。

鬯案。俞平議謂德當爲得。是也。得、德古多通用。此當讀德爲得。與理塞字義方偶。俞又據下文存在得道而不在於大也。亡在失道而不在於小也。疑此塞字亦失字之誤。則非也。德、塞韻叶也。若作失。戾其韻矣。又案。此文二句不過反覆言之。國與家。道與理。皆互文。

氾論訓　太史令向藝先歸文王。朞年而紂乃亡。

鬯案。高注云。武王滅之。然則向藝歸時。尚是文王。朞年而武王滅紂。去文王之沒當不遠耳。此與父死未葬爰及干戈之說卻可合。齊俗訓云。武王伐紂。載尸而行。

氾論訓　恭王懼而失體。

鬯案。失體當謂踣地而不醒。

氾論訓　四大夫載而行。

鬯案。此下當有此所謂失禮而有大功者也十一字。與上文何謂失禮而有大功相應。與下文此所謂忠愛而不可行者也相比。失此十一字。則上言何謂失禮而有大功。下言此所謂忠愛而不可行者也。安有此文法。

氾論訓　河上之邱冢不可勝數。猶之爲易也。水激興波。高下相臨。差以尋常。猶之爲平。

鬯案。河當讀爲阿。同聲通借。草書字形阿河無別。誤阿爲河。亦未可知。穆天子傳郭注云。阿、山陂也。葢山則累石嵯峨。故坡上邱冢雖多。猶以爲易。水波高下相臨。動至數仞。故尋常之差猶以爲平。高注似多未愜。

氾論訓　孔子辭廩邱。終不盜刀鉤。許由讓天子。終不利封侯。

鬯案。孔子既廩邱而辭之。則區區刀鉤。必無盜之之理。許由既天子而讓之。則區區封侯。必無利之之理。高注未得。

氾論訓　今世之祭井、竈、門、戶、箕、箒、臼、杵者。

䣘案。此言今世。當指淮南之時。箕、箒、臼、杵亦有祭。此可以見漢俗。

氾論訓　有加轒軸其上。

䣘案。有讀爲又。

詮言訓　羿死於桃棓。

䣘案。羿善射。故死於射。與上文言王子慶忌死於劍。下文言蘇秦死於口。同義例。然則桃棓當是弓名。高注。棓、大杖。似未確。考工輪人記。部廣。鄭注引司農云。部、蓋斗也。賈釋云。蓋之斗。四面鑿孔內蓋弓者。於上部高隆穹然。謂之爲部。朱駿聲說文通訓云。部、假借爲掊。蓋弓象五指掊物之形。故謂之掊。案。掊、部、棓皆諧咅聲。據朱所釋。部不但是蓋斗之名。實兼蓋弓而言。弓之號桃棓。儻亦如蓋弓之號部與。說山訓羿死桃部。彼注又以桃部爲地名。則以下句子路葅於衛比例。卻較此大杖之說爲可備。或云。彼高注。此許注也。

詮言訓　天下皆流。獨不離其壇域。

䣘案。文子符言篇作與天下並流不離其域。與字似宜據彼補。無與字不成義也。

詮言訓　雖有聖賢之寶。

䣘案。寶字疑實字之誤。

詮言訓　鼓不滅於聲。故能有聲。鏡不沒於形。故能有形。

鬯案。此當云鼓滅於聲。故能有聲。鏡沒於形。故能有形。兩不字疑衍。惟文子上德篇亦云。鼓不藏聲。故能有聲。鏡不沒形。故能有形。亦有兩不字。則兩不字或是語辭。古人用不字有但爲語辭者。說詳王引之經傳釋詞。

詮言訓　豈加故爲哉。

鬯案。高注云。豈故者遭時宜而制禮。非故爲也。姚廣文云。加、衍字。注豈故連文。可證無加字。

詮言訓　匹夫百晦一守。

鬯案。高注云。百晦之田。一夫一婦守也。據注。似匹夫下原有匹婦二字。

詮言訓　以數雜之壽。

鬯案。莊校云。太平御覽引作以數帀之壽。有注云。帀、猶至也。或作卒。卒、盡也。言垂盡之年。與此本不同。鬯謂此當以作卒爲是。作雜者固非。作帀者亦非。而訓卒爲盡更非。數者、促也。卒者、猝也。而音卽從之。故數卒實雙聲連語。聲轉卽爲倉猝。皆迫急之義。對上文遠字滔字而言也。上文云。自身以上至於荒芒亦遠矣。自死而天地無窮亦滔矣。然則豈能以倉猝之年憂天下乎。故曰以數卒之壽。憂天下之亂。猶憂河水之少。泣而益之也。

兵略訓　此戰之助也。而全亡焉。

鬯案。全卽下文故全兵先勝而後戰之全。

兵略訓　恆有不原之智。

㦤案。原當讀爲㥾。說文人部云。㥾、黠也。㥾之言儇也。說文又云。儇、慧也。然則與智義相近。不原之智。猶言不智之智。故與下句不道之道爲對。

兵略訓　必擇其人技能其才。

㦤案。此能字疑涉下文能字而衍。技其才與擇其人爲對。技其才者。才各有技。靜字而動用之也。卽猶之擇之義也。下文云。使官勝其任。卽承擇其人而言。人能其事。卽承技其才而言。此處不得有能字。且致句法參差不可讀。

兵略訓　爲人杓者死。

㦤案。杓當讀爲的。故高注云。杓、所擊也。莊子庚桑楚篇云。我其杓之人邪。郭注云。不欲爲物標杓。陸釋云。杓、郭音的。是亦讀杓爲的矣。標杓卽標的也。朱駿聲說文通訓以此杓字假借爲扚。殆誤讀高注。說文手部云。扚、疾擊也。是扚爲擊者。非所擊。高不但以擊訓杓。以所擊訓杓。明是的也。非扚也。

兵略訓　人不及步鋗。

㦤案。鋗諧肙聲。肙諧口聲。口、非口舌字也。當作◯。實古文環字。故睘聲與肙聲同也。環之言還也。步鋗者、猶言步還也。人不及步鋗。與下句車不及轉轂。文旣相偶。義亦相同。

兵略訓　若乃人盡其才。悉用其力。

㦤案。此似當作若乃人不盡其才。悉其力。用字涉上文而衍。衍用字。因脫不字。下文云。以少勝衆者。

自古及今。未嘗聞也。則其義可見矣。

兵略訓　所持不直。

罾案。所上疑脱主字。與下句卒字對。

說山訓　蘭生幽谷。不爲莫服而不芳。

罾案。芳字隔下文浮休兩韻而與光揚相叶。叶韻之變例也。或欲改芳爲茂。或援下文蘭芝欲脩。改芳爲脩。並取與浮休叶。竊恐不然。高注云。性香。明芳字不誤。文子上德篇作蘭芷不爲莫服而不芳。亦是芳字。

說山訓　嫁女於病消者。夫死則後難復處也。

罾案。處、謂處女也。處女者、女未嫁之稱。今嫁於病消者。則不能有人道之接。是雖嫁而實仍處女也。然既嫁矣。夫死將曰寡婦。不可復曰處女。故曰難復處也。高注列兩說。並非。

說山訓　近之則鐘音充。

罾案。莊校云。太平御覽引。充作亮。蓋取與下文章字叶韻耳。然充與章實亦轉韻相叶。即如上文云。天二氣則成虹。地二氣則泄藏。人二氣則成病。充與章字叶。猶虹與藏字、病字叶。此其近例矣。高注云。充、大也。明充字不誤。

說山訓　山高者木脩。

罾案。文子上德篇。此下有地廣者德厚一句。此似亦當有。故下文反承其義云。廣其義而薄其德。於文爲足。

說山訓　殺牛必亡之數。

鬯案。此但謂殺牛。牛必亡耳。高注牽王法禁殺牛言。似屬支論。又案。下文云。以必亡贖不必死。是謂牛必亡而馬不必果死也。然則上文言殺罷牛可以贖良馬之死。彼死字疑有誤。或是病字。

說山訓　髦屯犂牛。

鬯案。曾釗周禮注疏小箋牧人下引此。謂屯當作毛。未知然否。

說山訓　撰良馬者。

鬯案。撰之言選。

說山訓　鼎錯日用而不足貴。周鼎不爨而不可賤。

鬯案。此二句義本甚明。不煩解說。而高注解上句云。雖日見用不能和五味。故不足貴。解下句云。不日炊火以供味而能和味。故曰不可賤。支離甚矣。且既日用矣。焉有不能和五味。既不爨矣。又何有於和味。是卻當謂鼎錯雖能和五味而不足貴。周鼎雖不和五味而不可賤。注義不惟支離。又適相背矣。蓋高實探下文不用而爲有用之語。而爲是說。不知彼言有用。不必泥也。

說山訓　以浴而倮。

鬯案。以、已通。

說林訓　設鼠者機動。

巴案。設字無義。疑投字之誤。賈誼新書階級篇云。里諺曰。欲投鼠而忌器。又云。鼠近於器。尙憚弗投。又云。投鼠而不忌器之習也。亦見漢書賈誼傳。是漢人有投鼠之技。

說林訓　使嚮濁者聲也。

巴案。濁當讀爲觸。使嚮觸者聲也。義自明。濁則失義矣。高注云。聲濁則嚮濁也。然則聲淸則嚮淸。何以偏言濁。史記律書云。濁者、觸也。亦聲訓也。明二字可通矣。

說林訓　羊肉羶也。

巴案。四字葢注文溷入正文。

說林訓　以篙測江。篙終而以水爲測。惑。

巴案。高注云。船以篙渡江。篙沒。因以江水爲盡。故曰惑也。巴謂此但言以篙測江。是欲測江水之淺深。非謂船以篙渡江。此高注可商者。而其言篙沒因以江水爲盡。一盡字義顯。疑正文下測字本作盡。涉上測字而誤也。宜依注訂正。

說林訓　故鄭詹入魯。春秋曰。佞人來。佞人來。

巴案。高注云。鄭詹、鄭文公大夫。以齊桓公卒。不使鄭伯朝齊而使朝於楚。齊人執之。自齊逃至魯。魯謂之佞人。以方驪姬、豎牛。故曰。佞人來。佞人來。此注殊誤。此見公羊莊十七年傳云。佞人來矣。佞人來矣。此時鄭尙厲公。非文公也。齊桓方霸。更何得言卒乎。不朝齊之說。取左傳以說此。亦恐不合。因一故字以爲承上驪姬、豎牛而言。然亦不可云以方驪姬、豎牛。故曰佞人來佞人來也。且驪姬、豎牛之事皆在叔詹之後。

說林訓　也之與矣。

鬯案。也邪同用。故也者、辭之反也。矣者、辭之正也。

說林訓　病熱而强之餐。

鬯案。熱當作濕。葢濕誤爲溫。後人因改爲熱耳。人閒訓云。病濕而强之食。此其明證。而彼道藏本濕字正誤作溫。王雜志轉以作溫爲是。且引文子微明篇亦作溫。然今文子卻作病濕而强餐之。熱亦濕字。非溫字。葢病濕則不能食。故欲强之餐。而不知適所以甚其病也。故下文云。欲救之反爲惡也。人閒訓云。此衆人之所以爲養也。而良醫之所以爲病也。若作病熱。則儘有病熱而能食者。又何必强之餐。强之餐。又何至反爲惡。爲良醫之所病。此理淺顯。王氏特惑於道藏本耳。且下文云。救暍而飲之寒。若病熱。與暍不更意複乎。

人閒訓　是故人皆輕小害易微。事以多悔。

鬯案。害字疑衍。讀微字爲句。事字屬以多悔爲句。人皆輕小易微。事以多悔。猶後文云。聖人敬小愼微。動不失時。其文義相反。句法可類也。今案。文子微明篇作凡人皆輕小害易微事以至于大患。則此多悔上或脫至於二字。或下文疊一患字。亦可。

人閒訓　於是智伯乃從韓魏圍襄子於晉陽。

鬯案。此從字爲從横之從。

人間訓　相恃而勢也。

巴案。而當作之。

人間訓　以問先生。

巴案。列子說符篇作以問孔子。王充論衡福虛論同。

人間訓　三國伐齊。圍平陸。

巴案。此三國未詳。高注云。韓、魏、趙也。當因習稱韓、魏、趙爲三國而言之耳。未必有據。下文括子曰。三國之地不接於我。踰鄰國而圍平陸。則獨一韓可當之。魏、趙地皆接於齊也。齊地東接魏、趙。南接楚。北接燕。然則韓之外。惟有一秦耳。如此止二國。而云三國。豈尚從一小國與。要高注實不足信。又案。戰國齊策魯連遺燕將書。有魏攻平陸之語。考其事。卽史記魏世家及六國表所書昭王十二年與秦、趙、燕共伐齊。敗之濟西之役。葢言魏攻者。實秦、趙、燕假道於魏。而魏遂與之共伐耳。正所謂踰鄰國而圍平陸也。則三國者。秦、趙、燕也。三國之地不接於我者。謂不接於平陸。固不必及趙、燕與齊有相接之處也。若魏、則正接平陸。故齊策又云。有陰、平陸。則梁門不啟。然則此言三國。必去魏而言秦、趙、燕矣。非魏則三國不能攻平陸。故魯連又舍三國而專言魏。且與彼上句楚攻南陽作偶對也。附考如此。未審是否。

人間訓　舍仁而後佞。

巴案。姚廣文云。後疑卽厚。以聲近而借。佞人而賞。是厚於佞人也。

人間訓　使被衣不暇帶。

鬯案。姚廣文云。被疑讀爲彼。

人間訓　使離朱捷剟索之。

鬯案。脩務訓云。離朱之明。攫掇之捷。掇剟字通。是攫剟以捷稱。故亦稱捷剟。道藏本脫捷字。王雜志因欲據脩務補攫字。而以捷字爲劉績所增。非也。各本皆作捷字。無作攫字者。且離亦非氏也。離者、明也。以朱明目。故稱之曰離朱。與攫剟之稱捷剟正同。抑攫亦非氏也。亦以其善攫而稱之。然則攫剟、捷剟。又一也。古人稱謂多如此。

人間訓　君胡得之。

鬯案。得疑當作待。涉上文得字而誤。上文云。季氏之得衆。三家爲一。其德厚。其威强。是昭公實無以待季氏也。故曰君胡待之。

人間訓　婦人不得剡麻考縷。

鬯案。高注云。考、成也。則以剡麻考縷爲一事。謂剡麻以成爲縷也。方言爰喛篇云。考、引也。則分剡麻與引縷爲兩事。亦可解。

人間訓　天下席卷。

鬯案。似當作席卷天下。

人間訓　斂躬而行。

曶案。謂微行也。

人間訓　此其後。

曶案。此字似不當有。疑在下文刑者之上。

人間訓　刑者遂襲恩者。恩者逃之於城下之廬。

曶案。恩者二字不當複。恩者即指子發也。上文云。罪人已刑而不忘其恩。故自刑者言之。謂子發爲恩者。言此刑者襲子發而逃之於城下之廬。非子發自逃也。且子發既被襲。又何能逃。惟刑者襲之而逃。故下文踹足而怒。對追者。明此恩者二字之不當複也。

人間訓　使狐瞋目植睹。

曶案。姚廣文云。植與直同。吳越春秋范蠡曰。大王勿疑。直眡而行。眡與視同。晉書阮籍傳籍散髮箕踞。醉而直視。釋氏通鑑僧志言。相貌奇古。直視不瞬。與此云直睹一也。

脩務訓　以此論之。則不類矣。

曶案。此二句與上文不接。高注殊爲强説。疑當在下文又況人乎之下。

脩務訓　形夸骨佳。

曶案。夸者、夸毗也。爾雅釋訓云。夸毗、體柔也。累言夸毗。單言但曰夸。

脩務訓　佩玉環揄步。

曶案。五字讀成一句。義亦可通。而姚廣文云。步下有奪字。當作揄步搖。與佩玉環爲對。曶謂如姚説。

則下文搖字可卽移在此。下文口曾撓奇。牙出𪘏䶫。各四字句。𪘏䶫下不合有搖字。且高注亦不釋彼搖字。

脩務訓　口曾撓奇。

㽭案。口疑足之壞文。撓奇、蓋物名。亦單稱撓。下文曾撓摩地。是也。云摩地。明指足言矣。撓奇者、蓋如今女人鞋下用木底。曾之言層也。謂重木底也。與史記貨殖傳言跕屣相類。姚廣文云。撓同蹺。或作蹻。然則如今優人扮女著蹻乎。今蹻在鞋內。此似在鞋外。故可摩地。

脩務訓　搏援攫肆。

㽭案。姚廣文云。援當作捷。涉上文援豐條之援而誤。注但云搏捷。並無援字。可據以訂正。㽭謂援義亦可通。姚說未知是否。

泰族訓　黜淫濟非。

㽭案。濟當訓止。天文訓高注云。濟、止也。或謂當讀爲擠。說文手部云。擠、排也。

泰族訓　養性之本也。

㽭案。性當讀爲生。下文云。養生之末也。此用性字。下用生字。文異而義同。道藏本下文生字亦作性。於義尤不可通。足見性之當讀爲生矣。

泰族訓　攻不待衝降而拔。

㽭案。姚廣文云。降當隆字之誤。氾論訓晚世之兵。隆衝以攻。衝隆、隆衝。順倒一也。注云。隆、隆高也。衡所以臨敵城。衡突壞之。隆音轉如臨。詩皇矣篇與爾臨衝。韓詩作隆衝。毛傳云。臨、臨車也。衝、衝車也。葢臨車在上臨下。衝車從旁衝突。皆攻城之具也。兵略訓云。不待衝隆雲梯而城拔。是此文確證。鬯謂姚說葢是。但謂降爲隆之誤。非也。隆卽諧降聲。降卽可讀爲隆。

泰族訓　皆方命奮臂而爲之鬬。

鬯案。方葢讀爲放。廣雅釋詁云。放、效也。然則放命者、猶言效死也。道藏本命字作面。殊不可通。

泰族訓　敎之以金目則快射又況知應無方而不窮哉。

鬯案。姚廣文云。快句絕。上文曰說。曰喜。皆一字。何獨此二字。且二字連文無義。下文射者數發不中二十字當在快字之下。又況知應無方而不窮哉十字當在其爲師亦博矣之下。均係錯簡。人敎之以儀則喜。喜字複。疑當爲善字之誤。案。如姚說。但中多一射字。今依其說。錄文如下。人欲知高下而不能。敎之用管準則說。欲知輕重而無以。予之以權衡則喜。欲知遠近而不能。敎之以金目則快。射者數發不中。人敎之以儀則善矣。又況生儀者乎。犯大難而不懾。見煩繆而不惑。晏然自得。其爲樂也。豈直一說之快哉。夫道、有形者皆生焉。其爲親亦戚矣。享穀食氣者皆受焉。其爲君亦惠矣。諸有智者皆學焉。其爲師亦博矣。又況知應無方而不窮哉。人莫不知學之有益於己也。然而不能者。嬉戲害之也。

之字原作人。依王雜志改。

要略　故爲之浮稱流說其所以能聽。

鬯案。以字涉下文而衍。故爲之浮稱流說其所能聽十一字作一句讀。言諒其所能聽而稱說之也。有以字則義不通。

要略　殯文王於兩楹之間。

㽞案。周初用殷禮。

要略　蔡叔管叔輔公子祿父。

㽞案。高注云。祿父、紂之兄子。與史記管世家言紂子不同。異聞也。

要略　好色無辨。

㽞案。上文既言内好聲色。此不應復出好色字。且好色無辨。義亦不顯。疑好字本作子女二字。誤并爲一字。因衍色字。子女無辨者、謂男女無别也。